قـال تعـالى : (قـل لـو كـان البحـر مـدادا لكلمات ربي لنفد البحر قبل أن تنفد كلمات ربي ولو جئنا بمثله مددا (109))

أسس التربية

أسس التربية

تأليف

د. عطية حمودة

الطبعة الأولى

2012م

دار البداية ناشرون وموزعون

المملكة الأردنية الهاشمية
رقم الإيداع لدى دائرة المكتبة الوطنية (2009/11/4496)

370.1
"سليمان حمودة" ، عطية خليل عطية
اسس التربية / عطية خليل عطية"سليمان حمودة"
. _ عمان: دار البداية ناشرون وموزعون ، 2009.
( ) ص.
ر.أ: (2009 / 11 / 4496)
الواصفات: / التربية // اساليب التدريس /

* إعدادت دائرة المكتبة الوطنية بيانات الفهرسة والتصنيف الأولية
*يتحمل المؤلف كامل المسؤولية القانونية عن محتوى مصنفه ولا يعبر هذا المصنف عن راي دائرة المكتبة الوطنية او أي جهة حكومية أخرى .

الطبعة الأولى

2012م

دار البداية ناشرون وموزعون
عمان - وسط البلد
هاتف: 4640679 6 962+ تلفاكس: 4640597 6 962+
ص.ب 510336 عمان 11151 الأردن
Info.daralbedayah@yahoo.com
مختصون بإنتاج الكتاب الجامعي
ISBN: 978-9957-82-026-8 (ردمك)

بسم اللـه الرحمن الرحيم

﴿عَلَّمَ الإِنسَانَ مَا لَمْ يَعْلَمْ﴾

[العلق:5]

المقدمة:

نحمد الله عز وجل ونستعينه ونستهديه ونصلي ونسلم على خاتم رسله محمد النبي الأمي، وعلى آله وصحبه، ونستفتح بالذي هو خير، ربنا لا تزغ قلوبنا بعد إذ هديتنا وهب لنا من لدنك رحمة إنك أنت الوهاب، اللهم علِّمنا ما جهلنا وذكرنا ما نسينا.

إن دراسة التربية تعني الدراسة النظرية للأسس المختلفة التي يقوم عليها التطبيق في المجال التربوي، كما أن دراسة هذه الأسس تهدف إلى طبيعة العملية التربوية، والتعرف على أبعادها من أجل تطوير وتحسين العملية التعليمية العلمية، وتزويد الدارس بمجموعة من الأفكار التي يمكن تطبيقها في مواقف تربوية متعددة، وتأتي أهمية دراسة التربية في كونها حلقة الوصل بين العملية التربوية كنظام إنساني، وثقافة المجتمع وفلسفته التي يسعى إلى تحقيقها.

هذا الكتاب يتألف من ثلاثة عشر فصلاً، يبدأ بتمهيد للتربية وأصولها اللغوية ومفاهيمها وتعاريفها وضرورتها وأهدافها وأغراضها ووظيفتها وطبيعتها وصلتها بالعلوم الأخرى ومستقبل التربية، ثم جاء بالأسس التاريخية سارداً قصة التربية منذ عرف التاريخ، مروراً بالعصور المتتالية والحضارات المختلفة إلى عصرنا الحاضر، بأسلوب سهل مبسط، ثم جاءت الأسس الفلسفية وتضمنت آراء الفلاسفة الذين كتبوا أو تحدثوا في التربية والتعليم.

أما الأسس النفسية وهي الأسس التي تقوم على معرفة طبيعة المتعلم، وحاجاته وقدراته واستعداداته وذكائه، وطرق تعلمه ومكوناته وتفاعلاته مع نفسه، مع العمليات العقلية المختلفة التي تهم المربي والمتربي فجاءت في فصل مستقل.

ولكن كيف نتعلم؟ وكيف تُعلم وكيف تُدَرِّس؟ أوردته في الأسس التعليمية للتربية التي حوت التعليم وأنواعه ومراحله وطرقه والعلم وصفاته والمناهج وأسسها والوسائل المستخدمة في العملية التعليمية والتقويم التربوي.

ثم جاءت الأسس البيئية للتربية وهي المكان الرسمي الذي تتم فيه العملية التربوية وهنا تم الحديث عن المدرسة من حيث مفهومها ومراحل تطورها ودورها في العملية التربوية والأسرة وأشكالها ودورها في التربية.

ولأن الفرد لا يعيش بمعزل عن الجماعة ولا يمكن العيش بعيداً عن المجتمع لهذا جاءت الأسس الاجتماعية، ومع وجود المجتمع والأفراد فلا بد من نظام اقتصادي ولهذا جاء فصل الأسس الاقتصادية الذي يبحث في اقتصاديات التربية وعلاقة الاقتصاد بالتربية.

أما الأسس الدينية فجاءت مكملة للأسس السابقة لأن أي مجتمع بأفراده ومؤسساته لا يمكن أن ينظم دون أن تحكمه عقيدة ويضبطه دين.

أما الأسس الثقافية وهي ثمرة النتاج الفكري للأمم والحضارات فجاءت في فصل مستقل تضمنت تعاريف الثقافة وعناصرها وخصائصها والسلوك الثقافي وعملية التثقيف والمهمة الثقافية.

أما الأسس الوطنية، فنتعرف من خلالها المفاهيم الوطنية والأسس التي تقوم عليها التنشئة الوطنية، ثم التعرف على القواعد الوطنية والمؤسسات التي تقوم بها.

تم إفراد فصل للحديث عن التربية والتعليم في الأردن، فتم الحديث عن مراحل تطور التربية في الأردن، والسلم التعليمي ومؤتمر التطوير التربوي وأهم الأسس الفكرية كالأسس الوطنية والقومية والإنسانية والاجتماعية والبنية التعليمية والتجديدات التربوية.

وتم مناقشة التربية في الوطن العربي من حيث واقع التربية وأهم المشكلات التربوية في الوطن العربي كالمشكلات الاجتماعية والإدارية والسياسية والسكانية والفنية وأهم الأسس الفلسفية للتربية العربية وأهدافها وحاجة الوطن العربي للتربية.

أرجو أن ينال هذا الكتاب بما يحتويه من موضوعات.. رضا زملائي وتلاميذي وكل العاملين في المجال التربوي.

وبعد:

ولا يخالجني شك في أن هذه الدراسة المتواضعة قد اعتورتها بعض الأخطاء، وعذري أنني بشر، يصيب ويخطئ، فالكمال لله وحده سبحانه، والخطأ والقصور هما من سمات الإنسان مهما أبدع وأتقن وجد واجتهد، وغاية ما ينشده كل باحث في عمليه، هو تجويد هذا العمل ومحاولة إتقانه فحسب، فإن كنت قد قاربت ما أنشده أو شارفت عليه، فهذا فضل من الله ونعمة، وإذا كانت الأخرى فعذري أنني بشر، الخطأ من سماته والعجز ديدنه، وما نشدت إلا الإتقان وما ابتغيت إلى الصواب وما أردت إلا الإصلاح ما استطعت.

وأخيراً أحمده سبحانه وتعالى أن هيأ لي الأسباب التي مكنتني من إتمام هذا العمل، وأدعوه جلت قدرته أن يجعل جهدي في ذلك خالصاً لوجهه الكريم، وأن يرزقني الإخلاص فيما أكتب وأعمل، هذا وبالله التوفيق.

د. عطية حمودة
أستاذ مساعد في كلية العلوم التربوية الجامعية

التربية

معاني التربية، ضرورتها،أغراضها،أهدافها،طبيعتها،صلتها بالعلوم الأخرى

معاني التربية:

تعود كلمة التربية لغوياً إلى أصول ثلاثة هي:

- **فالأصل الأول: ربا، يربو: بمعنى نما، ينمو (ناصر، 2005).**

ربا الشيء، يربو ربواً ورباء: زاد ونما، فهو رابٍ، وهي رابية.

وأفعل التفضيل: أربى.

ومن الاستخدامات القرآنية (ربت) في قوله - عز وجل - : (فإذا أنزلنا عليها الماء اهتزت وربت وأنبتت من كل زوج بهيج) (الحج:5).

ويربو: يقول - سبحانه وتعالى - : (وما آتيتم من ربا ليربو في أموال الناس فلا يربو عند الله) (الروم:39).

ورابياً: يقول - عز وجل - (فاحتمل السيل زبدا رابيا) (الرعد:17) أي: عَالياً.

وأربى: (أن تكون أمة هي أربى من أمة) (النحل:92) أي: أكثر زيادة وقوة (علي، 2007).

- **والأصل الثاني: رَبِيَ، يربي: بمعنى نشأ وترعرع (ناصر، 2005).**

أربى الشيء يربيه إرباءً: نماه.

يقول - سبحانه - : (يمحق الله الربا ويربي الصدقات) (البقرة:276) أي: ينمي المال الذي أخرجت منه الصدقة (علي، 2007).

- **والأصل الثالث: ربَّ، يَرُبُّ: بمعنى أصلحه، وتولى أمره وساسه، وقام عليه ورعاه (ناصر، 2005)**

وربا في حِجْرِهِ يربو ورَبُوَ: نشأ وربا في بني فلان: نشأ فيهم.

ورباه تربية: نماه ونشأه.

قال - عَزَّ وَجَلَّ - : (يمحق الله الربا ويربي الصدقات) (الإسراء:24).

وقال: (ألم نربك فينا وليدا ولبثت فينا من عمرك سنين) (الشعراء:18) (علي،2007).

أما المعنى الاصطلاحي فقد أورده الإمام البيضاوي في تفسيره «أنوار التنزيل وأسرار التأويل».

فهو يقول: الرب: الأصل بمعنى التربية: وهي تبليغ الشيء إلى كماله شيئاً فشيئاً وجاء في المعجم الفلسفي: «إن التربية هي تبليغ الشيء إلى كماله» (ناصر، 2002).

والمعنى الاصطلاحي: (إصلاح، رعاية، إنماء، تكيف، ملاءمة، تغيير في الاتجاهات، تعديل في السلوك، صقل، تكوين، وتشكيل الشخصية، تنظيم، تأسيسن، تطوير، تشجيع، استشارة، توعية، تهيئة للحياة) (الكسواني، 2003).

- **ومن معاني التربية الاصطلاحية:**

1. التربية هي عملية إعداد العقل السليم.
2. التربية عملية حفظ التراث ونقله.
3. التربية عملية استغلال للذكاء الإنساني.
4. التربية عملية استثمار اقتصادي.
5. التربية عملية اكتساب خبرة (المعايطة، الحليبي، 2004).

- **ومن تعريفات العلماء للتربية:**

1. **كونفوشيوس (551 - 478ق.م):**

«إن الطبيعة هي ما منحتنا إياه الألهة، والسير بمقتضى شروط الطبيعة هو السير في صراط الواجب، وإدارة هذا الصراط الواجب وتنظيمهُ، هو القصد في التربية والتعليم».

2. **أفلاطون (427 - 347 ق.م):**

«التربية هي أن تضفي على الجسم والنفس كل جمال وكمال ممكن لها».

3. **أرسطوطاليس (384 - 322 ق.م):**

«التربية هي إعداد العقل للتعليم كما نعد الأرض للبذار».

4. **أبو حامد الغزالي (1059 - 1111م):**

«إن صناعة التعليم هي أشرف الصناعات التي يستطيع الإنسان أن يحترفها، وإن أهم أغراض التربية هي الفضيلة والتقرب إلى الله».

5. **جون مولتون (1608 - 1674م):**

«التربية الكاملة هي التي تجعل الإنسان صالحاً لأداء أي عمل عاماً كان أو خاصاً برغبة وامانة ومهارة في السلم والحرب بكل عدل وحذق وسعة فكر».

6. **جان جاك روسو (1712 - 1778م):**

«إن واجب التربية أن تعمل على تهيئة الفرص الإنسانية كي ينمو الطفل على طبيعته انطلاقاً من ميوله واهتماماته».

7. **أمانويل كنت (1724 - 1804م):**

«التربية هي ترقية جميع أوجه الكمال التي يمكن ترقيتها للفرد وان الهدف من التربية هو أن تنمي لدى الفرد كل ما نستطيع من كمال».

8. **بستالونزي (1746 - 1827م):**

«التربية هي إعداد بني الإنسان للقيام بواجباته المختلفة في الحياة، وهي

تنمية كل قوى العقل تنمية كاملة ملاءمة».

9. **جيمس مل (1773 - 1836م):**

«التربية هي أن نجعل من الأفراد أو الفرد أداة لنفسه ولغيره».

10. **هربارت (1776 - 1841م):**

«التربية موضوع علم يجعل غايته تكوين الفرد من أجل ذاته عن طريق اتباع الوسائل التي تؤدي إلى شحن وإيقاظ ميوله واستعداداته المتعددة».

11. **فروبل (1782 - 1852م):**

«التربية عملية تتفتح بها قابليات التعليم الكافية كما تتفتح النباتات والأزهار».

12. **رفاعة الطهطاوي (1801 - 1873م):**

«التربية هي أن تبني خلق الطفل على ما يليق بالمجتمع الفاضل وأن تنمي فيه جميع الفضائل التي تصونه من الرذائل وتمكنه من مجاوزة ذاته للتعاون مع أقرانه على فعل الخير».

13. **ستيوارت ميل (1806 - 1873م):**

«التربية تشمل كل ما يعمله المرء أو يعمله غيره له، بقصد تقريبه من درجة الكمال، التي تمكنه طبيعته واستعداده من بلوغها».

14. **هربرت سبنسر (1820 - 1903م):**

«التربية هل كل ما نقوم به من أجل أنفسنا وكل ما يقوم به الآخرون من أجلنا بغية التقرب من كمال طبيعتنا».

15. **محمد عبده (1845 - 1905م):**

«الإنسان محمول على الخير ولهذا تقوم التربية على ترقية العقل وتنمية الاستغلال الفكري لديه».

16. **وليم جيمس (1842 - 1910م):**

«التربية مادة فن يُكتسب عن طريق الحدس والبديهة وعن طريق الملاحظة التعاطفية الشعورية للواقع ولمعطيات الواقع».

17. **أميل دوركايم (1858 - 1917م):**

«التربية هي تكوين الأفراد تكويناً اجتماعيًا ويتم ذلك بالعمل الذي تحدثه الأجيال الراشدة في الأجيال التي لم تنضج - بَعْدُ - النضج اللازم للحياة الاجتماعية».

18. **إسماعيل القباني (1898 - 1963م):**

«التربية هي مساعدة الفرد على تحقيق ذاته حتى يبلغ أقصى كمالاته

المادية والروحية في إطار المجتمع الذي يعيش فيه».

19. ساطع الحصري (1881 - 1968م):

«التربية أن تُنشئ الفرد القوي البدن حسن الخلق صحيح التفكير محبًّا لوطنه معتزًّا بقوميته مدركاً لواجباته مرروا بالمعلومات التي يحتاج إليها في حياته».

20. جون ديوي (1859 - 1952م):

«التربية تعني مجموعة العمليات التي يستطيع بها مجتمع أو زمرة اجتماعية صغرت أو كبرت أن تنقل سلطانها أو أهدافها المكتسبة، بغية تأمين وجودها الخاص ونموها المستمر» (ناصر، 2005).

21. ابن سينا:

«هي الوسيلة لإعداد النشئ في الدِّين والدنيا في آن واحد وتكوينه عقليًّا وخلقيًّا وجعله قادراً على اكتساب صناعة تناسب ميوله وطبيعته في كسب عيشه».

22. محمد عطيه:

«عملية اجتماعية تهدف إلى مساعدة الأفراد على النحو الشامل لشخصياتهم بحيث يستطيعون القيام بأدوارهم الاجتماعية والعيش في المجتمع والمشاركة في خبراته» (ربيع، 2006).

23. إسماعيل القباني:

«مساعدة الفرد على تحقيق ذاته حتى يبلغ أقصى كمالاته المادية والروحية في إرضاء المجتمع الذي يعيش فيه» (همشري، 2001).

- **أسباب تعدد تعريفات التربية:**

1. اختلاف الأشخاص القائمين على التعريف واختلاف نظرتهم إلى الإنسان وفلسفتهم في الحياة، ومعتقداتهم التي يدينون بها.
2. أن الفلاسفة والمفكرين والمهتمين بأمور التربية ينظرون إليها على أنها قضية جدلية ولقد تأثر بذلك مفهوم التربية تأثيراً كبيراً على الرغم من أن التربية واقع يعتمد على نظر وفكر. (المعايطة، 2004).

- أما أحدث التعاريف فهو التعريف الذي يدور حول عملية التكيف وهو: أن التربية عملية التكيف بين المتعلم (الفرد) وبيئته التي يعيش فيها. أو أن التربية عملية تكيف مع البيئة المحيطة الاجتماعية والطبيعية (ناصر،2005).

وللتربية معنيان كما يؤكد الكثير من الكتاب والمهتمين فهي في معناها الواقع تعني: كل عملية تساعد على تشكيل عقل الفرد وجسمه وخلقه باستثناء ما قد يتدخل فيه من عمليات تكوينية أو وراثية.

أما معناها الضيق فتعني: غرس المعلومات والمهارات العربية من خلال المؤسسات التي أُنشئت لهذا الغرض كالمدارس والجامعات.

تعريفات حديثة:

1. التعريف الأول: «إن التربية هي عملية التكيف أو التعامل بين الفرد وبيئته التي يعيش فيها».

يركز هذا التعريف على عملية التكيف وتعني هذه العملية تعامل وتكيف الفرد مع البيئة الطبيعية، والبيئة الاجتماعية ومظاهرها، والبيئة التكنولوجية ومتطلباتها، وهي عملية طويلة الأمد ولا نهاية لها إلا بانتهاء الحياة.

2. التعريف الثاني: «أنها عملية تضم الأفعال والتأثيرات المختلفة التي تستهدف نمو الفرد في جميع جوانب شخصيته وتسير به نحو كمال وظائفه عن طريق التكيف مع ما يحيط به، ومن حيث ما تحتاجه هذه الوظائف من أنماط سلوك وقدرات».

يركز هذا التعريف على عملية تنمية شخصية الفرد الكلية الشاملة وعلى عملية التكيف مع البيئة المحيطة واختلافات أنماط سلوكات الأفراد وقدراتهم وميولهم واستعداداتهم في التعلّم.

3. التعريف الثالث: «إن التربية هي العمل المنسق المقصود الهادف إلى نقل المعرفة وخلق القابليات وتكوين الإنسان، والسعي به في طريق الكمال من جميع النواحي، وعلى مدى الحياة».

وفي ضوء هذا التعريف بأن التربية لم تعد مقصورة على مرحلة من مراحل عمر الإنسان، بل أصبحت عملية مستمرة مع الإنسان من المهد إلى اللحد، وهذا التعريف يتفق مع ما نادت به الشريعة والتربية الإسلامية (الحليبي، المعايطة، 2004).

خصائص التربية:

1. تقتصر على الجنس البشري.
2. تعتبر التربية فعلاً يمارسه كائن حي في كائن حي آخر.
3. تقرّ أن هذا الفعل موجه نحو هدف ينبغي بلوغه (ناصر، 2005).

خصائص التربية:

1. **الاهتمام بالناحية النظرية والمهنية:**

فالتربية في ظل هذا المفهوم ستهتم بالجوانب التي تهم الإنسان والمجتمع فما دامت الناحية المهنية والعلمية مهمة في حياة الفرد والمجتمع فإنها ستنال أهمية بالغة في جانب الشريعة، وكذلك الناحية النظرية ستغطي الأهمية لأنها تساعد على صيانة وحفظ العديد من القيم والسلوك، لذا يتوجب إزالة كافة الحواجز

المصطنعة التي تفصل بين التربية النظرية والتربية المهنية.

2. التربية عملية مستمرة:

فهي عملية لا تبدأ ولا تنتهي بزمن معين من عمر الإنسان أو بمرحلة معينة، وإنما تمتد على الإنسان منذ ولادته، وحتى نهاية الحياة، فهناك خطوات كثيرة يمر بها الفرد وتؤثر في شخصيته. (بسام، 2005).

3. فردية/ اجتماعية:

«بمقتضى هذا المفهوم تعتبر التربية عملية توجيه دائم لطاقات الفرد ونموه فهي لا تقوم على مجرد عرض أو تعلم من كتاب وإنما تحدث في مواقف الحياة الحقيقية وتعمل على تهذيب أسلوب الفرد في مواجهته لهذه المواقف بالمزج بين محتواها وأساليبها ومحتوى الحياة وأساليبها».

4. التكامل بين المعارف والسلوك:

«فهي لا تعني الاهتمام بالنواحي المهنية فحسب أو النواحي النظرية وحدها وذلك أن نمو الذوق والحكم على الأشياء وتقديرها والرغبة في المزيد والقدرة على الحكم فيها وبين عناصر الحياة لها قيمة وظيفية في الحياة يتحول إلى مجالات معينة فيها».

5. عملية النهج:

«فالتربية الصحيحة حقًّا، هي تلك التي تسعى إلى تنمية النهج العلمي لدى التلاميذ، وذلك أنه سبيل أساسي في دراسة العالم المحيط واكتساب المعاني والقيم التي توجه حياته وحياة الآخرين، وبهذا المعنى لا تقتصر على تدريب عقل التلاميذ من أجل التدريب في حياته، وإنما هي تستخدم المعرفة من أجل زيادة قدرة الإنسان على أن يعيش حياة أرقى باستمرار بتسخيرها في حل مشكلات بيئية واستنباط إمكانيات جديدة وتحقيق ما ينبغي أن تكون في حياته من تثبيت واتساق (علي، 2007).

ضرورة التربية:

أولاً: «للفرد»:

1. إن التراث الثقافي لا ينتقل من جيل إلى جيل بالوراثة أي بمعنى أن ثقافة المجتمع وما تحويه من نظم وعقائد وتقاليد وعادات وقيم وأنماط سلوكية، لا تورث كما يورث لون العينين والبشرة، ولكنها تكتسب نتيجة العيش بين الجماعة وبواسطة التربية والتعليم.

2. إن الطفل الوليد بحاجة إلى أشياء كثيرة وخاصة الرعاية والعناية منذ ولادته ولفترة طويلة لأن الطفولة الأساسية بطبيعتها طويلة، ويكون الطفل في هذه المرحلة كثير الاتكال على غيره من البالغين وما دامت التربية عملية

يكتسبها الصغار من الكبار أو الأفراد في المجتمع فإن صورتها للطفل الصغير تكون ملحة ولازمة كي يتعايش الطفل مع مجتمعه.

3. إن الحياة البشرية كثيرة التعقيد والتبدل وتحتاج إلى إضافة وتطوير وهذه العملية يقوم بها الكبار من أجل تكييف الصغار على الحياة المحيطة وتمشياً مع متطلبات العصور على مر الأيام.

ثانياً: «للمجتمع»:

1. الاحتفاظ بالتراث الثقافي: فإذا أراد المجتمع حفظ تراثه الثقافي من الضياع، فإن الطريق إلى ذلك يكون بنقل هذا التراث إلى الأجيال الناشئة بواسطة التربية.

2. تعزيز التراث الثقافي: يجب على الإنسان ألا يكتفي فقط بالمحافظة على تراثه الثقافي، بالرغم من أن محتويات هذا التراث تكون غزيرة وواسعة إلا أنها لا يمكن أن تخلو من بعض العيوب، وعلى كل جيل أن ينتقي تراثه الثقافي من العيوت التي علقت به أو عجز الجيل القديم عن إصلاحها، والتربية هنا هي القادرة على إصلاح هذا التراث من عيوبه القديمة (ناصر، 2005).

أهمية التربية:

1. مكافحة الأمية: المجتمع الحديث هو المجتمع الذي تنخفض فيه نسبة الأمية إلى درجة كبيرة، وقد أدركت الدول على اختلافها خطورة مشكلة الأمية كونها أساس في تخلف المجتمع وتعطيل مسيرته وازدهاره لذلك أنشأت المراكز والبرامج الخاصة بمحو الأمية.

ويتمثل دور التربية في خفض نسبة الأمية ومحاولة التخلص منها نهائيًّا ورفع مستوى المعيشة.

2. تحسين الأوضاع الصحية: تُعَرَّف الصحة بأنها: «حالة السلامة والكفاءة البدنية والعقلية والاجتماعية والنفسية والكاملة، وليست مجرد الخلو من المرض والعجز.

ويؤدي انخفاض المستوى الصحي إلى انتشار الأمراض وارتفاع نسبة الوفيات وإلى ضعف الإنتاج وتدهور المجتمع وتأخره.

لذلك فإن المجتمع بحاجة إلى الصحة ووسيلته لذلك هي التربية فمن خلال التربية يرتقي الوعي الصحي لدى الفرد وتقل الأمراض ويرتفع الإنتاج ويتقدم المجتمع ويزدهر.

3. تحسين المستوى الاقتصادي: يلعب الاقتصاد دوراً مهمًّا في تطوير المجتمع وازدهاره وتعمل التربية على تنمية الوعي الفردي والجماعي بأهمية زيادة الإنتاج وضرورة الاهتمام بالثروات الطبيعية التي تعد رأس المال للمجتمعات

الحديثة.

وتعمل التربية والتعليم على تكوين الطاقة البشرية المؤهلة والمدربة اللازمة لزيادة الإنتاج واكتشاف الثروات الطبيعية والتنقيب عنها واستخراجها والإفادة منها.

4. الارتقاء بالمستوى الخلقي: تعد الأخلاق القومية إحدى دعائم المجتمع الحديث وإحدى دعائم النهضة وتطوره ورقيه، فبدون الأخلاق تعم الفوضى والرذيلة والمحسوبية والنميمة وغيرها وينهار المجتمع ويتدهور وتلعب التربية دوراً أساسيًّا في خلق المواطن الصالح بالأخلاق الحميدة والعارف لحدوده والمتمسك بآداب دين مجتمعه.
5. تنمية الروح الوطنية وتوطيدها: إن أحد أهداف التربية الحديثة هو تنمية الروح القومية لدى الفرد وتكوين المواطن الصالح المحب لوطنه المدافع عنه العارف حقوقه الوطنية وواجباته، لذلك كان مقرر التربية الوطنية أحد المقررات الأساسية في مناهج المدارس في وقتها الحاضر.
6. الإفادة من أوقات الفراغ: من المعلوم أن الوقت هو من أثمن الموارد في المجتمع الحديث ويضاهي في قيمته الموارد الأخرى مثل الموارد البشرية والمالية والمادية لذلك يجب استغلاله الاستغلال الأمثل ولا سيما وقت الفراغ.

ويتمثل دور التربية هنا في تعليم الفرد سبل الإفادة من الوقت خاصة وقت الدراسة والتخلص من مضيعاته والتخطيط له مما يؤدي إلى النجاح في الدراسة والعمل معاً.

7. تكوين الطاقة البشرية اللازمة للمجتمع: يعد الإنسان عماد المجتمع الحديث وأحد أدوات تقدمه وتطوره فبدون الإنسان المتعلم والمؤهل تأهيلاً علميًّا وفنيًّا ونفسيًّا لا يمكن للمجتمع أن يتطور أو أن يتقدم ويزدهر.

ويتمثل دور التربية والتعليم في إعداد الكوادر البشريةالمؤهلة في مختلف التخصصات القادرة على القيام بواجباتها ووظائفها على أفضل وجه خدمة لمجتمعاتها. (همشري، 2001).

أغراض التربية:

تختلف أغراض التربية باختلاف المجتمعات ودرجة تقدمها والظروف الاجتماعية والدينية والسياسية التي تحكمها ولهذا يرى أن المربين قد اختلفوا في تحديد أغراض التربية أو أهدافها.

ففي الصين مثلاً كان الغرض من التربية هو إعداد القادة، وذلك بتزويدهم بالمعارف القديمة التي تتصل بنظام المجتمع وصلات أفراده بعضهم ببعض وإعداد كل أفراد الشعب ليكون سلوكهم في جميع ما يزاولونه من أعمال في

حياتهم واحداً. والتربية بهذا المفهوم هي تربية خلقية اجتماعية.

أما الغرض من التربية في مصر القديمة فكان دنيويًا أو دينياً أما الدنيوي فيعنى بتخريج المتعلمين في الفنون المختلفة، كالأطباء والمهندسين، والكتّاب ثم الديني وهو العمل على خلق جيل محب للآلهة.

أما في إسبرطة، فكان الغرض الأساسي من التربية هو إعداد الرجال الأقوياء، إعداد الإنسان القوي البنيان الشجاع في المعارك، ومن ثم الإنسان فصيح اللسان في المجالس.

وفي أثينا كان الغرض من التربية هو إعداد الفرد لذاته ليصل إلى درجة الكمال الجسمية والعقلية.

والغرض الأساسي من التربية الإسلامية يتلخص في الآية الكريمة:

بسم الله الرحمن الرحيم: (وابتغ فيما آتاك الله الدار الآخرة ولا تنس نصيبك من الدنيا) (القصص:77).

فالإسلام ينظر إلى أغراض التربية على أنها رضا الله ومن ثم كسب العيش فهي تربية دينية ودنيوية معاً.

هذا وتختلف أغراض التربية باختلاف الفلاسفة كذلك، فبعضهم يرى أن الغرض من التربية هو تربية العقل ووصوله إلى الكمال، ويرى منه ثانية أنها تربية الخلق القويم، ومنه ثالثة يرى أن الغاية من التربية هي الكمال المطلق ليصبح الفرد عضواً كاملاً في المجتمع.

ولكن تلك الأغراض جميعاً تدور حول الإنسان وإعداده لكي يعيش في مجمتع معين، وهناك آراء كثيرة ولكننا يمكن أن نجمعها في غرضين أساسيين: غرض فردي، وآخر اجتماعي.

الغرض الفردي: وأنصار هذا الغرض يعتبرون الفرد هو الأساس في العملية التربوية، ولذا يجب الاهتمام بالفرد عقليًا وجسميًا وخلقيًا فالتربية عند هؤلاء ما هي إلا وسيلة لتربية الطفل النشئ، وإعداده لحياة أفضل وبهذا التركيز على الفرد، يهملون المجتمع معتمدين في ذلك على أن المجتمع وُجد لرعاية مصالح الأفراد.

الغرض الجماعي: وأنصار هذا الغرض يرون أن إعداد الأفراد ما هو إلا وسيلة من وسائل إصلاح المجتمع فالفرد في نظرهم لا شيء، و المجتمع هو كل شي، والفرد يجب أن يُنفى في المجتمع.

وفي الحقيقة أن هذين الغرضين مرتبطان معاً فالفرد لا يستطيع أن يعيش بمفرده بعيداً عن المجتمع ومنفرداً عنه، فالإنسان مدني بالطبع كما يقول ابن خلدون ولا يمكن أن يرقى المجتمع إلا برقي الأفراد، فلا بد من تربية الإنسان تربية فردية اجتماعية في وقت واحد مع ملاحظة الأمور التالية:

1. تربية عقل الطفل لكي يدرك كل ما يطلب منه في حياته، وتقدير كل ما يحيط به من مؤثرات يستفيد منها.

2. تربية جسمية لكي يستطيع أن يقوم بكل ما يطلب منه ذلك العقل.

3. تربية أخلاقية لكي يستطيع التوفيق بين ما يتطلبه المجتمع، وبين ما تتطلبه نفسه من الحياة.

4. تعليمه حرفة يكسب منها عيشه، حتى لا يكون عالة على مجتمعه.

5. تعليمه الوسائل الكفيلة بالاستفادة من أوقات فراغه حتى تكون حياته أفضل.

6. تعليمه الواجبات الملقاه على عاتقه تجاه مجتمعه وتعليمه حقوقه على مجتمعه. (ناصر، 2005).

طبيعة التربية:

نعرض فيما يلي مجموعة من وجهات النظر المختلفة لطبيعة التربية ونستخلص في نهايتها وجهة نظر شاملة لها:

أولاً: التربية عملية: تعني التربية بوصفها عملية جميع الممارسات والأنشطة التي تقوم بها المؤسسة التربوية والمربون على اختلافهم للوصول إلى هدف أو أهداف معينة، وبالتالي فإنها عملية شاملة ومستمرة ومنظمة.

ثانياً: التربية حقل من حقول الدراسة: فمن المعلوم أن موضوع التربية والتعليم يحتل مكانة بارزة بين الدراسات الاجتماعية، ويكاد لا يخلو معهد أو جامعة منه. ويدرس الموضوع على مستوى البكالوريوس والدراسات العليا (الماجستير والدكتوراة).

ثالثاً: التربية فن: ترتكز النظرة في هذا الاتجاه إلى أن التربية تعمل على تكوين وتدعيم القيم الجمالية والإبداعية والابتكارية لدى المتعلم، وتسمو بذوقه وحسه وخياله الفني ليكون قادراً على التمتع بالفنون وما يلحق بها من متع الفكر. كما تعتمد العملية التعليمية في نجاحها أساساً على أسلوب المعلم ومهارته في عملية التدريس.

رابعاً: التربية علم: ترتكز النظرة في هذا الاتجاه إلى التربية هي علم من العلوم الرئيسية، له مقوماته ونظرياته وقوانينه الخاصة به, يخضع للتطور والتجديد ليتلاءم مع ظروف المجتمع ويعايش تقدمه، ويرتكز على أسس علمية ومبادئ ومفاهيم منظمة ومرتبة تستخدم أسلوب البحث العلمي في حل المشكلات ودراسة المواقف التربوية.

خامساً: التربية علم وفن معاً: يعد بعضهم التربية علماً وفناً معاً يكمل كل منهما الآخر. فالعلم يعني المعرفة، والفن مهارة وموهبة التطبيق لهذه المعرفة، وبالتالي

فإن الفن ما هو إلا تطبيق للعلم.

فالتربية كعلم تحوي مجموعة من الأسس والمبادئ والنظريات والقوانين أمكن التوصل إليها عن طريق التجارب السابقة وأصبح بالإمكان العمل بمقتضاها.

والتربية فن تعتمد على الموهبة والإبداع والابتكار والخيال الخصب وبخاصة للمديرين والمعلمين والقائمين عليها بشكل عام، حتى يقام بها على الوجه الأكمل والأفضل.

سادساً: التربية مهنة: يعد أنصار هذا الاتجاه مهنة كالمهن الأخرى مثل المعلمة والطب والهندسة وغيرها إذ أنها تعد حقلاً من حقول الدراسة المعترف بها، وتحتاج إلى تدريب منظم ومستمر، وترعى شئونها مؤسسات مهنية ينظم إليها الممارسون للتربية والتعليم، ويتوافر لها قانون أخلاقي يلتزم به أفرادها، ولها بشكل عام ترخيص أو اعتماد لمن ينضم إليها من الأشخاص.

سابعاً: التربية نظام (system): يرى المناصرون لهذا المفهوم الحديث أن التربية نظام له مدخلاته التي تتمثل بالأفراد والمواد والأجهزة والمناهج والطلبة والأموال والإدارة والأنشطة التربوية وتنمية الفرد على نحو تكاملي، وبالتالي الوصول إلى التنمية الشاملة (الاجتماعية، والاقتصادية، والثقافية، والسياسية وغيرها) وبذلك يمكن اعتبار التربية نظاماً كلياً له مدخلاته ومعالجاته ومخرجاته ونظمه الفرعية مثل نظم الإدارة والتمويل والامتحانات، والطلبة، إلخ.

أو نظاماً فرعياً من النظام الاجتماعي الذي يتكون من نظم فرعية مثل النظام الاقتصادي، والنظام السياسي، والنظام الثقافي، والنظام التربوي، والنظام الأخلاقي، وغيرها.

ويُعرَّف النظام بأنه «مجموعة من العناصر المترابطة (أو الأجزاء المتفاعلة) التي تعمل بشكل توافقي تآلفي لتحقيق الأهداف المرسومة، وأيضاً بأنه مجموعة من النظم الفرعية وعلاقاتها المتفاعلة المنتظمة في بيئة معينة لتحقيق أهداف معينة.

ويعتمد التعريفان على فهم الأفكار الأربعة المرتبطة مع بعضها، وهي: النظم الفرعية (العناصر) والبيئة والعلاقات والأهداف ومن المؤكد أن النظم الحديثة هي نظم مفتوحة تتفاعل فيها النظم الفرعية والعناصر والمكونات مع بعضها بحيث تكتسب صفة الحركية والتطور والتجديد المستمر، وهي أيضاً نظم مفتوحة على بيئتها الخارجية (الاجتماعية، والاقتصادية، والسياسية، والقانونية، إلخ).

لذلك يكون النظام التربوي الفعال نظاماً مفتوحاً قابلاً للتغيير والتبديل والتعديل بحيث يتجدد فيه المدخلات وتجرى فيه تحسين دائم ومستمر على

المخرجات حتى يتمكن من تحقيق التوازن مع بيئته، ويحقق الأهداف المرغوبة.

مما سبق نستطيع القول أن للتربية مفهوماً واسعاً ومدلولاً عمقياً وشاملاً يحتوي جميع المفاهيم والآراء والاتجاهات المذكورة سابقاً.

فالتربية نظام متكامل له نظمه الفرعية التي تعمل على نحو تفاعلي لتحقيق الأهداف المنشودة، وهي عملية شاملة ومستمرة، وهي حقل من حقول الدراسة، وهي علم وفن يحتاج إلى الموهبة الأصلية والخبرة والتجربة المبنية على أسس علمية، وهي مهنة ينتسب أعضاؤها إلى جمعيات واتحادات مهنية وطنية أو إقليمية أو دولية، ولها قانونها الأخلاق الذي يستمد أسسه ومبادئه من القانون الأخلاقي للمجتمع (همشري، 2001).

صلة التربية بالعلوم الأخرى:

التربية عملية إنسانية تتأثر بظروف الزمان والمكان، وهي تتأثر بالظروف والعوامل البيئية والخبرات الإنسانية والاتجاهات الفلسفية والنفسية والاجتماعية عامة.

إن التربية تعالج قضايا الإنسان من حيث كونه اجتماعياً بطبعه... وهي عملية ديناميكية تتأثر نتائجها إلى مدى بعيد لما فيها من علاقات بين عناصرها من جهة وبين تفاعلات هذه العناصر في إطار ما تقرره الدراسات العلمية للسلوك الإنساني... على اعتبار أن التربية تُعد في حد ذاتها عملاً إنسانياً منظما ومتعدد الجوانب وينتقل مع مقومات العصر واتجاهاته وقضاياه.

من هنا لابد للتربية من أن تتأثر بفروع العلم المختلفة التي تعالج قضايا وجوانب الحياة الإنسانية المتنوعة... ولابد أن يكون لها تلك العلاقات العضوية بصدد العلوم المعرفية، والثقافية والاقتصادية مما يعطي التربية المجال الأوسع والأقرب إلى معاصرة تكنولوجيا الأمن الحديث.

لذلك اقتضت الضرورة أن تبحث في ماهية العلاقة العضوية التي تربط التربية مع العلوم الأخرى. (بسام، 2005).

1. **الفلسفة والتربية:**

نقول، الفلسفة والتربية، فنضيف التربية إلى الفلسفة، أو تتبع الفلسفة التربية، ماذا يعني هذا؟ هل هما علمان جمعا معاً، أو مصطلحان أضيف أحدهما للآخر؟

وقبل البدء بالحديث عن العلاقة بينهما لابد من تعريف كلاً منهما، فالفلسفة لها عدة معاني، حيث كانت لفظة الفلسفة عند قدماء اليونان تدل على المعنى العام لها، (حب الاستطلاع عامة) وهذا يعني (كل جهد يقوم به العقل في سبل تزويد صاحبه بالمعارف الجديدة).

ومن معانيه أيضاً «الرغبة في المعرفة والتفكير العميق والتزود بوجهات النظر القائمة على الأصالة والتأمل فيما تعلق بمشاكل الحياة بصفة عامة».

أما التربية: فهي مصطلح عام نقل عن اللاتينية حيث كان يُستخدم للدلالة على تربية الحيوان أو النبات والإنسان معاً ولكنه اقتصر ومنذ قرون على تهذيب البشر.

يقال أن التربية والفلسفة وجهان مختلفان لشيء واحد، الأولى تبحث في أساسيات وماهية الحياة والثانية تنفذ ذلك في شؤون الحياة العملية وتعريف البعض للتربية على أنها فلسفة عملية تمس الحياة في كل موضع يدفعنا للتسليم بأنهما «الفلسفة والتربية» وجهان لعملة واحدة (إبراهيم، 2005).

فهناك صلة وثيقة وقديمة بين الفلسفة والتربية، فمعظم الفلاسفة في العصور القديمة والوسطى والحديثة يبدأون بالفلسفة وينتهون إلى فلسفة التربية ولقد كان (سقراط) يقول «إن الفلسفة والتربية مظهران مختلفان لشيء واحد يمثل أحدهما فلسفة الحياة ويمثل الآخر طريقة تنفيذ هذه الفلسفة في شؤون الحياة» (رشا، 2005).

فمن حيث غاية كل منهما:

الغاية من التربية ترتبط ارتباطاً وثيقاً بالغاية من الحياة، أما الفلسفة فتقرر ما ترى أن الغاية من الحياة، والتربية تقترح الوسائل لتحقيق هذه الغاية.

ومن حيث التطبيق:

التربية هي الجانب الديناميي للفلسفة، فهي الوسيلة العملية لتحقيق المثل العليا، والفلسفة هي الجانب النظري، والتربية هي الجانب العملي للشيء نفسه.

ومن حيث نقل المعرفة:

التربية تمثل العمل المتناسق الذي يهدف إلى نقل المعرفة، وإلى تنمية القدرات وتدريب وتحسين الأداء الإنساني في كافة المجالات وخلال حياة الإنسان كلها.

والفلسفة هي التي تصوغ النظريات التي تحقق التربية تطبيقاتها (إبراهيم،2005).

ومن حيث موضوع كل منهما:

أن موضوع التربية هو الإنسان، والإنسان هو المحور الأساسي لموضوعات الفلسفة.

ومن حيث الوسيلة التي يستخدمونها:

تتم صناعة الأهداف وفق أسس فلسفية تستند إلى اتجاه واضح محدد، وتقوم التربية بالسير على هدى هذه الأهداف.

إن العلاقة بين الفلسفة والتربية قديمة جداً، وقد ظهرت صور العلاقة بين الفلسفة التربية في أعمال الفلاسفة عبر التاريخ، بدءً من السفسطائيين مروراً بالفلاسفة المسلمين إلى الفلاسفة المعاصرين.

وقد ربط السفسطائيين بين الفلسفة والتربية، فقد جاءت فلسفتهم تعبيراً قويا عن نزعتهم الفردية، وكان الحاصل من هذه النزعة الفلسفية نظرية في التربية، ترجح أهمية الاكتساب على الفطرة الموروثة، ومن ثم التأكد على أن الفضيلة مكتسبة، والمعرفة هي الأخرى بدورها مكتسبة ومرجع كل ذلك إلى قدرة الفرد على التعليم. (إبراهيم، 2005).

وجاء سقراط الذي أحدث تغيراً في وظيفة الفلسفة، فحولها من مشكلات الطبيعة إلى البحث في مشكلات الإنسان، واستخدم سقراط منهجه الفلسفي الحواري في فلسفة التربية، حيث اتبع في برامجه التعليمية الطريقة الحوارية ساعياً بذلك إلى تنمية قدرات الأفراد على صوغ الحقائق العامة من عدد كبير من الظواهر الجزئية، وقد أحلت طريقة الحوار محل طريقة الإلقاء الشكلية التي كان يتزعمها السفسطائيون والتي كانت شائعة في التربية اللاتينية القديمة.

وكات غاية الفلسفة عند سقراط هي صياغة النفس الإنسانية وطبعها على الحق، والخير، والجمال، وتحقيق مجتمع فاضل، واعتمد سقراط في تحقيق غايته هذه على التربية.

وقوله «إعرف نفسك بنفسك» أوجدت التقريب بين الفلسفة والتربية لأن معرفة النفس بواسطة النفسن تدعو إلى البحث والاستقصاء، والتساؤل، من أجل الوصول إلى معرفة الحقة.

وخلاصة القول. إن المعلم يستطيع أن يستخلص للنتائج المرجوّة من حواره مع تلاميذه واستخلاص واستخراج الأفكار الصادقة من عقول التلاميذ.

وقد ربط أفلاطون في كتابه الجمهورية بين الفلسفة والتربية. في فكرة التدريب الذي يتفق مع الحياة العاقلة للطفل، وضرورة تدريب كل مواطن على تكريس نفسه وبدون تحفظ لخدمة الدولة. وتناسى مصالحه الخاصة.

وهذا ما يوصلنا إلى المواطنة الصالحة عند أفلاطون، كما يدعو أن تتحمل العملية التربوية مسؤولية غرس صفات الاعتدال والشجاعة والمهارة العسكرية في الشبان، وهي المعرفة التي يحتاجها الإنسان ليصبح مواطناً صالحاً.(إبراهيم، 2005).

وجاء أرسطو «الملقب بالمعلم الأول» وارتكز في طريقته على استقراء الحقائق بنظرة علمية خالصة إزاء حقائق الطبيعة الموضوعية الواقعية، والحياة الاجتماعية الإنسانية وصولاً إلى استنباط الحقائق كما هي ممثلة في الواقع

وليس كما ينبغي أن تكون عليه.

ووضع أرسطو طريقته وفلسفته التربوية في كتابه «السياسة» والذي ركز فيه نشاطين مهتمين بهذا النشاط العلمي، والنشاط الفكري. (إبراهيم، 2005).

أما جون لوك، أكثر ممثلي النزعة التجريبية الإنجليز، ومؤلف كتاب «آراء الفرد في التفكير وطالب بفضل التعليم عن إشراف الحكومة أو الكنيسة وجعله عامة حتى تتحقق للطفل حريته، وفلسفته أدى إلى ظهور مذهب جديد في التربية وهو المذهب التهذيبي أو التثقيفي.

أما روسو الفيلسوف الفرنسي، فكان له آراء ونظريات تربوية مستمدة من فلسفته الطبيعية في التربية، ومن أشهر ما قاله روسو في التربية (كل شيء حسن ما دام في يد الطبيعة وكل شيء يلحقه الدمار إذا مسته يد الإنسان).

وقد وضح هربرت سبنسر العلاقة بين الفلسفة والتربية بقوله (إن التربية الحقة لا تكون عملية إلا عن طريق الفلسفة الحقة).

أما جون ديوي فقد أشار بوضوح إلى أن الفلسفة هي التربية وأن التربية هي الفلسفة فالفلسفة متصلة أوثق اتصال بالحياة، ويقول في ذلك أن أي شخص عاقل قد يرى من الممكن أن التفلسف يجب أن يدور حول التربية باعتبارها أقصى اهتمام إنساني، وتتواجد معه علاوة على ذلك مشكلات أخرى كونية وأخلاقية ومنطقية (إبراهيم، 2005م).

كما ذهب جون ديوي إلى أن الفلسفة ضربان، ضرب متصل بالحياة، وضرب منقول عن الحياة.

الأول يستمد وجوده وطبيعته ووظيفته منها، ثم يحاول بعد ذلك تنظيم هذه الحياة وتوجيهها، وهذا هو التربية.

والآخر منقول عن الحياة فيفقد معناه ويصبح فلسفة نقطية، ويتحول إلى قضايا ميتافيزيقية لن نصل منها إلى نتيجة.

وقد وضح ديوي علاقة الفلسفة بالتربية بقوله: في الحق إن كل نظرية فلسفية لا تؤدي إلى تبديل في العمل التربوي لابد أن تكون مصطنعة، ذلك بأن وجهة نظر التربية تعيننا على تفهم المشاكل الفلسفية في منابتها التي نشأت فيها، حيث يؤدي قبولها أو رفضها إلى تبديل في الناحية العملية في التربية (إبراهيم،2005).

إنّ العلاقة بين الفلسفة والتربية تمخضت عن مولود جديد، حمل سمات الفلسفة والتربية في آن واحد، وهذا المولود هو «فلسفة التربية».

- من خلال عرض ما سبق نجد بأن العلاقة بين التربية والفلسفة علاقة وثيقة والشكل التالي يوضح ذلك.

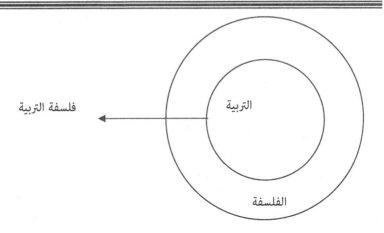

حيث يشير الشكل إلى وجود علاقة ترابطية بين التربية والفلسفة. (نبيل،2002)

2. التربية وعلم الإنسان:

يعد علم الإنسان Anthropology عن العلوم الإنسانية التي يدرس طبيعية الأجناس البشرية وثقافتهم، كما أن هذا العلم يتناول ثقافتهم البدائية، فكلمة Anthrop مشتقة من كلمة يونانية تعني إنسان وكلمة Logy تعني علم فيدمج ذلك باسم علم الإنسان، فهو العلم الذي يدرس الإنسان يدرس أوجه الشبه وأوجه الاختلاف بينه وبين الكائنات الحية الأخرى من جهة، كما يدرس أوجه الشبه والاختلاف بينه وبين أخيه الإنسان، وفي نفس الوقت يدرس السلوك الإنساني ضمن الإطار الثقافي والاجتماعي (الحياتي) عامة (نبيل، 2002)، (رشا، 2005).

فلا نستغرب بأن التربية ترتبط بهذا العلم ارتباطاً وثيقاً ممثلاً ذلك في دراسة العادات والتقاليد والأنظمة وطرق حياة الإنسان البدائي في المجتمعات التي ينتمي إليهما.

ولذلك بواسطة التربية والتعليم يمكن للفرد أن يتكيف في المجتمع الذي ينتمي إليه فمن هذا المنطلق لابد أن تكون الصلة وثيقة بين علم الإنسان وعلم التربية، لأن لا يمكن لأحدهما أن يبتعد عن الآخر.

كما يتضح مدى الترابط بين التربية وعلم الإنسان وأنها ترابطية ذات صلة وثيقة وبخاصة في سجال معرفة الأنماط السلوكية المتصلة بشبكة موسعة من العلاقات الاجتماعية أو ما يسمى «البناء الاجتماعي» وهذا دليل واضح على مدى محافظة الإنسان على تراثه الثقافي عبر السنين والأجيال وبالتالي معرفة طريقة تعامل الإنسان مع أخيه الإنسان وكسب ثقته من خلال الوقوف على حقيقة تواجد المبنى على تراث متراكم على مر الأجيال (رشا، 2005).

كما أن علاقة التربية بعلم الإنسان بوجه عام، هو تنمية الشخصية

الإنسانية تنمية متكاملة من جميع النواحي، العقلية، والنفسية، الجسمية، الاجتماعية، إلى أقصى درجة تسمع بها إمكانات الفرد واستعدادته وقدراته، بحيث يصنع في المحصلة النهائية شخصية منتجة، ومن ثم متطورة، ومبدعة في المجتمع الذي يعيش فيه.

ولهذا يمكن القول: أن موضوع التربية الأساس هو الإنسان الذي يعيش مع الجماعة ويتفاعل مع المجتمع ضمن إطار ثقافي يؤمن به، ويحاول المحافظة عليه ويتمسك به من أجل الحفاظ على التراث المتراكم عبر الأجيال.

إنّ الصلة بين علم الإنسان والتربية، صلة قوية أو خاصة في عملية نقل الثقافة إلى الأجيال اللاحقة، كما يتعاون كل من عالم الإنسان وعالم التربية، في نقل السلوك الإنساني النابع من ثقافة الإنسان إلى الشيء الجديد (نبيل، 2002).

كذلك فإن (الانثربولوجيا) هي واحدة من الأصول التي حولت التربية من عملية فردية إلى عملية اجتماعية ثقافية، على اعتبار أن المدخل إلى فهم التربية هو مدخل متكامل يقوم على الدراسة العضوية بين الفرد وبيئته التي تعني غيره من الأفراد وما يعيشون فيه من أنظمة وعلاقات وقيم وتقاليد ومفاهيم (رشا، 2005).

فالتربية لا يمكن تصورها من فراغ، إذ تستمد مقوماتها من المجتمع الذي تعمل فيه كما أنها تهدف إلى تحويل الفرد من مواطن (بالقوة) بحكم مولده في هذا المجتمع إلى مواطن (بالفعل) بفهم دوره الاجتماعي ومسؤولياته وسط الجماعة التي ينتمي إليها. (رشا، 2005).

ومن خلال الانثربولوجيا يأخذ المربون مفاهيم كثيرة يوضحون بها ما ينبغي أن تجيب عنه التربية من مسائل عديدة ومثال ذلك:

أ. نوع الثقافة وطبيعتها.

ب. أثر الثقافة في تشكيل الفرد اجتماعياً.

ج. اختلاف طرق التعليم في المجتمعات المختلفة.

د. حركة الطبقات الاجتماعية والعلاقة بينها.

من هذه المسائل وغيرها يعمق التربويون وظيفة التربية ومؤسساتها. فالمدرسة لا يمكن أن تنفصل عن المجتمع ومنهجها لا يمكن ألا أن ينفعل باتجاهات هذا المجتمع ومشكلاته، والتخصيص بصفة عامة يقوم أساساً على دراسة طبيعة المجتمع ومشكلاته ونوعية المرحلة التاريخية التي يمر بها. (رشا، 2005).

3. التربية وعلم الاجتماع:

يعتبر علم الاجتماع Sociology إحدى فروع العلوم الإنسانية الذي يدرس سلوك المجتمعات المقدمة، كما أنه يعد علماً يتناول خصائص الظواهر الاجتماعية والعلاقات المتبادلة بينها، وتتميز التربية في مضمونها بأنها عملية اجتماعية سواء

من حيث مقصودها أو وظائفها واغراضها، والمجتمع لـه دور رئيسيـ في التربية مـن حيث تصميم السياسات التعليمية التي تتفق مع أهداف المجتمع وثقافته وحاجاته.

بمعنى أن المجتمع هو الذي يحدد الأسلوب التربوي الواجب اتباعه (نبيل،2002).

وتبدو طبيعة دور المجتمع في التربية متمثلة بعلم الاجتماع التربوي الذي يتناول المؤسسـات التربوية باعتبارها مؤسسات اجتماعية داخل البناء الاجتماعـي العـام، تـؤدي دورهـا الـوظيفي داخلـه، وتسهم بدور إيجابي في تقدمه وتطوره.... كما أن هـذا العلـم يهـدف إلى البحـث عـن العلاقـات بـين العمليات التربوية، وإبراز هذه العملية كظاهرة اجتماعية، وبيان وظيفتها في المجتمع. (رشا، 2005).

كما يعد علم الاجتماع من العلوم الإنسانية الهامة التي ظهرت في أواخر القرن التاسع عشرـ التي استندت إلى مجموعة من القواعـد والقوانين في نفس الظواهر الاجتماعيـة، سـواء أكانـت هـذه الظواهر تشكل جماعات غير منظمة عشوائية أم مؤسسات اجتماعية إنسانية، كما يهـدف هـذا العلـم إلى البحث في أسس نظريات الصراع والتوافق كما يدرس أنظمة المجتمع، كـما أن هـذا العلـم يـدرس الفرد ليس بمعزل عن جماعته أو الآخرين ولذلك جاءت فكرة علم النفس الاجتماعـي. (نبيل، 2002).

كـما أنـه يهـتم بدراسـة عـدة موضوعـات كالجماعـات الاجتماعيـة، والعمليـات الاجتماعيـة والثقافية، والتغير، والشخصية فهو بذلك علم يدرس العلاقات بين الأفراد، والتفاعـل بيـنهم وتصرفاتهم كأعضاء في جماعة، وهو بالتالي يركز على سلوك الأفراد في المجتمعـات ومـن هنا كانـت صلته وثيقة بالتربية، التي هي عملية تكيف الأفراد مع البيئة الاجتماعية المحيطة وبهدف الصـلة التفاعليـة يعتبر علم الاجتماع أحد الأسس الهامة للتربية. (نبيل، 2002).

يتضح مما سبق أن التربية لا تعيش في فراغ، بل تعيش في ظل مجتمـع لـه قضاياه ومطالبـه وآماله، فهناك كما تبين وجود علاقة وثيقة بين التربية والمجتمع.

والمجتمع يقدم العناية والرعاية اللازمين للتعليم، كما يقوم التعليم بـدوره بخدمـة المجتمـع من خلال إسهام التعليم في النهوض به وتطويره. (رشا، 2005).

إنّ الغاية من التربية هي تنمية الفرد والمجتمع على حد سواء وذلك عن طريق إحداث نوع من التوافق والتكيف بين الفرد والمجتمع الذي يعـيش فيـه، وعـن طريـق دراسـة احتياجـات المجتمـع والعمل على تحقيق تلك الاحتياجات والوفاء لها.

ولعل هذا يعني أن التربية على تحقيق تلك الاحتياجات والوفاء بها.

ولعل هذا يعني أن التربية تستمد الكثير من أهدافها ومناهجها ونظمها

وأساليبها وأصولها من المجتمع ومـن ثقافـة المجتمـع ومـن قضـاياه ومشـكلاته، وعـلى هـذا الأساس فلابد أن تتفاعل المناهج والبرامج الدراسية على اعتبار أن المدرسة جزء من العملية التربوية مع قضايا المجتمع ومشكلاته.

4. علاقة علم الاجتماع التربوي بعلم التربية:

لا نستطيع فهم واستيعاب العلاقة المتفاعلة بين علم الاجتماع التربوي والتربية دون تعريـف هذه العلمين واشتقاق الفوارق الجوهرية بينهما.

فقد عرفنا أن علم الاجتماع التربوي هو العلم الـذي يـدرس الجـذور الاجتماعيـة والتاريخيـة للظواهر والتفاعلات التربوية وأثر هذه الظواهر والتفاعلات على المجتمع أو البناء الاجتماعي. أما علـم التربية فيعرفه البروفسور «فليمنك» بالعلم الذي يدرس مجموعة المؤثرات المختلفة التي يتركها الراشـد في توجيه حياة الناشئ والسيطرة عليها بما يضمن استقامة خلقه وحسن سيرته.

إن هذا التعريف يركز على ناحيتين الأولى هـي أن التربيـة لا تنحسر في مجـال واحـد بـل في عدة مجالات، والثانية تتضمن عملية توجيه الفرد وإرشاده لكي يكون فاعلاً في الوسط الاجتماعي.

مـن خـلال التعريـف بمفهـومي التربيـة وعلـم الاجـتماع التربـوي نسـتطيع اسـخلاص أوجـه الاختلاف بين هذين العلمين على النحو الآتي:

أ. أن علم الاجتماع التربوي يدرس المؤسسة التربوية دراسة اجتماعية، والدراسة الاجتماعية تعني العلاقات الاجتماعية داخل المؤسسة التربوية والتحليل البنيوي الـوظيفي للمؤسسـة التربويـة، بينما التربية تدرس طبيعة الجهود المبذولة من قبل الراشد في إنمـاء قـدرات وقابليـات الناشـئ بحيث يكون فاعلاً في محيطه ومكيفاً مع ظروفه وأجوائه.

ب. إن حقل أو اختصاص التربية أقدم بكثير من علم الاجتماع التربوي. ذلك أن التربيـة كعلـم قـد ظهرت منذ ظهور أول مدرسة أو معهد عرفها الإنسان والمجتمع البشري.

أما حقل علم الاجتماع التربـوي فهـو فـرع مـن فـروع علـم الاجـتماع، وقـد اسـتقل عنـه في العشرينات مـن هـذا القـرن وذلـك لتشـعب وتطـور المؤسسـات التربويـة وتـداخلها في عنـاصر البنـاء الاجتماعي وضرورة دراستها دارسة اجتماعية تحليلية.

ج. أن ميادين علم الاجتماع التربوي تختلف عن ميادين التربية، فميادين التربيـة تشـمل المنـاهج وطرق التدريس ونظريات التربية وفلسفتها والعلاقة بين الطالب والاستاذ... إلخ.

هذه هي الفوارق الأساسية بين علم الاجتماع التربوي والتربية، أما العلاقة

بين العلمين فهي علاقة قوية ومتماسكة. فالتربية تستفيد من علم الاجتماع التربوي في معرفة العلاقة المتداخلة بين التربية والمجتمع حيث أن التربية تتكيف لطبيعة المجتمع وتسير في مساره المحدد.

كما أن علم الاجتماع التربوي يمكّن التربية من فهم الحياة الاجتماعية للمؤسسات التربوية على اختلاف أنواعها ومسارتها وأهدافها لكي تكون التربية متجاوبة مع المجتمع ويكون المجتمع مستفيداً من ثمار التربية ووظائفها.

أمّا أهمية التربية لعلم الاجتماع التربوي فتنحسر في نقطتين أساسيتين هما:

1. التربية ترفد علم الاجتماع التربوي بطبيعة أسسها وسياقاتها وبرامجها وأهدافها لكي يستفيد منها عالم الاجتماع التربوي في دراسة المؤسسات التربوية دراسة اجتماعية.
2. التربية ترفد علم الاجتماع التربوي بالعناصر الأساسية التي تدخل ضمن إطارها وهي المناهج والكتب وطرق التدريس وطرق التقويم والقياس وفلسفة التربية ونظرياتها.

ومثل هذه المعلومات لا يمكن الاستغناء عنها مطلقاً في دراسة العلاقة المتفاعلة بين ما هو اجتماعي وما هو تربوي ذلك هو الموضوع الأساس الذي يدور حوله علم الاجتماع التربوي (إحسان، 2005).

5. التربية وعلم الأحياء:

يكاد الاتصال يكون مستمراً ما بين علم التربية وعلم الأحياء، وذلك مادام كل منهما يبحث في تفاعلات الإنسان وسلوكياته تجاه نشاطاته الحياتية. فالتربية من جهة تبحث في استكشاف قوانين الحياة العامة «البيولوجيا»، والقوانين الخاصة بالمورفولوجيا والبيولوجيا البشرية، والتشريح، والنمو الإنساني والبيئة النفسية والأمزجة البشرية، وشروط العمل التربوي التي يجيب توافرها في هذه المجالات.

وعلم الأحياء من جهة ثانية يبحث في دراسة الكائن الحي بكافة نشاطاته التي تميزه عن غيره من الكائنات.

وفي هذا التأكيد التام على التفاعل القائم بين كل من التربية وعلم الأحياء وكلاهما يتصلان بالإنسان الذي هو موضوع البحث لدى كافة المعلمين ولدى جميع علماء الأحياء. وذلك سواء على مستوى الإنسان الفرد أو الجماعة الإنسانية متكاملة (رشا، 2005).

6. التربية وعلم النفس:

يُعرف علم النفس Psychology بأنه علم وصفي، يصف سلوك الأفراد أثناء انفعالاتهم، بمعنى آخر يدرس سلوكهم، وما يصدر من أفعال وحركات نتيجة

لعرضها لموقف ما.

ولا نستغرب بأن التربية تتصل اتصالاً وثيقاً بعلم النفس، وهذا الاتصال متمثل في دراسة سلوك الطفل في المدرسة وما يتعرض له من صعوبات في التعلم، أو الكشف عن المشاكل والصعوبات المادية والاجتماعية التي يتعرض لها الطفل مما تجعله غير متوافقاً ومنسجماً مع الآخرين.

كما أن لعلم النفس التربوي أهمية في الكشف عن مستوى الابتكار والذكاء لدى الطفل وهذا أمر لا يستهان به.

كما لعلم النفس العام أهمية في البحث عن مواضيع مختلفة لها علاقات مباشرة في التربية والعملية التربوية منها: علم النفس الطفولة والمراهقة، علم نفس النمو، علم نفس الشخصية، علم نفس الشواذ، وعلم نفس التعليم.....إلخ (نبيل،2002).

كما أن التقدم الملحوظ في مجال علم النفس، وبخاصة علم نفس النمو وعلم النفس التربوين قد أفاد التربية، وصحح الكثير من المفاهيم الخاطئة التي سادت ميدان التربية فترة طويلة.

لقد استطاع التقدم في علم النفس أن يزود التربية بمفاهيم عن النمو البشري وخصائص هذا النمو، وحاجاته، وعن صبغة الطفل النفسية، وعن الكشف عن طرق سليمة للتدريس والتعامل مع الطلاب وقد ساعد هذا التطور الكبير لتطوير الكثير من القضايا التربوية مثل:

- بناء مناهج دراسية تتلاءم مع حاجات النمو.

- الاهتمام بالخبرات التربوية العملية.

- تشجيع أساليب التعلم الذاتي لتحقيق مبدأ التربية المستمرة.

- مراعاة مبدأ الفروق الفردية بين المتعلمين ومحاولة الكشف عنها والتعامل معها. (رشا، 2005).

7. علم النفس التربوي Educational Psychology

إن الاهتمام بعملية التعلم والتعليم، في ميدان المدرسة بشكل خاص، يشكل اليوم محور اهتمامات علم النفس التربوي. فما هو علم النفس التربوي؟!

علم النفس التربوي هو ذلك الميدان من ميادين علم النفس الذي يهتم بدراسة السلوك الإنساني في المواقف التربوية وخصوصاً في المدرسة، وهو العلم الذي يزودنا بالمعلومات والمفاهيم والمبادئ.

ولكل علم حدود تعمل على تقرير محتواه وطرق البحث فيه. وحدود علم النفس التربوي هي السلوك الإنساني والمواقف التربوية. ومن الواضح إذن أنه على علاقة وثيقة بكل من علم النفس العام من جهة، والتربية من جهة أخرى.

يتبع علم النفس في دراسته السلوك خطوات الطريقة العلمية. والتي تتضمن مجابهة المشكلات عن طريق وضع حلول مقترحة تدعى «الفرضيات» ثم جمع المعلومات بهذه الفرضيات بطريقة مختلفة، تتفاوت في درجة دقتها، ثم تحليل هذه المعلومات للتأكد من ملاءمة هذه الفرضيات بحلول لتلك المشاكل.

التربية المعاصرة:

تحتل التربية المعاصرة مكاناً لم تحتله في أي عهد من العهود، وهذا يلاحظ من خلال ما يوليه رجال السياسة والفلسفة والعلم والفكر من اهتمام بالعقلية التربوية.

ويعتمد كثير من رجال الفكر على التربية في نشر- أي فكرة أو معتقد جديد أو مبدأ من المبادئ أو فلسفة من الفلسفات - ويرى علماء العصر الحديث أن العملية التربوية عبارة عن عملية تفاعل بين المربي والمتربي ليصلا معاً إلى الهدف التربوي.

مميزات التربية المعاصرة:

1. أصبحت التربية الحديثة ميدانية حياتية، تعتمد على المواقف والممارسات اليومية وطرحت التطبيق العلمي لمواجهة الحياة المتغيرة والمخترعات والاكتشافات الحديثة.

2. أصبحت التربية متقدمة على التعليم وأعطيت أهمية أكبر.

3. أصبح الطفل أو الإنسان الفرد هو محور التربية وليس المادة الجامدة أو المنهاج الموضوع.

4. أصبحت المدارس متكيفة مع الحياة متمشية مع الطبيعة.

5. أصبحت التربية فردية اجتماعية ثقافية وذلك من خلال اهتمامها بالفرد.

6. أصبحت التربية عامة وذلك بتربية كل أفراد المجتمع من الجنسين لكي يواكب الحياة المتطورة والمتقدمة.

7. التوسع في الحركة المدرسية وذلك بأن تؤثر المدرسة في البيت والمجتمع وأن تكون منهاجها مرتبطة بالحياة وليست بعيدة عنها.

8. الاهتمام بالكيف التربوي أكثر من الكم التربوي.

9. الاهتمام بعالمية التربية وذلك بالتوسع في الهدف التربوي، وأن يكون الهدف التربوي هو إعداد الإنسان الصالح لكل مكان وليس المواطن الصالح لوطنه فقط.

10. استعمال الأساليب الحديثة المتطورة وذلك باستعمال الأدوات والأجهزة والمخترعات الحديثة في العملية التربوية (إخليف، 2005).

11. استراتيجية التعليم التعاوني: يتم العمل الجماعي في شكل منظومة متكاملة تعمل على التغذية الراجعة بين أفراد المجموعة على تحسين الأداء

بما يحقق الأهداف المرجوة منها.

12. استراتيجية التعليم الإلكتروني: هو استخدام التقنية بجميع أنواعها في إيصال المعلومة للمتعلم بأقصر وقت وأقل مجهود وأكثر فائدة.

13. تركز الاتجاهات العالمية الحديثة على الأخذ بالمدخل المنظومي في عملية التعليم والتعلم ليكون الإنسان قادراً على أن يتعلم كيف يبحث بنفسه عن المعلومة (عبد اللطيف، 2005).

14. التركيز في العملية التربوية على تعليم كيفية التعلم (تعلم التعليم) (ناصر، 2005).

التربية المستقبلية:

تتطور أساليب التربية ومناهجها وأهدافها مع تطور العصر، ذلك أننا لا نكون للماضي ولا حتى للأجيال الحالية، بل نكون للمستقبل لهذا على التربية العصرية السهر على تدريب أبناء المستقبل على أساليب تساهم على التفتح الذهني والقدرة على الإبداع لغرض إيجاد الحلول المناسبة للمشكلات المطروحة والصعوبات الطارئة في مختلف المواقف الاجتماعية والاقتصادية والتكنولوجية التي تواجه مستقبل الأمة.

إن أهمية الإبداع في المجتمع المعاصر جعله أكثر من تقنيات تطبق على التلاميذ، وأن نجاحه مرهون بوضع استراتيجية للإبداع تشمل فلسفة التربية وأهدافها، وتسخير الوسائل والإمكانات الضرورية لتجسيدها وهكذا أصبح من الضروري اعتماد فلسفة جديدة في التربية تعتمد على استعمال طرائق تربوية تسمح بالتفتح الفكري والذهني وهذا يساعد على توالد المعارف والأفكار واستيعاب العلوم والتكنولوجيا، ويتم ذلك من خلال تهيئة الظروف التربوية والمحيطة وتكاتف الجهود من أجل تحقيق الأهداف المتجددة والتحديات المتزايدة حتى تتمكن الأجيال الصاعدة من مواكبة التطورات ومسايرة الركب العلمي والمعرفي ومواجهة التحديات.

تؤكد هذه التربية أن دور المعلم لم يعد مجرد الناقل أو الملقن للمعرفة وعليه فإن على الطالب أن يتعود على الوصول إلى الحقيقة بنفسه مع تعوده على استخدام أساليب الاستقصاء ومهارات التفكير العالية، وأن التعليم التقليدي يقف عقبةً في وجه التنمية بدلاً من أن يكون عوناً لها.

ومن المفضل أن تتصف التربية المستقبلية التنموية المنشودة بخصائص تلبي حاجات الإنسان العربي الحديث إلى النمو الشخصي والاجتماعي والكفاية الاقتصادية والإنتاجية والوعي والمشاركة والفكر النقدي وفرص تحسين نوعية حياته العامة والتربوية واستمرار هذه التربية مدى حياته بحسب لزومها ونوعيته

دون الإضرار بالآخرين وبالبيئة الطبيعية والاجتماعية.

ومن مميزات التربية المستقبلية:

1. روحية – دنيوية: تجمع بين الاعتصام بالثوابت والقيم الروحية العربية وبين بناء الـذات والمجتمع وإعمارهما بالخير والمحبة والعدل والسلام.

2. شمولية – تكاملية: تشمل النمو العقلي والاجتماعي والوجداني والجسدي في تساند وتكامـل وتتعامل مع المتعلم كليًّا، وتعطي بـالغ الأهمية للتكامـل الـذي يحصل في ذهن المتعلم لمـا اكتسبه وأنتجه من مهارات ومعرفة ومشاعر وسلوكيات.

3. طبيعية: تحصل في مواقع وأوضاع طبيعية ما أمكن وإن تعذر ذلك ففي أوضاع تحاكيهـا أو في أوضاع منشودة من ضمنها.

4. فردية – جماعية – تفاعلية: تقيم تعاقبـاً وتكامـلاً مسانـدين بـين الأعمال التربويـة الفرديـة والجماعية وتؤمن التفاعل المستمر، والتغذية الراجعة.

5. توفيقية: توفـق بـين حاجـات الفرد ومطالب المجتمـع بحسب عمر المتعلم ودرجة نمـوه وخصوصية معطيات وضعه الاجتماعي والاقتصادي.

6. عملية – خبروية – نظرية: تنطلق مـن واقع المتعلم وتكسبه خبرة حقيقيـة وتأمّلاً عميقـاً بحسب نوع النشاط ونضج المتعلم.

7. تعبيرية – تواصلية – أدائية: يفصح فيها المتعلم عـن مضمون أفكاره وخواطره ومشاعره وإدراكاته ويتواصل مع غيره ويوائم بين التعبير والقيام بأنشطة أدائيـة فعليـة حقيقيـة ضمن الصف والمدرسة والمجتمع.

8. تركيبية – إنتاجية: بمعنى أنها لا تكتفي من المعلم بـأن يختـار الأجوبة بـل أن يركبها بنفسه وبلغته تركيباً وأن يقدم إنتاجاً في عمل متكامل.

9. الانفتاح على ثورات العصر ــ «المعلومـات – الاتصالات – التقنيـة والإعلام» بشخصية ثقافية مؤهلة تحسن وتتقن التعامل مع أدوات العصر الراهن مؤهلة اختصاصيًّا وتربويًّا وتقنيًّا.

10. الاهتمام أكثر بالإدارة التربوية التي أصبحت علمـاً لـه فلسفته وأصوله وقواعـده وأسـاليبه وطرائقه وممارساته والتي هي أساس تطوير أو تجديد للتعلم.

11. أن تتصف التربية المستقبلية بالعمليـة – الابتكاريـة – الاستكشـافية – التوليديـة – الأدائيـة – التعاونية – التشاركية – التساؤلية – النقدية – التقويمية – الأخلاقية.

الأسس التاريخية للتربية

التربية في المجتمعات البدائية والقديمة الشرقية

والغربية وعصر النهضة والقرون المعاصرة

ينظر إلى تاريخ التربية على أنه معالجة للتربية من المنظور التاريخي، وهذا يعني أن تاريخ التربية موضوع مستقل بكيانه، إلا أنه من ناحية أخرى يعتبر جزءاً من التاريخ العام مثله مثل التاريخ السياسي أو الاقتصادي أو الثقافي أو الفكري للشعوب.

اعتاد المؤرخون تقسيم العصور التاريخية إلى عصور قديمة تبدأ بظهور الجماعات البشرية وتنتهي عام 476م أي بسقوط الإمبراطورية الرومانية الغربية على يد الجرمان. وعصور وسطى تبدأ عام 476م وتنتهي عام 1453م أي بسقوط القسطنطينية على يد الأتراك العثمانيين. وعصور حديثة تبدأ عام 1453م وما تزال.

وهذا التقسيم غير منطقي ولا يستند إلى أساس علمي أو موضوعي وإنما هو مفيد في تسهيل دراسة التاريخ وأهدافه.

وأما موضوع تاريخ التربية فهو معالجة التربية من المنظور التاريخي، أي: تاريخ حركة المجتمعات البشرية ونشاطاتها في مجال التربية والتعليم في فترات تاريخية مختلفة.

أما اتجاهات البحث في تاريخ التربية فمنها ما يتعلق بالشكل، ومنها ما يتعلق بالمضمون:

أولاً: ما يتعلق بالشكل:

فهناك منهجان أولهما هو المنهج الأفقي أو العرضي وهو المنهج الشائع في دراسة تاريخ التربية، ويقوم على أساس الدراسة المقطعية للتربية في المجتمعات المختلفة عبر العصور المختلفة، وبناءً على هذا المنهج تقسم العصور عادةً إلى ثلاثة أقسام، العصور القديمة والعصور الوسطى والعصور الحديثة، وقد اتبع هذا المنهج كل من باطس (Butts) ومولهرن (Mulhern).

أما ما يتعلق بالمنهج الثاني ويعرف بالمنهج الطولي أو الرأسي وبناءً على هذا المنهج تدرس التربية من الناحية التاريخية في صورة مشكلات أو موضوعات تعالج كل مشكلة أو موضوع منها عبر العصور المختلفة مثل الدولة والتربية أو الفلسفة والتربية أو التعليم الابتدائي عبر العصور المختلفة ويمثل هذا المنهج بروبيكر (Brubacher).

ثانياً: ما يتعلق بالمضمون: فهناك عدة طرق أو أساليب منها:

أ.   طريقة السرد: تتمثل في الاقتصار على سرد الأحداث سرداً زمنيًّا ومكانيًّا دون

التعرض إلى تفسيرها أو تحليلها.

ب. الطريقة التحليلية: تحاول تحليل العلاقات الزمانية والمكانية للأحداث والظواهر التربوية بحيث يصبح لهذه العلاقات معنى وتفسير.

ج. الطريقة النفعية أو المذهب النفعي: يفسر التاريخ في ضوء احتياجات وظروف العصر- مثل دراسة أبي كلود فلوري (1640 – 1722م).

إن أحسن أساليب معالجة مضمون تاريخ التربية هو الأسلوب الذي يخرج بين هذه الطرق والأساليب جميعاً بحيث تكمل بعضها بعضاً في عرضها للظواهر التربوية.

أما نحن فنتبع المنهج الشائع في دراسة تاريخ التربية وهو المنهج الأفقي الذي يقوم على دراسة التربية في المجتمعات المختلفة القديمة والوسطى والحديثة.

يمكن أن تحقق الفوائد الآتية:

1. توفير قدر كافٍ من الحقائق التاريخية التي تعين الدارس على الوصول إلى الفروض والنظريات المتعلقة بالتربية من المنظور التاريخي.

2. مساعدة الدارس على القيام بتفسير الحقائق المتصلة بتطور الفكر التربوي وذلك بالاعتماد على المادة التاريخية ومنهج تصنيفها بغية الوصول إلى إصدار أحكام سليمة.

3. إثراء القدرة على التذوق التاريخي وذلك بتتبع الأصول الأولى للظاهرات المختلفة ومحاولة ربط الماضي بالحاضر فيما يتعلق بقضايا التربية والتعليم.

4. القدرة على اكتشاف العلاقة بين التربية وبين الجوانب الأخرى في تاريخ الحضارات مثل الجوانب الاقتصادية والسياسية والعسكرية.

5. محاولة إبراز الاتجاهات التربوية في إطارها الثقافي، وزيادة بصيرتنا بهذه الاتجاهات فكراً وتطبيقاً بما يساعدنا على تفسيرها وفهمها فهماً سليماً.

6. محاولة تفسير بعض مسائل التعليم المعاصر في ضوء التطور التاريخي لها، وذلك بالتزود بقدر كافٍ من الخبرات والتطبيقات التربوية توجيهاً سليماً.

7. تنمية القدرة على اكتشاف العلاقة بين النظريات التربوية المختلفة، وبين التطبيقات العلمية لها داخل المدرسة، وإرجاع النظريات إلى إطارها الاجتماعي والثقافي الذي ولدت فيه.

8. القدرة على تمييز العناصر والأبعاد التاريخية التي تدخل في تكوين معتقداتنا ونظمنا التربوية الحالية، وزيادة بصرنا بالمشكلات التي يمكن أن تنشأ عند إدخال نظم وأفكار يقتضيها التطور والإصلاح ولكنها قد تصطدم بالتقاليد والمعتقدات السائدة.

9. تكوين مفهوم سليم لمعنى التطور وما يرتبط به من عناصر البطء والسرعة في حركة التاريخ وقيمة الذكاء الإنساني في صنع التقدم الاجتماعي ومكان التربية من هذا كله.

المجتمعات البدائية:

لقد تناولنا مواضيع مختلفة تتعلق بالتربية وتهم كل من له علاقة بالتربية وتعرفنا على التربية وخصائصها ومراحلها في مختلف العصور والأزمان.

عرفت المجتمعات البدائية منذ حوالي ستة آلاف سنة رغم أن عمر الإنسان على هذه الأرض كما يقدره بعض العلماء قد يصل إلى مليون سنة أو أكثر.

وهذا يعني أن أكثر من 99% من عمر الإنسان على هذه الأرض هي فترة ما قبل التاريخ لم تدون أحداثها ولم تسجل وعلينا أن نستسقى معلوماتنا عنها من علماء الآثار القديمة الذين يهتمون بدراسة الآثار القديمة الباقية والموجودة على تلك المجتمعات المنقرضة والتي يجدونها على شكل مباني أو أسلحة أو أدوات منزلية كما نستسقى معلوماتنا عن تلك الفترة من علماء الأنثروبولوجيا الذين يهتمون بدراسة أصل الإنسان لقد استطاع أولئك العلماء الذين اهتموا بدراسة الأجناس البشرية القديمة أن يخرجوا من تلك الدراسات أن الإنسان البدائي قد مر في نموه بمراحل متعددة ومعينة لكل مرحلة ما يميزها عن غيرها.

فهناك مرحلة العصر الحجري ولها أقسامها التي تختلف عن بعضها البعض وهي العصر الحجري القديم والعصر الحجري الوسيط والعصر الحجري الحديث والمرحلة الثانية العصر البرونزي والعصر الحديدي ويطلق على البشر الذين عاشوا في هذه العصور المتباينة اسم المجتمعات البدائية أو مجتمعات ما قبل التاريخ (الرشدان، 2002).

مميزات المجتمع البدائي:

يتميز بأنه مجتمع غير متحضر، يتصف بالعزلة وعدم التغير والتضامن الاجتماعي والتجانس، إذ يشترك أغلب أفراده بنفس المعارف والاهتمامات والأفكار والأنشطة على مستوى المجتمع كله ويتميز أيضاً ببساطة الحياة وقلة مطالبها، كما يتصف هذا المجتمع بأنه مجتمع الصيد والقنص(الرشدان، 2002).

كما استخدم السحر للسيطرة على الأرواح الشريرة وتسخيرها وترويضها أو لطردها بعيداً وامتزج الطب بالدين عند الإنسان البدائي كما أنه تميز بنسبة الحياة إلى الجماد أثناء تفسيرهم للبيئة المحيطة بهم وكان الرجل البدائي يعتقد أن وراء كل قوة مادية قوة أخرى غير مادية وهي القوة الروحية أو التمثيل الذي يسيطر على كل كائن مادي ويعلل وجوده. وقد استطاع الإنسان البدائي أو يعزو بعض الظواهر التي تمر عليه في حياته إلى هذا المثيل الذي يعتقد بوجوده مثال

ذلك:

1. أن البدائي يعتقد ما يراه من أحلام في نومه هو عبارة عن انفصال هذا المثيل عن جسمه وهيامه في الأماكن التي يراها في تلك الأحلام.
2. كذلك حالات الجنون والصرع فإنها أمثلة تثبت أن الجسم والمثيل وحدتان منفصلتان.

ويمكن تلخيص خصائص التربية في المجتمعات البدائية بأنها تتميز بالتوزيع أي أن المجتمع بكامله يقوم بعملية التربية، وأنها متدرجة أو مرحلية يتدرب الطفل فيها في مجموعة مراحل (جمع الأكل، الرعي، التدريب على الفروسية، تعليم شؤون الحرب إلى أن يصل مرحلة الشيخوخة) (ناصر، 2005).

وكانت العملية التربوية تقوم على المحاكات والتقليد، بأن يقوم الطفل أو الكبير بتقليد المدرب أو المعلم.

هدف التربية في المجتمعات البدائية:

أن يقلد الناشئ عادات مجتمعه وطراز حياته تقليدا عبودياً خاصاً أي تحقيق التوافق والانسجام بين الفرد وبيئته المادية والروحية.

وكانت التربية تأخذ شكل معايشة للمجتمع نفسه وتشرب الصغار لكل ما يفعله الكبار وتعديل الكبار لسلوك الصغار وإرشادهم إلى الحلول الصحيحة ولم يتطلع الصغار إلى أكثر من أن يتعلموا كل ما من شأنه أن يجعلهم أعضاء في مجتمع الكبار فكانت التربية تعدهم لمواجهة مطالب الحياة العملية والحياة القيمية للجماعة التي توجه سلوكهم في جميع النواحي العملية والأخلاقية (الرشدان، 2002).

وسائل التربية في المجتمعات البدائية:

وسائل التربية في المجتمعات البدائية هي جملة المؤسسات والنظم الاجتماعية أو المجتمع بأسره ولا تتولى هذه المهمة أي مؤسسة تربوية فتتم عن طريق النقل المتصل للمعتقدات والعادات السائدة في المجتمع ويتم التعليم بصورة سهلة بسيطة لأن أدوات التعليم ووسائله في متناول الفرد ويكون التعلم من خلال الممارسة والتدريب.

أشكال التربية ومراحلها:

فهي تتم في مراحل وتتخذ أشكال وصور عديدة فهناك الطقوس التي تلي الولادة مباشرة وهي مظاهر لدمج الفرد في جماعية ثم تتبعها طقوس جديدة تحدث طور البلوغ وتصوغ الفرد صياغة كاملة تؤدي إلى ولادة جديدة وهي تتم تحت إشراف شيوخ القبيلة أو الجماعة وفي هذه الطقوس الجديدة يخضع الناشئون لتجارب قاسية وأليمة وغالباً ما يطلب منهم تعاليم سرية تنقل إليهم تقاليد مرعبة

مخيفة (الرشدان، 1987).

أنواع التربية البدائية:

1. التربية الجسدية: عن طريق ممارسة الألعاب الممتعة التي تقوم على تقليد الكبار في أنشطتهم وقت السلم وزمن الحرب.
2. التربية الفكرية: وهي تربية يغلب عليها الطابع العلمي وهدفها أن تجعل الطفل ذكراً أم أنثى قادراً على تربية حاجاته وحاجات أسرته كما أن هذه التربية ليس من شأنها أن تقدم لقابليات الناشئ إعداداً منهجياً عقلانياً فالصبيان يتدربون على حمل السلاح وتسلق الأشجار وإعداد الآلات أما الفتاة تتعلم كيف تبني الكوخ وتجمع الحطب (الرشدان، 2002).
3. التربية الخلقية: فالحس الخلقي لديهم ضامر وإنما يحتفظ نفوسهم بالكثير من سمات القانون الطبيعي فهم يقدسون الأجداد ويحترمون الآباء والشيوخ ويقدرون الشجاعة (الرشدان، 2002).

مصادر التربية عند البدائيين:

الأسرة، الأقاربن حفلات التدشين التي ينخرط الطفل فيها مع الكبار.

خصائص التربية:

1. التركيز في التعليم على الممارسة والأداء.
2. سرعة تعلم الأدوار الاجتماعية.
3. لا يرافقها أي قسوة.
4. خبرات التربية البدائية مباشرة من الحياة وفي الحياة.
5. التربية محدودة بحدود الجماعة وحاجاتها الأساسية.
6. عدم وجود متخصص في التدريس.
7. عدم وجود مدارس نظامية.

التربية عند الهنود:

تميزت بأنها كانت تخضع لصفتين: صفة اجتماعية وهي وجود الروح الطبقية أو الطبقات في المجتمع الهندي، ثم الدينية وهي وجود مذهب الحلول وهو المذهب الذي يقر خلود الروح، ويؤمن بتناسخ الأرواح والتقمص، وأن الله حاضر في كل شيء.

حظيت الهند باهتمام كبير من قبل الإنسان القديم بسبب قربها من مراكز التجمع السكاني العالمية والوفرة في خيراتها وخيرات أرضها واعتدال جوها فقد تعرضت الهند لغزوات الشعوب الآرية وفرضت على أهل الهند حكمهم ونظامهم وثقافتهم.

ويقسم المجتمع إلى عدة طبقات وهي:

1. طبقة البراهمانيين أو الكهان.
2. طبقة الكشاتريا أو المحاربين.
3. طبقة الفايزيا أو الصناع.
4. طبقة الشودورا أو العبيد.

أنماط التربية والتعليم عند الهنود:

1. التربية البراهمانية: وتهدف إلى الإعداد للحياة الأخرة أكثر من الإعداد للحياة الدنيا والتحكم في العقل والإرادة والجسم وهناك هدف ثقافي وهو تبصير الفرد بالنظام الاجتماعي المقدس والمحافظة على نظام الطبقات (الرشدان، 2005).

مدارس البراهمة:

1. مدارس الجوروس وسميت كذلك لأنه أنشأها مجموعة من الكهنة.
2. مدارس الباريشاد وتعني كلمة الباريشاد جماعة من البراهمان المثقفين ذوي المكانة الدينية والتربوية والقادرين على شرح الفيدا والكتب الدينية.
3. مدارس التول وانتشرت في المراكز الدينية والسياسية.
4. مدارس الأديرة وقد ظهرت في القرن السابع الميلادي.
5. مدارس البلاط وهي خاصة بالملوك والأمراء الذين يحاطون بجماعة من أهل العلم والأدب.

موارد التعليم:

كانت معظم المدارس خاصة وتعتمد على الهدايا التي يقدمها التلاميذ وغيرهم من المهتمين بالدين والفلسفة.

التربية عند الصينين:

يمكن القول أن الصينين إحدى الأمم التي عرفت الحضارة والتقدم منذ العصور القديمة إلا أن المؤرخين يختلفون في تحديد الزمن الذي بدأت فيه الحضارة لذلك الشعب، وهم أسرة حكمت الصين خلال الفترة 1766 – 1122 ق.م (الرشدان،2005).

يمكن تقسيم المراحل المتميزة للحضارة الصينية إلى ثلاث مراحل:

1. المرحلة الأولى: 800 – 630 ق. م وأطلق عليها تويني اسم عصر النمو.
2. المرحلة الثانية: 630 – 221 ق. م وأطلق عليها تويني عصر الاضطرابات وقد تميزت بالاضطرابات السياسية.
3. المرحلة الثالثة: 221 – 1905 ق.م وأطلقها عليها تويني عصر الدولة العالمية.

وكان على رأس الدولة الصينية إمبراطور يلقب (ابن السماء) يحكم نيابة عن الخالق.

ساد في الصين ثلاث ديانات وهي: الكونفوشية ومؤسسها هو كونفشيوس، والبوذية ومؤسسها بوذا، والتاوية.

التربية:

تظهر لنا العلاقة الأساسية بين التربية والحياة الاجتماعية للصينين من خلال هذه العبارة للفيلسوف الصيني الكبير كونفوشيوس حيث يقول: «الطبيعة هي ما منحتنا إياه الآلهة» والسير بمقتضى شروط الطبيعة هو السير في صراط الواجب ترمي إلى التربية هو تدريب كل فرد على سلوك طريق الواجب هذا حيث توجد جميع تفاصيل مهام الحياة وعلاقتها مفصلة بدقة تامة وهذه التفاصيل لم يلحقها التغير طول القرون المتتابعة.

مميزات اللغة الصينية: عبارة عن لغة ذهنية لا صوتية ولهذا فقد كثرت رموزها لتطابق أفكارها وليس هذه الرموز أصوات.

مراحل الدراسة وموادها:

1. مرحلة التعليم الأولى: في هذه المرحلة يدرس التلميذ رموز اللغة الصينية ويحفظ أشكالها ويحفظ الكتب الدينية المقدسة التسعة.

2. مرحلة التعليم العالي: في هذه المرحلة يتمرن التلاميذ على الكتابات الفلسفية والدينية والاجتماعية عن طريق الشرح والتحليل إلى جانب دراسة التاريخ الصيني والقانون والمالية.

3. مرحلة التعليم العالي: وفي هذه المرحلة يتمرن التلاميذ على كتابة المقالات والرسائل استعدادا لدخول الامتحان العام الذي يأتي بعد إكمال هذه المرحلة ويتم التعليم في المدارس العالية والكليات والأكاديميات الخاصة والحكومية المتواجدة في المدن الكبرى.

نظام الامتحانات: يعتبر نظام الامتحانات في الصين الظاهرة الأساسية في التربية والتعليم وذلك لأن هذه الامتحانات لا تمثل القوة المسيطرة على التربية فحسب بل تدعم الوسائل التي تؤدي إلى صيانة الكيان الحكومي والاجتماعي ويتم عن طريقها انتخاب الموظفين اللازمين لإدارة شؤون الدولة والناجحون في هذه الامتحانات يتمعتون بالاحترام والتقدير من جميع طبقات الشعب.

وتقسم هذه الامتحانات إلى ثلاث طبقات:

1. امتحان الطبقة الأولى: تعقد مرة كل ثلاث سنوات في المدن الكبرى في المقاطعة تحت إشراف العميد الأدبي ذو النفوذ التشريعي المطلق ومدة الامتحان حوالي 24 ساعة يوضع الطالب في غرفة خاصة حيث يطلب منه

إنشاء ثلاث رسائل من مواضيع مختارة من كتب كونفوشيوس.

2. امتحانات الدرجة الثانية: تقام بعد 14 شهر بعد مضي ـ امتحان الدرجة الأولى مـرة كـل ثـلاث سنوات وتمتاز بالصعوبة وأنها أوسع من امتحانات الدرجة الأولى ومدة الامتحان ثلاث أيام.

3. امتحانات الدرجة الثالثة: تقام في عاصمة الصين بكين وفي أغرب قاعـة امتحان تتكـون مـن عشرة آلاف حجرة ويأخـذ كـل طالب طعام وشراب ويستمر الامتحان 13 يومـاً (الرشـدان، 1987).

التربية عند العبرانيين:

لا توجد إشارات تاريخية دقيقة وصحيحة عن العبرانيين ولا يوجد كتاب تاريخي واحد يثبت علميا أن العبرانيين هاجروا من جزيرة العرب على اعتبارهم أنهم شعب واحد ذو صفة جنسية واحدة أم هم جماعة آمنت بديانة واحدة وجمعتهم ظروف واحدة.

وتذكر بعض النصوص المسمارية المكتشفة حديثا أن جماعـة مـن المرتزقـة الأجانـب الـذين يطلق عليهم (الخبايروا) أخذوا يدخلون البلاد من الجهة الجنوبية وقد فسر بعض العلماء هذه الكلمة بمعنى الذي يأتي من الجانب الآخر أو بمعنى العابر (الرشدان، 2002).

أما من الناحية الاجتماعية والدينية فقد كانت هذه الجماعات تعيش حياة بدائيـة مـرتحلين من مكان إلى آخر طلباً للماء والكلأ لمواشيهم برئاسة شيخ القبلية وقبل نزول الديانـة اليهوديـة علـيهم كانوا يعبدون الماشية والصخر والضأن.

ومن أعيادهم المشهورة:

1. عيد المظال أو الحصاد.
2. يوم الفصح.
3. يوم التفكير.
4. زيارة بيت المقدس مرتين كل عام.
5. يوم السبت (الرشدان، 2002).

الفلسفة والأهداف العامة للتربية:

1. هي تربية دينية تقوم على الإيمان بالله.
2. تركز على القومية الأحادية والانغلاق على الآخرين.
3. ليست التربية لعموم الناس بل اليهود.
4. تسعى إلى إيجاد الإنسان المخلص للإله.
5. يهدف الفكر اليهودي إلى تنمية الشخصية اليهودية بأبعادهـا العقليـة والجسمية (الرشـدان، 1987).

مراحل التربية:

1. المرحلة الأولى: كانت التربية لديهم في العصور الأولى تربية أسرية منزلية فلا نجد لديهم قبل ظهور المسيحية أي أثر لمدارس عامة للصغار على الأقل بل كانت حياة الأسرة هي قوام المجتمع فكان الطفل يربى على الإخلاص للإله وكان يتعلم الإخلاص والقواعد والمعتقدات الدينية عن طريق المثال والقدوة فالتربية الفكرية لدى العبرانيين القدامى كانت ثانوية أما العمل الرئيسي في نظرهم فهو التعليم الخلقي والديني والتربية القومية كذلك عن طريق الأعياد التي كانوا يدعون إليها الأطفال (الرشدان، 2002).
2. المرحلة الثانية: تقدم التعلم العام.

اختلفت أحوال التربية عند العبرانيين بعد ظهور الديانة المسيحية وزاد اهتمامهم بالتربية الفكرية كثيراً فأصبحت تهدف إلى تعليم الأطفال شؤون الثقافة والفكر بعد أن كانت قاصرة على تعليم المبادئ الخلقية الطبية.

كان الفتيان يتعلمون القراءة والكتابة، أما الفتيات فكُنَّ يتعلَّمْنَ الغزل والحياكة وتهيئة الطعام، ورعاية شؤون المنزل والغناء والرقص.

التربية عند البابليين:

قامت الدولة البابلية حوالي عام 2006 ق.م على إثر سقوط سلالة أرو الثالثة السومرية على يد العموريين وهم فرع من الأقوام العربية التي هاجرت إلى شبه الجزيرة العربية متجهة نحو بوادي الشام والعراق (الرشدان، 1987).

قسم المؤرخون العصر البابلي القديم إلى ثلاثة أقسام:

1. الدولة البابلية الأولى: وكان قيامها معاصر لقيام دولة الآشوريين في شمال العراق ويعد حمورابي أعظم وأشهر ملوك هذه الدولة.
2. مملكة بابل الثانية: (أسرة القطر البحري الأول) أنشأت في الشواطئ الشمالية للخليج العربي.
3. مملكة بابل الثالثة (الدولة الكاشية): الكاشيون من العناصر الآسيوية التي امتزجت بالعناصر الهندية الأوروبية (الرشدان، 2002).

يتألف المجتمع البابلي من عدة طبقات:

1. الطبقة العليا وهم النبلاء.
2. طبقة الناس الأحرار وأصحاب المهن.
3. طبقة الوسطى من الأحرار والفلاحين.
4. طبقة العبيد (الرشدان، 1987).

استند القوم البابلي إلى عدة قوانين تحكم عاداتهم وتقاليدهم وهي:

1. يقوم الزواج على مبدأ الزوجة الواحدة.

2. لا يعد الزواج صحيح إلا بعقد زواج مدون.
3. من حق الزوج أن يطلق زوجته بعقد وشهود (الرشدان، 2002).
4. لا يتم الزواج إلا برضى العائلتين.

التربية والتعليم:

اقتصرت التربية العالية على السحرة وعلى الطبقات العليا إلا أن الطفل الذكي يستطيع أن يبلغ مستوى عالياً من الثقافة يتيح له الوصول إلى وظائف الدولة وكان التعليم فنياً وعلمياً بالدرجة الأولى هدفه تكوين تجار وكتاب ومع ذلك سادت فترة من الفترات الدراسات الحرة فظهر اختصاصيون في الأدب والفلك والتنجيم والتاريخ.

كان تعلم الكتابة المسمارية عملية شاقة وصعبة وكان من يتقنها ينال الاحترام والتقدير (الرشدان، 1987).

مراحل التربية والتعليم:

1. المرحلة الابتدائية: وتشمل الدين والحساب والتاريخ والجغرافيا وعلم النحو وطرق التدريس كانت بدائية تعتمد على التكرار فقد كان المعلمون يكررون على التلاميذ الكلمات التي يلقونها ثم يمرنونهم على كتابتها على الألواح الصينية مبتدئين بكتابة أسماء الآلهة والمماليك.
2. المرحلة العليا: تقتصر على السحرة وعلى الطبقات العليا والطفل الذكي من عامة الشعب يستطيع أن يبلغ شأناً عظيماً من الثقافة يتيح له أن يصل إلى وظائف الدولة (الرشدان، 2002).

وأهم المدارس:

1. مدرسة كيش: وهي مدرسة قديمة.
2. مدرسة نبور: تبعد حوالي 100 ميل من جوانب مدينة بابل.
3. مدرسة سبار: وتبعد عن بغداد حوالي 20 ميل.
4. مدرسة بورسبا: تقع جنوب غرب الجلسة وهي مدرسة عليا.
5. مدرسة بابل: كانت مدينة بابل مركز نشاط فكري حافل (الرشدان، 2002).

الكتابة ومراحلها عن البابليين:

1. المرحلة التصويرية: كانوا يعبرون عن الشئ بصورته.
2. المرحلة الرمزية: وفي هذه المرحلة استعملت الصور في كتابة ما تدل عليه من أصوات للتعبير عن الأفعال فأصبحت كل منها ترمز إلى نطق معين يدل على الكلمة (الرشدان، 1987).

العلوم والمعارف التي برز فيها البابليون:

1. الجغرافيا.

أ. حاول البابليون التعرف على الأرض والكونز

ب. وضعوا معاجم في أسماء المدن والبلدان.

ج. كانت لديهم محاولات في علم المساحة.

2. العلوم الطبيعية: والرياضيات والفلك فهم أول من عرف علم الرياضيات وبدأ عندهم بالعمليات البسيطة ثم امتد ليتناول حساب المعاملات التجارية وأرباحها وعرفوا بعض النظريات الهندسية التي تتعلق بتشابه المثلثات ومساحتها.

واشتهروا بالفلك حتى عد بعض المؤرخين أنهم الذين أسسوا هذا العلم.

3. الطب والصيدلة: قيل أنه لم يزدهر عندهم لأن لقوم يردون الأمراض إلى أثر الأرواح الشريرة ويعالجونها عن طريق التعاويذ والأناشيد الدينية.

4. الفنون والعمارة: شاع عندهم النحت مثل نحت تماثيل الأله والنحت على الأواني والأدوات الحجرية وعرفوا اللبن واستخدموه في البناء.

5. القضاء والقانون: يعد حمورابي أكثر ملوكهم شهرة في مجال التشريع ووضع القوانين وشريعة حمورابي أكثر القوانين في العراق القديمة شهرة.

يمكن تصنيف قانون حمورابي إلى خمسة أجزاء:

1. التقاضي مثل الاتهام بالكذب.
2. الأموال مثل السرقة.
3. الأشخاص مثل الأحوال الشخصية.
4. أجور الأشخاص.
5. بيع السرق (الرشدان، 2002).

وكانت لغتهم تعرف بالحروف المسمارية وقد عرفوا جدول الضرب وعرفوا النظام العشري في العدد ثم عرفوا نظام تعليم القراءة عن طريق المقاطع التي تجمع لتكون الكلمات، وهم مِن الأوائل الذين عرفوا الفلك والرياضيات وأوجدوا نظام الأسبوع المؤلف من سبعة أيام وقد أوجدوا التشريع والنظام.

التربية عند الفرس:

ينحدر الفرس من الآريين الذين استقروا في القرن الثامن قبل الميلاد شرقي دجلة بين قزوين والخليج العربي وعرفت فارس خلال قرون عديدة إمبراطورية واسعة قوية غزاها الإسكندر المقدوني وتتالى عليها السلجوقيون والبارثيون ثم فتحها العرب في القرن السابع للميلاد، مرت الإمبراطورية الفارسية في تطور سياسي طويل بدأ بالتنظيم القبلي ثم تطور إلى نظام المدينة ودولة المدينة ثم أصبحت

مملكة جمعت تحت سيطرتها مدن كثيرة.

اللغة عند الفرس:

عرفت الفرس لغات متعددة وكانت اللغة الفارسية القديمة مرتبطة باللغة السنسكريتية إلى الدرجة التي جعلت بعض المؤرخين يرجعون اللغتين إلى لهجتين من لغة أقدم منهما.

الدين والأخلاق:

كانت الزرادشتيه من أهم الديانات التي ظهرت في فارس وهي ديانة قديمة كانت موجودة قبل قرون من الميلاد وكان صاحبها زرادشت موجودا في أول القرن السابع قبل الميلاد.

ثم تطورت هذه الديانة ثنوية ونشأ عنها الديانة الصدفانية ثم الديانة المانوية والمزدرية في القرن الخامس قبل الميلاد.

وكان الكتاب المقدس للدين الفارسي هو مجموعة الكتب التي جمع فيها أصحاب النبي أقواله وأدعيته.

وأعظم الفضائل عندهم التقوى والشرف والأمانة عملاً وقولاً وحرم أخذ الربا من الفرس بالرغم من هذه المبادئ السامية عرف الفارسيون بالقسوة والوحشية.

التربية والتعليم:

كانت التربية تبدأ بالأسرة فللأب في الأسرة الفارسية سلطة مطلقة وهو السيد المطاع المحترم ومثله الأعلى أن يدرب أبناءه على الفضيلة ويسهر على راحتهم.

كان الفرس يعلمون أبنائهم أمور ثلاث وهي: ركوب الخيل ورمي السهام وقول الحق وبعد سن السابعة يصبح الطفل بين يدي الدولة وكان أبناء الفقراء لا يتلقون إلا تربية محدودة جدا.

مراحل التربية:

1. كان التعليم النظامي يبدأ في سن السابعة وفي مجال التربية البدنية كان يضم المبارز ورمي السهام والرمح وفي مجال التربية الفكرية كان يشمل على القراءة والكتابة.
2. مرحلة ما بين الخامسة عشر والعشرين من العمر كانت تتم التربية للعسكريين.
3. مرحلة ما بين الخامسة والعشرين والخمسين من العمر ينجزه الفرس في الجندية.

أهداف التربية:

كان يهدف التعليم الفارسي إلى القوة أكثر مما يهدف إلى الثقافة وكانوا يرغبون في إنتاج أمة من الجنود مزودة باللياقة البدنية والشجاعة مع كل الفضائل التي يتضمنها لفظ جندي صالح.

طرق التعليم:

أهم الطرق التي كانت مستخدمة في التدريب هي الملاحظة والتقليد والممارسة وكان الولد يكتسب المهارة البدنية والصفات الخلقية المرغوب فيها عن طريق الكبار.

أما القراءة والكتابة فقد كانت تدرس على نطاق محدود ويبدو أنه لم يكن من التدريب الضروري للشاب الفرسي أن يتعلم القراءة وكان يزود بأفكار دينية وخلقية عن طريق الأشعار (الرشدان، 2002).

التربية عند المصريين:

القيام بعملية التعليم من الأعمال التي حظيت بكثير من الاهتمام والحب والتقدير عن المصريين وتجلّى ذلك في كثير مما نقرأ من وصايا المصريين لأبناءهم، وحّضهم على التعليم مثل:

«اذكر يا بني أن أي مهنة من المهن محكومة بسواها، إلا المثقف فإنه يحكم نفسه بنفسه».

ووصية أحد الحكماء لابنه: «افتح قلبك للعلم، وأحبّه كما تحب أمك ولا شئ يعلو على الثقافة (الدايم).

أهدافها:

كان الهدف من التربية الفرعونية ثقافيا ودينيا ومهنيا، فقد كانت تسعى إلى تأكيد سيطرة الحاكم ورجال الدين أو تعليم الأفراد الذين يستطيعون القيام بأنشطة مختلفة كخدمة الحكومة أو المعابد أو القيام بالأنشطة المهنية والفنية المختلفة (مرسي).

وكانت المدارس في مصر القديمة لا تعلّم إلا أبناء الطبقة العليا، ذلك أن عامة الناس كانوا يقومون بتدريب أبنائهم وأقاربهم على شئون الحياة منذ الصغر أو أن كان ذلك لم يمنع ذوي القدرات العالية من أبناء الشعب وفرض التعليم بهذه المدارس ويمر التعليم بالمراحل التالية:

1. المرحلة الأولية (4 – 10) سنوات.
2. المرحلة الثانية (10 – 15) سنة.
3. التعليم العالي والجامعات.

طرق التربية وأساليبها:

يذكر بعضهم أن اللغة المصرية القديمة وخطوطها ورموزها كانت كثيرة إلى الحد الـذي يصعب معه تعلمها فالخط (الهيروغليفي) مكون من 650 رمز والخط (الهيراطيقـي) مكـوّن مـن 350 رمز على الأقل فكان المعلمون يكتبون للأطفال نماذج يحاكونها باستخدام الأقلام والألواح الخشبية.

- أما الأدب فكان يعلّم بطريقة الحفظ والاستظهار خاصة الأدب الديني.
- أما مناقشة النصوص الدينيـة وشرحهـا فكانـت حقـاً قاصـراً علـى كبـار الكهنـة ولذلـك اعتمـد تدريسها على الحفظ الأدبي.
- وفيما يتعلق في تعلّم المهن فقد اتبع نظام التلمذة الصناعية (المهنية).

إسهامات المصريين في العلوم وفن التعليم:

بدع المصريون القدامى في البناء والهندسة. ولا تزال الأهرام شاهدة على ذلك. كـما بـدعوا في ميدان الفلك والرياضيات. كما استخدموا الأشكال في تعليم الهندسة.

كما ندين إليهم في إنشاء أولى المكتبات العامة (الدايم).

التربية المسيحية:

كان لمولد السيد المسيح الأثر الكبير على المجتمع الروماني الوثني، وعلـى السـلطة الرومانيـة، ونقلها من المستوى المدني الدنيوي إلى المستوى الروحي. على أنَّ هـدف التربيـة المسـيحية كـان إحيـاء أخلاقيات الفرد، وكانت أهداف هذا الدين في البدايـة، هـي حركـة إصـلاح العـالم مـع تـدمير المجتمـع الوثني الفاسد. إلا أنَّ الكنيسة رأت أنَّ عمليـة إصـلاح المجتمـع لا تـأتي إلا مـن تغيـير الأفـراد أنفسهم، لهذا كانت التربية المسيحية تصطبغ بالصبغة الدينية الصرفة، وتتم عـن طريـق الأسـرة ثـم الكنيسـة. ومهمـة هذه التربية، إعداد الأطفال وتهيئة أذهانهم لتقبل الأفكار المسـيحية، والانسـلاخ عـن مباهج الحيـاة الدنيا.

هذا ولم يكن للمسيحيين في بدء الـدعوة المسـيحية مدارس خاصة بهم، وكان المسـيحيون ضعفاء، مضطهدين في بداية ذلك العصر، مـع أنَّ مبـادئهم جـاءت بالمحبـة والتسـامح والمسـاواة أمـام الخالق. ثم دخل الدين المسيحي بعضُ رجـالات الدولـة، ورجـالات مـن مسـتويات اجتماعيـة وثقافيـة واقتصادية مختلفة. وشعر هؤلاء بحاجـة أطفالهم إلى التعلـيم النظامي، فأخـذوا بإرسـال أبنـائهم إلى المدارس العامة التي يديرها الرومان الوثنيون. ومـن هنا بـدأ التفكير في عمـل مـدارس مسـيحية في الكنائس وبدأت الكنائس تسيطر على التعليم شيئاً فشيئاً، بعد أن جاء الأمبراطور قسطنطين، وأصدر قرار ميلان عام 313م. وبموجب هذا القرار سمح بالمجاهرة

بالدين المسيحي، وسمح لأتباعه بممارسة شعائرهم، وإرسال أبنائهم ومعلميهم إلى المدارس الرومانية. وفي سنة (325م) صارت المسيحية دين الدولة الرسمي. وفي سنة (376م) حدث انقسام الامبراطورية الرومانية إلى قسمين شرقي وغربي.

وفي عام 529م أمر بإغلاق المدارس الوثنية، وصدر قرار يمنع تعليم أو تدريس كل ما يخالف الدين المسيحي، وشيئاً فشيئاً انتقلت سلطة المدارس إلى الكنيسة ورجال الدين الذين لم يكونوا يهتمون بالمدارس العامة. وانتقل التعليم إلى الكنائس وبعض المدارس الخاضعة للكنيسة، وبقي التعليم في يد الكنيسة حتى القرن الحادي عشر تقريباً.

ونشأت الدويلات المسيحية في أماكن مختلفة، وتنازع التربية الكنيسة، أو الحكام، أو الأنظمة في كل من هذه الدويلات كل على حدة، وكان منهم القريب من تعاليم الكتاب المقدس، ومنهم البعيد عن تعاليمه، أو ممن كانوا يريدون إحياء التعليم الوثني بالعودة إلى أفكار العلماء الكلاسيكيين القدامى من يونان ورومان.

أخذت التربية المسيحية أشكالها المحددة في العصور الوسطى حوالي القرن الخامس إلى القرن الخامس عشر وقد ظهرت في جانبها النظري على يد القديس أوجستين وتلاميذه والواضح أنه في الزّمن السابق للقديس أوجستين وقت سيادة الإمبراطورية الرومانية ثم سقوطها، عرف اهتمام الكنيسة بالاختلافات في الرأي حول شخص السيد المسيح وحول الخطيئة والخلاص وغيرها من المسائل الدينية وقد عاشت المدارس المسيحية الخاصة جنباً إلى جنب مع المدارس الرومانية والإغريقية ولكن الغلبة لم تكن في صالح المسيحية بل إن التربية المسيحية والديانة التي هدفت إلى خدمتها وقفت معارضة للخلق الروماني والإغريقي ومثلهما الاجتماعية.

ارتكزت وتأسست دعائم المسيحية على قوى عليا وإيمان بمقدسات الجوانب الروحية عند الإنسان كالشجاعة في تحمّل الشر والصعاب والتواضع والصمت ورد الشر بصنع الخير وحب الجار بل وكل البشر (العمايرة، 2002).

السمات العامة للتربية في العصور الوسطى:

1. الرهبنة.
2. الحركة المدرسية.
3. تربية الفرسان.
4. إنشاء المدارس المسيحية: مدارس الأديرة، مدارس الكاتدرائيات، مدارس الحوار الديني.
5. ظهور مدارس المدن.
6. التعليم في النقابات المهنية.

7. ظهور الجامعات.

أهداف التربية المسيحية (مرسي، 1980):

شهدت التربية المسيحية عدة تطورات على مر العصور، ففي العصور الأولى إبان تحوّل الرومانية العلمانية إلى دولة مسيحية بدأ المثل الأعلى التربوي المسيحي للموت والخلود يحل محل المثل الأعلى التربوي اليوناني والروماني الذي يتمثّل في التربية من أجل الفرد ومن أجل الحياة وكان اهتمام المسيحية منصباً على معرفة الرب فمعرفة الرب خير من معرفة الدنيا وكانت كل المعرفة في العصور الوسطى تتجه نحو هذا الهدف «معرفة الرب وخدمته» وذلك اهتمت التربية المسيحية بتربية «خادم الرب» التي حلّت محل تربية «المواطن الحر» في المجتمع اليوناني والروماني وكذلك اهتمت التربية المسيحية بالتربية الخلقية وبالعمل اليدوي والتدريب عليه واعتبرته نظاماً للتربية المعنوية ويحفظ الفرد من الذنوب.

ومن أهم المثل العليا التي وضعتها التربية المسيحية:

1. الإيمان بالعالم الآخر.
2. تأكيد القيمة العليا للأمور الروحية.
3. احترام وتقديس العمل.
4. وحدة الجنس البشري.
5. تساوي الناس في الناحية الروحية (الرشدان، 2002).

إنشاء المدارس المسيحية (مرسي، 1980):

مع انحلال الإمبراطورية الرومانية وتفككها بدأت الكنيسة بالتدريج القيام بالدور التربوي لأوروبا وأنشأت مدارسها الخاصة لهذا الغرض وكان المسيحيون في القرن الأول الميلادي فقراء بصفة عامة كما كانوا أميين غير مهتمين بشؤون التعليم، ولكن مع دخول واعتناق الأغنياء الدين المسيحي بدأت تظهر اهتمامات مثل هؤلاء الناس بتعليم أبنائهم، وكانوا يرسلون أبنائهم للمدارس الوثنية للنحو والخطابة لفترة طويلة وذلك لأن الكنيسة لم تنشئ مثل هذه المدارس في الغرب لكن هذا الوضع خلق مشكلة لكنيسة إذ كيف تقبل أن يرسل النشء المسيحي إلى المدارس الوثنية.

وجاء حل هذه المشكلة بصورة عملية على يد الموفقين بين الفكر والتراث الوثني والمسيحية الذين قاموا بإنشاء مدارس الحوار الديني في الشوق وقد تنوّعت المدارس التي كانت تشرف عليها الكنيسة ومنها:

أ. مدارس الأديرة.

ب. مدارس الكاتدرائيات.

ج. مدارس الحوار الوطني.

د. مدارس الإنشاد والغناء.

ه. ظهور مدارس المدن.

و. ظهور الجامعات (العمايرة، 2002).

التربية عند العرب: (التربية في العصر الجاهلي عند عرب البادية)

يُطلق لفظ العرب على قوم من أصل عربي وتجمعهم اللغة العربية. وكانت مساكنهم في جزيرة العرب، وهي أرض عربية، تمتد من بحر القلزم إلى بحر البصرة، ومن أقصى حجر باليمن إلى أوائل بلاد الشام، وينقسمون إلى بدو وحضر، أما البدو فهم سكان الخيام ينتقلون مع الأنعام طلباً للماء والكلأ. وأما الحضر كالتابعية والمناذرة في بلاد العرب وكالعمالة في العراق، فكان لهم ملوك يحكمونهم، وفتحوا البلاد وكانت لهم قوانين وشرائع وعلوم وفنون مدونة ومدارس يتعلمون فيها.

ومن حيث العصبية القبلية كان العرب ينقسمون إلى عرب الجنوب وكانوا أكثر حضارة واشتهروا بالزخرفة والنقش، وكانت لهم حياة اجتماعية وسياسية. بينما عرب الشمال لم يتركوا لنا شيئاً مكتوباً. وأما عرب وسط الجزيرة في الحجاز فإنه يستدل على أنه كانت لهم حضارة ودرجة لا بأس بها من الرقي حسب معايير ذلك العصر، بالإضافة إلى خصب الأرض ومنتوجاتها الكثيرة.

وكان عند العرب عادات وأخلاق أصيلة وأخرى غير مقبولة حسب معاييرنا الحالية مثل وأد البنات الذي حرم بمجيء الإسلام.

ومن العلوم التي اشتهر بها في المدن: علم الفلك، وروي الأراضي، وعلوم الهندسة، وعمارة المدن، والحساب والطب والبيطرة والزراعة والآداب، وكانوا يركزون على النواحي العملية والخبرة، ولكن تلك العلوم كانت تمتزج بالكثير من الخرافات. أما عرب البادية فكانوا أميين، ولكن كان عندهم جملة من الفنون اكتسبوها بالممارسة وتناقلوها بالرواية مثل الشعر، والخطابة، وعلم النجوم والأنساب والأخبار ووصف الأرض وعلم الفراسة، والطب وغيرها.

وتتلخص أغراض التربية عند الحضر والبدو منهم في إعداد الجيل الصاعد لتحصيل ما هو ضروري لحفظ الحياة واستمراريتها. ولكن بالإضافة إلى هذا تميزت التربية الحضرية في تهيئة الأحداث للصناعات والمهن المختلفة مثل الهندسة والنجارة والنقش وأعمال البناء وغيرها من الحرف الضرورية، وتعليمهم العادات الحسنة والصفات الأخلاقية. وكانت التربية في مجملها أرقى من التربية البدوية حيث كانت المعاهد موجودة وتدرس الحساب واللغة، وكانت عندهم مدارس ابتدائية وأخرى عالية تدرس الهندسة والطب وفن العمارة والفلك والنقش والآداب والتاريخ.

ولكن في البادية كانت التربية تأخذ شكلاً غير مقصود، وتتم في الأسرة

وتشاركها العشيرة التي هي صورة مكبة للعائلة، وتتم عن طريق التقليد فعن طريق الأوامر و الزواجر يلقيها الأبوان والأقارب وشيوخ العشيرة وذوو العقول الراجحة.

ولم يعرف عرب البادية معاهد للتعليم لبساطة حياتهم، ولكن كان لهم مجالس للآداب والشعر وتبادل الأخبار يسمونها الأندية. أما الحضر فكان لهم خطط وطرائف مألوفة ولكنها كانت لا تبتعد عن الحفظ والتكرار والتقليد، وكانوا يستعملون في الكتابة ألواحاً من الطين مما يثبت معرفتهم بالكتابة.

وتدل الدراسات على أن العرب بدواً وحضراً عرفوا «الكتاتيب»، وكانت لهم أسواق ومجالس أدب، يجتمعون في مواسم معينة فيبيعون ويشترون وينشدون الشعر ويلقون الخطب. ومن أشهر ما تركوه من الشعر «المعلقات العشر» وغيرها من روائع الأدب، ومن أشهر أسواقهم: عكاظ، ومجنّة، وذو المجاز.

التربية الإسلامية:

لقد كان التعليم في العالم العربي (الجزيرة العربية) تقليديًّا، وكان مركزه «الكتّاب»، حيث يتعلم الأطفال القراءة والكتابة وقليلاً من الحساب، وكان التعليم يلقى على التلاميذ في الساحات التي تحيط المعابد، أو تحت الأشجار، وكان المعلم في العادة شيخاً كبيراً أو كاهناً.

ظهر الدين الإسلامي والعرب في دور انحطاط أخلاقي واجتماعي وعلمي فوضع لهم نظاماً خلقياً واجتماعياً فهود دين عمراني أو الإصلاح الذي قام به المصلح الكبير صاحب الرسالة سيدنا محمد »إصلاح عام شامل تناول جميع شؤون العرب ونظمها.

ومن تمعن النظر في محتويات القرآن الكريم يجد أنها تتناول الأخلاق وتحللها ثم تأمرهم بالتحلي بالخصال والمزايا الشريفة ويضع للمرأة حقوقاً وواجبات.

وقسم منها يتناول القانون الذي يحضّ على العلم ويصنع العلماء وإليك بعض الآيات التي تشجع على العلم:

قال – تعالى – : (قل هل يستوي الذين يعلمون والذين لا يعلمون) (الزُّمَر:9).

وقوله – تعالى – : (يرفع اللـه الذين آمنوا منكم والذين أوتوا العلم درجات) (المجادلة:11).

وقوله – تعالى –: (ﭢ ﭣ ﭤ ﭥ) (طه:114) (مشبوق).

أهداف التربية وأساليبها:

تتلخص أهداف التربية عند بدو الجاهلية في إعداد الفرد للقيام بمتطلبات الحياة المعيشية إضافة إلى إكسابه عادات ومثل وقيم قبيلته.

أما التربية عند الحضر فكانت تهدف أساساً إلى إكساب الفرد صناعة من

الصناعات المختلفة كالطب والرياضة وعلم الفلك. وكانت العائلة من أهم وسائل التربية عند العرب في الجاهلية وبواسطتها يستطيع الفرد أن يتعلم أساليب الدفاع عن نفسه وعن عشيرته كما تفرض العائلة عليه تقاليدها ومثلها العليا كذلك تعلمه الصناعات التي من أشهرها الرمي وإعداد الآلات الحربية وغزل الصوف وتربية الماشية. كان الأبناء ينتفعون بما يسمعونه من أقاربهم ورؤساء قبائلهم من المواعظ والإرشادات والحكم، وكان الأب يجمع أولاده ويسدي إليهم ما يراه من النصائح والإرشادات التي تنير أمامهم سبل الحياة. ويروى أن أعرابيًا وعظ أخاً له أفسد ماله في الشراب فقال: «لا الدهر يعظك ولا الأم تنذرك ولا الشيب يزجرك، والساعات تحصى عليك، والأنفاس تعد منك، والمنايا تقاد إليك، أحب الأمور إليك أعودها عليك بالمضرة عليك».

ومن وصية أعرابية لابنها: «يا بني إن سؤالك الناس ما في أيديهم من أشد الافتقار إليهم، ومن افتقرت إليه هنت عنده، ولا تزال تحفظ وتكرم حتى تسأل وترغب، فإذا ألحّت عليك الحاجة، ولزمك سوء الحال، فاجعل سؤالك إلى من إليه حاجة السائل والمسؤول، فإنه يعطي السائل.

أما طريقة التربية والتعليم فهي «محاكاة وتقليد» فليس لديهم طرق وأساليب محددة في تربية النشئ وتثقيفه. ولم يعرف بدو العرب في الجاهلية معاهد للتعليم وذلك لسهولة حياتهم وبساطتها، حيث كان الفرد يتعلم عن طريق محاكاته لمن هم أكبر منه سنًا. وقد عرف العرب آنذاك مجالس للآداب كانت تعقد لمناشدة الأشعار ومبادلة الأخبار والبحث في الأمور العامة. إضافة إلى المجالس عرف العرب الأسواق الأدبية حيث تجتمع القبائل فيقوم الشاعر بإلقاء قصيدته، والخطيب بإلقاء خطبته، فتنشط الروح الفكرية والأدبية. وأشهر هذه الأسواق سوق عكاظ قرب الطائف، وسوق ذي المجنة قرب مكة وسوق ذي الحجاز قرب عرفة.

أما معاهد التعليم عند الحضر في الجاهلية فقد كانت تنقسم إلى قسمين: (محمد منير: 137، وفخري خضر: 109).

أ. ابتدائية: حيث يدرس الأطفال القراءة والكتابة والحساب. وكان المعلم يكتب على ألواح من الطين الطري ثم يجففه ويقدمها للتلاميذ ليقلدوا الكتابة على ألواح خاصة بهم.

ب. عالية: حيث يدرس الطالب الهندسة والفلك والطب والآداب والتاريخ. وكانت طريقة التعليم أفرادية بحيث يخصص المعلم لكل تلميذ من تلاميذه جزءاً من وقته. والعرب سواء البدو أو الحضر عرفوا الكتاتيب ويروى أن يوسف الثقفي كان يعلم في كتاب له في الطائف.

الفلسفة الإسلامية وتطبيقاتها التربوية: الإسلام والمناهج:

ليس هناك اتفاق عام عند العلماء المسلمين على المناهج الدراسية ومقرراتها ولا على المراحل الدراسية. إلا أن هذا لا يحول دون استخلاص المبادئ العامة من المناهج المختلفة فقد تسلم المنهج الأولي والعالي:

المنهج الأولي:

ومواده الدراسية: القرآن والدين والقراءة والكتابة والشعر والنحو والقصص.

المنهج العالي:

إن المناهج في هذه المرحلة قد تعددت فالطالب لم يكن مقيداً بدراسة معينة ولم يفرض عليه منهج خاص. إلا أن المواد الدينية واللغوية كانت مشتركة بين جميع المناهج ويمكن تقسيم المناهج في هذه المرحلة إلى قسمين: المنهج الادبي، والمنهج العلمي الأدبي.

الإسلام وطرق التدريس:

(..... يحرص الإمام الغزالي على التفريق بين أساليب تعليم الكبار وأساليب تعليم الصغار ويرجع ذلك إلى اختلاف درجة الإدارك بين الطفل البالغ«فيقول أن أول واجبات المربي أن يعلم الطفل ما يسهل عليه فهمه لأن الموضوعات الصعبة تؤدي إلى ارتباكه العقلي وتَنْفِيره من العلم) (الغزالي).

اتّبع المسلمون إجمالاً طريقة الحفظ والتلقين، ولا سيما في تعليم القرآن الكريم. أما في المراحل العليا فقد تميّزت طريقة التعليم بكثرة النقاش والأسئلة بين الطلاب والأساتذة، بعد أن يفرغ الأستاذ من محاضرته.

التربية عند اليونان:

إن معظم المفكرين في العالم المعاصر يعتبرون الثقافة والأفكار اليونانية هي أساس الثقافات التي ظهرت في أوروبا عبر العصور التي أوجدها اليونان وكانت دائماً عرضة للتكيف حسب تحيز المؤثرات المحيطة فاليونانيون كانوا يرضون بكل جديد إذا وجدوه مناسباً ومفيداً.

عصور التربية اليونانية:

تقسم التربية اليونانية إلى قسمين: التربية اليونانية القديمة والتربية اليونانية الحديثة، ويفصل بينهما عصر بركليس أي منتصف القرن الخامس قبل الميلاد.

- وتقسّم التربية القديمة إلى:
  - العصر الهومري: 3000 ق. م – 700 ق.م
  - نهضة أثينا واسبرطة 700 ق. م – 500 ق.م

- وتقسّم التربية الحديثة إلى:

- عصر الانتقال من القديم إلى الجديد: 500 ق. م – 338 ق.م

- العصر العالمي (الهيليني): 338 ق.م – 146 ق.م

أ. العصر الهومري:

يعرف هذا العصر بعصر البطولة والأبطال، وهو يشكل القرون القديمة التي مرّت قبل ظهور هوميروس إلى قبل القرن العاشر قبل الميلاد، ولم يكن لدى اليونان في ذلك العصر ـ مدارس نظامية بسبب طبيعة المجتمع البدائية.

ب. التربية الأسبارطية:

عندما نستعرض النظام التربوي في المجتمع الأسبارطي نجد أنه تأثر بعوامل هامة هي: موقع اسبارطة الجغرافي الجبلي الذي يتطلب الصلابة والاحتمال والنظام الاجتماعي الاسبارطي المؤلف من ثلاث طبقات وهي: السادة والطبقة الوسطى والعبيد، وما نجم من حقد الطبقة الوسطى والعبيد على طبقة السادة المستغلين ثم العلاقات السياسية الخارجية لأسبارطة.

نظام التربية في اسبارطة (وتهدف هذه التربية إلى تكوين الرجل الشجاع):

كانت الدولة الاسبارطية هي المهيمنة على تعليم الاسبارطيين في جميع مراحله المختلفة التي تبدأ منذ الولادة. وكانت تهدف إلى تزويد الأفراد بالكمال الجسماني والشجاعة والطاعة العمياء للقانون.

وعند الولادة يعرض على الشيوخ ليقرروا أهليته وصلاحيته للحياة أو موته، فإذا أحسوا منه ضعفاً تركوه عارياً في الجبال للموت وقد يلتقطه العبيد ليربوه، وإذا رأوا صلاحيته أعادوه إلى أمه لتربيه تربية خشنة ليشب قوياً شجاعاً.

ج. التربية الإثنية (وتهدف هذه التربية إلى تكوين الرجل الكامل):

كان الأثنيون يعتبرون أنفسهم أعرق شعوب العالم، وأكثرهم ثقافة. ولقد ساعد على تقدم الاثنيين العامل الجغرافي والمناخي. كما اشتهر المجتمع الاثنيني بكونه أكثر ديمقراطياً من المجتمعات اليونانية القديمة الأخرى.

- نظرة التربية في أثينا:

كان الاثنيون ينظرون إلى التربية نظرة تختلف كل الاختلاف عن نظرة الاسبارطيين إليها لأن حياتهم ومحيطهم كانوا يختلفون عن حياة الاسبارطيين ومحيطهم، وكانت التربية الاثنية تهدف إلى تكوين الرجل الكامل جسماً وعقلاً وخلقاً.

كان الطفل الاثنيني بعد ولادته تشرف عليه الاسرة من الناحية الخلقية والجسمية. حتى سن السابعة موعد دخوله المدرسة النظامية.

د. التربية اليونانية في العصر العالمي (عصر بركليس):

تتميز التربية في هذا العصر بانتشار الثقافة اليونانية في كل أقطار العالم المعروفة وبإنشاء مؤسسات تهذيبية راقية أبرزها مدرسة أفلاطون الأكاديمي 376 ق.م ومدرسة أرسطو في الليسيوم 335 ق.م، ثم مدرسة زينون بمدرسة أبيتور (ناصر، 1987).

في القرن الخامس قبل الميلاد أظهر الفسطائيون الذين كانوا يدعون إلى حل كل المشكلات بالمنطق، وقد ذهبوا إلى أن مهمة المدرسة لا تقتصر على نقل التراث الثقافي، بل تتناول تجديد هذا التراث وتعزيزه على ما تقتضيه حاجات المتعلم المتزايدة.

ه. عصر الفلاسفة اليونان: السوفسطائيون (يعتبر هذا العصر متجدداً وفيه تجديد تربوي، إذ ظهر فلاسفة مبدعون):

أدت عوامل مختلفة إلى تغيّر مطالب المحيط اليوناني أنشأت الحاجة إلى تربية جديدة تسد مطالب هذه العوامل وتعد رجالاً يدافعون في المجالس الحقوقية وينوبون من الشعب في المراكز السياسية والسفسطائي في نظر التاريخ: هو ذلك الرجل الذي يدّعي المعرفة ويستعمل حججاً يعرف أنّها مغلوطة حتى يعيش بها ويكسب المال. إلا أنّهم لم يتمكّنوا من إرضاء اليونانيين المحافظين الذين تحاملوا عليهم لسببين:

أولاً: ادعاؤهم بأنّهم مقتدرون دون سواهم، لذلك دعوا أنفسهم بالحكماء.

ثانياً: لأنهم كانوا يطلبون أجور لقاء خدماتهم.

وقد أدّت هذه التربية الجديدة إلى سقوط الأخلاق نتيجة انتشار المبادئ السوفسطائية التي أطلقت للفرد عنان الحجة.

ومن أشهر فلاسفتهم الذين وضعوا النظريات العديدة التي تبحث في الهدف الذي يجب أن يسعى المرء للوصول إليه في الحياة والأساليب التي تحقق ذلك ومنهم: سقراط، أفلاطون، أرسطو.

سقراط (470 - 399ق.م) (وكان يؤمن بأن الإنسان هو مقياس كل شيء):

يعتبر سقراط من أعظم الفلاسفة والمفكّرين في عصره فقد كانت أراؤه وتعاليمه بعيدة المدى، عميقة الأثر، وقد تتلمذ على يديه عدد من مشاهير الأدباء والفلاسفة والمفكرين مثل: زنيفون، أفلاطون، أرسطو.

الطريقة السقراطية:

ابتكر سقراط طريقة جديدة للتعليم وهي طريقة الحوار، أو طريقة السؤال والجواب ولم يكن يستنكف الاستشهاد بأعمال الإنسان العادية كأعمال ملمعي الأحذية والطباخين والعبيد وسواهم ليثبت النظرية التي قام بها وهي أن: «المعرفة

أساس لكل الأعمال الفاضلة».

ومن أقواله: «المعرفة أساس العمل الصحيح الملائم حتى في الحِرَف والأعمال الاعتيادية» (ناصر، 2001).

التربية عند الرومان:

أهم ما قامت عليه التربية الرومانية هو ابتكار الوسائل العملية لتطبيق الآراء النظرية، كما كانت تعتبر البيت هو المهد التهذيبي الرئيسي، ثم ينتقل الطفل إلى التعليم العام العسكري مع الاهتمام بإتقان الأدب والخطابة وفنون الكلام لإعداد الفرد للحياة السياسية.

يقسم تاريخ التربية الرومانية إلى قسمين كبيرين، التربية الرومانية القديمة والتربية الرومانية الجديدة. ويقصد بالتربية القديمة الأساليب والطرق التهذيبية في الأجيال التي سبقت دخول المدينة اليونانية وانتشارها بصورة عامة في الإمبراطورية الرومانية. وأمّا التربية في العصر العالمي فتبحث في التربية الرومانية التي نشأت بعد انتشار المدينة الإغريقية في روما.

التربية الرومانية القديمة (753 – 50 ق.م) وتقسّم هذه الفترة إلى عصرين فرعيين:

● العصر القديم: (753 – 250 ق.م): عصر المواطنين أو عصر التربية الرومانية الأولى.

● عصر الانتقال: (250 – 50 ق.م):

في هذا العصر دخلت المبادئ والأفكار والعادات اليونانية إلى روما تدريجياً من أواسط القرن الثالث قبل الميلاد إلى منتصف القرن الأول قبل الميلاد وفي أوائل هذا العصر كثر عدد المدارس الأدبية.

التربية الرومانية الجديدة:

وتنقسم إلى عصرين، العصر الإمبراطوري أو عصر الزهور أو عصر المعاهد، والثاني عصر الأنحطاط والاضمحلال.

أ. **العصر الإمبراطوري (50 – 20) ق.م:**

أصبح نظام المعاهد في هذا العصر وطيد الأركان وازداد الإقبال على الثقافة اليونانية.

ويوضح الجدول التالي مناهج المدارس الرومانية ودرجاتها في أرقى أطوارها:

السن	الدرجة	اسم المدرسة	العلوم
(7 – 12)	التعليم الأولي	المدارس الأولية (ud)	القراءة / الكتابة / الحساب
(12 – 16)	الثانوي	مدارس النحو	الصرف / النحو / الأدبيات
(16 – 18)	العلمي	مدارس الخطابة	النحو/ الخطابة / الجدل / الحقوق
(20 – 25)	الجامعات	العالي	الرياضيات / الخطابة / الطب

ب. عصر التدهور والاضمحلال (200 – 529) م:

اتسم هذا العصر بالفساد والانحلال، واقتصر بتعلم الأخلاق على حفظ حكم ومواعظ وكتابة موضوعات إنسانية عن الأخلاق.

أهم الأفكار التربوية عند الرومان كانت:

1. تخريج جماعة أو أجيال مدربة على فنون الحرب والقتال، والاهتمام بتنمية وتقوية أجسامهم عن طريق الرياضة.
2. البلاغة في الخطابة والفصاحة في البيان والإقناع.
3. إعداد النشء لمعرفة واجبات حياتهم العملية وفهمها.
4. اهتمام الرومان بالنواحي المهنية والإعداد المهني والاستعداد للحرب.
5. تكوين المواطن الصالح، ثم الجندي الصالح.

أشهر مربي الرومان: (مشنوق، الرشدان، 1987)

من أهم المربين الرومان الذين كتبوا عن التربية في العصور المختلفة لتاريخ الرومان الكبير.

كاتوا الكبير (234 – 148ق.م): الذي كره الثقافة اليونانية بأسرها، واضطهده المدرسين اليونانيين.

شيشرون (106 – 530 ق.م): الذي أعجب بكل ما هو يوناني.

كونتليان: (35 – 95 م): المدرس والمربي وصاحب أهم الآراء التربوية الرومانية.

تاستيوس دلبوتارك: (46 – 125م).

سينكا (30 – 65 م): الذي رأى أن الواجب من التربية أن تستأصل ميول الطفل الشريرة وأن تدرس طباع الأطفال وتسير كل طفل وفق ميوله الخاصة..، وغيرهم.

التربية في عصر النهضة (ق14 – ق16م):

كلمة النهضة تعني البعث الجديد أو الميلاد الجديد لأفكار قدماء الإغريق

ونحن إذا تأمّلنا هذه النهضة في مظهرها الخارجي وجدناها الثقافة نحو الماضي أكثر منها نحو المستقبل ويعتبر عصر النهضة مرحلة انتقال بين تربية العصور الوسطى وتربية العصور الحديثة وتمتد من القرن الرابع عشر حتى السادس عشر.

وعصر النهضة هم عصرـ إيحاء الفن والشعر والموسيقى والتمثيل وبعث روح المغامرة والاستكشاف وعصر الثورة الصناعية ونمو الرأسمالية كما هو عصرـ نمو الأمم الفرنسية والإسبانية والإنجليزية وظهور اللغات القومية وانهيار النظام الإقطاعي نتيجة لنمو الصناعة ونشاط التجارة (الرشدان، 2002).

متى بدأ عصر النهضة:

كثير من المؤرخين يرى أن بداية عصر النهضة في إيطاليا كانت في القرن الخامس عشرـ ثم انتشرت في معظم دول أوروبا الغربية في القرن السادس عشر ومن الممكن تتبع جذورها آلة نهضة القرن الثاني عشر (الرشدان، 2002).

أسباب النهضة:

تضافرت عدد من العوامل والأسباب وأدت إلى إحداث هذا التقدّم والتطور في مظاهر الحياة المختلفة ومن أهمها:

1. وضعت الحركة المدرسية الأسس الأولى للتقدّم الفكري والإنساني عن طريق إمداد الطلبة ومساعدتهم في ممارسة واستخدام الفكر التحليلي ولم يكن هدف الحركة المدرسية من ذلك في بداية الأمر إلا إثبات العقائد الدينية والدفاع عن الكنيسة إلا أن الناس بدأوا يستخدمون تلك العلوم في مجالات جديدة كتنمية الحرية الفكرية والتخلص من الفلسفة المدرسية وبذلك أصبحت تلك العلوم التي تشجعها الحركة المدرسية بمثابة أسلحة تحارب تلك الفلسفة اعتقاداً منها أن تلك الحركة أصبحت قيداً على الفكر لخضوعها لرقابة الكنيسة.

2. شجع ظهور الجامعات الحركة الفكرية حيث كان يتم داخلها العديد من اللقاءات الفكرية والمناقشات بين طلبة العلم والأساتذة حول المشاكل والقضايا السياسية والاقتصادية والاجتماعية والخلقية مما أدّى إلى أهمية تحرير الفكر الإنساني من القيود المفروضة عليه والتطلّع إلى إنجازات فكرية واسعة.

3. تمكّن العالم الغربي نتيجة اتصاله بالعالم الإسلامي من التعرّف على الحرية الفكرية في مجال العلوم عند المسلمين وطريقتهم في البحث وتحصيل المعرفة كما تقدّمت بعض العلوم والفنون التي كانت متأخرة مثل الطب والمنطق نتيجة هذا الاتصال والتعرف كذلك على الثقافة اليونانية التي قاموا بترجمتها.

4. أظهرت الاكتشافات العلمية في الميادين المختلفة كالجغرافيا والفلك أهمية البحث العلمي في التوصل إلى المعرفة وتقصي الحقائق عن طريق الأدلة المادية بدلاً من القضايا المجرّدة.
5. ساعد تطور صناعة الورق واختراع الطباعة على انتشار الكتب والاطلاع على الآراء بصورة أكبر من قبل.
6. أدّت الكشوف الجغرافية الجديدة إلى نمو التجارة واتساعها وبالتالي ظهور طبقة جديدة في المجتمع وهي الطبقة البرجوازية، والتي تتعارض مصالحها مع النظام الإقطاعي ورجال الدين، مما مكّن السلطات الملكية من النمو على حساب إضعاف سلطة الإقطاع (الرشدان، 2002).

التربية الإنسانية:

اقتصرت مواد التربية الإنسانية التي سادت خلال عصر النهضة على اللغات والآداب القديمة (اليونانية واللاتينية) التي سميت بالمواد الإنسانية وسرعان ما أصبحت دراسة الآداب القديمة في القرن السادس عشر غاية في حد ذاتها بعد أن كانت مُجَرَّد وسيلة من قبل وهكذا أصبح التفكير في الهدف من التربية منصباً على دراسة الآداب واللغات بدلاً من دراسة الحياة.

ولم تهتم التربية الإنسانية إلا قليلاً بالتربية البدنية كذلك لم تهتم بالعناصر الاجتماعية أو بإعداد الفرد إعداداً واسع النطاق للمساهمة في النشاط الاجتماعي عن طريق الإلمام بحياة القدامى كما لم تهتم بدراسة الطبيعة ولا بدراسة المجتمع أو بدراسة التاريخ والرياضيات.

وقد صارت هذه التربية الإنسانية في أسوأ أحوالها ضيقة لدرجة لا يمكن تصوّرها وبالرغم من ذلك فقد حافظت على كيانها بعنف حتى العنف الأول من القرن السادس عشر تحت اسم ((الشيشرونية)) وق نادى أتباع شيشرون بأن الغرض من التربية هو تدريب المتعلّمين على إتباع الأسلوب اللاتيني.

وهكذا يتبيّن أن التربية الإنسانية القاصرة، قد أوجدت شكلاً من الاتصال بالآداب القديمة وجعلت القدرة على القراءة والكتابة اللاتينية الهدف الوحيد للتربية وينتج عن ذلك أن أصبح محتوى التربية والمواد التي تدرس بالمدارس تدريباً طويل الأمد على قواعد اللغة اللاتينية ويضاف إلى ذلك بعض مبادئ الحساب مع الاهتمام إلى حد ما باليونانية (العمايرة، 2002).

ومن أهم الاتجاهات الإنسانية التربوية في عصر النهضة ما يلي:

1. تميّزت التربية بالاتجاه من العلمانية إلى المحلية نتيجة نمو القوميات والاتجاه العلماني والإنساني للتربية، وكانت الفكرة المسيطرة على الفكر

المسيحي في العصر الوسيط فكرة الإمبراطورية العالمية والثقافية ووحدة الجيش البشري.

2. تركزت الأهداف التربوية حول تربية الإنسان من أجـل سـعادته ومـن أجـل المواطنـة وخدمـة الدولة وهي بداية فكرة علمانية التربية وقد ظهرت بصورة رئيسية في عصر التنوير.

3. تركيز الاهتمام حول الإنسان والحياة الدنيا والاستمتاع بها.

4. تركيز الاهتمام بالأخلاق أكثر من التركيز على الدين في حد ذاته.

5. الاهتمام بالتربية الفنية والجمالية والرياضية كجـزء مـن التربيـة الحـرة وهـو مـا يعتـبر إحيـاء للفكرة اليونانية القديمة.

6. ظل للكنيسة نفوذها القوي رغم الهجوم الذي وجه إليها، وشهد عصرـ النهضـة الصراع بـين الدولة والكنيسة للسيطرة على التعليم (العمايرة، 2002).

أشهر المربيين في عصر النهضة:

● أشهر رجال النهضة في إيطاليا:

● فيتورينو دافلتر (1378 – 1446).

بعض رجالات الحركة الإنسانية الألمان:

جونفيل (1420 – 1489)، و الكسندر هيجيوس (1420 – 1495)، وجون ريـوكلين (1455 – 1522)، وكانوا جميعاً ينتمون إلى جماعة إخوان الحياة المشتركة أو كانت لهم صـلة بمدارسـهم وترجـع أهميتهم التربوية إلى ما قاموا بـه مـن مجهود في إدخـال مـواد الدراسـة الجديـدة، وفي خلـق الـروح الحديثة بين الطلبة الألمان.

● أرازموس: يعتبر أرازموس الهولندي من أكثر المـربيين الإنسانيين الـذين حظـوا بـاحترام علمـي كبـير، كـان لدراسـاته وبحوثـه عـلى المخطوطـات القديمـة والدينيـة تقديـر كبـير مـن جانـب المشتغلين بمثل هذه الدراسات كما كانت كتبـه الدراسـية لتعلـيم اللغـة اللاتينيـة يسـتخدمها أعداداً لا تحصى من الطلاب في أوروبا (العمايرة، 2002).

أهم آراء أرازموس التربوية:

1. أن مؤلفات الكتَّاب القدامى والآبـاء المسيحيين والكتب المقدّسة تتضمّن كل ما هو ضروري لأن يساعد الإنسان في حياته ويصلح المساوئ القائمة فعلاً فمن الضروري أن تعرف هذه المؤلفات في صورتها الحقيقية الأصلية دون أن يلحقها أي تحريف.

2. إن الأم هي المربية الطبيعية للطفل في سنواته الأولى: فالوالـدة التـي لا تعنـي بتربيـة أطفالهـا هي نصف أم فقط.

3. يجب عدم إهمال التربية الدينية.
4. يبدأ العمل الجدي عند الطفل بعد سن السابعة إذ يجب أن يدرس الطفل اللاتينية واليونانية معاً حتى يتمكّن منذ الصغر من إتقان تعلّم اللغتين.
5. إن أول درس يجب على الطفل أن يتقنه هو علم النحو لأن اللغة هي الواسطة الوحيدة لاكتساب المعرفة.
6. يجب أن يتقاضى المدرسون رواتب كافية ويجب أن تبنى المدارس في أماكن مناسبة (الرشدان، 2002).

بعض رجال التربية الإنسانية من الإنجليز:

ليناكر - جروسين - تشيلو - اسكام.

التربية في القرن السابع عشر:

تضافرت عدة عوامل سلبية وإيجابية وأثّرت في مفهوم التربية وأهدافها ومناهجها وطرقها في هذا القرن ومن بين العوامل السلبية حرب الثلاثين سنة التي وقعت بين البروتستانت وبين الكاثوليك في ألمانيا والحروب الأهلية التي دارت رحاها في بريطانيا وفي فرنسا وهذه الحروب شغلت بال الأمراء في الدول المعنية وأبعدت عنايتهم عن أمور التربية هذا من ناحية ومن ناحية أخرى فقد برزت عوامل إيجابية ساعدت على تقدم التربية تقدماً كبيراً ومن بين هذه العوامل إنشاء المؤسسات العلمية التي قامت في كثير من البلدان الأوروبية لمتابعة التقدم والاختراع والتي كان من أهمها الجمعية الملكية وأكاديمية العلوم الفرنسية، كما ظهر عدة علماء في القرن السابع عشر قضوا على كثير من النظريات العلمية التي سادت في العصور الوسطى كأمثال العالم الفلكي جاليليو والعالم الرياضي نيوتن.

المذهب الواقعي:

وقد اتجهت التربية في هذا القرن وجهة واقعية تمثّلت في:

1. المذهب الإنساني الذي يرى أن التربية لا تهدف فقط إلى كسب المعرفة بل تهدف أيضاً إلى تحقيق النمو الجسمي والخلقي والاجتماعي للفرد. ومن أبرز دعاة هذا المذهب الأديب الإنجليزي جون ملتون الذي نظر إلى التربية على أنها عملية إعداد لحياة دينية أخلاقية علمية.
2. المذهب الاجتماعي الذي ينظر إلى التربية على أنّها وسيلة لإعداد الفرد للحياة الاجتماعية الناجحة السعيدة المملوءة بالمسرّات ومن أبرز أنصار هذا المذهب المربي النفسي فرنسيس دابليه الذي يعتقد أن الطبيعة البشرية خيرة ولهذا يجب أن تعطى الفرصة الكاملة لكي تنمو بكل طاقاتها وإمكاناتها.
3. المذهب الحسي الذي يعلي من شأن الحواس ومن شأن الإدراك الحسي في إكتساب المعرفة ويوجب استخدام طريقة الاستقراء في دراسة المواد المختلفة

ويحترم الطبيعة ويوصي باستخدام الطريقة العلمية الحديثة في البحث ومن أنصار هذا المذهب فرنسيس بيكون.

4. المذهب التهذيبي الذي يقوم على مبدئين أساسيين هما:

أ. النظرة إلى التربية على أنها عملية تهذيب لملكات الشخص العامة.

ب. اعتبار شكل العملية التعليمية أهم من المادة المتعلمة نفسها ومن أنصار هذا المذهب جون لوك (الرشدان، 1987).

أشهر المربين في القرن السابع عشر:

جون لوك: ومن أشهر مؤلفاته كتاب «آراء في التربية».

ومن آرائه التربوية:

1. كان هدف التربية في نظر لوك التربية الطبيعية للفرد تربية متكاملة تشمل تربية الجسم والعقل والخلق وهو يشير إلى أن العقل السليم في الجسم السليم إلاّ أنّه ركز اهتمامه على التربية الخلقية وتعليم الفضيلة والحكمة.
2. اهتم بالتعليم المعرفي ونادى بأن يكون أسلوب التعليم بدون خوف وإنّما بالحب والعطف وهو لا يحبذ العقاب الشديد ويفضل عليه الثناء والمدح والتشجيع.
3. يؤمن لوك بأهمية الخبرة الحسية في المعرفة واعتبر الحس أساس المعرفة.
4. أكد لوك على التدريب العقلي لتدريب الملكات واعتبر الرياضيات خير وسيلة لذلك عن طريق الحواس.
5. جعل لوك التربية مقصورة على أصحاب الياقات البيضاء فجعل التربية من أجل الرجل المهذّب وهي تربية ولا شك تقتصر على فئة معينة.
6. نادى بأني يتحول العمل في المدارس (مدارس الأطفال) إلى اللعب حتى يتناسب مع روح الطفل وهذا ما تنادي به التربية الحديثة (العمايرة، 2002).

أهداف التربية عنده:

1. الفضيلة: ويعني بها حسن الخلق ومن الصفات التي تدخل تحتها معرفة الله وحبه وتقواه وحب الحقيقة وقولها ونكران الذات ومقاومة الشهوات ويتوقف تحقيق الفضيلة على التربية الدينية.
2. الحكمة: وتتمثّل في قدرة الإنسان على التصرف الصحيح تجاه مشكلات الحياة وعلى إدارته لأعماله وشؤونه الخاصة إدارة صحيحة تتمثّل في الحكم الصحيح وبعد المظر في شؤون الحياة.
3. السيرة الحسنة في السلوك والمعاملة: وتعبر هذه الصفة عن قدرة الشخص على قيادة نفسه وتعويدها في علاقاتها الاجتماعية مع الآخرين على أساليب

السلوك المقبولة حسب التقاليد وهي تنبع من كصدرين أساسيين هما: احترام الذات واحترام الآخرين.

4. التعلم المعرفي: ويعني بها التربية العقلية بصورة عامة (الرشدان، 2002).

التربية في القرن الثامن عشر:

يعرف القرن الثامن عشر بعصر الاستنارة أو عصر التنوير وقد هدفت حركة التنوير إلى الرفع من شأن العقل وتحكيمه في كل الأمور بما في ذلك الأمور الدينية ويرفض كل سلطة لا تستطيع أن تجد لها ما يبررها في عقل الفرد وآمنت هذه الحركة بأن العقل البشري وحده هو الوسيلة إلى السيادة الإنسانية وإلى الثورة ضد الظلم بجميع أشكاله كذلك حاربت هذه الحركة أعمال الجماعات الدينية وكانت فرنسا مركز حركة التنوير ويؤخذ على الحركة الطبيعية أنها حركة أرستقراطية تهدف إلى إنشاء أرستقراطية العقل على إنقاص أرستقراطية الأسرة والكنيسة وأنها لا تهتم إلا بالطبقة المستنيرة من الشعب كذلك يؤخذ عليها أنها لا تهتم بالعواطف والمشاعر الإنسانية كما أنها لم تفرق بين الدين في سموه وبين ممارسات رجالات الكنيسة ومن ناحية أخرى فإن التعليم لم يتقدّم تقدماً كبيراً في القرن الثامن عشر لأن العقبة الكبرى كانت نقص المعلمين المؤهلين والمثقفين ثقافة علمية ومسلكية على أن ضخامة ونوعية الجمهور كانت تختلف من بلد لآخر.

العوامل التي مهدت لظهور حركة التنوير الفكري والحركة الطبيعية:

1. العامل الأول: أن الحركات الدينية المتحررة التي ظهرت في القرن السابع عشر جاءت كرد فعل ضد سيطرة رجال الكنيسة وضد الطقوس الدينية الشكلية وضد التحلل الأخلاقي الذي كان سائداً في ذلك العصر وأبرز هذه الحركات الدينية التحررية هي الحركات الثلاث التالية:

أ. حركة التطهير أو التطهّر.

ب. مذهب التقوى.

ج. مذهب الجانسينزم.

وكان لهذه الحركات الدينية الإصلاحية الثلاث تأثير كبير في التفكير الديني والتربوي والسياسي في القرنين السابع عشر والثامن عشر معاً ورغم اختلاف هذه الحركات الثلاث في بعض الجوانب فإنها تتفق إلى حد كبير في كثير من المبادئ التحررية التي مهدت لحركة التنوير والحركة الطبيعية في القرن الثامن عشر ومن هذه المبادئ الثورة ضد سلطة الكنيسة وأعمال رجال الدين وضد الطقوس الشكلية وضد التحلل الأخلاقي وضد الظلم والفساد والتعصب.

2. العامل الثاني: يتمثل في النزعة الواقعية التي اشتدت في القرن السابع عشر

وفي النهضة العلمية التي نشأت عنها والتي كان من أقطابها كوبر نيكس وجاليليو ونيوتن وبويل وقد أدّت هذه النّزعة إلى الرفع من قيمة العقل ومن قيمة الإنسان وقدرته على إكتشاف الحقيقة.

3. العامل الثالث: يتمثّل في الحركات الفلسفية الثلاث التي ظهرت في القرن السابع عشر وقد رفعت إحداها من قيمة الحواس وثانيها من قيمة الخبرة كمصدر للمعرفة الإنسانية.
4. العامل الرابع: يكمن في سوء الأحوال السياسية والروحية والاقتصادية والاجتماعية التي كانت سائدة في أوروبا واستمرت حتى القرن الثامن عشر فمن الناحية السياسية كانت أوروبا تعيش تحت ظل حكم مطلق مستبد يمسك بيديه جميع السلطات التشريعية والقضائية والتنفيذية (الرشدان، 2002).

أشهر المربين في القرن الثامن عشر:

جان جاك روسو:

مؤلفاته: أهم الميادين التي كتب فيها روسو هي الموسيقى والحكومة المدنية وعلم الاجتماع والاقتصاد السياسي والدين والتربية ومن أهم هذه الرسائل والمؤلفات التي أكسبته شهرة كبيرة في عالم الفكر السياسي والاجتماعي والتربوي:

1. مقالة عن الفنون والعلوم.
2. مقالة عن أصل عدم المساواة بين الناس.
3. مقالة عن الاقصاد السياسي.
4. إميل وهي أحسن رسائله التربوية.

أهم آراؤه التربوية:

1. الطبيعة هي المعلم الرئيسي: يرى روسو على أننا نتعلم عن طريق معلمين ثلاثة:

الطبيعة والرجال والأشياء لكنه قال بان الطبيعة هي أحسن معلّم وقال بأن يترك الأطفال إلى الطبيعة ليتعلّموا منها وليقفوا على قدرة الخالق ويجب ألا يعتمد الطفل على الكتب وحدها في التعليم.

2. الطبيعة الخيرة للإنسان: فقد اعتقد روسو بأن طبيعة الإنسان خيرة وليست شريرة كما كان ينظر إليها وقال أن كل شيء جميل ما دام من صنع الخالق ما لم تمسه يد الإنسان.
3. الهدف من التربية عنده: التنمية الكاملة للرجولة وليس من أجل إعداد المواطنة أو الإعداد المهني.
4. مراحل النمو هي: التي تحدد ما يجب على التلميذ أن يتعلمه ولذلك قسّم

التربية إلى مراحل زمنية في الطفولة والطفولة المبكرة والطفولة المتأخرة والمراهقة.

5. لفت روسو أنظار المربين إلى: الاهتمام بنشأة الطفل واستغلال حواسه واهتماماته (العمايرة، 2002).

تأثير الحركة الطبيعية في المدارس:

لم يكن أثر النّزعة الطبيعية في المدارس سريعاً ومباشراً وغاية ما قامت به أن وجهت أفكار المربين في القرن التاسع عشر إلى مبدأ جوهري في التربية والتعليم كان منسياً ومهملاً ألا وهو مراعاة ميول الطفل واحترام طبيعته.

ففي المدارس الفرنسية كان أثر النزعة الطبيعية مباشراً وسريعاً وعميقاً وكان الناس يعتبرون كتاب إميل هجوماً مباشراً وعنيفاً على الأرستقراطية والكنيسة مما جعلهم يقاومونه بشدة حتى أنهم حكموا عليه بالسجن وأرغموه على مغادرة فرنسا (الرشدان، 2002).

التربية في القرن التاسع عشر:

العوامل التي أثرت في تطور التربية في هذا القرن:

1. الجهود الجبارة التي بذلها المفكرون والمربون في القرون السابقة لا سيّما مربي القرن السابع والقرن الثامن عشر وفي المذاهب والنزعات التربوية التي نشأت وظهرت نتيجة لتلك الجهود.
2. حدث توسع كبير في تطبيق الطرق العلمية وشمل مجالات الدراسات النفسية والتربوية وكان لهذا العامل تأثير كبير في تطوّر النظريات التربوية في القرن التاسع عشر.
3. أدت الثورة الصناعية والتوسع الكبير في تطبيق العلوم الطبيعية على مجالات الحياة العملية المختلفة كالصناعة والزراعة والطب والثورة الصناعية إلى تغير القيم في أوروبا كما أخذ المربون والعلماء يطالبون بجعل العلوم جزءاً أساسياً من المناهج الدراسية.
4. كما أدت النظرة إلى اعتبار التربية وسيلة من أهم وسائل إعداد المواطن الصالح وعامل هام في تحقيق الوحدة السياسية والتقدم الاقتصادي أدت إلى تطور النظريات التربوية في القرن التاسع عشر (الرشدان، 1987).

وقد برز في هذا القرن نزعتان تربويتان رئيسيتان هما:

1. النزعة النفسية في التربية: ويرى أنصار هذه النّزعة أن عملية التربية هي عملية إظهار لقابليات الفرد المغروسة في الطبيعة البشرية وقد سميت هذه النزعة بهذا الإسم لتركيزها على النواحي (العوامل) النفسية في التربية ومحاولة صبغ العملية التعليمية بالصبغة النفسية وقد نتج عن هذه النزعة

أن سادت مفاهيم عن النشاط الذاتي التلقائي للطالب وعـن أهميـة اللعـب وأهميـة الميـول والاهتمامات وأهمية الملاحظة والتجربة في عملية التعليم كما نتج عنها عطف عـلى الطفولـة ومعرفة لطبيعة الطفل وقابليته ومن أشهر أنصار هذه النزعة (فردريك فروبل).

2. النزعة العلمية في التربية: أعلت النزعة العلمية من أهمية العلوم الحديثة في تحقيق الحيـاة الكاملة للفرد وانتقدت العلوم الإنسانية التقليدية التي لا تخدم الإنسان المعاصر كذلك أعلـت هذه النزعة من شأن طريقة التجربة والملاحظة العلمية ومن شأن الطريقة الأسـتقرائية ورأت أن المادة والمحتوى أهم من الشكل أو الطريقة ومن أبرز دعاة هذه النزعة (هربرت سبنسرـ) (الرشدان، 2002).

أشهر المربين في القرن التاسع عشر:

● فردريك روبل: درس على يد بستالوزي وأنشأ معهد الصغار الأطفال واختار اسماً لهـذا المعهـد (رياض الأطفال) وتعتبر روضة الأطفال هذه أول روضة أطفال في العـالم، ومـن أشـهر مؤلفاتـه «تربية الإنسان» و«أغاني الأم والمربية».

● هربرت سبنسر: آراؤه التربوية: ينظر سبنسر إلى المدرسة على أنّها مؤسسـة اجتماعيـة لا غنـى للفرد والمجتمع عنها، وتأتي حاجة الفرد إلى التربية من طول فترة اعتماده على الغير قياسـاً إلى بقية الكائنات الحية الأخرى وغاية التربية في نظر سبنسر هو إعـداد الناشـئ للحيـاة العمليـة، والحياة العملية تحتوي على عدة مناشط، يقسمها سبنسر إلى ما يلي:

1. مناشط تؤدي إلى حفظ الذات مثل الفسيولوجيا والصحة والطبيعة والكيمياء.
2. مناشط تؤدي إلى حسن تربية الأطفال كعلم الصحة وعلم النفس.
3. مناشط تعمل على إيجاد وإبقاء العلاقات الاجتماعية والسياسية.
4. مناشط صالحة لقضاء أوقات الفراغ مثل تعلم الآداب والفن وعلم الجمال (العمايرة، 2002).

التربية في القرن العشرين:

مميزات التربية في القرن العشرين:

1. إعطاء التربية الأولوية على التعليم.
2. التلميذ هو المحور الذي تدور حوله العملية التربوية.
3. النظر إلى طبيعة الإنسـان عـلى أنهـا وحـدة متكاملـة لا تنفصـل جوانبهـا العقليـة والروحيـة والجسمية.
4. التربية عملية استثمارية وعائد هذا الاستثمار إضعاف أي استمرار في أي

عامل من عوامل الإنتاج الأخرى.

5. توفير مناخ تعليمي مطابق للظروف البيئية خارج جدران المدارس.
6. مراعاة الفروق الفردية.
7. تحرير الطالب من دوره التقليدي كمتلقي إلى فرد فعّال نشط.
8. إكساب روح التفاؤل والمرح والتشويق.
9. إستناد التربية على علم النفس الحديث.
10. ارتباط التعليم بالحياة العلمية وتلاشي مفهوم العلم للعلم.
11. أصبحت التربية تحت إشراف التربية (العمايرة، 2002).

العوامل التي أدت إلى تطور النظريات التربوية في القرن العشرين:

1. الحركات التربوية التي حمل لوائها المربّون التربويون السابقون في القرن السابع عشر والثامن عشر والتاسع عشر فكثير من المبادئ التربوية الحديثة ترجع في أصولها إلى أفكار المربين بيكون وجون لوك وروسو وبستالوزي وفروبل وسبنسر وإلى الحركات التربوية كالحركة الواقعية والحركة الطبيعية.
2. التقدم الكبير الذي حدث في هذا القرن في مجال علم النفس والعلوم الطبيعية والعلوم البيولوجية والعلوم الاجتماعية مما ساعد المربيين على تكوين مفاهيم صحيحة أو قريبة من الصحة عن طبيعة الطفل وعن العوامل الوراثية والبيئية التي تؤثر في نموه وتكوين شخصيته.
3. المبادئ الديمقراطية التي قوي جانبها واتسع نطاق تفسيرها في هذا القرن نتيجة الظروف والمتغيرات الحادثة في الدول الديمقراطية ومضاعفة جهودها في تدعيم تلك المبادئ وتقوية الإيمان بها في نفوس مواطنيها وإلى استخدام جميع وسائل التربية المقصودة وغير المقصودة في تحقيق هذا الهدف.
4. الزيادة الكبيرة التي حدثت في إعداد التلاميذ نتيجة الزيادة في عدد السكان وتعميم الفرص التعليمية وقد أدت هذه الزيادة الكبيرة في إعداد التلاميذ إلى تأثير بالغ في فلسفة التعليم الأمريكي وأهدافه.
5. التقدم العلمي والصناعي الذي أحرزته الولايات المتحدة الأمريكية وغيرها من الدول الأوروبية والغربية وما نجم عنها من تغيرات اجتماعية واقتصادية وسياسية وثقافية كان لها تأثيرها في أهداف التعليم ومناهجه وطرقه.

المبادئ الأساسية للتربية الحديثة:

1. تقدّم التربية على التعليم.
2. استناد التربية إلى علم النفس.
3. الطفل محور العملية التربوية.
4. الاستقلال أو الحرية.

5. توفير بيئة طبيعية.
6. تربية فردية وسط روح جماعية.
7. جو من التفاؤل والثقة (الرشدان، 2002).

أشهر المربيين في القرن العشرين:

جون ديوي: ولد جون ديوي في مدينة بورلنجتون من ولاية فيرمونت وقد اشتهر ديوي كفيلسوف ومفكر وكمصلح تربوي كبير لا في أمريكا وحدها ولكن في جميع أنحاء العالم ومن أبرز أعماله في ميدان التربية والتعليم إنشاؤه المدرسة النموذجية وكان لهذه المدرسة أثر بالغ في التمهيد للتربية التقدمية التي سادت أمريكا في النصف الأول من القرن العشرين كما كان لها فضل كبير في إقناع الآباء بأهمية المبادئ التربوية التقدمية ومن أشهر مؤلفاته التربوية:

1. المدرسة والمجتمع.
2. الطفل والمنهج.
3. الديمقراطية والتربية.
4. الخبرة والتربية.
5. كيف نفكّر (الرشدان، 2002).

آراؤه التربوية:

التربوية في نظر ديوي ظاهرة طبيعية في الجنس البشري تتم بطريقة لاشعورية بحكم وجود الفرد في المجتمع.

يقول ديوي: «أعتقد أن كل تربية تبدأ عن طريق مشاركة الفرد في الشعور الاجتماعي للجنس البشري وهذه المشاركة تبدأ في الغالب بصورة لاشعورية منذ الولادة.

والبيئة الاجتماعية هي المجال الحيوي الذي بدونه لا تتحقق التربية على وجهها الصحيح ويتعلّم الفرد من وجوده في البيئة الاجتماعية أمور ثلاثة هي:

1. اللغة وأساليب الكلام.
2. آداب السلوك وموازين الأخلاق.
3. الذوق السليم ومعايير الجمال.

تقوم التربية على العلم بنفسية الطفل من جهة والمجتمع من جهة أخرى فالتربية في رأي ديوي نفسية واجتماعية معاً، تعتمد في مبادئها على فهم نفسية الطفل واستعداده واجتماعية تهيئ الطفل ليكون عضواً صالحاً في المجتمع الذي يعيش فيه وأعلى ديوي من شأن الخبرة المباشرة وآمن بأن التربية الصحيحة إنّما تتحقق عن طريق الخبرة الصالحة وشعاره في ذلك أن التربية للخبرة وعن طريق الخبرة وفي ذلك سبيل الخبرة وقد استمد هذا الشعار من شعار الديمقراطية الذي

يقول (الحكومة للشعب وفي سبيل الشعب).

يعرف ديوي التربية بأنّها: ذلك التكوين أو التنظيم الجديد للخبرة الذي يزيد في معناها وفي المقدرة على توجيه الخبرة التالية والتربية عملية مستمرة ومتطورة وهي ليست إعداداً للحياة فقط ولكنها الحياة نفسها.

وعارض ديوي النظم التقليدية في التربية التي كانت تجعل الطفل مجرّد آلة تستقبل المعلومات وتحفظها دون أن يكون للطالب أي نشاط أو فاعلية (الرشدان، 2002).

التربية المعاصرة:

لقد فطنت المجتمعات الحديثة إلى أهمية التربية، فأولتها كل الاهتمام والعناية، وخصصت لها المال والجهد، وأعدت الخبراء والمتخصصين، لذا تحتل التربية مكاناً لم تحتله في أي عهد من العهود كما تحتله اليوم في عصر التحول، والتقدم من المرحلة الصناعية إلى الثورة المعرية، ولهذا فإنَّ رجال التربية في كل بقاع العالم يهتمون الآن في العملية التربوية، وما تؤدي إليه تلك العملية من خدمة للمجتمعات المتطورة، على أنه يمكن الاعتماد على التربية في نشر أي فكرة، أو رأي، أو معتقد معين. من هنا يتضح لنا خطورة هذه العملية وأهميتها. وقد استعمل التربية كثير من القادة، السياسيين، والعسكريين، والمفكرين في إيصال المفاهيم الجديدة، والأفكار الحديثة، والآراء المتطورة، إلى الجيل الجديد، ففي العالم العربي مثلاً كان لثورة 1952م، في مصر، بعض المفاهيم والمبادئ الثورية، التي تمّ نشرها عن طريق التربية، وما هي إلا سنوات حتى آمن الكثير من الناس بتلك المبادئ، وخرجت أجيال جديدة تؤيد تلك المبادئ، وتسعى لها، وما شعارات الاشتراكية، والوحدة، والقومية، إلا نتاج لهذه الثورة المصرية. وفي بلدان أخرى كثيرة، يتجه رجال السياسة والفكر إلى التربية، وعن طريقها ينشرون مبادئهم وأفكارهم ومعتقداتهم، في أوروبا، كثيراً ما تكون التربية والتعليم الأداة الطيعة، والمضمونة، لبث الأفكار الجديدة والمفاهيم الحديثة، فيتكيف الجيل الصاعد مع تلك الأفكار، ويتغير أسلوب حياته، ونمط سلوكه.

ويرى علماء العصر الحديث، أنَّ العملية التربوية عبارة عن عملية تفاعل بين المربي والمتربي، ليصلا معاً إلى الهدف التربوي.

فإذا كان المتربي الطفل أو الناضج، وكان المربي هو الأب أو الأم أو المعلم أو الأخ أو القائد أو الرائد، وتم التفاعل فيما بينهما للوصول إلى الهدف الذي تريده الأمة أو يسعى إليه المجتمع، أو ترضاه الجماعة. فتصبح التربية بذلك عملية هامة ومجدية.

مميزات التربية المعاصرة:

إنَّ الاهتمام بالتربية والعملية التربوية قد ازداد في العصر الحاضر، ونتيجة لذلك تميزت التربية في هذا العصر عن غيرها بأن:

1. أصبحت التربية متقدمة على التعليم، وأعطيت أهمية أكثر، فأصبحت الدول والأمم تهتم بعملية التكيف مع البيئة المحيطة، وتقدمها على اكتساب مهنة معينة، فالتكيف مع الحياة أولاً، ثم تأتي المهنة ثانياً.
2. أصبح الطفل أو الإنسان الفرد هو محور التربية، أي هو المهم، وليس المادة الجامدة أو المنهاج أو الموضوع، فأعطى الطفل بذلك الحرية المطلقة في وضع قوانينه ومنهجه وتخطيط دراسته، مع شيء من التوجيه والإرشاد من المختصين، والذين لديهم خبرة تربوية.
3. أصبحت المدارس متكيفة مع الحياة، متمشية مع الطبيعة، فانشئت المدارس في وسط الحدائق، ليتمتع التلاميذ بالهواء الطلق، والجو المناسب، ويعيشوا حياة طبيعية غير مكلفة ومعقدة.
4. اهتمت التربية بالفرد كإنسان، لكي يحقق نموه الإنساني، ولكنها مع ذلك لم تهمل الجانب الاجتماعي، والتكيف مع الجماعة التي يعيش بينها، فأصبحت بذلك تربية فردية اجتماعية ثقافية.
5. تعددت التربية مع علم النفس، لتقديم ما يناسب كل فرد على حدة، وتعاونت بالتالي مع علم الاجتماع، لكي تطبع الإنسان بطباع الجماعة، والمجتمع الذي يعيش فيه.
6. أصبحت التربية الحديثة ميدانية، حياتية، تعتمد على المواقف والممارسات اليومية، وطرحت التطبيق العملي لمواجهة الحياة المتغيرة، والمخترعات والاكتشافات الحديثة.
7. أصبحت التربية عامة للصغار وللكبار، للذكور وللإناث على السواء.
8. صارت التربية ممتدة عامة واسعة شاملة، وليست مقصورة على المدرسة أو المؤسسة التربوية، بل تعدت ذلك إلى البيت، والمصنع، ومكان العمل.
9. اهتمت التربية الحديثة بكيفية التعليم، والمادة المبحوثة، والمواضيع المقررة، كي تخلق جيلاً مفكراً محبًّا للعلم والعمل، متكيفاً مع مجتمعه، لا أن تهتم بعدد الخريجين، وعدد المؤسسات التربوية، دونما محتوى تربوي. (الاهتمام بالكيف لا بالكم).
10. استخدمت التربية الحديثة الأساليب التربوية الجديدة، معتمدة على الأدوات والأجهزة، والمخترعات، والتقنيات المعاصرة، تمشياً مع المجتمعات العامة. أو التكيف مع الثقافة الإنسانية، أي إعداد الإنسان الصالح لكل مكان،

وهذا لا يعني إلغاء التربية الوطنية، ولكن بالتوسع في الانتماء من القطرية إلى القومية فالعالمية الإنسانية.

عوامل أدت إلى الحركة الإصلاحية في تطور التربية:

1. **الثورة المعرفية:**

يمكن أن نستدل على ذلك مما قاله كنت يولدنغ أحد كبار رجال الاقتصاد المعاصرين (أن التطورات التي حدثت في العالم منذ ميلادي تكاد تعادل جميع التطورات التي حدثت في التاريخ السابق لميلادي).

ويقال أن الأبحاث التي أجريت ونشرت عن الكيمياء في العشرين عاماً الماضية تفوق كل من كتب عن الكيمياء منذ عاش الإنشان على الأرض، وعدد العلماء الأحياء الآن يفوق أضعاف المرات عدد العلماء الذين عاشوا عبر تاريخ البشرية.

والجدول التالي يبين تضعيف المعرفة والفترة الزمنية التي استغرقها لهذا التضعيف:

تضعيف المعرفة البشرية	المدة التي استغرقها التضعيف
التضعيف الأولي	1750 سنة
التضعيف الثاني	150 سنة
التضعيف الثالث	50 سنة
التضعيف الرابع	10 سنوات

فإذا استمر نمو المعرفة بتسارعه فالطفل الذي يولد اليوم تكون المعرفة عنده قد تضاعفت 32 مرة عندما يصبح عمره 50 سنة. ولمواجهة هذه الثورة المعرفية يجب أن ندرك أن مجرد المعرفة لم تعد تصلح بل يجب أن يكون اهتمامنا إلى أشكال المعرفة وطرق الحصول عليها وضرورة الاهتمام بالتعليم الذاتي والتعليم المستمر طيلة الحياة.

2. **التطور التكنولوجي:**

ويقصد به تطور التطبيق العملي للمكتشفات العلمية على الصناعة وسائر مرافق الحياة.

ويواجه عالمنا المعاصر تطوراً تكنولوجيًا مذهلاً يكاد يفوق جميع ما سبق في الثورة الصناعية والثورة الزراعية.

وفي وقتنا الحاضر تناقصت الفجوة بين اكتشاف المبدأ العلمي وتطبيقاته التكنولوجية ويمكن ملاحظة ذلك من الجدول التالي:

النظرية العلمية	الفترة الزمنية بين ظهور النظرية والتطبيق بالسنوات
المحرك الكهربائي	65
الراديو	25
المفاعل النووي	10
الترانزستور	3
البطاريات الشمسية	2
الرادار	15

وباستخدام هذه المخترعات ووسائل الاتصال المختلفة أصبح الاتصال المباشر بـين المعلـم والمتعلم ليس ضروريًّا، وهذه الأدوات تقوم بدور الوسيط. كما يمكن الاسـتفادة مـن وسائل الاتصال الحديثة في إيجاد الحلول لبعض المشكلات التربوية المعاصرة.

3. الانفجار السكاني:

تزايد عدد السكان وتزايد الطلب على التربية أدى إلى اختلال التوازن بـين مـا تنتجـه التربيـة وبين حاجات القوى البشرية اللازمة للتنمية الاقتصادية ممـا أدى بـالمربين إلى أن ينظـروا أو يفكروا في وسائل وطرق أخرى جديدة للتربية.

4. المكتشفات الحديثة في سيكولوجية الأطفال وطرق تعلمهم:

وهذه الاكتشافات أدت إلى ضرورة الاهتمام بالفروق الفردية بـين الأطفال ومراعـاة ميـولهم واهتماماتهم وحاجاتهم واستعدادهم للتعلم ودوافعهم الداخلية والخارجية.

وغيرت وجهة نظر العاملين في التربية إلى الطفل. وقد أظهر علم نفس الطفل الذي لم يعـرف إلا في نهاية القرن التاسع عشر أنه مـن الغبـاء أن نحاول معاملة الطفل بـنفس الطرق التي تصلـح لمعاملة الراشد، مثلنا في ذلك مثل من يريد أن يغذي الطفل حين ولادته بشرائح اللحم المشـوي بحجـة أن اللحم مغذ.

5. الثورة المنهجية:

برزت الثورة المنهجية لمواجهة التحديات التي يواجهها عالمنا المعاصر كالتغير الثقافي ووسائـل الاتصال وتطور تكنولوجيا التربية والصراع بين القيم القديمة والقيم الحديثة وتعرض المـوارد البشرية للإهدار والتلوث.

وهذا ما جعل المنهاج الحديث يبتعـد عـن مفهوم المنهاج القديم مـن معالجـات ضيقة للمحتوى بحيث أصبح يحتوي علـى الأهـداف والمحتـوى وطرق التعليم والـتعلم والتقويم ويهتم بالتطورات الحديثة في العلوم والمعارف.

وقد ظهرت مجموعة من الفلسفات والنظريات التربوية المعاصرة التي كانت كرد فعل علـى فكر النظريات في القرون السابقة، مع أن بعض هـذه النظريات يحمل أسماء نظريات سابقة إلا أن نظرتها جاءت مختلفة في كثير من القضايا التي تتعلق بالتربية.

الأسس الفلسفية للتربية

تعاريف الفلسفة واتجاهاتها والفلسفات المثالية
والواقعية والطبيعية والبرجماتية والوجودية والإسلامية
والحديثة والعربية والمتكاملة

مقدمة:

لم يكن التفكير الفلسفي يوماً ما، حكراً على أمة من الأمم، ولذا لا نستطيع إرجاع نشأة الفلسفة إلى جنس معيّن أو فترة زمنية معينة. وليس في وسع الإنسان أن يستغني تماماً عن كل تفكير فلسفي، لأن من طبيعة العقل البشري أن يحاول التعرف على حقيقة مركزه في الكون. ويكفينا الرجوع إلى تاريخ الشعوب، شرقية أم غربية، حتى نتحقق من أن الفلسفة ماثلة بالضرورة في كل زمان ومكان، سواء كان ذلك في الأساطير الشعبية، أم في الأمثال والحكم التقليدية، أم في الآراء السائدة بين الناس، أم في التصورات السياسية التي يأخذ بها المجتمع. وهكذا يمكننا القول إن التفكير الفلسفي قد نشأ بمجرّد ما استطاع الإنسان ممارسة وظيفته كحيوان ناطق، يهمه أن يتعقّل وجوده، ويفسر ظواهره، ويحدد علاقته بالعالم، وبالآخرين من حوله (رشدان، 1987).

تعريفها:

لا يوجد إتفاق بين الفلاسفة على تعريف موحد للفلسفة ذلك أن كل واحد منهم ينظر إليها تبعاً لاتجاهاته، ومدرسته، وأفكاره، فضلاً عن الحقيقة التي يراها هؤلاء الفلاسفة ليست ثابتة مطلقة بل تتغير دائماً. ومع ذلك يبقى تعريف الفلسفة بشكل عام بأنّها هي «أم العلوم» وبشكل خاص هي «حب الحكمة»، المشتق من الكلمة اليونانية Philosophy وأصلها (فيلا – سوفيا)، وتطلق على العلم بحقائق الأشياء والعمل بما هو أصلح.

وقد ظهرت الفلسفة نتيجة تساؤل الإنسان عن حقيقة الأشياء، فهو لم يكن يعرف أو يدرك حقيقة الكون أو الحياة.

وهكذا تبدو الفلسفة في نظر كثير من الفلاسفة نوعاً من استعراض العضلات معتبرينها رياضة بارعة شديدة للفكر لا يقدر عليها إلا الفلاسفة ولا ينطق بها سواهم ولا ترجع إلا لهم وحدهم (رشدان، 1987).

نشأة الفلسفة:

في القرن الثاني عشر قبل الميلاد، ازدهرت «أيونية» على شاطئ آسيا الصغرى (اليونان)، وفيها نظمت «الإلياذة والأوديسة». وفيها بدأت الفلسفة على يد أربع أشخاص، وهم طاليس، انكسيمنريس، انكسيمانس، هرقليطس، ويدعون جميعاً بـ «الأيونيين».

ثم جاء فيثاغورس (582 – 507) ق.م، ومعه الفيثاغوريون، وهم الذين وجهوا الفلسفة الوجهة «العقلية الروحية». وفي مدينة «إيليا» نشأ «الأيليون» الذين يقولون أن العالم موجود، وينكرون الكثرة.

وجاء بعد ذلك الطبيعيون المتأخرون، متأثرون بالفيثاغوريون والأيليين. أما في القرنين الثالث والأول قبل الميلاد، فقد نضب معين الابتكار والإبداع الفلسفي اليوناني، وانحصر ـ العمل الفلسفي في الشرح والتلخيص والنقد والتعليق.

وجاءت الديانة المسيحية.. وجاء من أبنائها من نبذ الفلسفة في حين أن فئة أخرى تعاملت بها، وتأثرت الديانة المسيحية تأثراً مباشراً بالفلسفات السابقة عليها، وجاء «بولس» وطعمها ببعض الخرافات اليونانية والوثيقة الروحية والأفلاطونية، كما تأثرت المسيحية بديانة (متراس) التي كانت في بلاد فارس، كما تأثرت بالفلسفة الهندية التي قامت على التثليث أيضاً، كما تأثرت بالديانة البوذية. ويرى البعض أن فكرة التثليث التي أقرّها مجمع نبقة (325) م. كانت انعكاساً للأفلاطونية الحديثة التي جلبت معظم أفكارها من الفلسفة الشرقية التي أحضرها أفلاطون (270 م) من فارس.

أما الفلسفة الإسلامية فقد نشطت في عهد الخليفة المأمون العباسي   (ت 218 هـ)، عندما نشطت الترجمة. وكان أول الفلاسفة المسلمين الكندي   (796 – 873 م). وجوهر الفلسفة عنده هو «علم الأشياء الأبدية الكلية بحقائقها وعللها بقدر طاقة الإنسان، وأن الفلسفة هي العلم الذي يهتم بالعلل والأسباب، والعلم بالعلل أشرف من العلم بالمعلول، وما دام الله – سبحانه – هو السبب الأول للأسباب كلها، فإن الفيلسوف الكامل التام هو الذي يسعى إلى معرفة الله، وما يتعلق بالألوهية من صفات الكمال».

وتعني الفلسفة الإسلامية بمشكلة الوحدة والتعدد، والصلة بين الله ومخلوقاته، كما توفق بين العقل والعلم، وبين الحكمة والعقيدة. أما علم الأشياء بحقائقها فيتكون من: علم الربوبية، وعلم الوجدانية، وعلم الفضيلة (ناصر، 2001).

سمات الفلسفة:

تتميز الفلسفة عن غيرها من العلوم في أن طبيعتها مختلفة فهي:

1. علم الكل.
2. علم أبعد الأشياء وقوعاً عن إدراكات الناس الحسية.
3. علم المبادئ والعلل الأولى (الأسس).
4. علم أي تعجب يثيره العقل البشري، أو أي مشكلة يطرحها الفكر.
5. معرفة الأمور الإلهية والبشرية غير المنظورة.

6. حكمة الحياة في ضوء ما يقتضي به العقل.
7. مذهب خاص أو نسق معين من الاعتقاد يؤمن به صاحبه بعد أن أقام البرهان على صحته.
8. منهج الكشف عن المبادئ والفروض الأولية التي تقوم عليها كل العلوم.
9. الدراسة التحليلية للمفاهيم والرموز العلمية.

وتخدم الفلسفة عند دراستها والبحث في ميادينها، عدة وظائف منها:

- وظيفة ثقافية: تكون الفلسفة معياراً يحدد نوع الأفكار التي يختارها الفرد، محددة دورها ووظيفتها.
- وظيفة اجتماعية: تصبح الفلسفة قوة فاعلة في المجتمع، تتحرك للأمام وللخلف، وبذلك تجعل الفرد صاحب موقف يجعله يشعر بحياته وبكيانه الإنساني.
- وظيفة عملية: ترسم الفلسفة الرؤية المستقبلية للعلم، إذ أن وظيفتها: صياغة فرضيات للعلم، تحفزه لاختيار طرق جديدة للتحقق من تلك الفرضيات (ناصر، 2001).

ميادين الفلسفة:

تباينت الميادين والموضوعات التي تبحثها الفلسفة تبايناً كبيراً بين حين وآخر. وهذا يعني أن الموضوعات الفلسفية، هي موضوعات متغيرة تبعاً للتطورات التي تطرأ على المعرفة بعامة وعلى الفكر الفلسفي بخاصة. أما أهم الميادين التي تشمل عليها في الوقت الحاضر فهي:

1. الميتافيزيقا (ما وراء الطبيعة): وتسمى ما فوق الطبيعة أو الغيبيات أو العلم الإلهي، ويقصد بها البحث عن طبيعة الحقيقة النهائية، ويشتمل هذا الموضوع في الفلسفة على موضوعات فرعية أهمها:
2. علم الكون (الكسمولوجيا): وهو ما يبحث في طبيعة الكون وتركيبه، وتفسر أصله وتطوره، وما فيه من مبادئ ومفاهيم.
3. علم (الابستمولوجيا): وهو ما يبحث في أحوال الإنسان وطبيعته ووجوده في العالم، وما هو فيه من مواقف جدية: الوجود والماهية، الإمكان والاختيار، والحرية والألم والموت، والسقوط في الوجود، والخطيئة والكفاح.
4. القيم (الأكسيولوجيا): ويمكن التميز بين نوعين من القيم:
   أ. قيم نسبية: متغيرة تطلب كوسيلة إلى غاية كالثروة.
   ب. قيم مطلقة ثابتة: ينشدها الإنسان لذاتها كالسعادة.
5. علم الوجود (الأنطولوجيا): وهو ما يبحث في الوجود، وما علاقة الأشياء المدركة بالقوى التي ندركها.

علاقة الفلسفة بالتربية:

لا يمكننا فهم أي نظام تعليمي فهماً صحيحاً من غير فهمنا للأصول (الأسس) الفلسفية، أو النظرية التي توجهه وتحكم مساره، وكذلك لا يمكننا فهم الأصول التربوية دون الإحاطة بوجهات نظر الفلاسفة والمفكرون والمربون حول بعض القضايا التي تتعلّق بالإنسان والمعرفة ومصادرها وأهدافها (العمايرة، 1999).

يقال أن الفلسفة والتربية وجهان مختلفان لشيء واحد، الأولى تبحث في أساسيات وماهية الحياة، والثانية تنفذ ذلك في شؤون الحياة العملية، وتعريف البعض للتربية على أنها فلسفة عملية تمس الحياة في كل موضع يدفعنا للتسليم بأنّهما (الفلسفة والتربية) وجهان لعملة واحدة. (ناصر، 2001).

فمن ناحية غاية كل منهما: الغاية من التربية ترتبط ارتباطاً وثيقاً بالغاية من الحياة، أما الفلسفة فتقرر ما الغاية من الحياة، والتربية تقترح الوسائل لتحقيق هذه الغاية.

ومن حيث التطبيق: التربية هي الجانب الدينامي للفلسفة، فهي الوسيلة العملية لتحقيق المثل العليا، والفلسفة هي الجانب العملي للشيء نفسه.

ومن حيث نقل المعرفة: التربية تمثل العمل المتناسق الذي يهدف إلى نقل المعرفة، وإلى تنمية القدرات وتدريب وتحسين الأداء الإنساني في كافة المجالات وخلال حياة الإنسان كلها. والفلسفة هي التي تصوغ النظريات التي تحقق التربية تطبيقاتها.

ومن حيث موضوع كل منهما: أن موضوع التربية هو الإنسان، والإنسان هو المحور الأساسي لموضوعات الفلسفة.

ومن حيث الوسيلة التي يستخدمونها: أن موضوع التربية عملية تطبيقية، أما وسيلة الفلسفة فهي فكرية تأملية، ومع أن وسائل التربية العلمية أكثر إلا أن وسائل الفلسفة أكبر.

ومن حيث الأهداف: تتم صياغة الاهداف وفق أسس فلسفية تستند إلى اتجاه واضح محدد، وتقوم التربية بالسير على هدي هذه الأهداف (ناصر، 2001).

إن العلاقة بين الفلسفة والتربية قديمة جداً وقد ظهر تصور العلاقة بين الفلاسفة عبر التاريخ، بدءً من السفسطائيين مروراً بالفلاسفة المسلمين إلى الفلاسفة المعاصرين. وقد ربط السفسطائيون بين الفلسفة والتربية، فقد جاءت فلسفتهم تعبيراً قوياً عن نزعتهم الفردية، وكان الحال من هذه النزعة الفلسفية نظرية في التربية، ترجح أهمية الاكتساب على الفطرة المورثة، ومن التأكيد على أن الفضيلة مكتسبة، والمعرفة هي الأخرى مكتسبة ومرجع كل ذلك إلى قدرة الفرد على التعليم.

وجاء فلاسفة المسلمين وعلمائهم ومنهم إمام المربيين المسلمين أبـو حامـد الغـزالي.. صـاحب كتاب إحياء علوم الدين، الذي استخدم فيه طريقة الشك المنهجي، حيث شـك في الحـواس وفي العقـل ووصل إلى الحقيقة عن طريق الإرادة الخاصة والنية الصادقة التي محلها القلب والإلهـام والحـدس أو الإدراك المباشر للأشياء عن طريق نور يقذفه اللـه في القلب، حيث تصفو النفس ويدق الحـس، ويـرق القلب، وتنقشع الغمامة التي بين العبد والرب، فحين إذن يتحقق اليقين، وقد عـبر عـن ذلـك في كتابـه «المنقذ من الضلال».

إن العلاقة بين الفلسفة والتربية تمخضت عن مولود جديد... حمل سمات الفلسـفة والتربيـة في آن واحد، وهذا المولود هو «فلسفة التربية» (ناصر، 2001).

وتوجد عدة تعاريف لفلسفة التربية منها:

عرفها عفيفي بأنّها: «تصور عام وشامل ومتكامل للعملية التربوية مبني عـلى مجموعـة مـن المفاهيم والمبادئ والافتراضات التي تساعد على فهم وتفسير وتوجيـه العلاقـات والتفـاعلات بـين كافـة جوانب وعناصر العملية التربوية، ماهية التربية وأهدافها، والمعلم، والطالب، والمـنهج، وبيئـة التعلـيم، وعملية التعليم».

وعرف الشيباني فلسفة التربية بأنها: «مجموعة من المبادئ والمعتقدات والمفاهيم والفـروض والمسلمات التـي حـددت في شـكل مـترابط متناسـق، لتكـون بمثابـة المرشـد والموجـه للجهـد التربـوي، والعملية التربوية بجميع جوانبها».

ويعرفها النجيحي: «هي النشاط الفكري المنظم الذي يتخذ الفلسفة وسيلة لتنظيم العمليـة التربوية وتنسيقها وانسجامها وتوضيح القيم والأهداف التي ترنو إلى تحقيقها، وفي إطار ثقـافي وفكـري معين».

حيث عد الكثير من الفلاسفة، الفلسفة أُمًّا للتربية، والتربية معمـلاً للفلسـفة، أي مـن خـلال التطبيق والممارسة العملية يتأكد مدى صحة هذه الفلسـفة وحيويتهـا وسـلامتها ونجاحهـا. والفلسـفة توجه العملية التربوية من جهة، والتربية تصحح الأفكـار الفلسـفية بعـد اختيارهـا لتعطـي زخـماً مـن المشاريع لتنظرها الفلسفة من جديد، فيحدث التفاعـل وتتحقـق التغذيـة الراجعـة (كـما هـو موضـح بالشكل).

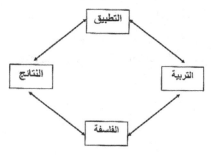

الفلسفة المثالية:

تعود كلمة المثالية في أصلها اللغوي إلى كلمة (Ideal) أي مثل أعلى كما تعود في أصلها اللغوي العربي إلى كلمة مثل الرجالة مثالة، بمعنى (فضل) أي صار ذا فضل، ويقال أمثل بني فلان، أي أدناهم إلى الخير، أي أقربهم له.

الفلسفة المثالية في أبسط معانيها هي: ذلك الموقف الذي يعلي من شأن الروح والعقل، ويرجع الوجود المحسوس إلى الروح أو العقل. فالروح أو العقل هو القوة الكامنة وراء الأشياء والظواهر المحسوسة، وجميع الأشياء والظواهر هي روحية أو عقلية في حقيقتها. والفلسفة المثالية تزعم أن هذا الواقع روحي في طبيعته وليس فيزيائياً، وهي لا تنكر وجود العالم المحيط بنا، أي عالم المنازل، والهضاب، والكواكب، وجميع الموضوعات والأحداث التي يوقفنا عليها العلم الطبيعي وحواسنا.

ولكنها تؤكد بالحجة أن تلك الأشياء رغم أنها واقع، فإنّها ليست مطلقة، بل هي ظواهر لواقع روحي مخبوء تحتها.

والفلسفة المثالية ترجع المعرفة الحقيقية إلى الروح والعقل، وتعترف بأهمية الحدس والإلهام في اكتساب المعرفة، وتؤمن بأهمية التفكير الحدسي، وبخاصة في الحياة الشخصية، وبوجود حقائق ثابتة وخالدة، وبوجود قيم مطلقة وغير متغيرة، وبحرية الإنسان، وبأن الخير والجمال ليسا من صنع الإنسان، ولكنهما جزءان من تركيب الكون، إلى غير ذلك من الأفكار والمعتقدات التي ترتكز عليها الفلسفة المثالية، ويعتنقها أو يقول بها الفلاسفة المثاليون. وكان من أشهر ممثلي هذه المدرسة سقراط وأرسطو.

ويتضح مما سبق أن المثالية: مذهب فلسفي يؤمن معتنقوه بوجود أفكار عامة وثابتة ونهائية، وهي جوهر الكون وحقيقته، وقد أوجد هذه الأفكار عقل عام أو روح عامة، وهي كل ما هو حقيقي كما يؤمنون بأن عالم المادة عالم الخبرات اليومية عالم غير حقيقي لأنه يتميز بالتغير وعدم الاستقرار، ولكن هذه المادة لا يدركها الإنسان بحواسه، وصيغت على مثال وجد في الفكر، والعقل وحده هو الذي يحكم على مدى مطابقته لتلك المثل.

المثالية والطبيعة الإنسانية:

تنظر المثالية إلى الإنسان على أنه كائن روحي يمارس حرية الإرادة ومسئول عن تصرفاته. وبما أن الإنسان حر وروحاني، فإن جوهره وماهيته يمتنعان عن التعريف. ويرى أفلاطون أن الروح منبعثة من عالم المثل وأنها مسجونة بصفة مؤقتة في الجسم، بحيث تعود مرة أخرى بعد الموت إلى موطنها السابق. ويستمسك «بركلي» بالنظرة المسيحية الأصلية القائلة بأن الروح خالدة. وقد خلقها الله

لتنعم بحياة أبدية معه بعد امتحانها بصرامة على الأرض. وحسب ما يرى «كانت» أن الإنسان حر وخاضع للحتمية في نفس الوقت، فهو حر إلى الحد الذي يعد فيه روحاً، وهو خاضع للحتمية إلى الحد الذي يعد عنده كائناً جسمياً خاضعاً للقانون الطبيعي. وهنا نجد «كانت» رغم أنه فيلسوف مثالي يأخذ وجهة نظر الواقعية. وتنظر المثالية الهيجلية إلى الإنسان كجزء من المطلق، وانه ومضة بالفعل من الروح الخالدة التي ستستوعبه مرة ثانية.

وهكذا نرى أن المثاليين قد اتفقوا بصدد قبولهم لجوهر الإنسان الروحي ولكنهم لم يتفقوا حول كيفية اتصاله بدقة بالواقعية الروحية النهائية التي انبثق منها. والإنسان ككائن روحي يعبر عن ذاته بأشكال مختلفة من الدين والأخلاق والفنون والثقافة والآداب. كما أنه قادر عى استخدام عقله لتسخير بيئته للوفاء بحاجاته ومطالبه، وهو لهذا قادر على تحقيق إنجازات حضارية يعبر عنها بالحضارة البشرية، وهكذا ترى المثالية أن البيئة الثقافية بأبعادها المختلفة في الدين والأخلاق والآداب والفنون والعلوم هي من صنع عقل الإنسان وروحه. وهذه البيئة الثقافية هي في حركة نمو مستمر بفعل الزّمن (مرسي، 2002).

المبادئ الأساسية للفلسفة المثالية:

تؤمن الفلسفة المثالية بوجود أفكار عامة ثابتة مطلقة مستقلة عن عالم الخبرات اليومية ومقرها العالم المثالي الحقيقي. كما يأتي:

طبيعة العالم: ينظر المثاليون نظرة ازدواجية للعالم. عالم الأفكار الحقيقي وعالم الخبرات اليومية أي العالم الواقعي، وفيه يفرح الإنسان ويغضب.

طبيعة الإنسان: ينظر المثاليون نظرة ازدواجية إى طبيعة الإنسان. فهو مكون من روح وجسد أو عقل ومادة.

طبيعة الحقيقة: يفترض المثالي التقليدي أن الحقيقة النهائية توجد فعلاً في عالم آخر وهو عالم الأفكار أو عالم الحقيقة المطلقة. وهي ليست من نتاج الفرد أو المجتمع لأنها مطلقة وعامة وشاملة. ويمكن معرفة هذه الحقائق والمبادئ الشاملة المطلقة عن طريق الإلهام أو العقل المطلق أو الحدس.

طبيعة القيم: يؤمن المثاليون بوجود قيم مثالية ثابتة لا تتغير، وقد توصل إليها المفكرون والعظام عن طريق الإيحاء ولا يجوز الشك بصحتها.

طبيعة المجتمع: تنظر هذه الفلسفة للمجتمع نظرة ازدواجية.فتقسمه إلى الطبقة العاملة من جهة وطبقة المفكرين أو الفلاسفة من جهة ثانية، وهذه النظرة تنطوي على خلق مجتمع ثابت (رشدان، 1987).

علاقة الفلسفة المثالية بالتربية:

يرى المثاليون أن التربية ما هي إلا مجهود الإنسان للوصول إلى هزيمة الشر

وكمال التربية.

أما بالنسبة لأفلاطون فكان ينظر إليها على أنها عملية تدريب أخلاقي، أو المجهود الاختياري الذي يبذله جيل الكبار لنقل العادات الطيبة للحياة، ونقل حكمة الكبار التي توصلوا لها بتجاربهم إلى الجيل الصغير.

أما كانت صاحب (المثالية النقدية) فيرى أن التربية فن يسعى إلى أن يجعل كل جيل يقوم بتربية الجيل اللاحق فالتربية إذن عملية نقل للمعارف من الأجيال اللاحقة (الجديدة) بحيث تجعله مؤهلاً لأن يكون مربياً للجيل اللاحق له.

نرى مما سبق اهتمام فلاسفة المثالية اهتماماً خاصاً بالتربية. كونها الوسيلة الرئيسية لتحقيق أهدافهم، لذلك نرى بعضهم قد أفرد كتباً خاصة بالتربية، إضافة إلى اشتهار العديد من التربويين المثاليين مثل: بستالوزي، فروبل، سبينوزا، فختة، شوبنهاور.

أهداف التربية عند المثاليين:

1. إعداد الأطفال للتوافق مع القوة العظمى والقوانيين والتعاليم الصادرة عنها حتى يكونوا عند بلوغهم مؤهلين للإسهام في تحقيق مراد هذه القوة.
2. إحاطة الطفل بالمثل العليا الصالحة.
3. رفع مكانة الشخصية الإنسانية أو تحقيق كمال الذات.
4. إدخال الإنسان في التراث الثقافي بحيث يكتسب الضروري منه لتحقيق ذاته.
5. تنمية شخصية الفرد الذي يحترم الآخرين ويحترم القيم الروحية.
6. بناء شخصية تشعر بولاء عال للمثل السياسية العليا للأمة والمجتمع المحلي.
7. مساعدة التلاميذ على أهدافهم في الحياة.
8. تنمية عقل وروح التلاميذ والتأكيد على الأنشطة العقلية (ناصر، 2001).

وقد استخدمت هذه الفلسفة الأسلوب السقراطي (توليد الأفكار) مع التلاميذ للوصول إلى المعرفة، والذي يتخلص بأن يضع المعلم بتلاميذه في موضع الحيرة والشك في طريق محاورتهم بسؤال بعد سؤال من أجل الوصول إلى المعرفة الحقة الكامنة في العقل، لذلك كان اهتمامهم واضحاً بالتربية العقلية كالفلسفة والرياضيات لكونها تمكن المتعلم من التعامل مع المجردات. وكذلك التاريخ والأدب لأنها مصدر الثقافة والاختلاف، أما علوم الطبيعة والحيوان تلك التي تتعامل مع السبب والنتيجة فإنها تمثل مكانة أقل (شبل، 1994).

التطبيقات التربوية للفلسفة المثالية:

المعلم:

يحتل المعلم مكانة عظمى في هذه الفلسفة لذا يجب أن يكون المعلم:

- متصفاً بالأخلاق الحميدة.

- ذو تحصيل عال – دراية علمية كافية – لأنه الشارح لقوانين القوى العظمى.

- الناصح الحكيم، ومكتشف المجهول.

- صاحب شخصية جذابة، وقائداً أكاديمياً متنوعاً.

- قدوة ومَثَل أعلى.

- في مكان الأب وله نفس القوة والمسئولية.

- مهمته التربوية توليد الأفكار والمعاني من عقل التلميذ.

المتعلم (التلميذ):

يرى المثاليون أن التلميذ كائن روحي هدفه في الحياة التعبير عن هذه الطبيعة الخاصة التي يتمتع بها وأن المطلوب من التربية عدم النظر إليه باعتباره عقلاً أو جهازاً عصبياً لجمع المعلومات في داخله، لذا ترى الفلسفة المثالية أن يتصف التلميذ بما يأتي:

- أن يكون مطيعاً ومتعاوناً وجديراً بالاحترام.

- أن ينفذ الوصايا والأوامر دون اعتراض.

- يخضع كل التلاميذ لمقررات دراسية واحدة.

- التلاميذ الضعاف يرسبون ويعيدون المواد نفسها التي رسبوا فيها.

- العلاقة بين التلميذ والمعلم تتصف بالرسميات.

- أن يتعلّم احترام القيم الروحية وقيم الأفراد الآخرين.

- دراسة البيئة المحلية التي يعيش فيها.

المنهاج:

تهدف التربية المثالية من استخدام المنهاج التربوي تطوير الشعور السلمي بالذات من جانب التلميذ، بمعنى تنمية الذات وتنمية الانفعالات وتنمية الاتجاهات الشخصية، لذلك كانت الفلسفة المثالية تركز في مناهجها على ما يلي:

- اعتبار الأدب والعلوم الكلاسيكية، والتاريخ والفلسفة عناصر رئيسية في المنهاج.

- غاية المنهاج تقديم الثقافة وعرض إرادة القوة العظمى دون اعتبار لما لا يساعد الإنسان على الترقي.

- تعارض المثالية تدريس التلاميذ موضوعات دراسية لم تثبت صلاحيتها مسبقاً.

- اختيار المواد الدراسية بعناية لتسهم في الحياة الصالحة.

- محور المنهاج عند المثالية ثلاثية الفنون الحرة (القواعد، والبلاغة، والمنطق).

- الاهتمام بالرياضيات إذا كان هدفها تربية العقل.

● استخدام النشاطات المرافقة للمنهاج (مثل: النوادي المدرسية والنشاطات الصيفية).

طرق التدريس / أو أساليب التدريس:

تداول المثاليون طرقاً مختلفة في التدريس كالاعتماد على الحوار وتوليد الأفكار (سقراط)، أو أسلوب السؤال والجواب (أفلاطون) وكانت طرق التدريس في الفلسفة المثالية تعتمد على:

● استخدام طريقـة الإلقـاء، أو المحـاضرة، لنقـل المعلومـات الحقيقيـة وحشـو أدمغـة التلاميـذ بالحقائق المطلقة.

● الاهتمام بالكتب العظيمة (التراث الثقافي) من أجل نقل ما وصل إليه الأجداد.

● استخدام الحوار والمناقشة والاعتماد على النشاط العقلي من أجل مناقشة المشاكل التي تقابل التلاميذ والوصول إلى حل لها.

● التركيز على الحفظ وتقديم الأمثلة والنماذج، وعدم الاهتمام بالفروق الفردية.

● استخدام طريقة التحليل والتركيب من أجل حل المشكلات الصعبة لأنها بهذه الطريقـة تجـزأ على وحدات صغيرة.

● عدم دخول التلاميذ إلى موضوع المادة الدراسية من الناحيـة الموضوعية بـل تـدعوهم إلى أن يدخلوا إليه عن طريق وجهات النظر الخاصة من أجل تمكين التلاميذ من النقد والـدفاع عـن وجهات نظرهم.

التقويم: يقيم التلاميذ في الفلسفة المثالية بالامتحانات الرسمية كوسيلة لمقارنة إنجاز التلاميذ وفرزهم (الأكثر ذكاء من الأقل). ولتزم المثاليون ويلزمون أنفسهم بالمسئولية للتفوق وتحقيـق مقاييس أكاديمية عالية ويكون التقويم كما يلي:

● المعلم هو الذي يحكم على إنجاز التلاميذ وفق المقاييس المقننة التي تراها جهات خارجيـة أو المعلم ذاته.

وفي حالة عدم الاستجابة الجيدة (التربوية أو السلوكية)، يعاقب المثاليون التلاميذ، باستخدام العقوبة لمن يسيء التصرف درسياً وسلوكياً، وقد يكون استخدام العقـاب البـدني إذا لـزم الأمـر، وهنـاك اعتقاد عند المثاليين، بأن الإصلاح يعتمد على درجة العقوبة، ويؤمنون بأن العقاب يدرب ملكة الصبر.

أفلاطون (427 – 347 ق.م):

فيلسوف يوناني، جمع معظم أفكاره التربوية في كتابيه «الجمهورية» و«القوانين».

ففي كتاب الجمهورية يقسم أفلاطون المجتمع إلى ثلاث طبقات هي: طبقة الفلاحين والصناع، ثم طبقة المحاربين، وطبقة الحكّام، أمّا الفلاحون والصنّاع فمحرومون في جمهوريته من كل تربية، وحسبهم أن يتعلموا مهنة من المهن، أما طبقة المحاربين فثقافتهم واجبة وتشمل الموسيقى والرياضة، أما طبقة الحكام فثقافتهم فلسفية عالية إذ يدرسون جميع العلوم ومنها الميتافيزيقا، ويرى أفلاطون أن رؤساء الدولة يجب أن يكونوا علماء وفلاسفة لا كهنة ورجال الدين (ناصر، 2005).

نقد لآراء أفلاطون الفلسفية:

ينظر بعض المفكرين إلى الآراء التي نسبت إلى أفلاطون في التربية على أنها أفكار خيالية تقصد عالماً مثالياً كالمدينة المثالية التي كان أفلاطون يحلم بها.

وقليل هو أثر أفلاطون على التربية كما نعهدها في المدارس، ومع ذلك فقد تأثرت مدارس الأديرة المسيحية وجامعات العصور الوسطى بآرائه، غير أن هذا التأثير ضئيل إذا قورن بآراء أرسطو الواقعية، ويلوح أن قلة هم الذين فهموا نوايا أفلاطون، بل رأى الأغلبية أن مبادئه التربوية غير صالحة وغير عملية للمربي. ومع ذلك فهناك إعجاب بآرائه عن تعليم النساء ومزج التربية الرياضية مع التربية الموسيقية، واعتقاده بأن التربية عملية مستمرة وفيها جانب عملي وواقعي، وفهمه عن الفيلسوف الحق.

ويجد المربون صعوبة أو حتى استحالة في تنفيذ آراء أفلاطون التي غلفت بالمثاليات، ومن المحتمل أنه هو نفسه كان يبتسم احياناً للصورة المشرقة المتفائلة والخيالية التي كان يحلم بها، ومع ذلك فكان ثمة أمل يراوده ملك صقلية الشاب (ديونيسيوس) الذي أرسل إليه ليجعل منه ملكاً فيلسوفاً ن غير أنه ضاق ذرعاً بأفلاطون وفلسفته وتعاليمه وكاد يبطش به لولا أنه هرب.

لقد أعطى أفلاطون أملاً وتفاؤلاً، تسعى إليه البشرية في كل جيل عبر التاريخ لتحقيق شيء منه... ولو قليلاً (الكسواني وآخرون، 2003).

الفلسفة الواقعية:

تتلخص نظرة هذه الفلسفة للإنسان، على أنه مزيج من المادة والروح وأن الروح والجسد تشكلان طبيعة واحدة، والعالم الميتافيزيقي يمثل الواقع، وأن الحقيقة موجودة فيه، أي أن الحقائق مصدرها الواقع، وأن الواقع هو الذي يملي أوامره على العقل وليس العكس، وتؤمن هذه الفلسفة بالحقائق الخالدة الثابتة التي لا تقبل البديل أو التغير مهما اختلفت الظروف.

ويستطيع الإنسان اكتشاف الحقيقة باستخدامه التجربة والأساليب العلمية والحقيقة عندهم موجودة، والواقع موجود سواء أدركه العقل الإنساني أم

لم يدركه والإنسان في محاولته معرفة الواقع وإدراكه قد يصل إلى طبيعة الأشياء، مثلاً: تركيب المجتمع، مكونات العالم... إلخ. وهذا يرجع إلى إيمانهم بالعالم المادي وبقدرة الإنسان على معرفة الأشياء وإدراكها خلال حواسه أو من خلال عقله، ومصدر القيم عند الواقعيين هو العقل بمعنى أن الإنسان يستطيع أن يكتشف القيم باستخدام الأسلوب العلمي (شبل، 1994).

وبهذا يتضح معنى الواقعية: والواقع بإيجاز هو ما هو موجود أو محسوس ملموس، والحقيقة صورة هذا الواقع، ومعيار صدق الحقيقة هو مدى انطباقها على الواقع وما تصفه (علي،2001).

نتيجة للتغيرات المتسارعة التي شهدها القرنين 19 و 20 تفرعت النزعة الواقعية إلى العديد من المدارس التي تراوحت بين الواقعية الدينية، والواقعية المادية والملحدة أحياناً.

وأشهر هذه المدارس هي الواقعية العقلية، والواقعية الطبيعية والواقعية النقدية والواقعية الجديدة أو المحدثة، التي تؤمن بالعلم وتطبيق منهجيات العلوم الحديثة على القضايا والمشكلات الفلسفية، وينتمي إلى هذه المدرسة أكثر التيارات الفلسفية المعاصرة، وأهمها: المادية، الوجودية، التحليلية، والوضعية... إلخ.

وعلى الرغم من وجود تلك المدارس والتيارات والمذاهب الفلسفية الواقعية التي تبدو متناقضة، ومتباعدة وأحياناً متداخلة مع فلسفات أخرى، إلا انه توجد بعض القواسم المشتركة أو الأسس العامة التي تجمع بينها في العديد من المنطلقات الفكرية للفلسفة الواقعية.

ولعل أشهر فلاسفة الواقعية إلى جانب أرسطو هم «ابن سينا»، «الفارابي»، «ابن الهيثم»، عند المسلمين، و«فرنسيس بيكون»، «جون لوك»، «دافيد هيوم»، «هاربر بنسر»، و«راسل» في أوروبا، وبهذه الأسماء نجد أن الفلسفة الواقعية أكثر انتشاراً في الفكر البريطاني، والأمريكي. (محمد، 2002).

فقد اتفق فلاسفة الواقعية حول حقيقة المادة إلا أنّهم اختلفوا في أمور أخرى مما جعل منهم مدارس متعددة مثل المدرسة الواقعية الاجتماعية ومدرسة الواقعية النقدية (الخطيب، 1995).

وتهدف التربية من وجهة نظر الواقعية إلى:

1. إتاحة الفرصة للتلميذ بأن يغدو شخصاً متوازناً فكرياً، وجيد التوافق مع بيئته المادية والاجتماعية.
2. تخليص الأرواح وتعليم الطفل دائماً أن يحافظ على روحه في حالة النعمة، وأن تكون مملوءة بالنعمة الإلهية ومتحررة من الخطيئة.
3. تكوين الإنسان الذي يهتم بالشؤون العالمية.

4. تبصير التلميذ ومساعدته على اتخاذ قرارات مفيدة في أن يحيا حياة ناجحة سارة.
5. عدم كبت الميول الطبيعية وأنشطة الطفل (ناصر، 2001).

المبادئ الأساسية للفلسفة الواقعية:

على الرغم من وجود تفسيرات مختلفة للفلسفة الواقعية كما هو الحال في الفلسفة المثالية إلا أن هناك مجموعة من المبادئ الأساسية يتفق عليها المؤمنين بهذه الفلسفة.

طبيعة العالم: يعتبر الواقعيين أن هذا العالم الفيزيقي هو عالم الواقع المشتمل على الحقائق جميعها فهو عالم مستقر ثابت. ونحن عن طريق التحليل العلمي الموضوعي نستطيع في النهاية اكتشاف حقائقه الشاملة الموجودة فيه والمستقلة عن إدراكنا لها. وهذه الحقائق هي القوانين الطبيعية التي تتحكم في سير الكون والعالم والإنسان.

طبيعة الحقيقة: تؤمن الواقعية بأن الحقائق موجود في هذا العالم الواقعي الذي نعيش فيه. ويمكن التوصل إليها من خلال التحليل الموضعي واستعمال الطرق العلمية. وما دامت هذه الحقائق النهائية الشاملة موجودة في هذا العالم فلا حاجة للإنسان لاتباع أساليب الفلسفة المثالية غير الموضوعية. إلا أن كلا الفلسفتين المثالية والواقعية تفترضان نفس الدرجة من الجمود بالنسبة للحقيقة، والاختلاف الموجودة بينهما يكمن في مصدر التوصل إلى الحقيقة وأساليب هذا الوصول.

طبيعة المجتمع: يرى أنصار الواقعية أن المجتمع يسير وفق قوانين طبيعية عامة وشاملة ولا تتغير. وكلّما اطلع الإنسان وفهم هذه القوانين الطبيعية كان سير المجتمع طبيعياً وناجحاً. ويجب عليه أن يحدد المكان الذي يتلاءم معه في المجتمع حسب قوانين الطبيعة.

طبيعة القيم: يرى الواقعيون أن القيم ثابتة، وأن القيم الجماعية تكمن في النظام الطبيعي والمبادئ الشاملة التي تحكمه.

طبيعة التربية: تهدف التربية في الفلسفة الواقعية إلى إعداد الفرد لتقبل حظه المكتوب في هذه الحياة. فما التربية إلا مساعدة الإنسان ليتكيّف مع بيئته لا ليشكلها أو يؤثر فيها. وحتى يتم التكيف الفعّال بين الإنسان وبيئته فإن عليه أن يفهم العالم الذي يعيش فيه أي العالم الخارجي الواقعي. وهذه المعرفة من الممكن اكتشافها وتلقينها للصغار بطريقة منظمة في المدارس (رشدان، 1987).

أرسطو (384 - 322 ق.م):

فيلسوف يوناني، من تلاميذ أفلاطون ومؤسس الفلسفة الواقعية القائمة على أن العالم من حولنا هو مصدر كافة الحقائق الموجودة فيه، وهي حقائق لا

تأتي عن طريق الإلهام أو الحدس، بل تنبع من عالم الواقع القائم على المشاهدة والتجربة الحسية والخبرة الحياتية المتواصلة ونركز هنا وقصر البحث على آراء أرسطو التربوية في إطار فلسفته الواقعية وذلك باعتباره أنه هو صاحب هذه الفلسفة منذ نشأتها الأولى.

تربى أرسطو مع «فليبس» والد الإسكندر الأكبر المقدوني، وكانت ولادته من عائلة ثرية، وكان أبوه طبيباً لملك مقدونيا، وقد ترك أرسطو مقدونيا إلى أثينا في السابعة عشرة من عمره لينال تعليمه وفيها التحق بأكاديمية أفلاطون وتتلمذ على يديه مدة عشرين سنة، وبعد وفاة أفلاطون ترك أرسطو أثينا إلى أسوس حتى دعاه (فليبس) ليقوم على تربية ابنه الإسكندر وكان ولياً للعهد. وعندما اعتلى الإسكندر عرش مقدونيا عاد أرسطو إلى أثينا وأنشأ بها مدرسته التي سميت (الليسيه) نسبة إلى المكان التي أنشأت فيه (الكسواني وآخرون، 2003).

لقد كان لفلسفة أرسطو إلى جانب فلسفة أفلاطون أعمق الأثر في الفكر القديم والقرون الوسطى، وبقيت آراؤه العملية رائجة إلى حين بزوغ فجر العلم الحديث، ولا يزال لأرسطو مكان محفوظ في تاريخ العلم حتى يومنا هذا. والحقيقة أن أرسطو كان بحراً في العلوم الطبيعية حتى أن (دانتي) وصفه بأنه (أبو العارفين). وبينما كان أفلاطون ذا خيال واسع وبصيرة تنفذ وراء المحسوسات، ومع أن الكثيرين يحاولون تفضيل الواحد على الآخر، فالحقيقة أن كلا منهما يختلف عن الآخر من حيث التكوين العقلي و النفسي، ولكنهما ليسا متناقضين بل أحدهما يكمل الثاني (الكسواني وآخرون، 2003).

نقد لآراء أرسطو التربوية:

يرى المفكرون في العصور القديمة والوسطى إعجازهم بكلمات أرسطو وآرائه ومنطقيته، ويرون أن لأرسطو تفكيراً متسامياً في التربية يمتاز فيه على كل من سبقه ومن لحقه. فهو يرى أن الإنسان هو الكائن الوحيد المزود بقابلية السمو إلى آفاقه المحدودة. وأن الفرد يجد سعادته في التأمل وفي التسامي إلى ما هو فوق اللذات الوقتية والمصالح العابرة.

وأن الفرد يستطيع أن يرتفع إلى الألوهية وفي حالة ارتفاعه هذه يجد السعادة الحقيقية، فالسعادة ليست بالانغماس في الشهوات الجسدية. هذا وأن التربية وإن كانت تعد المواطن الصالح إلا أنها يجب أن تعده إلى أبعد من ذلك. يجب أن ترتفع به إلى حياة روحية حياة التمتع بالتأمل ففيها يجد الإنسان السعادة. هذا وأن أرسطو يجد في الحياة أضداداً واحداً منها مرغوب فيه والآخر غير مرغوب فيه. والمرء مضطر أن يأخذ بما لا يرغب فيه كي ينال ما يرغب فيه. فالحرب نريدها لأجل السلم، والعمل نريده لأجل أوقات التمتع. والأمور المادية نريدها

للتوصل إلى الأشياء الجميلة، إلى غير ذلك، فالإنسان يجب أن يعمل وينمو للوصول إلى أهداف عليا في الحق والخير والجمال.

إن في فلسفة أرسطو – كما رأى بعض المفكرين – ثروة فكرية عظيمة، كما أن فيها سمو وواقعية (الكسواني وآخرون، 2003).

التطبيقات التربوية في الفلسفة الواقعية:

المعلم:

- الواقعية ترى مفتاح التربية بيد المعلم باعتباره ناقلاً للتراث الثقافي، والمعلم هو الذي يقرر المادة التي يجب أن تدرس في الفصل.

- المعلم الواقعي مزدوج الشخصية، فهو يعترف بكل متطلبات الطالب ويشعر في الوقت نفسه أن كل مظهر من مظاهر التدريس ينبغي أن تسوده الواقعية.

- على المعلم أن يضع أمام التلميذ المعرفة الواضحة والمميزة، ويعرض له المنهج العلمي بطريقة موضوعية بعيداً عن كل ذاتية شخصية وأن ينظر إلى المعرفة على أنها واحدة وعالمية.

- المعلم يقدم المعرفة التي تعرضها المادة الدراسية بطريقة تجعل من شخصه مندمجاً فيها، متحداً معها.

- تطالب الواقعية المعلم أن يقف بجوار الحق، وأن يبجل الحقيقة تبجيلاً قوياً.

- تطالب الواقعية بأن يكون المعلم متعاوناً مع تلاميذه يقدم لهم المساعدة ويعلمهم الاعتماد على النفس.

المتعلم / التلميذ:

- ترى الواقعية أن المحور المركزي في التربية أن تسمح للتلميذ أن يقف ويتعرف على البناء الفيزيائي والثقافي للعالم الذي يعيش فيه.

- أن تجعل التلميذ متسامحاً ومتوافقاً حسناً، وأن يكون منسجماً عقلياً وجسمياً مع البيئة المادية والثقافية.

الواقعية لا تقلل من ابتكار التلميذ كفرد، فمن وجهة نظر الفيلسوف «هوايتيد» أن الطبيعة ابتكارية. وابتكار التلميذ كفرد هو الإفصاح عن القوة الابتكارية الشاملة.

- وترى الواقعية أن مسئولية التلميذ أن يجيد من عناصر المعرفة تلك التي أثبتت متانتها عبر العصور وقبل أن يقرر ما يمكن عمله إزاء العالم ينبغي عليه أن يتعلم ما يقوله المختصون عن حقيقة العالم.

- الواقعية تؤكد على الموضوعات الدراسية أكثر من تأكيدها على التلميذ وبهذا لم تعر اهتمام لرغباته.

المنهاج:

- تركز الواقعية على أن تكون المادة الدراسية هي المحور الرئيسي ـ في التربية، بحيث تسمح للتلميذ الوقوف على البنيان الفيزيائي والثقافي الأساسي الذي يعيش فيه.

- ضرورة انتقاء المادة الدراسية بحيث تعطي أفضل النتائج للتلميذ.

- ضرورة التوزيع بالمواد الدراسية بحيث تغطي جميع المطالب الاجتماعية وغيرها سواء كانت تتعلق بمجال العلوم أو الفنون... بحيث تناسب الواقع البيئي الذي يعيشه التلميذ.

- يرفض الواقعيون المنهج المعقد المجرد الذي يميل إلى المعرفة المستندة من الكتب ويؤكدون على المنهج الذي يركز على وقائع الحياة والموضوعات التي تقع في نطاق العلوم الطبيعية.

- الواقعية الكلاسيكية تتحوّل إلى أن تكون تقليدية في اختيارها للمناهج والموضوعات الدراسية. ورغم أن المدرسة الواقعية تؤكد على المواد الدراسية أكثر من تأكيدها على شخصية التلميذ. فليس من هدفها تخريج متحذلقين وأساتذة بل أفرد مكتملي التكوين في النواحي المختلفة.

- الواقعيون الطبيعيون يؤكدون على العلم الطبيعي الذي يوفر المعرفة للتلميذ، والذي يجب أن يحتل المكان الأول في المنهج الدراسي وتطبيق المناهج العلمية.

- الأدب ليس له مكان مرموق عند الواقعيين وكذلك الفنون كالرسم والموسيقى حيث أن هذه العلوم تهمل واقعيات الحياة.

- الواقعيون ينكرون العلوم السلوكية... مثل علم النفس، والاجتماع، والأنثربولوجيا، ولا يعتبرونها كمنهج رئيسي في المدرسة.

طريقة التدريس:

- طريقة تدريس الواقعية مجردة من كل أثر لشخصية المعلم والتلميذ. إنها طريقة تسمح للحقائق أن تتكلم بنفسها وهي لا تسمح للمعلم عند تقديم الحقائق أن يعبر عن آرائه الشخصية عن الموضوع، وأنها تطالبه أن يقدم الحقائق كما هي دون أي زيادة من جانبه. والمعلم هنا فقط مترجم أمين، وبذلك تؤثر الحقائق من خلاله على التلاميذ.

- تبدأ الطرق الواقعية في التدريس بالأجزاء وتعتبر الكل نتاجاً لمجموع الأجزاء، تلك الأجزاء التي على الرغم من كونها تسهم في بناء الكل تحتفظ إلى حد ما بكيانها الفردي (ناصر، 2001).

الفلسفة الطبيعية:

ظهرت هذه الفلسفة في عهد من عهود التاريخ الأوروبي مشحون بإمكانيات التطور في الأفكار والنظم السياسية والاجتماعية، ألا وهو العهد السابق للثورة الفرنسية مباشرة وتحديداً في القرن الثامن عشر الميلادي وكان (جان جاك ورسو) من أبرز المفكرين في سياق الفكر المؤثر في الفكر التربوي الحديث في هذه الحقيقة. فقد رأى مع أنداده الطبيعيين أن الطبيعة خيرة وأن كل شيء يظل سليماً ما دام في يد الطبيعة، وأن واجب التربية الأول ينصب في تهيئة الفرصة للطبيعة الإنسانية كي تمارس وظيفتها دون أن تمسها يد أجنبية خارجة عن إطارها السليم كما أن أفضل المجتمعات هي تلك الناجمة عن الطبيعة بذاتها، وأن مهمة التربية تتجلى في إيجاد هذه المجتمعات الطبيعية والحفاظ عليها ورعايتها (الكسواني وآخرون، 2003).

ويرى أصحاب هذا المذهب الطبيعي أن العالم لا يتضمن من القيم والخير إلا بقدر ما نستطيع نحن أنفسنا تحقيقه بجهودنا الخاصة من بيئة غير مكترثة. فالقيم لا وجود لها إلا بالنسبة إلى الكائنات الحية، ولنأخذ مثلاً على ذلك (العدالة)، ليس لها أي وجود خارج مجال الأمور البشرية.

إن الفلسفة الطبيعية في حقيقتها مذهب فلسفي قديم يرجع إلى بدايات تأسيس الفلسفة اليونانية، فقد شهد تاريخ الفلسفة اليونانية ظهور (الطبيعيين الأوائل) في مدرستين طبيعيتين.

وقد تبع روسو في اتجاهاته الفلسفية الطبيعية علماء مثل بستالوزي وهاربرت وفروبل ومكدوجل، عمّقوا هذا الاتجاه وأبرزوا جوانبه التربوية المختلفة (رشدان، 1987).

واليوم نجد أن كثيراً من مفاهيم الفلسفة الطبيعية ومبادئها قد وجدت صدى عميقاً لدى المربين والمهتمين بدراسة الطفولة. فانتشرت رياض الأطفال في كل مكان تهتم بتعليم الأطفال عن طريق اللعب، ظهر التعليم المختلط في مختلف مراحل التعليم، وظهرت المناهج التي تقوم على المواد الدراسية المترابطة والتي تستمد موضوعاتها من بيئة الطفل ومجتمعه.

ويمكن إيجاز أهم الأهداف التربوية عند الفلسفة الطبيعية فيما يلي:

1. تهدف التربية الطبيعية إلى الإيمان ببراءة الطفل، وأن الطبيعة الأصلية خيرة.
2. تهدف إلى الإعلاء من شأن الطبيعة والإيمان بضرورة مراعاة قوانينها في تربية الطفل.
3. الإيمان بأن الطفل وكل ما يمتلكه من خصائص وميول وحاجات ومصالح

هي مركز العملية التربوية والتعليمية.

4. تهدف إلى جعل المعارف والمعلومات التي تقدم للطفل مناسبة لكل مرحلة من مراحل النمو التي يمر بها الطفل.

5. تسعى إلى تشجيع الطفل على التعبير عـن أفكـاره بحريـة وتـدعو إلى إعطـاء الطفل الفرصة الكافية للملاحظة والبحث والاستدلال العلمي، وفي الوقت ذاته تدريبـه علـى تجنـب الحـديث المصطنع.

جان جاك روسو (1712 – 1778م):

يدرك الدارس لآراء روسو مدى تأثره بآراء (مونتين ولوك) ولكنه كان أكثر قـدرة وشجاعة في توضيح رأيه، فلم يبال بما ساد عصره من عادات وأفكار لم تعجبه، فقـد تـأثر بـآراء (مونتين) في تربيـة الحواس مؤكداً أن العقل السليم في الجسم السليم، كما تـأثر بـآراء (لـوك) في العنايـة بتربيـة الجسم والعقل والخلق وعدم تدليل الأطفال بالمغالاة في كسائهم وتدفئتهم شتاء، ولكنه آمن بتـرك الطفل حـراً يفعل ما يشاء، وسوف تعلمه الطبيعة والتربية.

نشأة روسو:

ولد (روسو) في عائلة بروتستانتية تسكن جنيف عـام 1712، وماتـت أمـه في ولادتـه وربـاه والده إلى سن العاشرة، ثم كفله أقارب أمه، وقد درس ليتعلم الكتابة، وتسجيل العقـود، ولكنـه فشـل، وحاول تعلم فن النقش ولكن قسوة معلمه جعلته يبغض الفن وأستاذه. (الكسواني وآخرون، 2003).

لقد قابل روسو في حياته صعاباً كثيرة، فقد عـاش فقـيراً، وتقلـب في مناصـب صغيرة إلى أن أصبح مربياً كبيراً وخلال حياته كان قارئاً مكثراً، فقرأ الشعر والتاريخ والفلسفة، والرياضيات والفلك.

وهو صاحب كتاب «إميل» (1763م) وهو أشهر ما كتب عن التربية في القرن الثامن عشـر وفكرة الكتاب موجهة إلى إنسان المستقبل وليس إنسان الحاضر، والكتاب مرجع مـن مراجـع التربيـة ليومنا هذا وهو بالتالي مذهب تربوي عام، انتشر كتابه «إميل» إنتشاراً كبـيراً لقيمتـه التربويـة، فقـد استهله بجملة رنانة إذ قال حول تربية الأطفال «إن كل ما خرج من بين يدي خالق الأشياء حسن خـير، وكل شيء يفسد بين يدي الإنسان» (عريفج، 2000).

المبادئ الأساسية للفلسفة الطبيعية:

طبيعة العالم: تؤمن الفلسفة الطبيعية بالعالم الواقعي الذي نعيش فيـه والـذي يظهر مـن خلال الحواس والدراسات العلمية. وهذا العالم خاضع لقوانين متعددة تسيره بانتظام. ومن هنا فهي تتفق في هذه مع النظرية البرجماتية.

طبيعة الإنسان: تؤمن هذه الفلسفة بأن طبيعة الإنسان خيرة مما جعله

يبدأ كتابه المشهور في التربية والمسمى «إميل»... فالطبيعة البشرية تنمو وتتطور حسب قوانين ثابتة مماثلة للقوانين التي تحكم الظواهر الطبيعية.

طبيعة المجتمع: تهتم الفلسفة الطبيعية بقيمة الخبرة الاجتماعية التي سيتم اكتسابها عن طريق الممارسة العملية لا الكلام، وذلك بتكوين مجتمع قائم على الحكم الذاتي وممارسة الانتخاب. ولهذا فهذه الفلسفة تؤمن بالمجتمع الطبيعي القائم على العدالة والمساواة بين الأفراد، لا المجتمع الطبقي القائم على التحكم والظلم والفساد.

طبيعة التربية: ينادي الطبيعيون بأن تكون التربية عملية سلبية ما بين سن الخامسة والثانية عشرة، لا يتدخل فيها إنسان سواء كان أبا أو مدرساً. إذ إن تدخل الإنسان فيها يقتل نمو العقل ويفسد طبيعته. ويجب أن تقوم التربية الطبيعية على مبدأ الاهتمام بالطفل وتنمية رغباته وإشباع حاجاته، انطلاقاً من طبيعته الذاتية، وذلك بالتركيز على حاضر الطفل أكثر من مستقبله، وما يتطلبه هذا الحاضر من خبرات مباشرة. وحتى تكون التربية طبيعية يدافعون عن التعليم المختلط ولا يحبذون فكرة المدارس الداخلية (رشدان، 1987).

التطبيقات التربوية للفلسفة الطبيعية:

المعلم:

- المعلم في منظور الفلسفة الطبيعية شاهد محايد، بمعنى أن المعلم يقوم بمعاونة الطفل، ولا يقف متفرجاً، إذا رأى الطفل يعرض حياته للخطر لقلة أو عدم خبراته وتجاربه، فهو مطالب أن ينبهه عند مواجهته لشيء خطر على حياته أو له أثر سيء عليه.
- على المعلم أن يهيئ فرصاً للطفل تساعده على تنمية طبيعته الخيرة ويحذر روسو المعلم من أن يعلم الطفل المعايير الأخلاقية الخاصة بالكبار ويطلب روسو من المعلم أن يتصف «بالإخلاص والصبر والصدق» ويشترط في المعلم عند روسو:

1. أن يكون الشاب حكيماً.. وأن لا يكون فارق السن بين الطفل والمعلم كبيراً.
2. على المعلم أن يعلم الطفل علماً واحداً فقط وفق رغبته.
3. على المعلم أن لا يتسرّع بالحكم على الطفل، بأن يصفه بالذكي، أو العبقري أو الغبي.
4. على المعلم أن لا يستخدم العقاب، بل يدع العقاب كما لو كان نتيجة طبيعية لسوء فعلتهم.

المتعلم:

الفلسفة الطبيعية، جعلت التلاميذ مركز العملية التربوية بدلاً من

المعلم. ومن هذه الحقيقة ننطلق لمعالجة شخصية التلميذ الطبيعي، حيث لو اعتمدت الفلسفة الطبيعية على التربية كوسيلة لخلق التلميذ الطبيعي الكامل. إن متطلبات إعداد التلاميذ تقتضي استعراض لكل التراث الإنساني، بحيث يكون ميسورا للتلميذ الاتصال بالخبرات والحاجات الراهنة لتحقيق طبيعته.

فالطفل كائن بريء طاهر، لذا يترك للطبيعة مع الأخذ بعين الاعتبار، إعداد ما يلزمه لتربية ذاته في متناوله كي يكون ميسوراً ليتصل بالخبرات والحاجات التي يريد من أجل تربيته، ولكن لابد من معاونة الطفل في تربية نفسه. وإعطائه الحرية في الاختيار، ودفعه في الابتعاد عن كل ما يسبب له الضرر.

إن الطفولة فترة يعيش فيها الطفل حياة الإحساسات لا حياة المعارف، حياة الخبرة من خلال الحواس، حياة يألف فيها العلم الطبيعي حوله.. فالطفولة فترة لا يضطلع فيها الطفل بأعباء الكبار.

المنهاج:

يرى روسو أن تجربة الطفل هي المصدر الوحيد للمعرفة وليس الكتاب المدرسي. إن الكتاب المدرسي والمنهج لا أهمية لهما، إن الطبيعة هي الكتاب الوحيد الذي يتولى رعاية الطفل وتثقيفه. إن بناء المنهج الطبيعي يستند على مجموعة قواعد هي:

1. الاهتمام بالميول الحاضرة للتلميذ وذلك بهدف تربيته إنسانياً.
2. تدعو إلى عدم صبغ المنهج بالصبغة التخصصية وذلك من حيث أن روسو لا يرغب أن يعد إميل لأية مهنة من المهن، وإنما إعداده لمهنة الحياة إذا جاز لنا القول.
3. إعداد الفرد لحياة متطورة متغيرة.
4. النظر إلى العمل اليدوي والحرف الشعبية على أنها أقرب الأعمال البشرية جميعها إلى طبيعة الطفل.
5. الإيمان بعدم جدوى التربية الدينية في فترة الطفولة.
6. الإيمان بأن الدين المناسب للتلميذ عندما يكون مستعداً للتربية الدينية هو الدين الطبيعي.

طرق التدريس:

هناك ثلاث مبادئ في مجال التدريس للفلسفة الطبيعية وهي:

1. مبدأ النمو: أي أن وظيفة المعلم توجيهها للنمو الطبيعي للطفل، باتباع مبادئ النمو الطبيعي، فلا يدفع التلميذ للتعليم أو يجبره عليه.
2. مبدأ نشاط الطفل: أي الاعتماد على النشاط الذاتي للطفل، بأن لا يعمل شيئاً للطفل يستطيع هو أن يفعله بنفسه.

3. مبدأ الفردية: أي ضرورة السماح لكل طفل أن ينمو وفقاً لطبيعته الفردية، لأن حاجاته أسمى من حاجات المجتمع وعدم التضحية بالحاجات الفردية من أجل الحاجات العامة للمجتمع، ولذا يجب على التربية أن تتكيف مع حاجات الطفل وألا يجبر الطفل ليكيف نفسه مع التربية العامة السائدة في مجتمعه (ناصر، 2001).

الفلسفة البراجماتية:

هي الفلسفة العملية الأمريكية التي ظهرت على يد ثلاثة من أعلام الفكر الأمريكي هم تشارلز بيرس (1839 - 1914) وجون ديوي (1859 - 1952) ووليم جيمس. (1842 - 1910).

وقد حمل لواء هذه الفلسفة من بعدهم كل من وليم كلباتريك وجون تشايلدز وجورج كاونتس وقد كان بيرس أول من استعمل كلمة (براجماتية) سنة 1778م في مقالة كتبها بعنوان «كيف نوضح افكارنا» والاسم مشتق من الكلمة الإغريقية (برجما) ومعناها العمل وقد أطلق على هذه الفلسفة ألقاب عدة مثل «النفعية» لأنها ترى أن الأعمال التي يقوم بها الفرد تستمد قيمتها من نفعيتها له للمجتمع وكان بيرس حريصاً على تطبيق مناهج البحث العلمي على التفكير الفلسفي فالفكرة تعد صواباً متى كانت النتائج المترتبة نافعة مفيدة في حياة الإنسان وإلا وجب اعتبارها باطلة أو غير ذات معنى يعول عليه وعلى ذلك فقيمة الأشياء تحكم بقيمة الغايات التي تحققها وبمقدار النفع التي تجلبه للفرد وللمجتمع والأعمال التي تقوم بها لا تكون لها أهمية إلا بقدر ما ينتج عنها من لذة وألم وكل فكرة لا تتحول عند صاحبها إلى سلوك عملي في دنيا الواقع فهي باطلة ومثل هذا يقال في المعتقدات.

وقد شارك بيرس في هذا الاتجاه وليم جيمس، فذهب إلى أن الفكرة الصادقة هي التي تؤدي بصاحبها إلى النجاح في الحياة ومعيار الصواب والخطأو أو الخير والشر هو القيمة المنصرفة أن الحق أو الخير في نظر بيرس وجيمس كالسلعة المطروحة في الأسواق لا تقوم في ذاتها بل بالثمن الذي يدفع فيها فعلاً فالحق أو الخير كورقة النقد صالحة للتعامل حتى يثبت زيفها.

فالحق هو النتائج الموفقة التي تترتب على اعتناقه. وجاهر ديوي بأن الفكرة هي اقتراح في كل الحالات لحل إشكال أو خطة للتغلب على صعوبة أو مشروع للتخلص من مأزق فهي في كل الحالات أداة للعمل وبمقدار نجاحها في توجيه سلوك الإنسان بمقدار حظها من الصواب. ويعتبر جون ديوي المفسر للفلسفة البراجماتية الواضع للكثير من أصولها وتطبيقاتها في التربية ولذلك فهي ترتبط به أكثر مما ترتبط بأي مفكر تربوي آخر.

وتعنى هذه الفلسفة بالحرص على القديم مع السماح بإضافة الجديد إليه على أن يكون مناسباً له ومتوافقاً معه على أن تكون إضافة الجديد لما له فائدة فيه ملموسة للبناء كله. والفائدة التي تظهر من جديد هي المبرر الوحيد لإضافته وبدونها لا مبرر له. وقد سميت هذه الفلسفة التجريبية أيضاً لأنها اعتبرت هي الأساس في الوصول إلى الحقيقة وليس هناك حقائق مطلقة إلا ما ثبت منها بالتجربة والحقيقة يمكن معرفتها من خلال نتائجها التجريبية وخير واقع للحقيقة هو ما يوجد في عالم خبراتنا اليومية (العمايرة، 1999).

الفلسفة البراجماتية تصور العصرـ العلمي الذي تعيش فيه بصفة عامة وتصور الحياة العملية التي يعيشها الأمريكيون في مدينتهم الصناعية بصفة خاصة. وكلمة براجماتية مصطلح أوجده بيرس نحتاً من أصل إغريقي ليدل بجدة اللفظ على جدة الذهب وإلا فقد كان في وسعه أن يختار كلمة أخرى من الفلسفة ولفظ براجماتوس Pragmatos باليونانية معناه العمل أو الفعل. ويشير ديوي بأن اللفظ براجماتي قد أخذه تشارلس بيرس عن كانط.

وإذا كانت البراجماتية بوجه عام ينظر إليها بأنّها فلسفة أمريكية معاصرة حديثة المولد إلا أن جذورها قد تكون أبعد من ذلك ويمكن إرجاعها إلى الفكر اليوناني من حيث ما تنادي به من تغير حيث قد عبر هيراقليطس فيلسوف التغير عن هذا المبدأ أما من حيث ما تنادي به «التجريبية» فإنه يمكن إرجاعها أيضاً إلى التراث التجريبي البريطاني.

ومهما يكن الأمر فقد عرفت البراجماتية بمجموعة من الأسماء منها Pragmaticism كما يطلق عليها بيرس والأداتية Instrumentalism والوظيفية Functionalism والتجريبية Experimentism ولقد فضل ديوي في أواخر أيامه استخدام هذا اللفظ الأخير على أساس أنه يتسم بالمادية إلى حد يعبر عن لفظ الأداتية (بدران، 1994م).

زعماء دعاتها المعاصرين تشارلس ساندر بيرس ووليم جيمس وجون ديوي. وهم يختلفون إلى حد كبير في طرائقهم واستنتاجاتهم فنظرة «بيرس» عن البراجماتية موجهة إلى الفيزياء والرياضيات. أما نظرة «ديوي» فتتجه إلى العلم الاجتماعي وإلى علم الأحياء. ومن جهة أخرى نجد أن فلسفة «وليم جيمس» شخصية وسيكولوجية وتحركها اعتبارات دينية. والبراجماتية تأثرت إلى حد أبعد من الواقعية أو المثالية بالأحداث المعاصرة فخلال فترة التدهور، أو الانهيار الاقتصادي في أمريكا ركزت اهتمامها الأول على الفردية ودعت إلى شعور اجتماعي أكبر. ومن الروافد التي تأثرت بها البراجماتية نظرية التطور لداروين ونظرية النسبية لأينشتاين.

ولقد عرفت البراجماتية بمجموعة من الأسماء منها «البراجماسية» وتعتبر البراجماسية فلسفة عملية وهي تقع في منتصف الطريق بين المثالية والواقعية. فهي ترفض النزعة الأكاديمية المطلقة للمثالية. كما تنتقد التفسيرات غير الشخصية أو الذاتية التي يقدمها المذهب الطبيعي وتركز البراجماسية اهتمامها بالجانب الأنطولوجي لأن البراجماسية ترفض اعتبار الميتافيزيقا من المباحث التي تدخل ميدان الفلسفة ويعتقد البراجماسيون أن الواقع يتحدد بخبرات الفرد الحسية ولا يستطيع أن يعرف الإنسان شيئاً خارج نطاق خبرته أي أن معرفته محدودة بنطاق خبراته ومن ثم فإن المسائل المتعلقة بالطبيعة النهائية أو المطلقة للإنسان والكون لا يمكن حلها أو الإجابة عنها ببساطة لأنها تسمو فوق خبرة الفرد.

أما المبادئ الرئيسية لهذه الفلسفة فهي:

1. ديمومة التغير أو التغير المستمر.
2. نسبية القيم.
3. الطبيعة الاجتماعية والبيولوجية للإنسان.
4. أهمية الديمقراطية كطريقة في الحياة.
5. قيمة الذكاء النّاقد في جميع السلوك الإنساني (مرسي، 1995م).

تنظر هذه الفلسفة للطبيعة الإنسانية على أنها مرنة وطيّعة وتنظر للفرد على أنه كلاً متكاملاً فعقله وجسمه ومشاعره ليست أجزاء منفصلة بل هي خصائص لعنصر متكامل والهدف الأساسي للتربية عندهم هو تنمية الذّكاء لأنه أداة الحياة والتقدّم فيها والعقل عندهم أداة تساعدنا في فهم العالم الخارجي والسيطرة عليه.

وترى هذه الفلسفة أن مشكلات العالم والإنسان يجب أن تكون موضع الدراسة والاهتمام وأن الإصلاح الاجتماعي أمر ممكن وقالوا: إن الخبرة الإنسانية داخلية وخارجية ويمكن تعديل الداخل عن طريق الخارج أي أنهم يؤكدون الجانب الاجتماعي للطبيعة البشرية وإمكانية تشكيل الإنسان بالتفاعل الواعي مع الآخرين.

وقد انعكست أفكار هذه الفلسفة على نظريتهم التربوية حيث يؤكدون على التغير والتطور وأن الإنسان يستطيع أن يتحكّم في المستقبل أو على الأقل المساعدة في تشكيله عن طريق استخدام الخبرة الإنسانية في السيطرة على البيئة ويرون أن التربية يجب أن تساعد الناس في التعرف على خبراتهم وبنائها واستخدامها لترقية ظروف الحياة من حولهم وأن تعد الصغار للحاضر والمستقبل ليكونوا مؤهلين للعيش في عالم متغير وللعمل على رفع مستوى النوع الإنساني.

وكذلك انعكست نظرتهم الفلسفية على المنهج الدراسي حيث جاء المنهج

البراجماتي مرناً وقابلاً للتغير والنمو وجاءت المادة الدراسية عندهم مرتبط بعالم متغير وليس فيها ثبات بمعنى ضرورة أن يعاد النظر فيها نظراً لعدم ثبات العالم والتربية أسلوب عملي لحل المشكلات التي تظهر للناس في تعاملهم وتفاعلهم مع بيئاتهم ومجتمعاتهم والمعلومات التي يحتاج إليها لحل المشاكل التي تواجه الناس لا تأتي من مصدر واحد ولكنها تأتي من مصادر متعددة والمعرفة في حد ذاتها ليست كافية في مادة دراسية واحدة أو تنظيم دراسي واحد فروافدها متعددة لا تؤمن الفلسفة البراجماتية بالفصل المدرسي بمعناه السائد، والمنهج عندهم خبرات نشطة وليس مجموعة مواد دراسية، ومن ثم وضعوا ما يسمى بطريقة (المشروع) التي ألغيت فيها الفواصل بين المواد وامتلأت بالأنشطة المختلفة التي تضع المتعلم في المواقف العملية التي يمارس فيها نشاطاً ما يكسبه مهارة أو مهارات وقيمة أو قيماً. ومن أبرز فلاسفتها: وليم جيمس وجون ديوي وغيرهم (العمايرة، 1999).

البراجماتية والطبيعة الإنسانية والتربية:

يرفض معظم البراجماتيين باستثناء وليم جيمس بوجه خاص النظرة القائلة بأن الإنسان روحاني ومن جهة أخرى يؤكدون أنه كائن معقّد جدا فهو لا يعدو أن يكون آلة معقّدة إلى حد بعيد على غرار ما أكد بعض الفلاسفة الواقعيين الطبيعيين وهم يقولون إن الإنسان في الواقع كائن حي طبيعي يعيش في بيئة اجتماعية وبيولوجية في نفس الوقت وهم يؤكدون الجانب الاجتماعي للطبيعة البشرية والمدى الذي قد يتشكل عنده الفرد بالتفاعل الواعي مع الآخرين.

والبراجماتيون خلافاً للواقعيين والمثاليين يعتبرون أن الطبيعة الإنسانية مرنة وطيعة وهم يعتقدون أن التربية تستدعي التطور الكامل للفرد فيجب أن نربي الطفل باعتباره كائناً حياً إيجابياً مبتكراً وذلك بأن نقنعه باستمرار أن يعيد تنظيم وتفسير خبرته الخاصة وحيث أنه لا ينمو إلا بالاتصال مع الآخرين فيجب ألا يتعلم أن يتعاون فقط بل يجب أن يتوصل إلى التفاهم أيضاً ويجب أن يتم تعليمه كيف يحيا في مجتمع يتكون من أفراد وكيف يكيف نفسه بذكاء لحاجاتهم ومثلهم العليا ولذا فإن على أولئك الذين يعلمونه أن يعرفوا أكثر عن طبيعة سلوك الجماعة، والدورالذي يلعبه الأفراد في العمليات الجمعية إن معرفة مثل هذه الأمور ضرورية لتوجيه العملية التربوية (مرسي، 1995).

يقوم الاتجاه البراجماتي على عدة فروض أساسية هي:

1. لا يوجد في هذا العالم حقيقة ثابتة لا تتغير وكل شيء في حالة تغير مستمر.
2. الأفكار تكتسب معناها من خلال الأشياء التي ترمز لها في الواقع ولكي تختبر أي فكرة فإن علينا أن نضعها في بوتقة تجربة.

3. الطريقة العملية هي أسلم وأفضل طريقة لاختبار الأفكار.

4. الجانب الاجتماعي من الحياة جانب مهم بالنسبة للفرد.

5. العمل والمنفعة هما مقياس الحكم الوحيد.

6. أن الحق به وجود ذاتي بل هو صفة تلحق بالحكم فالحكم قد يتصف بعد التجربة بأنـه حـق ولكنه قبل ذلك لم يكن حقاً أو باطلاً.

7. التعاون بين البيت والمدرسة باعتبار أن التربية عملية اجتماعية.

8. الإيمان بوحدة الشخصية الإنسانية وباحترام الإنسان وبقيمته وبقيمة الذكاء البشري في إصلاح المجتمع وتقدمه.

التطبيقات التربوية للفلسفة البراجماتية:

غاية التربية: إن غاية التربية عند الفلسفة البراجماتية هي مساعدة الطفل ليصبح ذا قيمـة اجتماعية في الحاضر والمستقبل ومساعدة الفرد على العيش بتوافق مع الزملاء الآخرين خـلال تطوره الفردي لذلك على المدارس أن تساعد الأطفال على مشاكلهم وفهم بيئتهم وأنفسهم وتنظر البراجماتيـة إلى المدرسة باعتبارها صورة مصغرة للمجتمع وعليها تعليم الأطفال احترام الديمقراطية وتعليم التلاميذ الأساليب العلمية كأداة للتعرف عـلى مشـاكلهم وحلهـا حـلاً علميـاً فالمدرسـة عليهـا أن تعلم المهارة المستمرة، مهارة كيف نتعلم؟.

1. **المعلم:**

المعلم، إنسان يشارك في المواقف التعليمية وهو صاحب خبرة، ومرشد يسهل عملية الـتعلم، ونموذج للاحترام وممارسة الديمقراطية ويقتصر المعلم على الإثارة والتأثير وتسهيل التعليم.

2. **المتعلم / التلميذ:**

ترى البراجماتية أن النظام يجب أن ينبع من الطفل ذاتـه، ومـن شعوره بالمسئولية الملقـاة عليه، وذلك عن طريق المشاركة لكل التلاميذ وتوعيتهم بأهمية النظام في المدرسـة، ودورهـم في ذلك، أما إذا نشأت بعض المشاكل فعلى المدرس أن يحاول حلها بعيداً عن الإدارة وكما يلي:

1. إحالة المخالف إلى مجلس التلاميذ.

2. المقابلات الفردية مع التلميذ ومحاولة فهمه وإرشاده.

3. تشجيع ذوي السلوك الحسن ومكافأتهم.

4. في الحالات المستعصية يفضل الاجتماع بأولياء الأمور.

3. **المنهاج:**

في البراجماتية المنهج عبارة عن مجموعة مـن المهـارات الاجتماعيـة والفنـون اليدويـة وحل المشكلات ومهارات الحياة، فنون اللغة والمشكلات الإنسانية، والمواطنة

ومهارات الاستهلاك والمنهج البراجماتي مرن يبنى على أساس تعاوني مـن قبـل كـل المهتمـين ومن خلال التركيز على إعادة بناء الخبرات وتنظيمها لتتسق مع الخبرات السابقة وتهاجم البراجماتيـة تقسيم المنهاج على أساس علوم أو مواد منفصلة فهي تدعم مبدأ التكامل في الخبرات ومحك قبول المنهج يمكن أن يصاغ على النحو التالي:

- هل المنهج يعمل على تدريب التلاميذ على حل المشكلات؟

- هل هو منهاج عملي؟ هل هو نافع؟ هل يراعي عقل الطفل وتطوره؟ هل يساعد التلميذ على فهم عالمه؟

وبسبب تركيز البراجماتيون على المرونة والتجديد لمواجهة الحاجات الاجتماعية ولإحساسـهم بفردية التلميذ يجدون من الصعوبة بمكان تدوين المادة الدراسية.

4. طرق التدريس:

وتتمثل طرق التعليم في اعتماد التلميذ نشاط اللعب واعتماد المعلم بمبدأ الـتعلم بالعمـل، واللعب، والتمثيل، والمشاركة النشيطة، والمناقشة والعمل الجماعي، واستخدام مجموعات متنوعة مـن التلاميذ ذوي الاهتمامات المشتركة بهدف استثمار الجانب الاجتماعي في الطبيعة الإنسانية ولا يقتصر المعلم البراجماتي علـى تعلـيم القوانين للتلاميذ وإنما يستهدف أن يعلمهم صنع القـوانين وفهـم الانطباعات الشخصية خاصة لأولئك الذين يخالفون القوانين ويفضل المعلمـون البراجماتيون التلاميـذ الذين لديهم مهارة التواصل الاجتماعي وقوة الشخصية خلال تبادل العطاء في مناقشات الصف وحـل المشكلات بشكل فردي أو مع الآخرين وتركز البراجماتية على تنوع أسـاليب التـدريس مثـل التجريـب والمشروعات والتلميذ الذي يستحق المكافأة والثواب هو التلميـذ الـذي يمتلك القـدرة علـى المبـادرة واقتراح الحلول.

5. الثواب والعقاب:

يشترك المعلم والتلاميذ في تعريف قواعد السلوك وأشكال العقاب من خلال مجالس التلاميذ ومـن خلال محـاكم التلاميـذ التـي تشارك في النظر في المخالفـات والإجراءات التـي تراعـي اتبـاع الديمقراطية وعدم خرق حقـوق الأفـراد وتـوفير مشاركتهم في السـلطة مـن خلال التصويت وهنـاك اهتمامهم بأن تكون النتائج طبيعية ومعقولة لمن يسيء السلوك.

6. التقويم:

مسئولية التقويم في التربية البراجماتية تنفـذ علـى النحو التالي: يستعمل المعلـم الامتحـان للتشخيص والتخطيط والعلاج، وتتجسّد في السؤال التالي: هل

نحن نحسن في الأفراد الذين سيعملون على تحسين المجتمع؟ وهناك بعض الأهداف الخاصة التي توضع من قبل الكبار وفي معظم الحالات يخطط الصغار والكبار لما يجب أن يتعلموه وكيف يجري تعلمه وكيف يتم إنجازه وعرضه ولا يهتم المعلم البراجماتي لقياس قدرة التلميذ على تذكر الحقائق والمعادلات مثل اهتمامه بقياس قدرته على حل المشكلات (ناصر، 2001م).

- من أعلام الفلسفة البراجماتية:

جون ديوي (1859 - 1952م):

ولد في مدينة برلنجتون بولاية فرمونت بالولايات المتحدة من أسرة ميسورة الحال وكان أبوه ارشيبالد لم يتلق إلا تعليماً مدرسياً بسيطاً.

أما أمه لوسينا فقد كانت أعرق نسباً وأغزر علماً من والده.

أمضى ديوي تعليمه الابتدائي والثانوي في مدرسة برلنجتون ثم التحق بجامعة فرمونت وعمره لم يتجاوز سن الخامسة عشرة حيث درس اللغة اللاتينية واليونانية والتاريخ القديم والهندسة التحليلية والفلسفة الإغريقية وكان في أوقات فراغه يبيع الجرائد ويرقم الأخشاب وهكذا نشأت عنده كما عند الأمريكان عامة صفة حب العمل الحر والكسب الحر وبعد حصوله على درجة البكالوريوس من الجامعة شغل وظيفة مدرس في إحدى مدارس ولاية بنسلفانيا ثم التحق بجامعة جون هوينكز بولاية ماريلاند حيث نال شهادة الدكتوراه في الفلسفة.

آراء جون ديوي التربوية:

التربية في نظر ديوي ظاهرة طبيعية في الجنس البشري تتم بطريقة لا شعورية بحكم وجود الفرد في المجتمع. يقول ديوي: «أعتقد أن كل تربية تبدأ في الغالب بصورة لا شعورية منذ الولادة». والبيئة الاجتماعية هي المجال الحيوي الذي بدونه لا تتحقق التربية على وجهها الصحيح ويتعلّم الطفل من وجوده في البيئة الاجتماعية أمور ثلاثة هي:

1. اللغة وأساليب الكلام.
2. آداب السلوك وموازين الأخلاق.
3. الذوق السليم ومعايير الجمال (العمايرة، 1999).

الفلسفة الوجودية:

الوجودية كما يبدو لنا من التسمية تسير بميلها للوجود فهي لا تبالي بماهيات الوجود وجواهرها كما أنها لا تبالي بما يسمى الوجود الممكن والصور الذهنية المجردة أن غرضها الأساسي هو كل موجود وبتعبير آخر هو وجود كل ما هو موجود في الواقع والحقيقة أنها فلسفة الأشياء الملموسة تلك الأشياء التي تقع على أنظارنا وتلمسها أيدينا أو تتصل بها بنوع من الاتصال المادي.

وقد ظهرت الفلسفة الوجودية بعد انتهاء الحرب العالمية الثانية وأصبحت حديث الساعة في كثير من البلدان الأوروبية حيث كانت فرنسا بؤرة انطلاق لها وعلى يد جان بول سارتر.

ولكن أول من استخدم كلمة وجود في مضمون فلسفي سورين كيركجارد الذي كان يؤمن بأن الفرد الموجود هو ذلك الإنسان الذي يتصف بعلاقة لا نهائية مع نفسه.

وعلى هذا الأساس يعتبر كيركجارد (1813 – 1858م) واضع حجر الزاوية للتيار الوجودي المعاصر وقد كان من أشد الناس كرهاً لما يسمى بالتصنيف الفلسفي وكان يؤثر أن يعبر عن أفكاره في روايات وقصص ثم يترك للقارئ مهمة اكتشاف فلسفته الوجودية.

وقد أطلق وصف الوجودية على حالة معينة وعلى حركة فكرية نشأت بين عدد من المفكرين الأوربيين وخاصة في فرنسا نتيجة للأوضاع العامة التي خلفتها الحربين العالميتين ومن هنا فإن الوجوديين يؤكدون على حالة القلق الإنساني في بحثه عن المعنى وتكامله الشخصي في عالم لا يقدم أي تفسيرات للأشياء في ذاتها أو السبب في وجود الأشياء بما فيه الوجود الإنساني.

كما تعتبر الوجودية فلسفة فردية إلى حد بعيد وتعتمد بدرجة كبيرة على العوامل الذاتية والحدس والاستبطان والإلتزام العاطفي والشعور بالوحدة وعلى هذا فإن أكثر الناس ارتباطاً وإعجاباً بالوجودية هم الذين يرون أن كل شيء بالحياة الحديثة عديم المعنى وسخيف وقاس.

كما يمكن اعتبار الوجودية أسلوب أو طريقة في التفلسف قد تؤدي بمن يستخدمها إلى مجموعة من الآراء التي تختلف فيما بينها أشد ما يكون الاختلاف حول العالم وحياة الإنسان فيه والوجوديين العظام هم: كيركجارد وسارتر هيدجر خير شاهد على هذا التباين والاختلاف ومع ذلك فإننا نجد بين هؤلاء الفلاسفة التشابه الموجود في الأسرة الواحدة بنفس الطريقة التي يتفلسفون بها وهذه المشاركة والتشابه فيما بينهم هي التي تسمح لنا أن نطلق عليهم اسم الوجوديين.

والوجودية بشكل عام وعلى اختلاف ممثليها تؤمن بأن الوجود يسبق الماهية فماهية الكائن الحي هو ما يحققه فعلاً عن طريق وجوده ولهذا فهو يوجد أولاً ثم تتحدد ماهيته ابتداءً من وجوده فالوجودية لا تنظر إلى وجود الإنسان بقدر تصوره وتخيله للأشياء ولكنها تنظر إلى وجوده عن طريق ما يعمله أو يفعله أو بقدر ما يصل إليه عن الحركة والنشاط الإنساني.

مبادئ الفلسفة الوجودية:

تقوم الفلسفة الوجودية على مبادئ عديدة تميزها عن غيرها من الفلسفات

النقدية الأخرى فهي معنية بالحقيقة المعاشة وبحالات الوحدات التي تدرك فيها الحقيقة تمام الإدراك ولذا فإن أسلوب الوجودية كان أكثر شخصية بصفة عامة من الفلسفة النقدية التقليدية لأنها أقرب إلى الأدب وعلى كل فإن أهم المبادئ التي تنادي بها الفلسفة الوجودية هي:

1. تؤمن الوجودية أن الإنسان الفرد هو أهم قضية في الحياة وأن وجوده يسبق ماهيته.
2. ترى الوجودية أن الحرية تمثل المسألة الاساسية في وجود الإنسان ضمن إطار من الحياة الكريمة.
3. أن هذه الحرية التي ينادي بها الوجوديون جعلتهم يسقطون جميع القيم الأخرى من حساباتهم أي تحرير الإنسان من الضوابط التي يفرضها الفرق الاجتماعي أو العقيدة الدينية.
4. ترفض الوجودية إخضاع الفرد للحتمية الاجتماعية أو للموضوعية العلمية، وأن باستطاعة الإنسان أن يتخلص من هذه الأشياء ومن ثم كان هو صانع مصيره وخالق أفعاله.
5. أن حياة الإنسان منتهية لا محالة إلى الموت وبه يتوقف الإنسان عن تحقيق إمكاناته فيدركه القلق لهذا نجدهم يهتمون بدراسة القلق واليأس والضيق.
6. الإنسان عند الوجوديين يتكون من جسم وعقل ووعي وهو يتفاعل مع كل معطيات الحياة في سبيل تحقيق ماهيته وشخصيته.
7. المعرفة عند الوجوديين هي حركة في الشك ورغبة في التعرف إلى الإمكان لتحصيل الحقيقة وهي تجربة حية مراده هو العقل والعاطفة معاً.
8. ترتبط المعايير الأخلاقية عند الوجوديين بالحياة الشخصية وليس بحياة اجتماعية وعلى هذا الأساس فإن الشخص حر في اختيار المعيار للمنظومة الأخلاقية عنده.
9. الحقيقة عند الوجوديين دائماً نسبية تتوقف على الأحكام الفردية فعلى كل فرد أن يقرر ما هو حق أو صحيح وما هو مهم بالنسبة لهم.
10. الواقع في نظر الوجودية مسألة تتوقف على وجود الفرد ذلك أن وجود الفرد وما يحيط به من مخاطر ومجازفات يسبق ماهية الفرد بما يتضمن ذلك النماذج والنظريات والمفاهيم عن الطبيعة الإنسانية (ناصر، 2001م).

نظرية المعرفة الوجودية:

تذهب الوجودية إلى القول بأن الإنسان يعرف من خلال تجاربه وخبراته بيد أن هناك مستويات من الخبرات فعندما يكون الفرد واعياً بوجوده بالأشياء والكائنات في حد ذاتها فإنه يكون قد وصل إلى أعلى درجات الخبرة البشرية وهو مستوى

«الإدراك الواعي».

والحقيقة دائماً نسبية تتوقف على الأحكام الفردية وأن ما يسمى بالحقيقة المطلقة لا وجود له في نظر الوجودية وينبغي لكل فرد أن يقرر ما هو حق أو صحيح وما هو مهم بالنسبة له.

نظرية القيم الوجودية:

تدعي الوجودية أن القيم ليست مطلقة كما أنها غير محددة بمعايير خارجية وإنما تتحدد كل قيمة بالاختيار الحر للفرد فالقيم هي مسألة فردية شخصية بحتة. إن الوجود هو القيمة الرئيسية لكل فرد والقيم التي تمثل أهمية لكل إنسان هي نسبية تتوقف على الظروف الفردية ومن ثمّ فإن الإنسان لا ينبغي أن يتمثل للقيم الاجتماعية ومعايير مجتمعه لمجرد الامتثال أو التبعية وإذا ما سمح الفرد للمجتمع أو لأي منظمة من منظماته أن تفرض قيمها عليه فإنه يفقد أصالته وإنسانيته ذلك أن الحرية الإنسانية تقتضي أن يقرر الإنسان بحرية ما يلتزم به وبهذا يطمئن إلى أن الإنسان سيلتزم بما هو مهم وبما له معنى بالنسبة له وهذا يمثل أساس المسئولية الأخلاقية والاجتماعية (مرسي، 1995م).

إن مفهوم التربية في نظر الفلسفة الوجودية سعى إلى إحاطة الفرد بالموقف الذي يوجد فيه إحاطة كاملة ويرى هاربر أن هذا يعني أمرين هما:

1. ضرورة الحديث عن الفرد والإنسان كلاً متكاملاً.
2. عدم اعتبار الأفراد منفصلين عن المواقف التي يوجدون فيها فالرجل أو المرأة أو الطفل يحددون الزمان والمكان والبيئة التي ولدوا فيها وبذلك يصبح مفهوم التربية في نظر الفلسفة الوجودية تطوير وإزالة وتبديد الغيوم عن الفرد.

وترى الوجودية أن الهدف لرئيسي للتربية هو خدمة الكائن البشري كإنسان فرد فيجب أن توجّه التربية إلى أن يكون واعياً ومدركاً لظروفه وأن تنمي لديه التزاماً إيجابياً نحو وجود له معنى، أما الأهداف الأخرى للتربية في نظر الفلسفة الوجودية فيمكن إدراجها فيما يلي:

1. تنمية الوعي الفردي.
2. إتاحة الفرصة للاختيارات الأخلاقية غير المقيدة.
3. تنمية المعرفة الذاتية أو معرفة الذات.
4. تنمية الإحساس بالمسئولية الذاتية.
5. إيقاظ الشعور بالالتزام الفردي.

ويمكن القول أن هدف التربية في الفلسفة الوجودية هو تعويد الفرد على النظام والقدرة على النقد والإنتاج والفرد في المفهوم الوجودي يعيش وحده في عالم

مشاعره وعواطفه منفصلاً عن الكون وعن غيره من بني الإنسان وهو وحده الذي يقرر حياته ومصيره وفناءه وهو حر في سلوكه رغم وجود مؤثرات خارجية مختلفة.

ومن أهداف التربية في الفلسفة الوجودية إكساب التلميذ العادات العقلية وهذه العادات هي:

1. النظام.
2. القدرة على النقد.
3. القدرة على الإنتاج والخصوبة.

كما ترى الفلسفة الوجودية أن مهمة التربية هي إيجاد الجو الحر للتلميذ ليقوم بأعمال حيوية سيكون لها أثر واضح على شخصيته فالتربية الوجودية ترفض الحفظ والتلقين وإنتاج الأفراد المتشابهين وكأنهم في مصنع للسلع، حيث تنادي بنظام تربوي يطور شخصية الفرد ككل ويعطيه مطلق الحرية في اكتشاف حقول المعرفة المختلفة واختيارها.

ورغم كل ما تقدّم حول العلاقة بين الفلسفة الوجودية والتربية إلا أنه يجب الإشارة إلى أن الفلاسفة الوجوديين لم يكتبوا عن التربية إلا القليل وهذا يدعو إلى الدهشة والاستغراب عندما نرى كم من الفلاسفة التقليديين مثل سقراط وأفلاطون ولوك وديوي وجهوا أنفسهم للعناية بالمشكلات التربوية ويزداد الأمر دهشة واستغراباً عندما نعلم أن الوجودية من حيث هي فلسفة للحياة الشخصية لابد أن تقدم استبصارات نافذة في التربية وهي العملية التي يصنع الأشخاص أو يصنعون أنفسهم، ولعل تفسير هذا أن الفلسفة الوجودية كفلسفة حديثة تجد نفسها مضطرة للتركيز على المشكلات النظرية التي أثارتها وترك تطبيق مبادئها في المجالات التي يتباعد فيها الفكر والتطبيق كالسياسة والقانون والتربية إلى مرحلة تالية.

التطبيقات التربوية للفلسفة الوجودية:

1. **المعلم:**

ترى الوجودية أن وظيفة «المعلم» أن يثير ميل المتعلم وذكاءه ومشاعره والطريقة السقراطية تجعل الفرد يشعر بارتباطه مع ما يحاول تعلمه كما ترى الوجودية أن وظيفة المعلم تقديم المساعدة الشخصية للتلميذ لتحقيق ذاته وأن المعلم الصالح هو الذي يعمل بنفسه فاعلاً حراً وجب أن يكون تأثيره دائماً لا مؤقتاً وأن المعلم مسئول كذلك لا عن حريته الشخصية فحسب بل عن حرية تلاميذه أيضاً ويجب على المعلم أن يعلم التلميذ بألا يخاف من أن لا يكون محبوباً وأن التلميذ الشجاع هو الذي يكون ذاته وإن جلب ذلك له كراهية المجموعة وأن يثبت المعلم لتلاميذه قولاً وعملاً بأنه مستقل شخصياً مما سيعكس أثر على حياة

التلاميذ في أكثر فترات حياتهم القابلة للتكوين أما عن مسلك المعلم للتلميذ العاصي فينبغي ألا تقوم على إذلاله أو تجريحه وترفض أن يحقره أو يحتقر ذاتية التلميذ حيث ترفض تبرير أي معلم يقوم بمثل هذه الأعمال.

ومع أن الوجودية تبيح للمعلم أن يعاقب التلميذ بكل الوسائل إلا أنها لا تقدم ما هي هذه الوسائل وكيفية تطبيقها وباعتقادي فإن هذه الوسائل مهما كانت فإنها في نهاية الأمر ستصطدم مع ما تنادي إليه الوجودية: كالحرية والاستقلالية والذاتية الفردية وغيرها.

2. **المتعلم / التلميذ:**

تؤكد الفلسفة الوجودية للتربية على الحرية الحقيقية للتلميذ والتأكيد على أصالته وأن الهدف الأساسي الذي يجب أن يضعه التلميذ أمام نفسه هو أن التفكير الذاتي ضروري لأنه تحقيق لذاته كما تدعو الوجودية التلميذ أن يحاول معرفة ما يمكن الوصول إليه وأن يدرك على الدوام المبادئ الأساسية التي يستند إليها وترى أن من الضروري أن يدرك التلميذ أن الإحباط والصراع حالتان غير مرغوبتين ينبغي تجنبهما وترى أيضاً أن يكون للتلميذ دور أساسي في اختيار الخبرات التعليمية ومكان التعلم وزمانه وطريقته وأن يتحمّل حرية الاختيار هذه وما يترتب على ذلك الاختيار من مسئولية وتقدر الوجودية التلميذ الذي يستعمل ما تعلمه مهما كان قليلاً ويأتي في المرتبة الثانية التلميذ الذي لا يستعمل معلوماته وإنما يستطيع تقديمها عند الطلب كما تنظر الوجودية إلى العلاقة التي يجب أن تربط بين المعلم والتلميذ على أنها علاقة شخصية تفاعلية حيث يرى (سارتر) أن هذه العلقة وإن كانت استبدادية دكتاتورية فإنّهما سيكونون في موقف عدائي فالمعلم يلقن التلميذ ما يريده من معلومات ومعارف وفقاً لأغراضه وميوله والتلميذ ينظر إلى المعلم على أنه عائقاً لحريته وبذلك يسود الصراع بينهما.

3. **المناهج:**

ترى الفلسفة الوجودية أن المنهاج الدراسي في المدارس يجب أن يصمم على أساس الفرد بصفته الشخصية وليس الصفة الاجتماعية وهو الأصل في العملية التربوية وأن يتضمن «المنهاج» خبرات شاملة لمظاهر الحياة المختلفة التي تهم المتعلم شخصياً للكشف عن ذاته وإنماء شخصيته لا تلك التي تمكنه من معالجة المشكلات الاجتماعية أو تساعد في نقل التراث الثقافي والمنهج الذي تحترمه الوجودية وتجنده هو المنهج القائم على الدراسات الإنسانية ذلك أن الوجوديين يعطون أهمية كبرى لدراسة الإنسانية فالتاريخ والأدب والفن والفلسفة تكشف أكثر من غيرها من العلوم عن طبيعة الإنسان وصراعه مع العالم الذي يعيش فيه وتطالب الوجودية بإخضاع المادة الدراسية للتلميذ بدلاً من إخضاع التلميذ للمادة

ومن الضروري أن يكون التلميذ سيد في عملية التعلم ذلك لأن المادة الدراسية ليست غاية في ذاتها وإنما وسيلة لتنمية الذات وتحقيقها كما تعتبر الوجودية أن المناهج يجب أن تكون عالماً من المعرفة ويشترط من التلميذ أن يسعى لاكتشافه واختباره بنفسه فعمليتي الاكتشاف والاختبار تسهمان في تطوير حرية الفرد «التلميذ» الشخصية وفي الوقت نفسه تطوير مادته العقلية.

4. طرائق التدريس:

ترى الفلسفة الوجودية أن طرق التدريس يجب أن تكون على أساس ديمقراطي وأن تعتمد على الأساليب التوجيهية وأن تتيح طريقة التدريس لكل «تلميذ» في أن يكون حراً في تنمية أغراضه الخاصة وأن يعمل على تعليم نفسه كما يجب وأن يحقق ذاته والطريقة الحوارية السقراطية عند الوجوديين هي أمثل طرق التربية والتدريس لأنها تساعد «التلميذ» على أن يفكر ويسبر أعماق نفسه.

فطريقة سقراط في التدريس تتطابق تماماً مع ما يريده الوجوديون فسقراط لم يكن محاضراً ولم يعد مقررات أو يحضر للامتحانات ولم يضع شروطاً معينة بالتلميذ الذي يريد أن يلتحق بمدرسته فكانت طريقته التدريسية تقوم على توجيه الأسئلة ولم يحاول سقراط نفسه أن يجيب على هذه الأسئلة بل كان يؤكد أنه جاهل يبحث عن التنوير في الأفراد الذين يتحدّث إليهم وهذه العلاقة التي تربط سقراط بتلاميذه تتشابه إلى ما يريده الوجوديين في طرق التدريس لأن هذه الطريقة تحتوي على الاستقراء وعلى فهم الإنسان لنفسه.

وترى الوجودية أن تكون طريقة التعليم بالحرية والتركيز على الخبرات الذاتية والمناقشات والاستماع للغير وتبادل الآراء والحوار البناء الذي يعتمد على الاستقراء وعلى فهم الإنسان لنفسه وللحياة كما ترى الوجودية بأن طريقة تعليم التلاميذ أفراداً أفضل من تعليمهم في مجموعات لأن التلميذ إذا كان بطيئاً يعوق غيره في الجماعة وإذا كان سريعاً فإنه يضطر إلى مجاراة الآخرين فالوجوديون يرفضون مبدأ إتاحة الفرصة للجميع بالطريقة نفسها وإنما بأن يسمح النظام التعليمي بتنوع الطرق والتنظيم حتى يفي بمتطلبات الأفراد.

5. المدرسة:

تعتبر المدرسة في نظر الفلاسفة الوجوديين مسئولة عن فتح المجال أمام «التلاميذ» للبحث والتدقيق في أي مجال يرغبونه وذلك لعدم وجود شيء لا يخضع للبحث والتدقيق في أي مجال يرغبونه وذلك لعدم وجود شيء لا يخضع للبحث والتدقيق في أي مجال يرغبونه وذلك لعدم وجود شيء لا يخضع للبحث والتحليل أو المناقشة.

ويرى «جابرييل مارسيل» (أحد الفلاسفة الوجوديين) أنه يجب إلغاء

المدرسة بشكلها الحالي ويكتفي بالاحتفاظ ببعض التسهيلات كالمكتبة وقاعة الاجتماع والجمانزيوم وأراضي الملاعب وذلك لاستخدامها كتسهيلات مدرسية واستعمالها للأنشطة الجماعية قبل الألعاب والتمثيل والعروض الموسيقية وبدلاً من الذهاب إلى «الغرف الصيفية» يذهب التلاميذ إلى المعلم أو يتقابلان في بيت أحدهما حيث يعتقد مارسيل أنه في إطار هذه الترتيبات سيحقق التلميذ أكثر بكثير مما يحققه في اللقاء الصفي العادي وفي زمن أقصر بكثير لأن المعلم سيقابل التلميذ حيث هو موجود وجوداً فردياً.

من أعلام الفلسفة الوجودية:

1. جان بول سارتر.
2. سورين كيركجارد.
3. مارتن هيدجر.
4. جابرييل مارسيل.

جان بول سارتر (1905 - 1980):

لقد ارتبطت الوجودية باسم سارتر وأفلحت - كحركة - في أن تجذب اهتمام النّاس بعد الحرب العالمية الثانية وإن كانت أصولها أسبق على سارتر بكثير حيث يعتبر الفيلسوف الدانماركي الشهير سورين كيركجارد في القرن التاسع عشر أول فيلسوف وجودي بالمعنى الدقيق للكلمة والواقع أن جان بول سارتر لم يكن يطلق على نفسه صفة وجودي في أول الأمر بل اعترض بشدة على هذه التسمية حين وصفه بها أحد الصحفيين وإنما استخدم هذه الكلمة في الحقيقة جابرييل مارسيل وتلقفها منه رجال الصحافة الفرنسيون واعتبروها صفة ملائمة يلصقونها بسارتر وأصحابه.

وقد أقام سارتر فلسفته الوجودية على فكرة أن «الوجود أسبق على الماهية» أي أن الإنسان ليست له طبيعة يمكن أن تحدد من هو وماذا يجب عليه أن يفعل وإنّما يتحتم على العكس من ذلك أن يحدد كل شخص ذاته ومن لحظة إلى أخرى فطبيعة الإنسان تتحدد تبعاً لتصوره هو نفسه وإدراكه لذاته بعد أن يوجد فالإنسان «مشروع» يقوم هو نفسه بتصميمه لنفسه كما يكون هو المسئول عن تنفيذه أي عما سيكون عليه وهذا معناه أن الإنسان هو بالضرورة وأنه يصنع نفسه أو يخلقها بهذه الحرية والحياة على هذا الأساس عملية طويلة من خلق الذات وفيها يلغي الحاضر الماضي كما يلغي المستقبل الحاضر ومن الإجرام في حق الذات أن يسمح الشخص للآخرين بتعريفه أو تحديده سواء أكان هؤلاء الآخرون هم الزوجة أم العدو أم المجتمع لأن السماح للآخرين بتحديده فيه تقييد لحريته أو حتى إلغائها تماماً ومع أن فكرة سبق الوجود على الماهية كان قد قال بها الفيلسوف

الألماني كانط قبل الوجوديين فإن كانط كان يرى أن كل ماهية هي ماهية محددة من قبل وهذا ينطبق بوجه خاص على الماهية الإنسانية ويختلف كانط في ذلك عن الوجودية التي ترفض هذا التحديد باسم الحرية وذلك على اعتبار أن الإنسان أو على الأصح الفرد الإنساني هو الذي يحدد ماهيته بمحض حريته نظراً لعدم وجود ماهية محددة له وسابقة على وجوده.

وقد كان سارتر يردد دائماً أن الإنسان محكوم عليه بالحرية لأن هذا هو ما هو عليه فليس للإنسان طبيعة ثابتة ولذا فإن الحقيقة الإنسانية لا يمكن تعريفها إلا في حدود الإمكان والحرية والواقع أن الحرية الإنسانية شيء «مريع» حقاً لأنها حرية مطلقة وغير مشروطة وليس في إمكان الإنسان أن يختار بين أن يكون حراً أو غير حر لأنه مخلوق من الحرية كما أن الحرية هي التي تكون ماهيته وجوهره إذا كان يمكن أن نقول إن له ماهية وأنه ليس كائناً تتحكم فيه قوى النفس اللاشعورية كما يظهر في نظرية ماركس عن التاريخ وإنّما على العكس من ذلك فإن الإنسان في نظر سارتر هو ما يفعله أي أنه حرية خالصة وليس هناك حرية غير تلك التي يملكها الإنسان الفرد بل إن الانتحار رغم كل ما فيه من جبن وضلال هو ببساطة تعبير نهائي عن سيادة الإرادة الحرة.

الفلسفة الإسلامية:

كانت نظرة الفلسفة الإسلامية للإنسان نظرة متكاملة بمعنى أنه ليس جسماً فقط أو روحاً فقط بل هو مزيج من جسد وروح وعقل وهو وحدة متكاملة قائمة على امتزاج بين المادة والروح والإمام الغزالي لا يفصل بين ما هو نفسي وما هو جسمي وأن العلاقة بين النفس والجسم علاقة تبادلية وتفاعلية تتميز بالوحدانية والتكامل.

وقد انعكست نظرتهم للطبيعة الإنسانية على أهداف التعليم عندهم بحيث لم يقتصر هدف التعليم على تنمية العقل وتدريبه وإهمال الجسم باعتباره معوقاً لعمل العقل بل اهتمت التربية عندهم بالجسم في إطار تربية الإنسان لارتباط الجسم بالعقل والنفس وكان طابع التعليم عندهم دينياً ودنيوياً لإعداد الإنسان العملي في الدنيا والآخرة وكانوا ينطلقون في توجههم من فكر إسلامي وفي القرآن الكريم والأحاديث الشريفة ما يدل على ذلك:

قال – تعالى – : (وابتغ فيما آتاك الله الدار الآخرة ولا تنس نصيبك من الدنيا) (القصص:77).

وقال الرسول الكريم: «ليس خيركم من ترك الدنيا للآخرة ولا الآخرة للدنيا ولكن خيركم من أخذ هذه وهذه».

وقد انعكست هذه النظرة على موقفهم من المعرفة وأدوات تحصيلها وترى أن

العقل والحواس معاً وسيلتان في الكشف عـن طبيعـة المعرفـة الإنسانية ومكوناتها وأن المعرفة تتألف من نشاطين رئيسيين أحدهما يتمثل في الآثار الوافدة من العالم الخارجي وثانيهما يتمثل في فاعلية العقل ودوره في تحويل هذه الآثار الحسية إلى معان ومفاهيم وقوانين عقلية عامة وقالوا بتكامل المعرفة الكلية والجزئية وأن المعرفة الجزئية طريق للمعرفة الكلية والمعرفة الحسية طريـق للمعرفة العقلية وقد ذكر (علي لبن) أن ابن تيمية قال: «إن وظيفة العقل هي معرفة الكليات بواسطة الجزئيات وألا نكون قد ألغينا دور العقل وإلا كيف يأتي العلم الكلي كما أن الطبيعة نفسها ليست إلا الانتقال من المعرفة الحسية إلى المعرفة العقلية وليس العكس بدليل أن المعرفة الحسية الجزئية عند الطفل مقدمة على المعرفة العقلية لمعرفة الكليات».

ولم تخل الفلسفة الإسلامية مـن ظهـور أفكـار واتجاهـات هـي غريبـة نوعـاً مـا عـن صـلب الفلسفة الإسلامية ومتأثرة بالفلسفات والأفكار اليونانية فظهرت مجموعات من المسلمين وظهرت فرق دينية لها توجهات فلسفية أثرت في فترة من فترات الدولة الإسلامية على تسيير وتوجيه التعلم والتربية.

وقد ذكر الكندي (توفي في القرن الثالث الهجري) أن المعرفة التي تـأتي عـن طريـق الحـواس معرفة ناقصة لا تصل إلى حقيقة الأشياء أما المعرفة العقلية فهي معرفة كلية لا تحيط بالأجزاء ويبقـى بعد ذلك الإدراك.

أما جماعة إخوان الصفا (القرن الرابع الهجري) فقـد رأوا أن للمعرفة مصـدراً علويـاً وأن الحواس هي نقطة البدء في المعرفة كما اتجهوا إلى القول بالعقل كوسيلة أخرى لها وقد ذكرت ناديـة جمال الدين: «أن كل ما لا تدركه الحواس بوجه من الوجوه لا تتخيله الأوهام وما لا تتخيله الأوهام لا تتصوره العقول وإذا لم يكن شيء معقول فلا يمكن البرهان عليه».

وقالوا بـأن المعرفـة ليسـت فطريـة في النفوس بـل تستمد مـن العالم الخـارجي ونظرتهم للمعرفة هو انعكاس لنظرتهم لطبيعـة الإنسانية نظروا إلى الإنسان عـلى أنـه مكـون مـن جوهرين مختلفـين في الصفات متضادين في الأحوال مشتركين في الأفعـال العارضة والنفس بمفردها جوهرة روحانية سماوية نورانية، وهي المحركة للجسم والمكسبة له الحياة والقدرة وهي محتاجـة إلى الجسـد حيث لا تستطيع معرفة حقائق المحسوسات ولا يمكنها تصور معاني المعقولات ولا تقـدر عـلى عمـل الصنائع ولا أن تتخلق بالأخلاق الحميدة إلا بواسطة الجسد طول حياته حتى آخر عمـره أما الجسـد عندهم فهو جوهر عريض عميق غير حي لا متحرك ولا حساس والنفس الفاعلية هي التي تعمل فيـه ذلك.

أما نظرة ابن سينا للطبيعة الإنسانية فقد نظر للإنسان على أنه مركب

من جزأين رئيسيين هما الجسد والنفس وليس بين الجسد والنفس اتصال في الجوهر والنفس جوهر روحاني مجرد من المادة قائماً بنفسه وهي ثابتة لا تتغير تدرك المعقولات وهي غير خاضعة للرؤيا وليست صورة للجسم.

أما فرقة المتصوفة فيرون أن الطبيعة الإنسانية ثنائية التركيب وأن النفس جوهر روحاني مستمد من الله وصورة من صوره في خلقه وأن هذا الجوهر منفصل عن البدن ومتمايز عنه في وجوده أي أن النفس جوهر قائم بذاته.

وقد تأثرت مناهجهم بنظرتهم للنفس وروحانيتها فاهتموا بعلوم رياضة الأرواح والأنفس عن طريق قتل الشهوات والانعزال وقطع العلائق في الدنيا والناس لتطهير النفس من أجل عودتها إلى العالم العلوي أي عودتها إلى مصدرها الأصلي وكذلك اهتموا بالعلوم الشرعية وأهملوا العقل والعلوم العقلية وكان من نتيجة ذلك أن كثرت البدع والخرافات بين البسطاء وعامة الناس.

وكذلك انعكست نظرتهم للنفس الإنسانية على نظرية المعرفة عندهم حيث لم يثقوا بالمعرفة التي ترد عن طريق الحواس ولم يثقوا بالمعرفة التي ترد عن طريق العقل ثقة تامة، مع أنهم جعلوها أدعى للثقة من المعرفة التي ترد عن طريق الحواس وعدم ثقتهم بالعقل مرده عند المتصوفة: أن للعقل حدوداً ونطاقاً لا يستطيع بطبيعته أن يتجاوزه ووراء هذا النطاق - حسب رأيهم - مجال يمكن ارتباط مجاهله بنوع من الإدراك يقوم فوق مدارك البشر الجسمية والعقلية ذلك هو الإدراك الحدسي والقلب عندهم مصدر هام من مصادر المعرفة بعد أن يصفى من شوائبه والنفس بعد أن تتجرد من لذاتها.

وجاءت أهداف التعليم عند المتصوفة منطلقة من نظرتهم للنفس الإنسانية وروحانيتها وكذلك من فكرهم الإسلامي ومن نظرتهم للمعرفة ومصادرها ووسائل تحصيلها لذلك تنوعت أهداف التعليم عندهم فمن أهداف دينية إلى أخلاقية وتطهير للنفس مع إهمال للأهداف الدنيوية وقد ذكر (الجيلاني): «صلاح الدين لا يتم إلا بإصلاح القلب وفك أسره من حب الدنيا والأخلاق الذميمة» (العمايرة، 1999م).

مصادر الفلسفة الإسلامية:

أولاً: القرآن الكريم:

وهو الكلام المعجز الذي نزل على سيدنا محمد صلى الله عليه وسلم والمكتوب في المصاحف الشريفة والمنقول بالتواتر والمتعبد بتلاوته والعملي بتطبيقاته.

إن للقرآن الكريم أسلوباً رائعاً ومزايا فريدة في تربية المرء على الإيمان بوحدانية الله واليوم الآخر فمثلاً يبدأ القرآن من المحسوس المشهود به كالمطر والريح والنبات ثم ينتقل إلى استلزام وجود الله وعظمته وقدرته وسائر صفات

الكمال مع اتحاد أسلوب الاستفهام أحياناً أو التقريع إما للتنبيه وإما للتحبب والتذكير بالجميل أو نحو ذلك مما يثير بالنفس الانفعالات لأن الربانية كالخضوع والشكر ومحبة الله والخشوع له ثم تأتي العبادات والسلوك المثالي تطبيقاً عملياً للأخلاق الربانية.

ثانياً: السنة الشريفة (السنة النبوية):

والسنة لغة: الطريق سواء كانت محمودة أو مذمومة.

واصطلاحاً: ما صدر عن الرسول » من قول أو فعل أو تقرير وقد جاءت السنة النبوية في الأصل لتحقيق هدفين هما:

1. إيضاح ما جاء به القرآن وإلى هذا المعنى أشار القرآن الكريم في قوله تعالى: (وأنزلنا إليك الذكر لتبين للناس ما نزل إليهم) (النحل:44).
2. بيان التشريعات والآداب الأخرى كما ورد في قوله تعالى: (ويعلمهم الكتاب والحكمة) (البقرة:129)، أي السنة كما فسّرها الإمام الشافعي والطريقة العلمية التي بها تتحقق تعاليم القرآن الكريم.

المبادئ الأساسية للفلسفة الإسلامية:

طبيعة العالم:

إن الله سبحانه وتعالى هو مصدر هذا العالم وخالقه وهذا العالم لم يخلق لمجرد الخلق (وما خلقنا السماوات والأرض وما بينهما لاعبين . ما خلقناهما إلا بالحق ولكن أكثرهم لا يعلمون) (الدخان:38 - 39).

وهذا العالم ليس ثابتاً إنّما قابل للتغير والتبدل (قل سيروا في الأرض فانظروا كيف بدأ الخلق ثم الله ينشئ النشأة الآخرة إن الله على كل شيء قدير) (العنكبوت:20).

ويقرر الإسلام أن الكون بما فيه محدث من عدم وأنه من صنع الله عز وجل وقد أبدع الله في صنع هذا الكون الذي يسير وفق نظام لا يخطئ يدل على عظمة الخالق وقد خلق هذا الكون لحكمة إلهية ربانية ولم يخلقه عبثاً.

طبيعة الحقيقة:

يهدف الدين الإسلامي إلى غرض بعيد هو الوصول إلى الحقيقة والمعرفة ومصدر الحقيقة الأول هو الله سبحانه وتعالى حيث تأتينا عن طريق رسوله الكريم إلا أن الإسلام خاتم الديانات السماوية يشجع الإنسان على استخدام العقل والملاحظة التأملية لكن للوصول على الحقيقة (أفلا ينظرون إلى الإبل كيف خلقت (17) وإلى السماء كيف رفعت (18) وإلى الجبال كيف نصبت (19) وإلى الأرض كيف سطحت) (الغاشية:17-

20).

توضح هذه الآيات الاتجاه التجريبي في القرآن الكريم الذي يعتمد على الملاحظة وتدبير ما هو واقع وملموس في هذا الكون الواسع الفسيح فالاتجاه التجريبي إنّما هو إسلامي وليس لأحد من الغربيين أن يدعي الفضل في ابتكاره.

ومع أن هذه الحقائق لا شك في صحتها وملاءمتها لكل زمان ومكان إلا أن المبادئ التي نادى بها القرآن الكريم أبعد ما تكون عن الجمود وعدم التغيير والتطور والشواهد على ذلك كثيرة من الفقه والتشريع الإسلامي.

التربية الإسلامية:

تقوم التربية الإسلامية على المبادئ التالية:

1. تطبيق مبدأ الديمقراطية و المساواة في فرص التعليم بطريقة تجعل تحصيل العلم في متناول الجميع.
2. حرص المسلمين على إنشاء المعاهد التعليمية وما أغدقوا عليها من خيرات مما نشر العلم والاهتمام بالتعليم.
3. تقدير الإسلام للعلم والعلماء فالعلم أهم شيء في الوجود والعلماء في المكانة التالية للأنبياء.
4. للمسلمين أثر في تطوير طرق التدريس ذاتها فعلى أيديهم تمت طريقة المحاضرات.
5. اهتم المسلمون بتوطيد العلاقات بين المعلم والتلميذ.
6. اهتم المسلمون في التعليم الأولي بتبسيط المادة لتناسب العقول التي يتم نضجها والبدء بالقريب الملموس قبل الانتقال إلى البعيد المجهول.
7. ضرورة مراعاة الفروق العقلية والميول الفردية بين الأطفال.
8. حرص المربون في الإسلام على العناية بالطفل والرفق في معاملته وعلاج زلاتهم بروح العطف والرأفة.

التطبيقات التربوية للفلسفة الإسلامية:

1. **المعلم:**

نظر الإسلام إلى المعلم نظرة تقديس وتعظيم وإجلال تظهر من خلال أحاديث رسول الله » الكثيرة منه «أن مداد العلماء لخير من دماء الشهداء» ويقول الغزالي:«فمن علم وعمل بما علم فهو الذي يدعي عظيماً في ملكوت السماء فإنه كالشمس تضيء لغيرها ومن اشتغل بالتعليم فقد تقلد أمرا عظيماً وخطراً جسيماً فليحفظ آدابه ووظائفه».

وقد اشترط الإسلام في المعلم أن يكون متدينا صادقاً في عمله وحليماً يتحلّى بالوقار والرفق والتواضع وعليه أن يقصد بتعليمه مرضاة الله قبل كل

شيء.

2. المتعلم:

عني الإسلام عناية عظيمة بالتربية الخلقية ولقد وفق المسلمون كثيراً في هذا المضمار وأظهروا فهماً كبيراً للأسس النفسية للتربية الخلقية فطالب الإسلام التلميذ أن يوقر معلمه ويحترمه كما اهتم المربون المسلمون في جميع عصور التربية بأمر العقوبة وقد أباح الإسلام العقوبة على أن تبدأ بالإنذار فالتوبيخ فالتشهير فالضرب الخفيف وأن لا يلجأ المدرس للعقوبة إلا عند الضرورة القصوى ويجب ألا يكثر استعمالها إذا استعملها وألا يكون متشفياً بل مؤدباً رحيماً.

3. المنهاج:

ليس هناك اتفاق عام عند العلماء المسلمين على المناهج الدراسية ومقرراتها ولا على المراحل الدراسية ووحدات التعليم فيها إلا أن هذا لا يحول دون استخلاص المبادئ العامة من المناهج المختلفة وعلى ضوء ما تقدّم فقد قسمت المناهج إلى قسمين:

الأول: المنهج الأولي:

ومقرراته القرآن الكريم قراءة وحفظ له أو ما تيسر منه وتعلم الحديث ويدرسون مبادئ العلوم والآداب التي تعينهم على تفهم معاني كتاب الله.

إن التعليم في المراحل الأولى لم يقتصر عند هذا الحد بل أخذ أيضاً بتدريس بعض العلوم واكتساب المهارات الجسمية بل تعدى ذلك إلى التربية الخلقية وقد تنبّه المسلمون إلى أهمية السنوات الأولى من حياة الطفل في تقويم نشأته وإكسابه العادات والصفات الحميدة بالإضافة إلى كتابة الشعر والنحو والقصص.

الثاني: المنهج العالي:

وقد تحددت المناهج في هذه المرحلة فالتلميذ لم يكن مقيداً بدراسة مواد معينة كما لا يفرض عليه المدرس منهجاً خاصاً على أن ذلك لم يحل دون وجود مواد مشتركة بين جميع المناهج وهي المواد الدينية واللغوية.

ويمكن تقسيم المنهج العالي إلى قسمين هما:

أ.   المناهج الدينية الأدبية وهي:

1. علم الفقه الذي يبحث في الصلاة والزكاة والصيام والزواج والبيع والشراء...إلخ.
2. علم النحو.
3. علم الكلام.
4. الكتابة.

5. العروض.
6. علم الأخبار وخصوصاً تاريخ الفرس والتاريخ الإسلامي وما قبل الإسلام وتاريخ الإغريق والرومان وفي حالات كثيرة كان يدرس الحساب نظراً لفائدته في الميراث ومعرفة التقويم.

ب. المناهج العلمية وهي:

1. العلوم الطبيعية وتشمل الطب بفروعه وعلم المعادن والمناجم والنبات والحيوان والكيمياء.
2. العلوم الرياضية وتشمل الحساب والجبر والهندسة وعلم الفلك والموسيقى والميكانيكا وعلم الآلات الرافعة... إلخ.

4. طرق التدريس:

اتبع المسلمون طريقة الحفظ والتلقين ولا سيما في تعليم القرآن الكريم وحفظه أما المراحل العليا فقد تميزت طريقة التعليم بالنقاش والأسئلة بين التلاميذ والأساتذة بعد أن يفرغ الأستاذ من محاضرته وقد راعوا الاختلاف بين طرق تدريس الأطفال وتدريس الكبار كما راعوا الظروف الفردية في القدرات والغرائز، فقد أكد ابن سينا على أهمية العناية بدراسة ميول الطفل وجعلها أساس تعليمه وتوجهه حيث يقول: «ليس كل صناعة يرومها الصبي ممكنة له مواتية ولكن ما شاكل طبعه وأنه لو كانت الآداب والصناعات تجيب وتنقاد بالطلب والمرام دون المشاكلة والملاءمة ما كان أحد غافلاً من الأدب وإذن لأجمع الناس كلهم على اختيار أشرف الآداب وأرفع الصناعات فينبغي لمدرب الصبي إذا رام اختيار صناعة أن يزن أولا طبع الصبي ويسبر قريحته ويختبر ذكاءه مبيناً له الصناعات بحسب ذلك».

من رواد الفلسفة الإسلامية:

1. الكندي.
2. الفارابي.
3. ابن سينا.
4. الغزالي.

الغزالي:

ولد أبو حامد الغزالي في قرية غزالة التابعة بمنطقة طوس من أعمال خراسان وذلك في عام 1059م تلقى بعض أصول الفقه ثم نزح إلى جرجان في نيسابور حيث اتصل بأبي المعالي الجويني أمام الحرمين فاستكمل الغزالي في نيسابور راية الكلام والجدل والمنطق والفلسفة ثم قصد الوزير السلجوقي نظام الملك فولاه الوزير التدريس في مدرسته النظامية ببغداد واتسعت شهرته ومن أهم

آثاره «مقاصد الفلاسفة»، «تهافت الفلاسفة»، «إحياء علوم الدين»، «المنقذ من الضلال» ورسالة «أيها الولد»، وكتاب «ميزان العمل»، و«فاتحة العلوم»، و«الرسالة اللندنية».

ويرى الغزالي أن التعليم أشرف الصناعات وأفضلها لأنه الخاصية التي يتميز بها الإنسان عن الحيوان أما الهدف من التعليم عنده فهو خدمة الله وابتغاء وجهه.

والسعادة في رأي الغزالي لا تنال إلا بالعلم والعمل ولكل منهما مقياساً فمعيار العلم يميز بين الصحيح والفاسد وميزان العمل يفرق بين العمل المسعد والعمل المشقي. وطريق العمل المسعد هو التجرد من علائق الدنيا والترفع عن الشهوات المخالفة للهوى والتفكير في الأمور الإلهية.

كما قسّم الغزالي الفرق الإسلامية إلى أربع وهي:

1. المتكلمون: وهم الذين يدعون بأنهم أهل الرأي والنظر.
2. الباطنية: وهم الذين يزعمون بأنهم أصحاب التعليم والمخصصون بالاقتباس من الإمام المعصوم.
3. الفلاسفة: وهم الذين يزعمون بأنهم أهل المنطق والبرهان.
4. الصوفية: وهم الذين يدعون بأنهم خواص الحضرة وأهل المشاهدة والمكاشفة (ناصر، 2001م).

الفلسفات التربوية الجديدة:

سادت في القرن العشرين فلسفات تربوية جديدة عكست النظم والمعسكرات التي تتنازع العالم أبرزها المعسكر الغربي الذي يسير على الفلسفة الرأسمالية ويتزعمه أمريكا ودول أوروبا الغربية والمعسكر الشرقي الذي يطبق الفلسفة الاشتراكية وكان الاتحاد السوفيتي يقود هذا المعسكر والمعسكر الثالث (دول عدم الانحياز) ويشمل الدول التي وقفت على الحياد بين المعسكرين السابقين (الكسواني وآخرون، 2003م).

الفلسفة الفردية:

نتيجة الضغوط التي تعرض لها الإنسان عبر عصور متلاحقة من جانب السلطات المهيمنة على إدارة أنشطة الناس الروحية والفكرية والاجتماعية والعملية كان هناك باستمرار نزعة عند المفكرين إلى تحرير الإنسان من عبودية أخيه الإنسان حتى أن روسو قد ضاق ذرعاً بسلطة المربي الذي وجد أساساً تحت شعار خدمة المتعلم فطالب بالتربية السلبية أي بدون معلم يترك الإنسان ليتعلم من الطبيعة التي تقف منه على الحياد فيتعلم من تجاربه ومن أخطائه التي يتحمل مسئولياتها ويعدل مساره على ضوء نتائج فعله.

كما كانت مؤازرة جون لوك للمشاركين في الثورة على استبداد الحكومة البريطانية قبل روسو بأكثر من قرن بمثابة مناصرة للإنسان الذي طمست شخصيته الفردية وبدت حياته كلها مثقلة بالواجبات التي لا تقابلها حقوق.

إن النزعة إلى تحرير الفرد قد انعكست على جميع مجالات الحياة في أوروبا الغربية قبل أكثر من قرن فكانت الثورة الفرنسية بمثابة أكبر إعلان عن رغبة الفرد في إثبات ذاته من ناحية سياسية كما كانت حركة الإصلاح الديني التي قادها مارتن لوثر هي الأخرى بمثابة تقليص لدور الوسيط بين الإنسان وخالقه من وجهة نظر دينية وأثبتت الشركات والأفراد فعاليتهم في قيادة النشاط الاقتصادي وانتشرت المؤسسات التربوية التي تدار من قبل مجلس أمناء مستقل عن الإدارات العامة.

وبمعنى آخر صارت الفردية أيديولوجية توجه فكر الناس وتضع حواجز أمام هيمنة التقاليد التي كانت تخدم مصلحة طبقات متنفذة وتحكم على الآخرين بحتمية التسليم بقدرهم وباستحالة التحرك من مواقعهم.

بدت هذه الأيديولوجية أو النزعة الفردية كأسلوب حياة جديد أو فلسفة متجددة تحمس لها الناس في المجتمعات الرأسمالية وكان لها انعكاسات واضحة على المجال التربوي ظهرت في الملامح التالية:

1. الإيمان بالفرد وقدراته وطاقاته وتهيئة الفرص أمامه لتنمية استعداداته إلى أقصى ما تؤهله له.
2. الإيمان بأن الأفراد يختلفون عن بعضهم في الميول والرغبات والحاجات وحتى الاتجاهات والبناءات القيمية ولذلك فإنه يصعب إخضاعهم لبرامج تفرض عليهم من جانب الغير.
3. إن الفروق بين الذكور والإناث هو فرق في الجنس وليس في النوع ولا يترتب على الفروق الجنسية مميزات للذكر على الأنثى.
4. ليست لمادة دراسية مكانة متميزة على المواد الدراسية الأخرى فكل مادة يمكن أن تساهم في بناء أوجه الكمال عند الفرد من أحد جوانب النمو عنده.
5. ازدياد الاهتمام بالعلم والتكنولوجيا واعتماد البحث العلمي وسيلة لتطوير المفاهيم والمعلومات.
6. أصبحت السياسة التربوية وطرق التدريس تدور حول المتعلم فهو محورها ولخدمته توجه أكثر مما تخدم توجهاً مستقلاً عن حياة الإنسان.
7. التعليم حق الجميع تلتزم بتوفيره الدولة من خلال ضريبة تجمع من الأفراد لخدمة هذا الغرض كما تترك فيه حرية للمعلم والمتعلم يراعى فيه اختلاف الظروف الطبيعية والحاجات التي تفرضها المطالب الاجتماعية.

8. إعطاء مؤسسات التعليم قدراً من الاستقلالية اللازمة لتطوير أنشطتها والمرونة في الإشراف على المؤسسات التعليمية التي يقوم القطاع الخاص بإنشائها (عريفج، 2000).

والفلسفة الفردية تطورت عن الفلسفات القديمة التي كانت تمجد الفرد كالمثالية والواقعية والطبيعية البراجماتية (الكسواني وآخرون ن 2003م).

الفلسفة الجماعية:

كان النضوج الفكري والحركي في المجتمعات الغربية التي تبنت الفلسفة الفردية واحتضنت الوجودية والبراجماتية قد قطع شوطاً بعيداً بالقياس إلى مستوى نضج الفكر عند شعوب الدول التي دارت في فلك الاتحاد السوفيتي السابق.

مما مهد الطريق أمام فلسفة تبنت فكرة النهوض بتلك الجماعات من منطلق معاكس وعلى صورة ثورة شاملة تفرض على الجميع بحيث تغدو حياتهم ليست خاصة بهم وإنما يتم تشكيل سلوك الأفراد والجماعات على ضوء تصور وضعه منظري الاشتراكية والشيوعية «فردريك انجلز»، و«كارل ماركس».

هذا التصور القائم على جعل الحياة عند الناس بعيدة عن الفردية حيث يذوب الفرد نهائياً في المجتمع ويرى نفسه في الكل الذي هو عضو فيه وتبنى «لينين» بعد الثورة البلشفية عام 1917م وضع الخطط قصيرة المدى وبعيدته ليكفل تطبيق الفكر الاشتراكي الجماعي على أرض الواقع مركزاً على النظم التعليمية للتتوجه كلياً إلى خدمة التحول الاقتصادي والاجتماعي والفكري الذي يضع المصلحة الجماعية فوق كل اعتبار فردي.

لقد أغرى التوجه الاشتراكي دولاً خارج أوروبا مثل الصين وبعض الدول النامية ومنها دول عربية إلى اعتماد التوجه أملاً في نقلة نوعية تحرر شعوبها المثقلة بالتخلف الذي ترتب في الصين على تقاليد بالية قيدت الحراك الاجتماعي آلاف السنين وفي الدول النامية ومنها العربية كان ذاك التخلف بسبب الحجر الذي فرض عليها عدة قرون من جانب تركيا والدول الاستعمارية الغربية.

إن ماركس ولينين كما يفهم من دكتور عبد الغني عبود في كتابه الأيديولوجيا والتربية كانا أفلاطونيين في النزعة ولكنهما ماديين في المنهج والغاية فالتغير في المجتمعات يستلزم في نظريهما تغيير أدوات وأساليب الإنتاج (الإنسان هو أحد هذه الأدوات ولذلك فهو يخضع لعملية التغيير والتخطيط وإعادة الهيكلة) ووضعها تحت سيطرة الدولة لتتوالى عملية التخطيط لاستخدامها بصورة أفضل وتنظيم ذلك الاستخدام وتحديد وجوهه بشكل يمثل الإرادة الجماعية وليس الفردية والنزعات الذاتية والميول والاهتمامات الشخصية.

وقد كان لهذه الفلسفة الاشتراكية الشيوعية أو الجماعية انعكاسات

واضحة على التربية وتظهر فيما يلي:

1. هدف التربية هو تغيير طريقة حياة الناس وأسلوب معيشتهم وتفكيرهم وولاءاتهم «التغيير الأيديولوجي» وإعدادهم ليكونوا أدوات فعالة في تسريع دورات عجلة الإنتاج وذلك بالتأهيل العلمي والفني المناسب لأغراض التطور.

2. إن التربية لابد أن تكون نهجاً مقصوداً وموجها ومستمرا حتى تكون أداة فعالة في خدمة مجتمع يأمل في تبديل طبائع أفراده ليكونوا سببا في تطوره.

3. إن المؤسسة التربوية لا تقتصر على المدرسة بل إن أجهزتها منتشرة في كل جوانب الحياة بدءاً من الحضانة والروضة التي تكون مؤسسة رسمية تسير على ضوء تعليمات محددة من أعلى السلطات مروراً بمحطات ونوادي الشباب التي تخضع لرقابة الدولة الصارمة وتوجه أنشطتها بتعليمات من جانب الهيئات المشرفة لتمارس دوراً فعالاً في التغير الأيديولوجي.

4. زيادة مخصصات التربية في ميزانية الدولة حتى يكون التعليم إجبارياً بشكل تام فالتعليم ليس لإشباع الفضول العملي والمعرفي بل استثماراً في الأفراد.

5. إن العلوم والتكنولوجيا تحتل المكانة الأرفع في المناهج الدراسية وتأتي أهمية فروع المعرفة الأخرى باعتبارها وسائل للتطبيع الأيديولوجي إلا إذا كانت في محتواها تتعارض والتوجه الاشتراكي الشيوعي ولذلك فقد تم استبعاد علوم الدين.

6. ليس في نظام التعليم طبقية فالمراكز التربوية كلها تخضع لنفس التعليمات وتجهز بمثل الوسائل التي جهز بها غيرها ما دامت موجهة لخدمة نفس الأغراض ولذلك فلا ميزة في فلسفة النظام الجماعي لأحد على آخر بحكم نسبه ولا ميزة للذكر على الأنثى ولا خصوصيات لأبناء الجنسيات أو القوميات المختلفة.

7. تسيطر القيادة الفكرية على التعليم والتخطيط له وتشرف بحزم على خطوات تنفيذ مقاصده بحيث لا تخرج عن إطار الفلسفة الجماعية المعمول بمقتضاها.

8. ربط التعليم بالعمل الإنتاجي وتخطيط التعليم وأنواعه ومستوياته على ضوء الحاجات من القوى العاملة المؤهلة.

الفلسفة الانتقائية وغير المتمايزة (الهلامية):

عندما نتكلم عن فلسفة فإننا نقصد بذلك التزاماً بتصور معين تنسجم فيه نظرة المفكّر إلى الإنسان والمجتمع والكون والحياة والقيم ومصادر المعرفة بحيث تبدو كل هذه الأمور مفضية إلى بعض مرتبطة بعلاقات لا تناقض منطقي بينها.

ولكن عددا من المفكرين في هذا العصر قد عكسوا تناقضاته فكان لهم موقف

حائر بين المذاهب الفلسفية وبدت أفكارهم وكأنها تجميع من عدة فلسفات إذ وجدوا أنه في نفس الوقت الذي كانت فيه الرأسمالية في دول أوروبا الغربية تجذر الفردية عمل الشيوعيون على خنق الفردية وتدعيم الشخصية المجتمعية العامة وفي الآونة التي أحس فيها الناس أنهم ابتعدوا كثيراً عن قانون الغاب اشتعلت أشرس حرب كونية وبالرغم من تجربة التقدم في أسلوب حياة الجماعة، اعترض الهبيون على التقدم وتلمسوا طريقهم إلى الصورة الأولية للإنسان ومثلما سخر الإنسان نتائج بحوث ودراسات كثيرة لخدمته فقد جعل من بعض هذه البحوث أداة لتدمير نفسه وتدمير البشرية معه.

لقد عكست أفكار الانتقائيين قلق الاختيار والتردد في الاستعارة من المذاهب الفلسفية فكان سعيهم للتجديد لا يصرفهم عن التعلق بالحقائق المستقرة وتقبلهم للقيم النسبية لا يشككهم بالقيم المطلقة، كما أن إيمانهم الراسخ بالعقل لا يمنعهم من اعتماد ثمرات الخبرات الحسية وتخارجهم إلى العالم لم يحل دون ارتدادهم إلى الذات (عريفج، 2000م).

يؤمن أصحاب الفلسفة الانتقائية باختيار آراء وأفكار من فلسفات تربوية تناسب بيئتهم ومجتمعهم وثقافتهم سعياً وراء اللحاق بباقي الأمم المتقدمة أي تؤمن بالتجديد المستمر للبحث عن الحقائق للوصول إلى المعرفة المطلقة التي تؤدي إلى تطور المجتمع ولا تتنافى مع معتقداتهم (الكسواني وآخرون، 2003).

يتلاقى مع هذا النهج الفلسفي ذلك التوجه الهلامي غير المتمايز الذي تعيشه حالياً دول العالم الثالث وهي دول في وضع قلق إذ لم تعد متخلفة ولم تتمكن بعد من اللحاق بركب الدول المتقدمة ولذلك تبقى في حالة من القلق والإحباط.

فقد كان المنظرون في هذه الدول خلال الحرب الباردة بين قطبي العالم الأكثر قوة يخرجون على أنفسهم وهم يحنون إلى ذواتهم فيتطلعون إلى الغرب المتقدم فيبهرهم تطوره فيقلدون مؤسساته، ويتقمصون أهدافه ويستوردون التكنولوجيا التي أنتجها، وحتى اتجاهاته الفلسفية يتبنونها ولكن الدول النامية تبقى تراوح في مكانها.

وتطلعت بعض الدول النامية إلى المعسكر الاشتراكي وحتى الشيوعي متوقعة أن نظامه يناسبها، متجاهلة القوى والعوامل الثقافية، التي تقرر أسلوب الحياة والفكر لديها. ولذلك نجد أصحاب هذا النهج الفلسفي يظلون نهباً موزعاً بين القديم والحديث، بين الفردية والجماعية، بين الحنين للماضي والتطلع إلى المستقبل.

وهكذا وجدنا أن أمة كالأمة العربية كما يرى ساطع الحصري لم تتمكن حتى الآن من اعتماد فلسفة تربوية موحدة بل إن كل قطر له فلسفته التي لا

يعتمدها هو نفسه.

وهكذا نجد أن الأنظمة التربوية في الدول النامية ومنها العربية قد وقفت موقفاً انتقائياً وهلامياً غير متمايز. وقد أفرزت كثيراً من المشكلات في الميدان التربوي نذكر منها:

1. عدم وجود فلسفة تربوية محددة توضح العملية التربوية ولذلك ظلت الجهود التربوية مترددة وفي حاجة مستمرة لإعادة النظر فيها.

2. حاربت هذه الدول الأمية وحاولت تعميم إلزام التعليم ومدها لأكبر عدد من السنوات فأثقلت كاهل ميزانيتها بالكم الكبير الذي تصدت له لأن نسبة من هم في سن الإلزام في الدول النامية تزيد ثلاث مرات عن نسبتهم في الدول المتقدمة بسبب ارتفاع عدد المواليد في الأسرة ولأن ميزانيات هذه الدول أصلاً لا تتحمل مثل هذا العبء فقد كانت زيادة الكم على حساب الكيف وأثمر كل ذلك قوة طاردة فزاد عدد الفاقد من النظام التعليمي والمتسربون من المدارس للالتحاق بصفوف الأميين.

3. لم يتحقق مبدأ تكافؤ الفرص في التعليم ذلك أن المؤسسات التعليمية قد استمرت مراكز يحتشد فينا الناشئة بعيداً عن مواقع الإنتاج ولم تصبح بيئة تربوية حقيقية.

ولا أدل على ذلك من المشكلات المترتبة على سياسات القبول في الجامعات والتي تقود بعض الراغبين في مواصلة التعليم إلى الالتحاق بكليات لا يرغبون أصلاً بالالتحاق فيها ولكنهم يلتحقون بها بحكم الاستمرار باعتبارها الخيار المتاح.

4. تغليب الجانب النظري للتعليم على الجانب العملي والتطبيقي ولا يكون هذا التغليب بسبب القناعة بأهمية الجانب الأول ولكن لأن المؤسسات التي تقدم هذا النوع من التعليم أقل كلفة من مؤسسات التعليم القائم على العمل.

ولذلك نجد الدول التي ألزمت نفسها بتوفير الفرص التعليمية لشعوبها قد حققت وعدها من ناحية شكلية بالتوسع في فرص التعليم النظري دون فحص النتائج المترتبة على انضمام خريجي هذا النوع من التعليم إلى صفوف العاطلين عن العمل وعدم تقدمهم للمشاركة في تدوير عجلة الإنتاج الذي أصبح في الأيام الأخيرة يحتاج إلى التأهيل العملي والعلمي معاً.

5. لم تخلق هذه الأنظمة توجهات تربوية تخدم الفضول المعرفي، ولم تخطط التعليم وفقاً لحاجات القوى العاملة، ومطالب السوق، فأصبح المتعلم معادياً للعلم يلهث وراء الشهادة مظهرياً ومعادياً للمجتمع لأنه لا مكان له فيه بسبب عدم توفر الفرص مما حدا بكثير من خريجي الأنظمة التعليمية إلى

الهجرة طلباً للعمل أو حتى الهجرة الدائمة وهذا ما شكّل خللاً في النظام الاجتماعي العام لأن الفئة المهاجرة هي قطاع الشباب بالدرجة الأولى (عريفج، 2000).

الفلسفة الإنسانية العالمية:

تبنى بعض رجال التربية في العالم فكرة أن الفرد عضو في جماعة مكونة من عدد مـن الأفراد ويقصد بها الفلسفة التي تنطلق من فكرة أن التربية عمليـة إنسـانية يخـتص بهـا الإنسـان فهـو الـذي يمارس التربية ويقوم بها وهو الذي يتلقاها.

وتهدف إلى تنمية الشخصية الإنسانية التي تصلح لكل زمان ومكان.

وتتميز هذه الفلسفة بالسمات التالية:

1. الاهتمام بالنظام التربوي وربطه بحاجات المجتمع الإنساني.
2. الدعوة إلى ما يخدم الإنسان ويؤدي إلى خير الإنسانية وتقدمها.
3. حرية الفرد في اختيار المناهج التي تناسب حاجاته وميوله.
4. استقلالية التربية عن المؤسسات الأخرى ومنح الأفراد الحرية في فتح المدارس الخاصة واختيـار المناهج المناسبة لمدارسهم (الكسواني وآخرون، 2003).

الفلسفة العربية:

لقد شيدت الحضارة العربية بعقول وسواعد أبنائها الـذين حمـلوا عـلى عـاتقهم وبجهـدهم مسئولية قيام الحضارة العربية في إطار الإسلام في العصور الوسطى حيث تكونت حضارة عظيمة وهـي الأساس الذي بنى الغرب عليها حضارته فقد قامت الحضارة العربية على اكتشاف الإنسان العربي الذي كان يشعر بالمسئولية تجاه اللـه وأمتـه العربيـة والإسلامية والإنسانية جمعـاء في عصور الظلـم والاضطهاد والتي كانت تسود معظم بلاد العالم (الخطيب، 1995).

وقد تأثر المجتمع العربي عبر تاريخه الطويل بمجتمعات وحضارات مختلفـة، وذلـك لاتصـال العرب بالأمم المختلفة بواسطة التجارة، إذ كانت القوافل التجارية تمر بالبلدان العربيـة، فتحمـل إليهـا الفلسفات الشرقية والغربية، لقد قامت الفلسفة العربية التربويـة قـديماً عـلى الأعـراف والقيـم كالشجاعة، والصدق، والإخلاص، والأمانة، والكرم.

وكانت التربية العربية القديمة تركز على تدريب الأجيال على أساليب القتال لمواجهة الغزاة، كما كانت تقوم على تعليم النشء اللغة والخطابة، فلمع العديد من الشعراء والأدباء والخطبـاء الـذين كانت تكرمهم قبائلهم وتحتفل بهم (الكسواني وآخرون، 2003).

وحتى تحقق فلسفة التربية العربية أهداف المجتمع العربي في التقدم والازدهـار ينبغـي أن تتسم بما يلي:

1. التركيز على الإجرائية أكثر من الشمولية.
2. التركيز على التقنيات أكثر من النظريات.
3. الاهتمام بإعداد الشباب للمستقبل.
4. استثمار فروع العلم المختلفة.
5. استخدام مناهج بحث متداخلة.
6. تجذير التراث الثقافي العربي والإسلامي وتطويره والانفتاح نحو العالم الخارجي (الخطيب، مرجع سابق).

وبالرغم من اتجاه الأقطار نحو وحدة ثقافية إلا أن الاختلافات مازالت تحول دون تطبيق ذلك، وقد أدى هذا الاختلاف إلى ظهور ثلاثة اتجاهات فكرية في الوطن العربي هي:

- اتجاه يتمسّك بالقديم، ويدعو إلى المحافظة على التراث العربي الإسلامي والتمسك به.
- اتجاه يدعو إلى الحداثة والمعاصرة، وترك القيم القديمة.
- اتجاه ينادي بالموازنة بين القديم والحديث في نسق واحد.

لقد أدى انفتاح العالم العربي على العالم، وبخاصة على الغرب إلى تعديل وتحديث النظم التربوية، وانتشار المدارس الحديثة التي تدرس العلوم العصرية واللغات الأجنبية والتكنولوجيا، وفتح الجمعيات العلمية لتوير التربية والأخذ بأسباب الحضارة العالمية (الكسواني وآخرون).

وإن السؤال أو الأسئلة الأولى التي تطرح نفسها هنا، توطئة للدخول في المستقبل وهي:

- ما واقع التربية في البلدان العربية وما اتجاهاتها؟
- ماذا أنجزت وما لم تنجز؟
- ما يوحي به هذا الإنجاز أو عدمه؟
- ما توحي به الاتجاهات في المستقبل؟

وتعتبر الإجابة عن هذه الأسئلة هي المنطلق الذي يجب أن تنطلق منه التربية العربية (الخطيب).

ساطع الحصري (1881 - 1968):

يعد ساطع الحصري من المربيين العرب المشهورين، فقد كان وزيراً للتربية في حكومة الملك فيصل في سوريا، وأشرف على تنظيم التعليم في العراق وسوريا، وأسس معهد الدراسات العربية العليا، وألف عدداً من الكتب التربوية، آخرها كتاب (أحاديث في التربية والاجتماع)، بيروت، عام 1962م.

تميز الحصري بنشاطه الفكري والتربوي ومحاولته حل الكثير من

القضايا السياسية والاجتماعية والتربوية، وقد دعا إلى:

- إعداد المعلمين الصالحين الذين يعرفون كيف يلائمون بين الأهداف والوسائل وبين مواد المنهج وحاجات الطلاب.
- تربية الجيل تربية صالحة من جميع الوجوه، البدنية، والخلقية، والفكرية.
- إتاحة فرص التعليم لجميع الطبقات، لتكوين ثقافة قادرة على تنمية الوعي القومي والاجتماعي وتوحيد الأمة العربية.
- إحياء التراث العربي، والتوسع في دراسة اللغة العربية والتاريخ العربي، والاعتزاز بالقومية العربية، وتحقيق وحدة النظم والمناهج (الكسواني وآخرون).

التربية المتكاملة:

من خلال استعراض الأسس التاريخية للتربية يتضح لنا كيف أن بعض الحركات التربوية قد ركزت على الجانب البدني في الإنسان مستهدفة إعداد المقاتل الصلب كما في اسبارطة في بلاد الإغريق، بينما اهتم الأثينيون بإعداد العقل السليم ولم ينل الجانب الجسدي إلا اهتماماً محدوداً.

وعندما انتشرت المسيحية كان التركيز على التربية الوجدانية والدينية، وقد استنكر بعض المربيين على المدرسين اللجوء إلى العقل كوسيلة للبرهنة على ما يدعم الفكر الديني، لأنهم يرون أن الإيمان هو الطريق إلى العلم وليس العقل. وجاءت فترة تم التركيز فيها على التربية عن طريق الحواس، والاهتمام باكتساب الخبرات المدركة حسياً.

إننا ننظر إلى الإنسان الآن من وجهة نظر علمية ككل متكامل، يتعاظم نشاطه العقلي كلما صح جسمه، واتزنت انفعالاته وتهذبت أخلاقه، وسلم ذوقه وتكيف مع مجتمعه. وإذا كان للتربية أن تخدمه فلابد من أن تهتم بتنمية جميع أبعاد شخصيته الجسمية والعقلية والانفعالية والاجتماعية، وهذا هو المقصود بالتربية المتكاملة (عريفج، 2000).

والتربية المتكاملة هي التربية التقدمية التي توفق بين أهداف الفرد وأهداف المجتمع، فتعمل على تفتح شخصية الطفل، وتنمية ميوله، وتفجير طاقاته، كما تعمل على الوفاء بحاجات المجتمع. ويمكن تعريف التربية التقدمية بأنها: «النهج التربوي الذي يؤكد على ديمقراطية التربية، والإبداع الذي يتناسب مع ميول التلاميذ، وتعليمهم بالعمل، والعلاقة الوطيدة بين المعلم والتلاميذ».

إن حاجاتنا لفلسفة التربية في العصر الحاضر لا تزال ماسة لمساعدة الأفراد على:

- اكتشاف أنفسهم، وفهم عناصر شخصيتهم، وتطلعاتهم وطبيعة العلاقة فيما بينهم.

- معرفة الحياة بما فيها، والتعامل مع الموجودات حولهم بموضوعية خالية من الأهواء والنـزوات الخاصة.
- إزالة الفوارق بين بني البشر، ونقلهم إلى ممارسة السلوك الحياتي بأسلوب التعاون والمحبة (ناصر، 2005م).

فلسفات التربية المعاصرة:

إن الفلسفات المعاصرة هي حصيلة تجميع لشتى الفلسفات السابقة عليها، مع إعادة صياغتها في أسلوب جديد وطريقة مبتكرة بالإضافة إلى أنها (الفلسفات المعاصرة) أصبحت حالياً جهداً عقلياً مفتوحاً غير مقيد بموضوع محدد ولا مرتبط بمنهج معين.

ونظراً لسرعة التغير في العصور الحديثة، وغزارة الإنتاج في شتى مجالات الفكر والحياة أصبح من الضروري على الإنسان المعاصر أن يلم بأحدث منجزات الحضارة التي تنعكس بدورها في المذاهب الفلسفية المعاصرة، باعتبار أن التراث الفكري يمثل عصارة الحضارة عبر العصور.

لذا جاءت الفلسفات المعاصرة دون إضافة من حيث الموضوعات التي عولجت في الفلسفات القديمة من اتجاه مادي علمي، أو روحي حيوي، أو تحليلي رياضي، إنساني.

لكن الاختلاف ظهر في معالجة هذه الموضوعات من منظور ومعطيات حديثة، لأن الفلسفات المعاصرة، لا تنعزل عن الثقافة التي تعيش فيها، ولا عن الخبرة الإنسانية في أوسع معانيها، إنها فلسفات تتصل بالمجتمع الحاضر ومشكلاته، وصراعاته، وأسباب تفككه، ووسائل انسجامه، ومن هذه الفلسفات(ناصر):

1. الفلسفة التحليلية (Analytic Philosophy)

شهد العالم في القرن العشرين تقدما علمياً كبيراً، والذي كان له التأثير العميق في التيارات الفلسفية المعاصرة، ومن أبرز سمات هذا القرن تضافر التقدم الذي أحرزته العلوم الرياضية والعامة مع هذا التقدم العلمي، فقدمتا للإنسانية آفاقاً واسعة من المعرفة والكشوف التي لم تخطر على قلب بشر، وليس أدل على ذلك من تفتيت الذرة، ورد الماديات الموجودة في العالم إلى جزئيات صغيرة، ومن ثم تحطيم هذه الجزيئات الذرية وكشف جوهرها والاستفادة منها، كل هذا أحرزه العلم بمنهجه التجريبي في ارتباطه في الرياضة ومنهجها التحليلي.

ومن هنا كان الطابع العام للفلسفة المعاصرة هو الطابع التحليلي الواقعي المتناسق مع روح العصر الرياضية، مسايراً لأحدث الاكتشافات وآخر التطورات الرياضية، ذلك أن الفلسفة تعبير عن العصر الذي تنشأ فيه، كما أنها تعميق نظري للأحداث الخاصة به.

وأشهر من عبّر عن الاتجاه العام للفلسفة التحليلية المعاصرة هو (برتراند راسل) إذ أنه جمع في فلسفته أحدث التطورات الرياضية وآخر الكشوف العلمية الذرية، مما حدا بالمؤرخين أن يطلقوا على فلسفته اسم (الفلسفة التحليلية أو الرياضية) وكذلك اسم (الواقعية الذرية).

ماهية الفلسفة التحليلية:

تعني كلمة التحليل: فك كل ما هو مركب إلى أجزائه. وفي الفلسفة تعني كلمة التحليل فك أو رد الموضوع الذي تتناوله بالبحث إلى مصادره أو عناصره الأولية سواء كان ذلك الموضوع فكرة أو قضية أو عبارة من عبارات اللغة.

من خلال التعريف نجد أن التحليل يختلف تبعاً لاختلاف طبيعة الموضوع أو المركب الذي تتناوله، فهو يكون مادياً إذا كان المركب المراد تحليله مادياً، كتحليل الماء إلى أكسجين وهيدروجين، أو عقلياً مثل تحليل فكرة ما، أو مفهوم ما (ناصر، 2001م).

ويلخص لنا «نيوسوم» فيلسوف التربية المعاصر في مقاله (الفلسفة التحليلية ونظرية التربية) جدوى الفلسفة التحليلية المنطقية منها واللغوية بقوله: «إن الفلسفة التحليلية تساعدنا على توضيح ما نقوله من جمل وعبارات وفروض، كما أنها تجعل كل هذا شيئاً ذا معنى أو شيئاً خالياً من المعنى».

إن المدارس الفلسفية التحليلية بفرعيها المنطقي واللغوي تؤثر في التربية بطرق متعددة مباشرة وغير مباشرة. فمن خلال تأثيرهما في علم الاجتماع وعلم النفس وبخاصة في مجالات التعليم المبرمج والقياس التربوي يقدمان دعماً ومساندة للمربيين الذين يميلون إلى قيام نظرية علمية في التربية تقوم أساساً على الطرق المنطقية والتجريبية وتختبر في ضوئها. كما تقوم أيضاً على استخدام لغة متطورة (مرسي، 1995م).

أهم سمات الفلسفة التحليلية:

1. كانت بمثابة الثورة في تاريخ الفكر الفلسفي، فقد انتقلت الفلسفة على أيدي التحليليين من البحث في مجال الموضوعات والأشياء إلى مجال يبحث في الألفاظ والعبارات، ولذا فقد تطورت الدراسة الخاصة بمنطق الرياضيات والدراسات المتعلقة بفكرة المعنى.
2. عدم وجود مبحث معين محدد ومشترك بين فلاسفة التحليل بل كان كل ما يجمعهم في إطار واحد مشترك هو استخدام التحليل منهجاً في الفلسفة.
3. فلاسفة التحليل كانوا من دعاة الدقة والوضوح.
4. لذا جاء اهتمامهم باللغة، ويعتبر التحليليون أن أغلب مشكلات الفلسفة إنما نشأت عن سوء فهم منطق اللغة.

التربية التحليلية:

تنظر الفلسفة التحليلية إلى العملية التربوية كما يلي:

1. التلاميذ غايات لا وسائل.

2. التربية لها هدف مزدوج يتضمن التدريس من جهة وتنمية الخلق الحسن من جهة أخرى.

3. يؤمن راسل بالديمقراطية وبإعطاء الفرص التربوية لجميع الأطفال. ونادى بمراعاة الفروق الفردية.

4. يجب أن تكون هناك أهداف عامة وأهداف خاصة.

5. يجب العمل على تنمية مخيلة الطفل وتكوين عادة التأمل لديه.

6. يجب خلق قوى ذاتية لدى التلميذ حتى يستطيع أن يصدر بها حكماً مستقلاً.

7. يجب التمييز بين التشبث بالثقافة التقليدية الجامدة مثل اللغات القديمة والثقافة التي تكون الشخصية.

8. اللعب عنصر فعال في حياة الأطفال وأن الطفل بحاجة إلى اللعب مع الكبار قدر حاجته إلى اللعب مع الرفاق.

9. يجب ربط المعرفة بالحياة مثلاً لماذا يتم تعلم الرياضيات، الهندسة.. إلخ.

2. **الفلسفة الجوهرية (Essentialism)**

تعتبر الجوهرية فلسفة محافظة للتربية تشكلت في الأصل كرد على الاتجاهات التقدمية في المدارس، ويعتبر «وليام باجلي» (1874- 1946م) مؤسسها ومؤسس جمعية التربية الجوهرية، وهو بروفسور في التربية في كلية المعلمين في جامعة كولومبيا، ولكي ينشر الفلسفة الجوهرية أسس المجلة التربوية التي عنوانها «المدرسة والمجتمع».

وكان باجلي وغيره من التربويين الذين يفكرون بطريقته، ينتقدون الممارسات التربوية التقدمية في الولايات المتحدة الأمريكية، معتقدين بأن الحركة التقدمية قد دمرت المعايير الفكرية والأخلاقية بين الشباب.

وبالنسبة للفلسفة الجوهرية ينبغي على التربية المدرسية أن تكون عملية، تزود الأطفال بتعليم جيد يعدهم ليعيشوا الحياة. وينبغي أن لا تحاول المدارس التأثير على السياسيات الاجتماعية أو تضعها. إلا أن نقاد الفلسفة الجوهرية يهاجمونها بقولهم أن مثل هذا التوجه المقيد بالتقاليد نحو العملية المدرسية سوف يقولب تفكير التلاميذ ويستثني احتمال التغير.

ويرد أصحاب الفلسفة الجوهرية بقولهم: إنه بدون المنحنى الجوهري فإن التلاميذ سوف يقولبون في مناهج إنسانية، أو مناهج سلوكية، أو كلاهما معاً. مما

يخالف المعايير المقبولة اجتماعياً، ويخالف الحاجة للنظام.

إن «حركة العودة إلى الأساسيات» التي بدأت في منتصف السبعينات من القرن الماضي، هي آخر ضغط واسع النطاق لإدخال برامج الفلسفة الجوهرية إلى المدارس. ويجادل أصحاب الفلسفة الجوهرية بأنه قبل أي شيء آخر، يجب على المدارس أن تدرب التلاميذ على الاتصال بوضوح وبمنطقية. والمهارات المحورية في المنهاج يجب أن تكون القراءة، والكتابة، والتكلم، وتقع على عاتق المدرسة مسئولية التأكد من أن التلاميذ يتقنون هذه المهارات.

وينتقد الجوهريون الكثير من التجديدات في المدارس، واصفين إياها بالتربية الرخوة، وبأنه توجه أدنى إلى تتدني المعايير وإلى التراجع الكبير في التحصيل.

وما تحتاج المدارس فعله حسب الفكر الجوهري هو التخلص من الموضوعات والزركشات في المدارس، واسترجاع التعليم الجيد التقليدي لغرفة الصف. كما ينبغي على المدارس تقديم برامج خاصة للشباب الموهوبين الذين لا تلبي حاجاتهم المناهج التي قلصت إلى مستوى المتوسط العام (ناصر).

المبادئ الأساسية للجوهرية:

هناك أربعة مبادئ أساسية للجوهرية هي:

1. التعلم يتضمن بالضرورة العمل الشاق والمثابرة من جانب التلميذ.
2. المبادأة في التعليم يجب أن تكون من جانب المعلم لا من جانب التلميذ.
3. لب التربية هو معرفة المواد الدراسية الأساسيةوالحفاظ على أحسن ما في التراث الثقافي للمجتمع.
4. يجب على المدرسة أن تحافظ على الطرق التقليدية للتنظيم العقلي (مرسي).

التربية الجوهرية:

لقد بدأت الجوهرية على شكل حركة تربوية أساسية، ولم تكن قد نسبت إلى أي فلسفة سابقة عليها، ولكنها كانت تتلاءم مع بعض العناصر في بعض الفلسفات وتختلف مع عناصر أخرى... ومع ذلك فالجوهرية تركز اهتمامها على العملية التربوية بشكل كبير، ويمكن القول بأنها وجدت كفلسفة تربوية منذ البداية.

وتعتبر الجوهرية أساساً فلسفة انتقادية للفلسفة التقدمية.

3. **الفلسفة البنائية (Structuralism):**

كلمة بنيوية Structuralism مشتقة من كلمة بنية Structure وهي بدورها مشتقة من الفعل اللاتيني Sturere أي بنى وهو يعني بذلك الهيئة أو

الكيفية التي يوجد الشيء عليها.

أما في اللغة العربية فبنية تعني ما هو أصيل فيه وجوهري وثابت ولا يتبدل بتبدل الأوضاع والكيفيات.

ويقول (ليفي شتراوس): أن البنائية عبارة عن منظومة علاقات وقواعد تركيب مبادلة تربط بين مختلف حدود المجموعة الواحدة بحيث يتحدد المعنى الكلي للمجموعة من خلال المعنى العام للعناصر ذاتها وأن الأبنية تتسم بهذا بطابع المنظومة وتتألف من عناصر يستنتج تغير أحدها بتغير العناصر الأخرى كلها.

وعلى هذا فالبنائية تهتم أولاً وأخيراً بدراسة العلاقات التي تربط جزئيات كل بناء وتهتم بكشف الروابط القائمة بين الأبنية المختلفة بعضها ببعض.

وتعني البنائية أن كل شيء في الوجود بعامة والإنسان بخاصة عبارة عن بناء متكامل يضم بين جنباته عدة أبنية جزئية، تقوم بينها علاقات محددة هي التي تعطي هذا الشيء بنائه وتوضح وظيفته، وتبين مكانه ضمن أبنية الوجود الأخرى.

إن الجسم الإنساني عبارة عن بناء والإنسان نفسه بناء أيضاً. وكذلك الثقافة والجتمع وغيرها تعتبر جميعها أبنية متكاملة تضم جنباتها أبنية أخرى جزئية ذات علاقات معينة ووظائف محددة، والأشياء التي يتكون منها البناء لا قيمة لها في حد ذاتها، إنما قيمتها في العلاقة التي تربطها بعضها ببعض والتي تجمعها في ترتيب معين وتؤلف بينهما نظام محدد يوضح وظيفة هذا البناء.

أهم ملامح الفلسفة البنائية:

- تحليل كل بناء إلى جزئياته التي يتكون منها، وذلك للكشف عن العلاقات الموضوعية التي تربط بعضها ببعض، ثم إعادة تركيبها في بناء كلي جديد سيكون أرقى من البناء السابق وأكثر تقدماً منه، فما من اتجاه بنيوي يتحدث عن الموضوع ذاته مباشرة، بل يمس علاقاته وترابطاته.

- تحديد اتجاه عملية تحليل وتركيب كل بناء، وهذه تتمثل في الصفة الإنسانية التي يجب أن تكون هي الأساس في دراسة أي بناء. مهما كان الاعتقاد بأنه بعيد عن الإنسان، لأن البنائية في جوهرها نزعة إنسانية تهدف إلى تطوير الأبنية الإنسانية المختلفة والارتقاء بها.

- اكتشاف الماهيات الكامنة وراء كل بناء، هذه الماهيات التي تتمثل في العلاقات الموضوعية ن وهي ليست ماهيات عقلية مجردة، وإنما هي نفسها هذه العلاقات وليست شيئاً آخر أعلى منها.

- لا ينكر أصحاب البنائية وجود عالم فيزيقي، إلا أنهم يرون أن لكل منا تصور (أو حقيقة عنه) وهذا التصور عبارة عما تبنيه ذواتنا عنه، فهي ليست موجودة فيه بل موجودة في كل منا، ومن ثم فالحقيقة لا تنفصل عن الذات العارفة

بها ولذلك لا يشترط أن تمثل الحقيقة الواقع، إذ لا وجود لحقائق موضوعية مطلقة، ونحن ننظم العالم في عقولنا كل بطريقته الخاصة.

- دور العقل ليس نسخ صور مطابقة للواقع بل بناء الواقع وتفسيره، إذ العقل منظومة مفاهيمية لبناء الواقع وتفسيره.
- يستبعد التحليل البنائي أي تدخل للشعور في تفسير الظواهر.
- توظيف الرمز بوصفه عهداً أو نظاماً جديداً من أنظمة المعرفة. وتستخدم اللغة كأداة تذويت الخبرة وإدماجها في البناء المعرفي فاللغة هي أداة التفكير والمميز الرئيسي لنمو التمثيلات المعرفية.

ترفض البنائية النظر للإنسان بوصفه مقياس جميع الأشياء، وتعترف فقط بامتيازه في وعي العالم، كما تضرب صفحاً عن المفاهيم القديمة كالقلق، والحرية، والذاتية وتستبدلها بمفاهيم غير ذاتية كالدلالة والبنية.

- فيما يتعلق بالإنسان فهو فاقد لأي دور مبدع ونشيط، وينظر إليه بوصفه نسقاً من العلاقات والترابطات التي تعكسه وبهذا المعنى البنائية تبتلع الإنسان، ولا تنظر إليه بوصفه كائناً مبدعاً (ناصر) .

التربية والفلسفة البنائية:

يمكن أن يستخلص من هذه الفلسفة الأمور التربوية التالية:

- تحليل المنهاج التربوي في جزيئات للكشف عن العلاقات الموضوعية التي تربط هذه الأجزاء بعضها ببعض، وإعادة تركيبها في بناء جديد أكثر تقدماً ومناسبة.
- الإنسان يتكون من أجزاء (جسم وروح وعقل) لذا تظهر الفروق الفردية بين الأشخاص فدراسة الأفراد كل على حدة ومراعاة حاجاته ثم بناء المجموعة ككل تؤدي إلى التقدم.
- الطبيعة الإنسانية تحددها الثقافة... لهذا تدرس الأبنية الإنسانية المختلفة (كاللغة، والتقاليد، والأساطير)... كل على حدة، ثم تجمع وتبني من أجل الأداء الوظيفي المتقدم.
- تهتم المدرسة بتحقيق التكامل البنائي للأفراد (الاجتماعي، والوظيفي، والثقافي، والمعياري، والشخصي) (ناصر، مرجع سابق).

4. الفلسفة الوضعية المنطقية (Logical Positivism):

يمكن لنا القول أن الوضعية المنطقية (وتسمى أحياناً التجريبية الوضعية أو التجريبية المنسقة) فلسفة علمية هدفت إلى توحيد العلوم كلها في بوتقة علمية تشملها جميعاً. وقد سعى إلى إقامة هذه الفلسفة في بداية الأمر ثلاثة علماء هم: (هانز هان، وأوتو نويراث، وفيليب فرانك)، وقد سعى هؤلاء إلى تهيئة المناخ الفكري

للدعوة التجريبية الحديثة وتطويرها.

والوضعية المنطقية هي الفلسفة التي تعتمد الطريقة المنطقية في حل المشكلات الحياتية والمواقف المختلفة، بهدف تخليص العقل البشري وتطهيره من الأخطاء الميتافيزيقية ولذلك قامت بتحديد أهمية اللغة وتوضيح أبنيتها بهدف وضع «بناء سليم للعلوم مطبوع بالوضوح».

ويمكن القول أن الوضعية المنطقية واحدة من المدارس الفلسفية التي ظهرت في القرن العشرين، أسسها (موريس شليك) سنة 1929.

وتتجلى الوظائف العامة للفلسفة أكثر ما تتجلى في الفكر الوضعي المنطقي، فإذا كانت الفلسفة في عصرنا قد تكفلت بوظائف النقد والتأمل فإن الفكر الوضعي المنطقي أو الفكر التحليلي كما يحلو للبعض تسميته يتجاوز هذه الوظائف إلى أبعد منها. فقد أخذت على عاتقها وظيفة نقدية تحليلية وليست مجرّد تفكير تأملي خالص يبذله الفيلسوف، ويقيم به نسقاً فلسفياً، ومن هنا رفضت إثارة أسئلة مثل: ما معنى الحياة؟ وهل الناس فانون؟ وما أصل الكون؟ وما مصير الإنسان؟ ورفضها هذا يأتي من كونها غير قادرة على طرح إجابات واضحة يمكن التحقق منها أو إخضاعها إلى أرضية صلبة من التجريب.

وظيفة الفلسفة عند الوضعية المنطقية:

ترى الوضعية المنطقية أن وظيفة الفلسفة «ربط اللغة بالتجربة ربطاً علمياً، وصياغة الواقع الخارجي صياغة منطقية»، ولتحقيق هذا طالبت باستخدام أسلوب التحليل المنطقي وذلك بطبع التفكير الفلسفي بسمات المعرفة العلمية، وهذه السمات هي: الوضوح والاتساق الداخلي، والقابلية للفحص، والتكافؤ، والدقة والموضوعية.

إن بحث الوضعية المنطقية منصب على اللغة، ولما كانت لغة الحياه اليومية مملوءة بالغموض واللبس، فإن هذه الفلسفة تسعى للتمييز بين الغامض والواضح، وتقوم بتحليل العلاقات بين المعاني.

وهدفها من كل ذلك «القضاء على المشكلات الزائفة والمفاهيم الخارجية والقضايا الكاذبة».

التربية الوضعية المنطقية:

ينظر الوضعيون المنطقيون إلى التربية على أنها - وفي الدرجة الأولى - فرع علمي يستخدم اللغة الإحصائية والإجراءات التجريبية في قبول أي نظرية أو ممارسة تربوية.

وأهم الأهداف التربوية التي تؤكد عليها الوضعية المنطقية هي:

- برمجة بعض المواد الدراسية، وتعتقد أن الأهداف تقع ضمن المادة الدراسية.

- جعل دوافع التلميذ محور السلوك وبالإمكان تعديل دوافعه ومن ثم إحداث تغيير في سلوكه، وتبين للمربيين أن التلميذ يتصرف على أساس دوافعه وميوله، لا حسب أوامر تعسفية جامدة.
- إكساب الفرد دوافع جديدة. وترى أن ذلك لا يتحقق إلا عن طريق الخبرة الحسية المستمرة. وأن تسعى بكل ما توفر لها من إمكانات إلى تحويل القيم الانفعالية عند التلميذ إلى قيم معرفية.
- جعل المدرسة تدرك أن من ضمن ما تقوم به سعادة التلميذ. وأن تربط سعادته بموافقة المجتمع عليها.

5. الفلسفة التقدمية (Progressivism):

التقدم هو الحركة التي تسير نحو الأهداف المنشودة أو المقبولة، أو الأهداف الموضوعية التي تنشد خيراً أو تنتهي إلى نفع. وينطوي التقدم على مراحل، تكون كل مرحلة من مراحله أكثر ازدهاراً أو أرقى من المرحلة السابقة، كما تشير كلمة التقدم إلى انتقال المجتمع البشري إلى مستوى أعلى من حيث الثقافة، والتعليم، والقدرة الإنتاجية، والسيطرة على الطبيعة من أجل إسعاد الإنسان.

هذه الحركة الإصلاحية «التقدمية» تطلق على مجموعة من الفلاسفة في أوروبا وأمريكا التي حملت على عاتقها مراعاة حاجات الطفل، والقول بأن التعليم لا يكون صالحاً إلا إذا اقترن بالعمل، وفق ميول الطفل الذاتية، وجرى هذا في طريق شبيه بالطريق الذي تسير فيه الحياة، وأقام بينه وبين البيئة علاقة وثيقة. وأصحاب هذه الحركة التقدمية هم: (بستالوزي، وفروبل، ومنتسوري، وديكرولي، وباركر، وديوي، وغيرهم).

ويعتبر أول عمل كبير في الفلسفة التقدمية هو كتاب جون ديوي «مدارس الغد» والذي لم يتم نشره قبل عام 1915م... ومضت أربع سنوات أخرى على صدوره، قبل تأسيس جمعية «التربية التقدمية» واستخدم مصطلح «التربية التقدمية» عام 1919م (ناصر).

المبادئ الأساسية للتقدمية:

تظهر أهمية الفلسفة التقدمية في كونها تبدأ من الاهتمام بالطفل وليس من الموضوع أو المادة التي يدرسها... وتقوم هذه الفلسفة على المبادئ التالية:

1. يجب أن تكون التربية عملية نشيطة متمركزة حول الطفل.
2. يجب أن يتم التعلم عن طريق حل المشكلات أكثر مما هو عن طريق استيعاب المواد الدراسية.
3. إن التربية بوصفها عملية ذكية لإعادة بناء الخبرة تعتبر مرادفة للحياة

الراهنة وعلى ذلك فإن تربية الشباب يجب أن تكون هي الحياة ذاتها وليس الإعداد للحياة.

4. نظراً لأن الطفل ينبغي له أن يتعلم وفقاً لاحتياجاته ومصالحه الخاصة فعلى المعلم أن يكون له هادياً وناصحاً أكثر مما هو رمز للسلطة والسيطرة.

5. يجب على المدرسة أن تشجع التعاون أكثر مما تشجع التنافس؛ لأن الأفراد إذا عملوا متعاونين يحصلون على نتائج أكبر مما لو عمل كل منهم بمفرده.

6. التربية والديمقراطية صنوان متلازمان. ولذا فإن المدارس يجب أن تدار بالوسائل الديمقراطية (مرسي).

التربية التقدمية (التربية المتكاملة):

يمكن تعريف التربية التقدمية (المتكاملة) بأنها: (المنهج التربوي الذي يؤكد على ديمقراطية التربية، والإبداع الذي يتناسب مع ميول التلاميذ، وتعليمهم بالعمل، والعلاقة الوطيدة بين المعلم والتلميذ).

6. الفلسفة التجديدية (Reconstructionism):

تعرف الفلسفة التجديدية بأنها «الفلسفة التي تقوم على تجديد المجتمع»، وضرورة التغيير والتجديد والإصلاح الاجتماعي البنّاء، لكي نواجه الأزمة التثقيفية في عصرنا الحاضر. وترتبط الفلسفة التجديدية بالفلسفة التقدمية، فكلاهما يعطي أهمية رئيسية إلى الخبرات التي يمتلكها التلاميذ، وتعطي الفلسفتان أهمية خاصة لجلب المجتمع - إن لم يكن العالم بأكمله - إلى داخل غرفة الصف.

والفلسفة التجديدية، كما يدل اسمها تؤمن بأن على المدرسة أن تتولى زمام القيادة في بناء النظام الاجتماعي. وقد بنى «يودر براميلر» مؤسس هذه الفلسفة، فلسفته على فرضيتين تدوران حول الزمن الحاضر وهما:

1. نحن نعيش في فترة أزمة عظيمة تتجلى في حقيقة أن لدى البشر- الآن القدرة على تدمير الحضارة بين عشية وضحاها.

2. يتوفر لدى الجنس البشري الآن الإمكانية العقلية والتكنولوجية والأخلاقية لإيجاد حضارة عالمية تتصف بالغزارة والصحة والطاقة الإنسانية.

إذن في زمن الحاجة الكبيرة هذه يجب أن تصبح المدارس العامل الرئيسي لتخطيط وتوجيه التغير الاجتماعي. وباختصار يمكن القول أنه: «لا ينبغي أن يقتصر دور المدرسة على نقل المعرفة عن النظام الاجتماعي القائم ولكنها يجب أن تسعى أيضاً لإعادة بنائه».

يتضح مما سبق أن التجديدية ليست مجرد فلسفة تربوية، ولكنها أيضاً

استراتيجيات العمل الاجتماعي والسياسي وتجميع قوة المعلم كوسيلة للإصلاح الاجتماعي (ناصر).

المبادئ الأساسية للتجديدية:

تتمثّل المبادئ الأساسية للتجديدية كما أبرزها براميلر في ستة مبادئ هي:

1. الغرض الأساسي من التربية هو تقديم برنامج دقيق وواضح للإصلاح الاجتماعي وبناء مجتمع أفضل.
2. يجب على المربيين أن يبدؤوا في تنفيذ هذا الواجب بلا تأخير وأن تكون المدارس مراكز للإصلاح الاجتماعي.
3. النظام الاجتماعي الجديد يجب أن يكون ديمقراطياً طأصيلاً تسهم التربية في توجيهه.
4. يجب على المعلم أن يقنع تلاميذه عن طريق الوسائل الديمقراطية بصحة وضرورة وجهة النظر التجديدية.
5. يجب أن تعاد صياغة أهداف ووسائل التربية طبقاً لنتائج العلوم السلوكية.
6. الطفل والمدرسة والتربية ذاتها تتشكل غالباً بالقوى الاجتماعية والثقافية (مرسي، مرجع سابق).

الأسس النفسية للتربية

الطبيعة الإنسانية، الفروق الفردية، العمليات العقلية، التعلم

من الواجب معرفة حاجات المتعلم وميوله ورغباته ودوافعه إلى التعلم، وكيفية نموه وتسهيل هذه المهمة له، ولقد اهتم علماء التربية بالتدريب العقلي في بادئ الأمر، إذ أنه يخزن ما سوف يؤثر في الحياة المقبلة من معارف وعلوم، ولذا انصب اهتمامهم على إعطاء أكبر قدر من المعارف لتدريب العقول، دون الاهتمام بالجوانب الأخرى، وكان تركيزهم ينصب على المعلومات وخزنها سواء كانت مفيدة أو غير مفيدة.

وقد أثبتت الدراسات المستمرة، خطأ الاعتماد على التدريب العقلي فقط وبينت هذه الدراسات أن الإنسان ككل متكامل يجب الاهتمام به، وبخصائص نموه المتعددة، والاهتمام بحاجاته وميوله وقدراته ومهاراته واستعداداته، وطرق تفكيره وسلوكه، كما يجب الاهتمام بالنواحي العقلية والانفعالية والاجتماعية للفرد المتعلم.

وتنحصر الأسس النفسية التي تقوم عليها التربية بـ:

أ.   معرفة طبيعة المتعلم: أي معرفة الإنسان الفرد وحاجاته وتكوينه، وقدراته وميوله وسلوكه، أي معرفة الإنسان من الناحيتين العضوية والسلوكية.

ب.   معرفة طبيعة التعلم: أي معرفة موضوع التعلم ومحتواه، ومناسبته للإنسان المتعلم والاهتمام بنظريات ونماذج التعلم واختيار المناسب لكل موضوع من مواضيع التعلم.

ج.   معرفة طبيعة البيئة: أي معرفة البيئة بشقيها (الاجتماعي والطبيعي) وأثر ذلك على المتعلم، ومناسبة موضوع التعلم، وصلاحية ذلك للبيئة الاجتماعية، والمجتمع والتراث، وطريقة التفكير، ووسائل الاتصال، وتأثرها بالبيئة الطبيعية، من حيث المناخ والموقع والتضاريس.

الفروق الفردية:

هي ظاهرة عامة في جميع الكائنات العضوية، وهي سنة من سنن الله في خلقه، فأفراد النوع الواحد يختلفون فيما بينهم، فلا يوجد فردان متشابهان في استجابة كل منهما لموقف واحد، وهذا الاختلاف والتمايز بين الأفراد أعطى الحياة معنى، وجعل للفروق الفردية أهمية في تحديد وظائف الأفراد وهذا يعني أنه لو تساوى جميع الأفراد في نسبة الذكاء – على سبيل المثال – فلن يصبح حينذاك صفة تميّز فرداً عن آخر، ولن يصلح جميع الأفراد إلا لمهنة واحدة.

أما الفروق الفردية فهي ركيزة أساسية في تحديد المستويات العقلية والأدائية الراهنة والمستقبلة للأفراد، ولذلك فقد أصبحت الاختبارات العقلية

وسيلة هامة تهدف إلى دراسة احتمالات النجاح أو الفشل العقلي في فترة زمنية لاحقة.

أما عن الفروق الفردية في الشخصية فنجد أن كل إنسان متميز بذاته ولا يمكن أن يكون كذلك إلا إذا اختلف عن الآخرين.

وقد اقترح «فؤاد أبو حطب» في كتابه عن القدرات العقلية تعريفاً للشخصية في إطار الفروق الفردية حيث وصف الشخصية بأنها البنية الكلية للسمات التي تميز الشخص عن غيره من الأفراد.

وتعتمد مقاييس الشخصية على ظاهرة الفروق الفردية في الكشف عن العوامل الرئيسية التي تحدد نجاح الأفراد، حيث إن النجاح يمتد في أبعاده ليشمل كل مكونات الشخصية في تفردها من فرد لآخر.

للاختبارات الشخصية أهمية كبيرة في التنبؤ العلمي حيث يمكن من خلالها توجيه الفرد توجيهاً صحيحاً للتعليم الذي مناسب له أو المهنة التي يصلح لها، وذلك طبقاً لمستوى قدراته واستعداداته التي يتميّز أو ينفرد بها عن غيره في كافة الجوانب الجسمية أو العقلية أو النفسية أو الديناميكية.

وتعد ظاهرة الفروق الفردية من أهم حقائق الوجود الإنساني التي أوجدها الله في خلقه حيث يختلف الأفراد في مستوياتهم العقلية، فمنهم العبقري والذّكي جداً والذّكي والمتوسط الذكاء والأبله، هذا وفضلاً عن تمايز مواهبهم وسماتهم المختلفة (دليل المعلم).

ويجب مراعاة الفروق الفردية لما لها من أثر على حياة الفرد والمجتمع الذي يعيش فيه، فلو أغفلنا هذه الفروق لما استطعنا حفز النّاس على العمل والإنتاج، أو حل مشاكلهم أو توجيههم في المهن والأعمال ونوع التربية والتعليم الذي يناسبهم، أي لصعبَ علينا وضع الشخص المناسب في المكان المناسب له، مما يؤثر تأثيراً سلبياً على الاقتصاد القومي والتنظيم الاجتماعي في أي مجتمع كان، وفي مجتمعاتنا المعاصرة من الممكن مساواة الناس في الحقوق والواجبات والفرص، ولكن من الصعب المساواة بينهم في القدرات العقلية والسمات المزاجية بما يجعلهم قادرين على التنافس العادل، وقد نستطيع أن نوفر لهم فرص التعلم ولكن من الصعوبة بمكانة المساواة بينهم في نوع التعليم أو العمل، وما يتعلق بالأجور.

وقد احتدم الصراع منذ القدم بين العلماء حول أسباب هذه الفروق، وفيما إذا كانت تعود للوراثة أو للعوامل البيئية. ولا يزال الصراع الفكري قائماً إلى يومنا هذا، ولكن الوراثة والبيئية قوى غير مستقلة، فالعوامل البيئية المختلفة تتفاعل مع القوى الوراثية فتؤثر كل منهما في الأخرى، ومن تفاعلهما يتم نمو الفرد ويتحدد سلوكه، فالاستعدادات - وهي قوى وراثية كامنة - لا يمكن أن تظهر وتتطور

ويتضح أثرها دون عوامل البيئة المختلفة (الرشدان، 1994).

تعريف الفروق الفردية:

تعرّف الفروق الفردية بأنّها الانحرافات الفردية عن متوسط المجموعة في الصفات المختلفة، ويرى بعضهم أن الفروق الفردية هي الدراسة العلمية لمدى الاختلاف بين الأفراد في صفة مشتركة بينهم، حيث يستند هؤلاء إلى أن الفروق الفردية مقياس لمدى الاختلاف والتشابه (التشابه في وجود الصفة والاختلاف الكمي، في مستويات وجودها).

وتوجد الفروق الفردية في جميع السمات الجسمية والنفسية للأفراد، فإذا كان متوسط أطوال مجموعة من الطلاب يساوي (160) سم، فإن أي زيادة أو نقصان عن هذا الحد تعدّ فرقاً، وتعدّ هذه الانحرافات عن المتوسط فروقاً فردية بالنسبة لصفة الطول. وقد يضيق مدى هذه الفروق أو يتسع وفقاً لتوزيع المستويات المختلفة لهذه الصفة حيث نجد بين الناس الطويل جداً والطويل، ومتوسط الطول، والقصير والقصير جدا. وكذلك الحال في الذكاء كما نجد الأقل من المتوسط والغبي.

ويختلف الأفراد كذلك في سماتهم الانفعالية، فلو أخذنا سمة أو بعداً، مثل الانطواء - الانبساط لوجدنا بين النّاس من هو منطوٍ (منعزل) دائماً، ومن هو منبسط اجتماعي وبين هذين الطرفين توجد درجات متفاوتة من هذه السمة (دليل معلم).

1. **الاستعدادات:**

أ. **تعريف الاستعداد:**

هو قدرة الفرد الكامنة على أن يتعلّم بسرعة وسهولة وأن يصل إلى مستوى عال من المهارة في مجال معيّن، وهذه القدرة إما أن تكون مكتسبة من البيئة كأن يستعد الفرد لتقديم امتحان، وإما أن تكون القدرة فطرية موروثة كالنطق والمشي والحبو. (نمر، 1988).

وهو درجة تهيؤ الفرد للاستفادة من الخبرات التي توفرها له البيئة.

وهناك مفهومين:

1. **الاستعداد العام للتعلّم:**

يقصد به عادة بلوغ الطفل المستوى اللازم من النضج الجسمي والعقلي والانفعالي والاجتماعي الذي يؤهله للالتحاق بالصف الأول الابتدائي.

2. **الاستعداد التطوري للتعلم:**

ويقصد به الحد الأدنى من مستوى التطور المعرفي لدى الطفل الذي يجب توافره كي يكون مستعداً للتعلم ولتعليم موضوع معين بسهولة وفاعليّة دون متاعب

انفعالية(أبو جادو، 2003).

ويعرف الاستعداد بأنه مدى ما يستطيع الفرد أن يصل إليه من الكفاءة في مجال معيّن إذا توافرت له الظروف والتدريب اللازم، ومع أن الذكاء ضروري للنجاح في كثير من الدراسات والمهن، غير أنه لا يكفي وحده للنجاح إذا كان أداؤها يتطلّب وجود استعدادات خاصة لدى الفرد. فعلى سبيل المثال لا يكفي للنجاح في الأعمال الفنية أو الكتابية أو الميكانيكية أن يكون الفرد ذكياً، بل لابد له من وجود استعدادات خاصة في هذه النواحي (الرشدان، 1994).

ب. خصائص الاستعدادات:

1. أثر الوراثة في تعيين الاستعداد أعمق من أثر التعلم، دون إغفال أثر الاكتساب في تكوين الاستعداد.

2. قد يكون الاستعداد خاصاً كاستعداد الفرد لأن يكون طيّاراً، أو يكون الاستعداد عاماً كالاستعداد الميكانيكي.

3. لا تبدو واضحة متمايزة في الطفولة في التخصص والتمايز مع مطلع المراهقة.

4. الاستعدادات متنوعة تشمل مجالات كثيرة: اللغوي والأكاديمي والموسيقي والفني والميكانيكي.

5. الاستعدادات مستقلة عن بعضها البعض وتتنوع ما بين القوة والضعف (الرشدان، 1994).

ج. المبادئ العامة المتصلة بنمو الاستعدادات:

هناك أربعة مبادئ عامة:

1. أوجه النمو كلها تتفاعل معاً.

2. يهيئ النضج الفسيولوجي الفرد للاستفادة من الخبرات.

3. للخبرات آثار تراكمية.

4. هناك فترات تكوينية في حياة الفرد (أبو جادو، 2003).

د. أهمية الاستعداد للتعلم:

1. الاستعداد شرط من شروط التعلم.

2. معرفة الفترات الحرجة عند الطالب المتعلّم.

3. مراعاة الفروق الفردية:

• فروق فردية في سرعة النّمو ومعدّل النضج.

• فروق فردية في القدرة العقلية العامة.

• فروق فردية في التحصيل الدراسي.

• فروق فردية بين الجنسين.

- فروق فردية للفرد ذاته (نمر، 1988).

ه. العوامل المؤثرة في الاستعداد:

هناك خمسة عوامل تؤثر في الاستعداد وتوجه مساره أو تغيره وهي:

1. النضج.
2. الخبرة.
3. موائمة ومناسبة العادة وطرق تدريسها.
4. الوضع النفسي والاجتماعي للفرد.
5. طبيعة الفرد نفسه (نمر، 1988).

و. أنواع الاستعدادات:

أ. الاستعداد الجماعي:

ويعني قدرة الفرد على التعامل بفاعلية مع الآخرين والانسجام معهم، ويتحدد تبعاً للحياة والبيئة التي يعيشها الطفل.

ب. الاستعداد الانفعالي:

وهو قدرة الفرد على الضبط الانفعالي والسيطرة واستيعاب الصدمات الانفعالية.

ج. الاستعداد التربوي أو المدرسي:

وهو المستوى الارتقائي الذي يصل إليه الطفل والذي يساعده على تحقيق المطالب التي يفرضها النظام التعليمي على قدرته للاستفادة من خبرات التعلم (المرجع نفسه).

2. القدرات:

أ. تعريف القدرات:

وتعرّف بأنها كل ما يستطيع الفرد أداءه في اللحظة الحاضرة من أعمال عقلية أو حركية سواء كان ذلك نتيجة تدريب أو دونه.

والقدرات إما أن تكون فطرية، كتلك التي تكون موجودة في التكوين الوراثي للفرد دون تعليم أو تدريب خاص، ولكنها تقوى مع التدريب والممارسة، كالقدرة على الإبصار، أو مكتسبة يحصل عليها الفرد من خلال تنشئته الاجتماعية.

والنجاح في الحياة لا يتوقف على ذكاء الفرد فقط بل يتوقف على عوامل أخرى منها توافر الاستعداد العقلي الخاص أو ما يسمى «بالقدرة الطائفية أو القدرة الخاصة» والتي تختلف عن الذكاء، ويظهر أثرها في مجال معين من نواحي النشاط العقلي مثل القدرة الموسيقية أو الميكانيكية، بينما الذكاء يعتبر عاملاً مشتركاً في جميع نواحي النشاط العقلي، ومن أهم القدرات والاستعدادات

الخاصة: القدرة اللفظية والميكانيكية والرياضية والفنية والموسيقية والكتابية (الرشدان، 1994).

ب. أهمية القدرات الخاصة:

1. تلعب دوراً مهماً في اختيار ميادين العمل، ولها أهمية في النجاح المهني.
2. تحديد مستقبل الأفراد في الحياة التعليمية.

ج. الفرق بين الاستعداد والقدرة:

الاستعداد:

معناه قابلية الشخص للقيام بنشاط عقلي معين بناء على تكوينه الطبيعي، فهو قضية فطرية، وقد يظهر أثرها، إذا وجدت العوامل المساعدة على ظهوره، وقد يبقى كامناً إذا لم تتهيّأ الظروف المناسبة لظهوره.

أما القدرة:

فهي ما يستطيع الفرد القيام به بناء على تدريباته والخبرة والتعلّم، فهي مكتسبة مبنية على الاستعداد، أي أن الاستعداد سابق على وجود القدرة، ولكن قد يوجد الاستعداد ولا توجد القدرة، ويسمى الشخص موهوباً عندما يكون عنده استعداداً قوياً في مجال معين.

3. الذّكاء:

في الواقع إن الاستعمال اليومي لمفهوم الذكاء، لا يعطي الصورة الدقيقة لمعناه، لذلك لابد من توضيح طبيعته ومعناه من خلال موقف العلماء واتجاهاتهم المختلفة في تفسير وتحديد مظاهره الأساسية.

ومن جانب آخر، قد يكون الذكاء من أوثق المفاهيم النفسية ارتباطاً بالعملية التربوية التعليمية وبالتحصيل المدرسي بشكل عام، مما يعزز ضرورة معرفة الذكاء من حيث طبيعته ومعناه وتعريفاته وأساليب قياسه ومقدار ارتباطه بالتحصيل المدرسي، الأمر الذي يمكن أن يساعد المعلّم على استيعاب واحد من العوامل الرئيسية المرتبطة بالنجاح في الحياة المدرسية وأيضاً في الحياة العامة (أبو حويج، 2000).

لقد اهتم علماء النفس ببحث موضوع الذكاء لارتباطه بالسلوك وببواعثه ودوافعه المختلفة ومظاهر النشاط العقلي كالتعلم والتفكير، ولقد حاول كثير منهم تعريفه على الرغم من أنهم لا يزالون مختلفين في تعريفه تعريفاً منطقياً جامعاً، أي يجمع كل ما ينطوي تحته ويمنع مالا يدخل فيه، فمنهم من يعرّفه من حيث الوظيفة والغاية، ومنهم من يعرّفه من حيث البناء (الرشدان، 1994).

أ. تعريف الذكاء:

الذكاء من حيث وظيفته وغايته:

يقول العالم الألماني شترن (Stern): إن الذكاء هو القدرة العامة على التكيف العقلي للمشاكل ومواقف الحياة الجديدة.

أما العالم كهلر الجشطلتي (Kohler) فيقول: إن الذّكاء هو القدرة على الاستبصار عند الإنسان والحيوان.

ويعرف ترمان الأمريكي (Terman) الذكاء بأنه القدرة على التفكير المجرّد.

الذكاء من حيث بناؤه:

يرى بينيه الفرنسي (Binet) أن الذكاء هو قدرة الفرد على الفهم والابتكار والتوجيه الهادف للسلوك و النقد الذاتي، وأن الذّكاء يتألّف من أربع قدرات: هي الفهم والابتكار والنقد والقدرة على توجيه الفكر في اتجاه معيّن واستبقائه فيه (المرجع نفسه).

التعريف الإجرائي للذكاء:

وهذا النوع من التعريفات لا يهتم بالوصف اللفظي المنطقي للظواهر، بل ينحو منحى العلوم التطبيقية، وذلك بوصف الإجراءات والعمليات التجريبية التي تستخدم لملاحظتها ومن ثم قياسها، وقد بدت هذه التعريفات الإجرائية في كل من تعرف بينيه (Binet) وترستون للذكاء بأنه يتألف من قدرات معينة محددة يمكن قياسها، ومن التعريفات الإجرائية الرائجة للذكاء أن الذكاء: هو ما تقيسه اختبارات الذكاء (الرشدان، 1994).

ويعرّف الذكاء أيضاً بأنه القدرة على مواجهة الصعاب، ومهارة التكيف مع الظروف الطارئة، ومن ثم حل المشاكل التي تعترض طريق الفرد.أي أن ذكاء الإنسان الحقيقي - حسب هذا التعريف - يوضع على المحك في زمن الأزمات، أكثر منه في زمن الدّعة والراحة. ونحن نقبل اليوم الرأي القائل أن الديناصورات لم تكن مخلوقات ذكية بما فيه الكفاية، لتواجه التغيرات المناخية التي حدثت على سطح الأرض، بدليل أنها لم تستطع التكيّف مع هذه التغيرات والبقاء على قيد الحياة.

وعلى أية حال، فإن هذا التعريف حديث نسبياً، بينما يرتبط المفهوم التقليدي للذكاء بأنه القدرة على التكيف والاستنتاج المنطقي، والتوهج العقلي والألمعية والقدرة على خزن المعلومات والتوصل إليها، حتى أن كلمة «إنتليجتنسي» ← «ذكاء» تعني في الولايات المتحدة الأمريكية، جهاز أو وكالة الاستخبارات العسكرية والسياسية الأمريكية، وهو الجهاز الذي يجمع المعلومات ويخزنها لأجل

استعمال لها وشيك (Haward,1987).

والذكاء مصطلح يتضمن عادة الكثير من الخبرات والقدرات العقلية المتعلقة بالقدرة على التحليل، والتخطيط، وحل المشاكل، وسرعة المحاكمات العقلية، كما شمل القدرة على التفكير المجرّد، وجمع وتنسيق الأفكار والتقاط اللغات، وسرعة التعلم.

مع أن المفهوم العام السائد عند الناس يشمل جميع هذه الأمور وربما يجعلها الناس مرتبطة بقوّة الذاكرة، إلا أن علم النفس يدرس الذكاء كميزة سلوكية مستقلة عن الإبداع والشخصية والحكمة، وحتى قوة الحافظة المتعلقة بالذاكرة (ar.wikipedia.org).

لقد حاول كثير من علماء النفس تعريف الذكاء في عبارات مختصرة بسيطة عن طريق مظاهره ومن هذه التعريفات:

- «الذكاء هو قدرة عضوية لها أساس في التكوين الجسماني ويرجع الاختلاف فيه إلى اختلاف الأفراد في التكوين العضوي، وهذه القدرة بهذا المعنى موروثة، ولا يعني هذا أن الذكاء لا يتأثر بالبيئة، بل يتأثر بها». ومن الواضح أن أنصار هذا التعريف يؤكدون على العوامل الوراثية.

- ويرى بينيه: «أن الذكاء هو قدرة الفرد على الفهم والابتكار والتوجيه الهادف للسلوك والنقد الذاتي، بمعنى قدرة الفرد على فهم المشكلات والتفكير بها وفي حلها وقياس هذا الحل أو نقده أو تعديله».

- ويرى شترن: «أن الذكاء هو القدرة على التصرف السليم في المواقف الجديدة».

- أما كلفن فيعرف الذكاء بأنه: القدرة على التعلم والقدرة على التحصيل وهذا التعريف أكثر شيوعاً وكثيراً ما يستخدم في المحيط الدراسي.

- ويعرف وكسلر الذكاء بأنه القدرة الكلية للفرد على العمل الهادف والتفكير المنطقي والتفاعل الناجح مع البيئة.

- ويعزو ساتلر غموض مفهوم الذكاء وصعوبة الدقة في تحديده إلى كون الذكاء صفة وليست كينونة.

وعلى الرغم من غموض مفهوم الذكاء وتعدد تعريفاته وتنوعها فإن الدكتور نشواتي يورد تحديداً لبعض القدرات التي تسود في معظم تعريفات الذكاء وهي:

- القدرة على التفكير المجرّد.

- القدرة على التعلم.

- القدرة على حل المشكلات.

- القدرة على التكيف والارتباط بالبيئة (أبو حويج، 2000).

ب. قياس الذكاء:

يبدو أن الفرق ما بين الشخص الذكي والشخص الغبي، يتمثّل في القدرة على حل المشكلات وعلى التصرّف في المواقف الجديدة، أما أثر الذكاء فيظهر في السرعة والابتكار والتركيز والتغلب على الصعوبات، وتوجد الآن أنواع كثيرة من الاختبارات لقياس ذكاء الفرد، وتستخرج نسبة الذكاء بمقارنة العمر العقلي بالعمر الزمني للفرد وضرب الناتج في مائة أي أن:

$$\text{نسبة الذكاء} = \frac{\text{العمر العقلي}}{\text{العمر الزمني}} \times 100$$

مثال: أوجد نسبة ذكاء 3 تلاميذ، العمر العقلي لكل منهم 8 سنوات، بينما يبلغ العمر الزمني للأول 16 سنة، وللثاني 8 سنوات، والثالث 5 سنوات.

الحل = نسبة الذكاء للأول: $\frac{8}{16} \times 100 = 50$ وهي تدل على الضعف العقلي.

نسبة الذكاء للثاني: $\frac{8}{8} \times 100 = 100$ وهي تدل على الذكاء العادي.

نسبة ذكاء الثالث: $\frac{8}{5} \times 100 = 160$ وهي تدل على العبقرية.

مما سبق يتضح أن تساوي العمر العقلي بالعمر الزمني يجعل نسبة الذكاء 100، أما إذا قل العمر العقلي عن العمر الزمني فإن نسبة الذكاء تكون أقل من100 (الرشدان، 1994).

يملك اغلب الأفراد نسبة ذكاء متوسط، بينما يقل تدريجياً عدد من يملك نسب ذكاء عالية أو متدنية (ar.wikipedia.org).

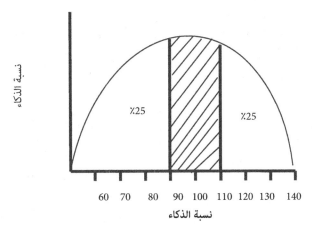

ج. توزيع درجات الذكاء (طبقات الذكاء):

دلت البحوث والدراسات الإحصائية على أن توزع الذكاء في بني الإنسان يتبع بصفة عامة المنحنى الاعتيادي (أبو حويج، 2000).

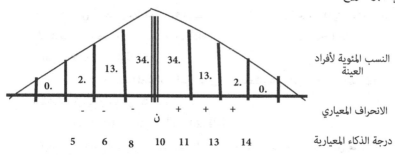

النسب المئوية لأفراد العينة
الانحراف المعياري
- - - ن + + +
درجة الذكاء المعيارية

د. الذكاء بين الوراثة والبيئة:

يؤكد الغلاة من البيئيين أثر البيئة بوجه عام بين الناس من فوارق في الذكاء، ويؤكد الغلاة من الوراثيين أثر العوامل الوراثية بما لا يكاد يقيم وزناً للعوامل البيئية والاجتماعية. ولا يزال الصراع قائماً ما بين وجهتي النظر البيئية والفطرية، وفي هذا المجال نؤكد على أن الذكاء نتيجة تفاعل مستمر بين البيئة والوراثة، ونرى أهمية دور الخبرة والتعلم في حسن استخدام الذكاء وتنميته.

ودلّت الأبحاث على أن العباقرة هم من وهبوا قسطاً عالياً من الذكاء الفطري بحيث تصل نسبة ذكائهم إلى أكثر من (140)، وهؤلاء قلة نادرة، أما الضعف العقلي فهو: حالة عدم اكتمال النمو العقلي بدرجة تجعل الشخص غير قادر على موائمة نفسه للبيئة العادية، وبحيث لا يستطيع الاحتفاظ ببقائه وحياته دون إشراف أو حماية أو رعاية خارجية، وضعاف العقول لا يعتبرون مجانين، بل إنهم أفراداً نشأوا في حالة ضعف عقلي طبيعي بحيث لا يمكن شفاؤهم، وأول مدرسة أنشأت لتعليم ضعاف العقول كانت في باريس أنشأها سجوان Seguin عام 1837م (الرشدان، 1994).

ه. الطلاب الموهوبون والطلاب بطيئوا التعلم:

أولاً: الطلاب الموهوبون:

ظهرت بدايات الاهتمام بالموهوبين من الطلاب في صورة حالات فردية يطلق عليها (الطلاب المعجزة) بمعنى أن الاهتمام بهذا الموضوع كان متركز على عدد قليل من الأفراد الذين يعتبرون مختلفين كيفياً عن غيرهم من الأشخاص العاديين، مما يدعو لوصفهم بالمتفوقين عقلياً.

ويُعرف المتفوق عقلياً بأنه وصل أداؤه إلى مستوى أعلى من مستوى العاديين في مجال من المجالات التي تعبر عن المستوى العقلي الوظيفي للفرد، بحيث يكون ذلك المجال موضعاً لتقدير الجماعة التي ينتمي إليها كما يُعرف الطالب المتفوق عقلياً بأنه من لديه استعدادات عقلية تمكنه في المستقبل من الوصول إلى مستويات أداء مرتفعة في مجال من المجالات التي تقدرها الجماعة إن توافرت له الظروف المناسبة.

وقد تعددت المؤشرات التي تمكن من الحكم على الموهوبين أو المتفوقين عقلياً ومن هذه المؤشرات توافر واحد أو أكثر مما يلي:

أ. معامل ذكاء مرتفع يبدأ من 120فأكثر.

ب. مستوى تحصيلي مرتفعا يضع الطالب ضمن أفضل 3 - 15% من مجموعته.

ج. استعدادات مرتفعة من حيث التفكير الإبداعي.

د. استعدادات مرتفعة من حيث القيادة الاجتماعية.

ه. استعدادات عقلية مرتفعة من حيث التفكير الناقد.

و. مستوى عال من الاستعدادات العقلية الخاصة في مجالات الفنون التشكيلية والآداب.

ز. مستوى مرتفع من حيث المهارة الأكاديمية (المرجع نفسه).

ثانياً: الطلاب بطيئوا التعلم:

يصعب على المعلمين التعرف مبكراً على حالات الطلاب بطيئي التعلم في مرحلة ما قبل المدرسة، وذلك لأن تلك الفئة من الطلاب لا يمكن اكتشافها قبل التحاقهم بالتعليم العام، فمن خلال المجال التعليمي يمكن أن تظهر هذه الفئة بشكل واضح. ولهم خصائص تميزهم عن غيرهم من الطلاب العاديين، أهمها:

1. قصور فترات الانتباه في أثناء المهام الأكاديمية.
2. قصور في مهارات التفكير العلمي.
3. صعوبة في تذكر التفاصيل.
4. الاندفاع بانفعال عاطفي.
5. عدم القدرة على التقويم الذاتي.
6. الاعتقاد بأن قدرته على التعلم يرجع إلى عامل الحظ، وليس إلى جهده الخاص.
7. عدم وضوح الارتباط بين الأفكار والمفاهيم (المرجع نفسه).

و. محاور الذكاء الثلاثة:

مما تقدم نفهم أن الناس تعودوا أن يربطوا الذكاء، بالنشاط العقلي. وقد

راجت في الغرب فكرة قياس الذكاء على أساس قياس قوة هذا النشاط. ولذلك كان الـ «آي.كيو» (I.Q) عندهم، هو نسبة ذكاء الفرد إلى متوسط الذكاء في المجتمع. أما بالنسبة للأطفال فيأخذون بالحسبان العمر الزمني للطفل، مقارنة بعمره العقلي. وقد أرست مدرسة «ستافورد - بينيه» قواعد نظام يعتبر أن معدل ذكاء الفرد في المجتمع هو 100، وأن كل من يملك ذكاء فوق الـ 100 يعتبر ذكيا. وآلية قياس الذكاء، هي امتحانات عادية بورقة وقلم، تقيس القدرة العقلية للفرد، اعتمادا على ثلاثة محاور أساسية هي:

1. القدرة على الحساب.
2. المنطق.
3. البراعة اللفظية (Haward,1987).

ز. تصنيفات الدرجات المعيارية للذكاء (أبو حويج، 2000):

م	فئـات الذكاء	درجات الذكاء المعيارية (نسبة الذكاء)
1.	فئة الضعف العقلي	69 - فأقل
2.	فئة الضعف العقلي الحدي	79 - 70
3.	فئة ما دون المتوسط	89 - 80
4.	فئة المتوسطية	109 - 90
5.	فئة فوق المتوسطية	120 - 110
6.	فئة المتفوقين	130 - 121
7.	فئة المتفوقين جداً	131 فأكثر

ح. العوامل البيئية التي تؤثر في الذكاء:

1. الأسرة.
2. الريف والحضر.
3. الجنس.
4. المستوى الاجتماعي والاقتصادي.
5. المهنة (نمر، 1988).

ط. استخدام مقاييس الذكاء في المدارس:

إن من واجب المعلم أن يتنبه إلى استحالة تكامل الارتباط التام ما بين التحصيل ودرجة الذّكاء، وذلك نظراً لوجود عوامل ومثيرات أخرى لها دورها الأكيد في عملية تحديد مستويات التحصيل المدرسي للمتعلّم، فالذكاء وإن كان يشير إلى مدى إمكانات الفرد إلا أنه لا ينبئ عما إذا كان هذا الفرد سيحقق الإمكانات هذه أم لا(أبو حويج،2000).

ي. هل يمكننا زيادة الذكاء:

طالما أن للوراثة والبيئة أثر في الذكاء فمن الممكن زيادة تأثير البيئة من جهة وتحسين الوراثة من جهة أخرى عن طريق:

- المستوى الثقافي للوالدين.
- اختيار السلالات البشرية.
- العلاج الطبي والتغذية.
- إغناء البيئة بالميراث (نمر، 1988).

ك. نظريات الذكاء:

1. نظرية سبيرمان أو العاملين الذكاء العام والذكاء الخاص.
2. نظرية ثورندايك أو العوامل المتعددة - الذكاء المحددة بشبكة عصبيته.
3. نظرية ثورستون أو العوامل الأولية - القدرات العقلية الأولية.
4. نظرية جيلفورد أو الذكاء بُنية ثلاثية الأبعاد.
5. نظرية فرنون أو البنية الهرمية للذكاء.
6. نظرية كاتل أو الذكاء المرن والمحدد.
7. نظرية جنسن أو الذكاء الارتباطي والمعرفي.
8. نظرية بياجيه أو الذكاء كشكل من أشكال التكيف البيولوجي (أبو حويج، 2000).

ل. أنواع الذكاء:

1. الذكاء اللغوي: القدرة على التعبير اللغوي واستعمال الكلمات.
2. الذكاء المنطقي الرياضي: معالجة مسألة رياضية دون التعبير لغوياً.
3. الذكاء الفراغي (الفضائي): تصور الأشكال وصور الأشياء في الفضاء.
4. الذكاء الجسدي: التحكم بنشاط الجسم وحركاته بشكل بديع.
5. الذكاء الإيقاعي الموسيقي: الإحساس بالإيقاع والتفاعل معه.
6. الذكاء الاجتماعي: التواصل مع الآخرين.
7. الذكاء الروحي أو الخارجي: معرفة الإنسان نفسه وعالمه الخارجي (Haward,1987).

الطبيعة الإنسانية:

طبيعة المتعلم:

اختلف علماء النفس في تسمية طبيعة الفرد، فذهب بعضهم إلى أنه ليس ثمة أفضل من الاسم القديم المألوف وهو الغرائز، وقال آخرون: إن هذه اللفظة قد ابتذلت وأسيء استعمالها حتى أنها لم تعد تصلح لأن تكون مصطلحاً علمياً محدود المدلول.

تنتزع التربية معناها من طبيعة المتعلم، فكما أنه بطبيعته فردي واجتماعي، فإن التربية تقوم على أسس نفسية واجتماعية، ومعرفة المتعلم مهمة وأساسية (الرشدان، 1994).

1. الدوافع:

أ. تعريف الدوافع:

الدافع في علم النفس هو الحالة التي تثير السلوك في ظروف معينة وتواصله حتى ينتهي إلى غاية معينة، فمثلاً الطالب يذاكر دروسه بدافع الرّغبة في النجاح (ar.wikipedia.org).

وهو القوة الذاتية التي تحرك سلوك الفرد وتوجهه لتحقيق غاية معينة يشعر بالحاجة إليها أو أهميتها المادية أو المعنوية أو النفسية بالنسبة إليه (نمر، 1988).

ويمكن تعريفه بأنه الطاقة الكامنة في الكائن الحي التي تدفعه ليسلك سلوكاً معيناً في العالم الخارجي، وهذه الطاقة هي التي ترسم للكائن الحي أهدافه وغاياته لتحقيق أحسن تكيف ممكن في بيئته الخارجية (أبو حويج، 2000).

أو هو كل حالة داخلية جسمية أو نفسية تثير السلوك في ظروف معينة حتى يصل إلى غاية معينة (الرشدان، 1994).

ب. خصائص الدوافع:

1. قد يكون الدافع حالة جسمية كالجوع والعطش أو حالة نفسية كالرغبة في التفوق.
2. قد يكون حالة مؤقتة كالغضب أو دائمة كحب الاستطلاع.
3. قد يكون فطرياً كالجوع أو مكتسباً كالشعور بالواجب (ar.wikipedia.org).

ج. تصنيف الدوافع:

1. دوفع أولية (بيولوجية): وهي التي يولد بها الفرد، ولا تأتي عن طريق التمرين وهي مرتبطة بإشباع حاجات فسيولوجية.
2. دوافع ثانوية: وهي التي تكتسب من البيئة والخبرة وهي تختلف من فرد لآخر وأكثر قابلية للتبديل والتغيير.
3. دوافع شعورية: وهي الدوافع التي تدخل في وعي الفرد وتكون تحت سيطرته وإرادته.
4. دوافع لا شعورية: وهي تلك الدوافع التي تكمن وراء تصرفات الإنسان وسلوكه ولا يعرفها (الرشدان، 1994).

د. **أنواع الدوافع:**

1. **دوافع مكتسبة مثل:**

الدوافع الاجتماعية - المحاكاة - السيطرة - التملك - الادّخار - العدوان - الطموح.

2. **دوافع فطرية مثل:**

الهرب - الاستطلاع - الجوع - العطش - النوم - الجنس - الأمومة (ar.wikipedia.org).

ه. **مكونات الدافعية:**

- يرى كوهلن أن للدافعية أبعاد وهي:

الإنجاز - الطموح - الحماسة - الإصرار على تحقيق الأهداف.

وقد توصّل العلماء باستخدام التحليل العاملي بطريقة هوتلنج أن الدافعية تتكون من 6 عوامل وهي:

1. المثابرة.
2. الظهور.
3. الطموح.
4. الرغبة المستمرة في الإنجاز.
5. الرغبة في تحقيق الذات.
6. التفوق (أبو جادو، 2003).

و. **وظائف الدوافع:**

1. وظيفة استشارية، إن درجة الاستشارة والنشاط تزيد من مقدار التعلم ولكن ليس الإشارة القوية، لأن هناك علاقة سلبية بين القلق والتعلم.
2. القلق المنخفض يساعد على التعلم بدرجة أكبر.
3. تحديد الوقت لإنهاء المهارة أدى إلى زيادة التحسن في الإنجاز.
4. التكيّف للظروف الخارجية. الدافعية تساعد الفرد على الانسجام مع المثيرات الخارجية.
5. الدوافع توجه السلوك بحيث يزيد الفرد من سلوكه الذي يتلقى عليه تعزيزاً.
6. الوظيفة العقابية، حيث تؤدي وظيفة لدى الفرد لتجنب العقاب.

- ويتضح الدافع من خلال المثال التالي:

المنبه ← الدافع ← السلوك ← الهدف.

الشعور بالتعب ← الراحة ← البحث عن مكان ← الجلوس للراحة (نمر،1988).

ز. **بعض الدوافع في التعلم:**

- دافع الإنجاز.
- دافع الاستطلاع.
- دافع الانتماء.
- دافع المعرفة.

● دافع المعالجة.   ● دافع التنافس والتعاون.

● دافع الحاجة إلى الاستشارة الحسية (نمر، 1988).

ح. الدافعية للتعلم:

1. من وجهة نظر السلوكية: الحالة الداخلية أو الخارجية لدى المتعلم التي تحرّك السلوك.

2. من وجهة نظر المعرفية: حالة داخلية تحرك أفكار ومعارف المتعلم.

3. من وجهة النظر الإنسانية: حالة استثارة داخلية تحرك المتعلم لاستغلال أقصى طاقاته (أبو جادو، 2005).

ط. كيف نزيد الدافعية عند الطلاب:

1. القيام بنشاط موجه نحو العناصر المطلوبة.

2. الاستمرار بالنشاط والمحافظة عليه فترة كافية.

3. الانتباه إلى بعض العناصر المهمة في الموقف التعليمي.

4. تحقيق هدف التعلم (أبو حويج، 2003).

2. الغرائز:

أ. تعريف الغرائز:

الغريزة عند الإنسان هي ما لديه من استعدادات فطرية تدفعه إلى القيام بسلوك خاص، إذا ما أدرك نفسه في موقف أو مجال معين (الرشدان، 1994).

والغرائز جمع غريزة وهي اسم مشتق من الغرز بمغرز المسمار في الجدار. أما معناها الاصطلاحي فعلى الرغم من اختلاف العلماء في تحديد عدد الغرائز إلا أنهم متفقون على أن الغريزة قوة كامنة في الكائن الحي تدفعه إلى أنواع مختلفة من السلوك، والغرائز هي المحركات الأولى لكل سلوك (حمزة، 1998).

ب. مراحل الغرائز:

حدد العلامة المدرسي في كتابه المنطق الإسلامي مراحل الغريزة بثلاث مراحل:

● مرحلة الحاجة البيولوجية. وتسمى بالغريزة.

● مرحلة الإحساس الحيوي. وتسمى بالشهوة.

● مرحلة الضغط على النفس. وتسمى بالهوى (المدرسي، 1992).

ج. طرق التعامل مع الغرائز:

المذهب الأول: التنكّر للغرائز وكبتها.

يرى أصحاب هذا المذهب وأتباعهم أن الغرائز شر يجب التخلص منه إذا ما أردنا للحياة أن تسعد وتتكامل، وذلك باتباع مختلف الأساليب التي تعمل على قمعها وكبتها حتى لا ينحدر الإنسان إلى سلوك الحيوان، وحتى يرتقي إلى سلوك الملائكة.

المذهب الثاني: إطلاق العنان للغرائز:

ويرى أصحاب هذا المذهب ضرورة فتح الباب على مصراعيه للغرائز حتى يشبع الإنسان حاجاته ولا يصاب بأمراض وعقد نفسية، بل ذهبوا إلى أبعد من ذلك، وقالوا أن الإنسان خلق لإشباع شهواته وغرائزه (الفلسفي، 2002).

المذهبان خاطئان:

أولاً: إن الغرائز الموجودة في كيان الإنسان وجوداً أصيلاً منذ الخلقة الأولى، إنما أوجدها الله لحكمة وهدف وليس عبثاً، فإذا كنا نعتقد بذلك فلماذا نحاول أن نلغي هذه الغرائز (المرجع نفسه).

ثانياً: إن الغرائز ما هي إلا تعبير عن حاجات طبيعية وفطرية في الإنسان لا يمكن كبتها.

ثالثاً: أما إطلاق العنان للغرائز فهو يدعو الإنسان للإفراط وهذا الإفراط لا يقتصر ضرره على الشخص وحده بل يؤثر على مجتمعه (الفلسفي، 2002).

د.   تصنيف مكدوجل للغرائز:

- غريزة الخلاص.
- غريزة المقاتلة.
- غريزة الوالدية.
- غريزة الاستطلاع.
- غريزة البحث عن الطعام.
- غريزة الاستغاثة.
- غريزة النفور.
- الغريزة الجنسية.
- غريزة السيطرة.
- غريزة الخنوع.
- غريزة التملك.
- غريزة الحل والتركيب.
- الغرائز الاجتماعية.
- غريزة الضحك (الرشدان، 1994).

3.   الحاجات:

أ.   تعريف الحاجات:

هي حالة من النقص والافتقار يصاحبها نوع من التوتر والضيق لا يلبث أن يزول عندما تلبي الحاجة، سواء أكانت مادية أو معنوية (الرشدان، 1994).

ب.   أنواع الحاجات النفسية:

- حاجة الإنسان إلى الطمأنينة ومرجعها إلى غريزة البقاء.
- حاجة الإنسان إلى المغامرة ومرجعها إلى غريزة الاستطلاع.
- حاجة الإنسان إلى الحب المتبادل ومرجعها إلى الغريزة الجنسية.
- حاجة الإنسان إلى التقدير من الآخرين ومرجعها إلى غريزة السيطرة.
- حاجته إلى الحرية.
- حاجته إلى سلطة ضابطة موجهة.

- حاجته إلى النجاح.

تعد الحاجات الإنسانية ذات أهمية بالغة في إحداث النمو الإنساني وتشكيله تشكيلاً يمكن أن نطلق عليه بأنه نمو سليم، ولذلك جدّ علماء النفس في البحث عن هذه الحاجات ومحاولة التعرّف عليها، وتحديد كنهها.

ويحاول علماء النفس تقسيم الحاجات وتصنيفها ووضعها حسب الأولوية لإشباعها فقسمها بعضهم إلى حاجات أولية أو فطرية وحاجات ثانوية أو مكتسبة، وصنفها فريق آخر إلى حاجات بيولوجية نفسية اجتماعية (بدير، 2007).

العمليات العقلية:

الانتباه والإدراك:

عمليتان أساسيتان في اتصال الفرد ببيئته وفهمها والتفاعل والتكيف معها، وهما الأساس الذي تركز عليه باقي العمليات العقلية الأخرى، ولها علاقة أيضاً بشخصية الفرد وتوافقه الاجتماعي. فإذا كان الانتباه هو تركيز الشعوري بشيء، فالإدراك هو معرفة هذا الشيء. والمنبهات في عالمنا عديدة ومختلفة، يأتي بعضها من داخلنا مثل: انتباه الفرد إلى تغير في نبضه أو نبضات قلبه فيدرك أنه مريض، كما يأتي بعضها الآخر من البيئة أو العالم الخارجي مثل أصوات السيارات وحركة الناس، إلخ (همشري،2001).

ثمة فارق هام بين الانتباه والإدراك. فقد ينتبه جمع من الناس إلى موقف واحد، كسماع خطيب أو مشاهدة مسرحية، لكن يختلف إدراك كل منهم عن الآخر اختلافاً كبيراً، وذلك لاختلاف ثقافتهم وخبراتهم السابقة ووجهات نظرهم وذكائهم (ناصر، 2005).

التذكر والنسيان:

التذكر هو استرجاع شيء تعلمناه من قبل مع تحديد في الزمان والمكان كأن يقوم التلميذ بتلاوة قصيدة من الشعر سبق أن حفظها من قبل. وقد لا يتذكر التلميذ ألفاظ القصيدة بدقة، ولكنه يستطيع تذكر معانيها. وقد يتذّكر الحركات يقتضيها القيام برياضة بدنية معينة، أو مهارة يدوية خاصة، وقد يتذكر أشكالاً وألواناً معينة أو أحداثاً ووقائع شاهدها من قبل. (مطاوع، 1986).

يتأثر التذكر عادة بشخصية الفرد ودرجة اهتمامه بالبيانات أو الأفكار أو المعلومات المخزونة بالذاكرة، وبسنه، إذ يضعف التذكر تدريجياً كلما تقدم العمر بالإنسان ن وأيضاً بقدرته على الاحتفاظ بما تعلمه واسترجاعه عند الحاجة، وبمدى تكرار استعماله للمعلومات او البيانات أو الأفكار المخزنة (همشري، مرجع سابق).

للتذكر طرق وأنواع مختلفة:

أ. الاسترجاع: وهو الاستبصار التلقائي بشيء اكتسبناه في الماضي كأن تخطر

في ذهني صورة صديق لي.

ب. التعرف: وهو حين أرى كتاباً معيناً في المكتبة فأتذكر أنني قرأته من قبل.

ج. الاستدعاء: وهو الاسترجاع الإرادي المتعمد لشيء سبق أن تعلمناه، كما يحدث حينما يبذل التلميذ جهداً في تذكر الإجابات الصحيحة لأسئلة الامتحانات أو تذكر اسم صديق قديم أو تذكر عنوانه أو رقم تليفونه (مطالع، مرجع سابق).

النسيان:

يعرف بأنه: «الفشل الجزئي أو الكلي في استعادة المعلومات التي تم ترميزها أو تخزينها في الذاكرة»، ويعرف أيضاً بأنه: «فقدان طبيعي، جزئي أو كلي، مؤقت أو دائم، لما اكتسبناه من ذكريات ومهارات حركية، فهو عجز عن الاسترجاع أو التعرف على شيء».

للنسيان سلبيات وإيجابيات، ومن إيجابياته:

- أن النسيان نعمة إذ لو اضطر الإنسان إلى حفظ كل شيء وعدم نسيانه لتعبت قدرته الدماغية، ونفذت قوة استيعابه.
- لولا النسيان لبقي الحزن في النفس على ما كان عليه وقت حدوثه، ولما صبر الإنسان على ما أصابه، فتعمى بصيرته وتصبح حياته جحيماً لا يطاق.
- للنسيان الفضل في مرونة التفكير، لأنه اقتصار على الأمور المهمة فقط، واكتفاء بالخطوط الأساسية في الموضوع.

ومن سلبياته:

- قد يعيق صاحبه عن التلاؤم مع الموقف الراهن فيقع في الحيرة والارتباك أو تضيع عليه كثير من الفرص.
- أنه يحرم الفرد من معلومات وعواطف يجب ألاّ ينساها.
- النسيان المرضي يؤدي إلى انحلال الشعور وفساد الحياة النفسية وتفكك الشخصية (الهمشري، مرجع سابق).

نظريات النسيان:

نظرية التعفّن:

تشير إلى أن المعلومات في الذاكرة الطويلة تبدأ بالتعفن والتلاشي مع مرور الزّمن وتنسجم هذه النظرية مع التفسيرات الفسيولوجية حيث أن الوصلات العصبية تبدأ في التمزق والتلف مع التقدم في العمر أو الزمن خصوصاً في حالة عدم الاستخدام (قانون الاستعمال والإهمال) لتصبح المعلومات التي ترتبط بهذه الوصلات العصبية غير قابلة للتذكر (الريماوي وآخرون، 2006).

نظرية التداخل:

لاحظ العلماء في التجارب المختلفة أن النسيان في أثناء النوم يكون أبطأ منه في حالات اليقظة وكما لوحظ أن الأطفال يتذكرون جيداً ما يروى لهم من القصص قبيل النوم، على حين لا يتذكرون جيداً تفاصيل ما يتلى عليهم من القصص في أثناء النهار. وعللوا ذلك بأن أوجه النشاط المتعاقبة التي يقوم بها الفرد في أثناء النهار يتداخل بعضها في بعض فيؤدي هذا التداخل إلى أن يمحو بعضها بعضاً (مطاوع، مرجع سابق).

تم تحديد نوعين من التداخل هما:

أ. الكف القبلي: وفي هذه الحالة، فإن التداخل ينتج عن أثر تعلم الفعاليات على تذكر الفعاليات اللاحقة.

ب. الكف البعدي أو الرجعي: ويشير إلى أثر تعلم الفعاليات اللاحقة، على تذكر الفعاليات السابقة (الريماوي، مرجع سابق).

نظرية الكبت:

ترى مدرسة التحليل النفسي أننا ننسى عن طريق الكبت ما لا نريد أن نتذكره، وما لا نهتم به، أو ما يثير لدينا ألماً، وعلى هذا يكون الكبت نسياناً انتقائياً، له وظيفة حيوية هي حماية الفرد مما ينغصه أو يؤلمه (مطاوع، مرجع سابق).

نظرية الإمحاء:

تقترح هذه النظرية ظروفاً يؤدي توفرها بعد خبرة التعلم إلى منع تثبيت خبرات التعلم وبالتالي النسيان، ومن هذه الظروف:

1. منع تمثيل البروتين.
2. الحوادث والصدمات النفسية والجسدية.
3. إصابات الدماغ (الريماوي وآخرون، مرجع سابق).

استراتيجيات تقوية الذاكرة:

1. استراتيجية الموقع: تقوم على أساس ربط قائمة من المواد المراد تعلمها مع الأماكن أو المواقف المعروفة للفرد بطريقة متسلسلة وذلك من خلال إقران كل مفردة أو معلومة يريد الفرد تعلمها على موقع معروف شريطة تسلسل هذه المواقع في ذهن المتدرب.
2. استراتيجية الحروف الأولى: تتمثّل في أخذ الحرف الأول من كل كلمة في قائمة من المفردات أو الجمل المراد تذكرها ومحاولة بناء كلمة أو جملة لها معنى أو دلالة لدى الفرد من الحروف الأولى.
3. استراتيجية الكلمة المفتاحية: يمكن قراءة نص ما واختيار كلمة تعتبر مفتاحاً يدل على الفقرة أو الجملة كاملة.

4. استراتيجية التأمل: تقوم على أساس ربط كلمتين تريد تذكرهما بكلمة ثالثة جديدة أو فكرة أو هيئة تربطهما معاً مثل: إذا أردت أن تتذكر كلمتي: جمل وشباك، فتتصور الجمل الضخم يحاول بكل قواه الدخول من الشباك الصغير، إنه موقف مضحك وطريف وغير معقول بالتأكيد، ولكنه قد يساعدك على التذكر.
5. استراتيجية ما وراء الذاكرة: تدور حول التفكير بذاكرتك وقدراتك في التذكر ونقاط الضعف والقوة فيها، ويتطلب أن تسأل نفسك بعض الأسئلة حول تحديد طرق المذاكرة التي تؤدي إلى التذكر الفعال (الريماوي وآخرون، مرجع سابق).

التفكير:

للتفكير تعريفات مختلفة نذكر منها ما يلي:

- إعادة تنظيم ما تعرفه في أنماط جديدة وخلق علاقات جديدة لم تكن معروفة من قبل.
- العملية التي ينظم بها العقل خبراته بطريقة جديدة كل مشكلة معينة، أو هو بإدراك علاقة جديدة بين موضوعين أو بين عدة موضوعات بغض النظر عن نوع هذه العلاقة.
- كل نشاط عقلي يستخدم الرموز كأدوات له، أي يستعيض عن الأشخاص والأحداث والمواقف برموزها بدلاً من معالجتها فعلياً وواقعياً (همشري، مرجع سابق).

يميز بول بين مستويات التفكير إلى مستويين هما: تفكير في مستوى أدنى أو أساسي ويتضمن مهارات عدة كاكتساب المعرفة وتذكرها، والملاحظة، والمقارنة، والتصنيف، وبعض المهارات الدنيا في تصنيف بلوم، وتفكير من مستوى أعلى أو مركب ويتضمن إصدار حكم أو إعطاء رأي وتستخدم معايير أو مهارات متعددة، وتؤسس معنى للموقف وغيرها مثل: التفكير عالي الرتبة، والتفكير الناقد والإبداعي، والتفكير ما رواء المعرفي (الريماوي وآخرون، مرجع سابق).

مستويات التفكير:

المستوى الحسي: تفكير الأطفال الصغار (دون السادسة) ويدور أغلبه في مستوى الإدراك الحسي، أي يدور حول أشياء مفردة، محسوسة ومشخصة، لا على أفكار عامة ومعانٍ كلية، وهذه ناحية يجب مراعاتها في تعليمهم.

المستوى التصويري: وفيه يستعين التفكير بالصور الحسية المختلفة، والتفكير بالصور أكثر شيوعاً عند الصغار (ما بين السادسة والثانية عشرة) منه عند الكبار، من حيث مقداره، ووضوح الصور، حتى ليمكن القول بأن تفكير الصغار

يكاد يقع كله في هذا المستوى، بالإضافة إلى المستوى الحسي. أما الكبار الراشدون فقد يكون التفكير بالصور عوناً لهم على حل بعض المسائل.

مستوى التفكير المجرد: وهذا يصل بنا إلى مستوى من التفكير أرقى من المستوى التصوري ألا وهو مستوى التفكير المجرد (Abstract Thinking) أو المعنوي. وهو التفكير الذي يعتمد على معاني الأشياء، وما يقابلها من ألفاظ وأرقام، لا على ذواتها المادية المجسمة أو صورها الذهنية، هو التفكير الذي يرتفع عن مستوى الجزئيات العينية الملموسة، ويبدأ في العادة ما بعد سن الثانية عشرة.

ولا يخفى أن حل المشكلة الواحدة قد يقتضي التفكير في هذه المستويات الثلاثة على درجات متفاوتة.

الاستدلال:

الاستدلال (Reasoning) هو العملية العقلية التي يستخدمها الأفراد، وتستهدف حل مشكلة أو اتخاذ قرار حلاً ذهنياً، أي عن طريق الرموز والخبرات السابقة، وهي عملية تفكير، لكنها تتضمن الوصول إلى نتيجة من مقدمات معلومة، وهذا ما يميز الاستدلال عن غيره من ضروب التفكير، فالجديد فيه هو الانتقال من معلوم إلى مجهول، فرجل المباحث الجنائية يستدل على القاتل من مجموعة من العلامات، ونحن نبرهن على النظريات الهندسية من مجموعة من الوقائع، كذلك المثّال أو الشاعر أو الروائي يخلق عملاً فنياً جديداً من مجموعة من الانطباعات، والاستدلال يقتضي تدخل العمليات العقلية العليا، كالتذكر والتخيل، والحكم والفهم، والتجريد والتعميم، والاستنتاج والتخطيط، والتمييز والتعليل والنقد.

والاستدلال في جورهه إدراك العلاقات، ففي التذكر والتخيل، إدراك علاقات بين خبرات ماضية وخبرات حاضرة، وبين الخبرات الحاضرة بعضها وبعض، والحكم إدراك علاقة بين معنيين، والاستنتاج إدراك علاقة بين مقدمات ونتائج، والتعليل إدراك علاقة بين علة ومعلول، والفهم إدراك علاقة بين معلول ومجهول، والتعميم إدراك علاقة بين جزئيات خاصة وحكم أو مبدأ عام، ومعنى الشيء يقوم على إدراك علاقته بغيره من الأشياء.. هذه العلاقات قد تكون علاقات زمانية أو مكانية أو عددية أو منطقية أو سيكولوجية، وقد تكون علاقات إضافية أو علاقات تشابه أو تضاد.

خطوات الاستدلال:

لو تتبعنا حركة العقل وهو يقوم بعملية استدلال نموذجية، لوجدناه يمر في الخطوات أو المراحل التالية:

1. الشعور بوجود مشكلة، أي الشعور بضرورة التصرف.
2. تحديد أبعاد المشكلة أي تحليلها إلى عناصرها وتقدير قيمة كل عنصر،

وجمع البيانات والمعلومات واسترجاع الذكريات المختلفة، ثم محاولة التأليف بين كل أولئك، والنظر فيما ينطوي عليه هذا التأليف من معنى.

3. فرض الفروض أو استشفاف الاحتمالات المختلفة، أو اقتراح حلول مؤقتة.
4. مناقشة الحلول، أو غربلة الفروض، أو تجربة الاحتمالات المختلفة ومناقشتها واحداً واحداً، لاختبار صحة كل منها، وقيمته المنطقية والعملية، بما يؤدي إلى استبعاد بعضها والتمسك بالبعض الآخر، وهذه مرحلة تتطلب التؤده وعدم التسرع في الحكم. كما تتطلب النقد والبحث عن الحالات المناقضة التي قد تلقي الشك على الفرض.
5. التحقق من صحة الرأي الأخير أو الحل النهائي، وذلك بالاستمرار في جمع الملاحظات والبيانات، أو التنبؤ بما يمكن أن يترتب على هذا الفرض من نتائج، فإن أبدت الملاحظات والواقع هذا التنبؤ، كان الفرض صحيحاً، وإلا وجب استبعاده إلى غيره.

ومما يجدر ملاحظته أن خطوات الاستدلال كما قدمناها، توازي خطوات المنهج العلمي الذي يتبع للوصول إلى النظريات والقوانين.

ويتوقف النجاح في الحياة وفي العمل والدراسة إلى حد كبير، على قدرة الفرد على الاستدلال، الواضح المنظم المنتج، المستقل. إنْ حَكَمَ كان حُكمه سليماً، وإن استنتج كان استنتاجه صحيحاً، وإن عمم كان تعميمه مأموناً، وإن علل ابتعد عن الخرافة والأباطيل.

التعلم:

تعريف التعلم:

عالج علماء النفس التعلم باعتباره من أهم العمليات النفسية التي يجب أن نعرفها عن المتعلم بصفة خاصة وعن الناس جميعاً بصفة عامة. ولذلك أقاموا العديد من الدراسات التجريبية لمحاولة فهم التغيرات، التي تؤدي إلى تعلم الكائن الحي عامة والإنسان بصفة خاصة.

والتعلم ليس معناه دائماً أن يحدث تحسن في أداء الفرد وسلوكه، فالتعلّم في الواقع يؤدي إلى التحسن، ولكن في بعض الأحيان قد يؤدي إلى نتائج غير مرغوب فيها. فالطفل الذي يعاني من إهمال والديه، قد يتعلّم جذب الانتباه بالصراخ الدائم، ولذلك فإن تعريف التعلم يجب أن يتسع ليشمل أي استجابات جديدة سواء كانت مقبولة أو مرفوضة (التويجري وآخرون، 2001).

التعلم: العملية الحيوية الديناميكية التي تتجلى في جميع التغيرات الثابتة نسبياً في الأنماط السلوكية والعمليات المعرفية التي تحدث لدى الفرد نتيجة لتفاعله مع البيئة المادية والاجتماعية (الزغول، 2003).

هناك عدة تعاريف للتعلم، تمثل كل منها اتجاهاً معيناً، ومنها تعريف آرثر جيمس الذي يقول فيه: إن التعلم عبارة عن عملية اكتساب الطرق التي تجعلنا نشبع دوافعنا أو نصل إلى تحقيق أهدافنا.

ويعرف جيلفورد التعلم بأنه: «تغير في السلوك، ناتج عن مثير أو مثيرات جديدة» كما يعرف ودروث التعلم بأنه: «نشاط يقوم به الفرد ويؤثر في نشاطه المقبل» أما عند (مَن) فهو: «عملية تعديل في السلوك» على أن التعلم في نظر التربية الحديثة هو: «عملية يغير بها الإنسان مجرى حياته، نتيجة لتفاعله مع بيئته واختباره لها» (ناصر، مرجع سابق).

نظريات التعلم:

إن نواتج أبحاث التعلم التي تراكمت عبر ما يزيد عن 125 عاماً أفرزت العديد من نظريات التعلم، هذه النظريات تميل إلى تقاسم ثلاث فرضيات.

- الفرضية الأولى: أن الخبرة تشكل السلوك.
- الفرضية الثانية: أن التعلم تكيف.
- الفرضية الثالثة: أن التجريب المخطط له قادر على الكشف عن مبادئ التعلم (الريماوي وآخرون، مرجع سابق).

تصنف نظريات التعلم في مجموعتين إحداهما تسمى نظريات التعلم السلوكية، والأخرى نظريات التعلم المعرفية، وتنطلق كل مجموعة منها في تفسيرها لعملية التعلم من جملة افتراضات مختلفة جاءت من الأصول الفلسفية القديمة حول العقل والمعرفة ودور الوراثة والبيئة في ذلك. وفيما يلي: عرض موجز لهذه النظريات:

النظريات السلوكية:

تشمل فئتين من النظريات هما:

1. النظريات الارتباطية: وتضم نظرية بافلوف في الاشتراط الكلاسيكي و آراء واطسون في الارتباط، ونظرية جاثري في الاقتران وكذلك نظرية ويليام ايستس. حيث تؤكد هذه النظريات على أن التعلم بمثابة تشكيل ارتباطات بين مثيرات بيئية واستجابات معينة. وتختلف بينها في تفسير طبيعة الارتباطات وكيفية تشكلها.
2. النظريات الوظيفية: وتضم نظرية ثورندايك (المحاولة والخطأ) وكلارك هل (نظرية الحافز) ونظرية سارتر (التعلم الإجرائي)، إذ تؤكد على الوظائف التي يؤديها السلوك مع الاهتمام بعمليات الارتباط التي تتشكل بين المثيرات والسلوك.

النظريات المعرفية:

تضم الجشطلتية ونظرية النمو المعرفي لبياجيه، ونموذج معالجة المعلومات والنظرية الفرضية لتولمان، حيث تهتم هذه النظريات بالعمليات التي تحدث داخل الفرد مثل التفكير والتخطيط واتخاذ القرارات والتوقعات أكثر من الاهتمام بالمظاهر الخارجية للسلوك (الزغول، 2003).

فيما يلي عرض لبعض نظريات التعلم المعروفة:

1. **الاشتراط الكلاسيكي:**

يتعلم الكائن الحي أداء الاستجابة الطبيعية التي كانت تنادي لمثير طبيعي، المثير المحايد يعرف بالمثير الشرطي وتعرف الاستجابة الطبيعية عندها بالاستجابة الشرطية ويمكن للعضوية أن تقسم تلك النتائج (الاستجابة) إلى عدد أكبر من المثيرات المصاحبة، ويمكنه اقتصار الاستجابة على مثير واحد. أفادت الدراسات بعد بافلوف بأنه كلما كان المثير الشرطي أقدر على التنبؤ بظهور الاستجابة الشرطية كلما كان الإشراط أقوى ويمكن توظيف هذا النوع من الإشراط في مواقف علاجية و إرشادية تربوية (الريماوي وآخرون، سابق).

تعرف هذه النظرية بنظرية التعلم الاستجابي أو الإشراط البافلوفي أو الإشراط الانعكاسي ويرجع الفضل في ظهور هذه النظرية وبلورة أفكارها إلى العالم الروسي بافلوف، كما أن العالم الأمريكي جون واطسون ساهم في تطوير مفاهيم هذه النظرية من خلال أفكاره وأبحاثه (الزغول، مرجع سابق).

2. **نموذج التعلم بالمحاولة والخطأ:**

ترى هذه النظرية أن الفرد يجرب الأشياء، ونتيجة للتجريب يحتفظ بالأشياء الصالحة ويبتعد عن الأشياء الخاطئة، ومن هذه النظرية ظهرت نظرية الارتباط السلوكي (لثورندايك) (ناصر، مرجع سابق).

وقد حاول ثورندايك وغيره من العلماء أن يفسروا هذا النوع من التعلم، فأشاروا إلى قانونين رئيسيين بينهما ارتباط كبير وهما:

أ. **قانون التردد والتكرار:**

أشار واطسون إلى أن المحاولات الناجحة، قد تكرر وقوعها في كل التجارب ضعف المحاولات الفاشلة وأن هذا وحده غير كافٍ للقيام بعملية التثبيت هذه، بل لابد من وجود عامل آخر يشترك معه، وهو الأثر الحسن الذي تتركه المحاولات في الكائن والذي يدفعه إلى تكرارها فيما بعد.

ب. **قانون الأثر أو ما يسمى (الأثر الحسن):**

فسر ثورندايك قانون التكرار على أساس أنه ليس من المحتم أن تتبع المحاولة الفاشلة محاولة أخرى ناجحة، ومن ثَمَّ قد تصبح عدد المحاولات الفاشلة

من حيث التكرار أكثر من الناجحة، ولهذا حاول أن يبحث عن كيفية تثبيت السلوك الناجح لدى الحيوان. وقد وجد أن المحاولات الناجحة تؤدي إلى شعور الحيوان بالارتياح والسرور؛ لأنها تشبع حاجة الجوع عنده، وبالتالي يميل إلى تكرارها بكثرة، عكس المحاولات الفاشلة التي تؤلم الحيوان وتزيد من توتر سلوكه، ومن ثَمَّ يحاول أن يبتعد عنها بقدر الإمكان وتظل تقل بالتدريج حتى تنعدم في النهاية، ولا يبقى سوى السلوك النّاجح (التويجري وآخرون، مرجع سابق).

3. نظرية التعلم الاقتراني:

يرى جاثري أن اقتران استجابة ما في موقف ما كافٍ لتكرار مثل هذه الاستجابة لاحقاً عندما يتعرض الكائن لنفس الموقف، أي أنه يؤكد على عملية الاقتران المباشرة بين المثير والاستجابة ولا يتعرّض أبداً في نظريته إلى الاقتران بين المثير الشرطي والمثير غير الشرطي واستجابة ما كما هو الحال عند بافلوف (الزغول، مرجع سابق).

4. التعلم بالاستبصار:

ظهرت مدرسة أخرى لعلم النفس في ألمانيا أطلق عليها اسم «الجشطلت» أي «الكل» في اللغة الألمانية، وكان من أبرز رجالها «كوفكا» و «كوهلر» و«فرنتهيمر». انتهى كوهلر بتجاربه على القردة إلى أن التعلم لدى الكائن الحي يقوم على أساس فهم الكائن الحي وإدراكه المفاجئ للعلاقات القائمة بين الأشياء والمواقف التي يعيش فيها الكائن الحي، بالضبط كما أدرك القرد العلاقة بين العصاتين والتجويف الذي في إحداهما وبين الحصول على الموزة المعلقة، وهذا هو ما يعرف باسم «الاستبصار» (التويجري وآخرون، مرجع سابق).

5. نظرية التعلم الاجتماعي:

تعرف باسم التعلم بالملاحظة والتقليد أو نظرية التعلم بالنمذجة وهي من النظريات الانتقائية التوفيقية لأنها حلقة وصل بين النظريات الحرفية والسلوكية فهي في تفسير ما لعملية التعلم تستند إلى توليفة من المفاهيم المستمدّة من تلك النظريات (الزغول، مرجع سابق).

ركز باندورا على عملية النمذجة حيث يتعلم الفرد سلوكاً جديداً من خلال مراقبة الآخرين بحيث يعمل هؤلاء الآخرون كنماذج يعرضون سلوكاً يمكن أن يقلد. من خلال النمذجة فإنك تراقب السلوك ومن ثمَّ فإن هذا السلوك بكامله أو جزءاً منه يمكن أن تتعلمه وتكرره أو تعدل فيه (الريماوي وآخرون، مرجع سابق).

6. نظرية التعلم القصدي:

تعرف بالتعلم التوقعي أو نظرية التعلم الإيشاري أو السلوكية الفرضية / القصدية، حاولتْ التوفيق بين النظريات السلوكية والنظريات المعرفية.

يعود الفضل في تطوير أفكارها إلى العالم الأمريكي تولمان الذي احترم الموضوعية السلوكية ومنهجيتها العلمية في دراسة السلوك إلا أنّه بالوقت نفسه لم يغفل المظاهر المعرفية السلوكية لأنه اتجه إلى تفسير عمليات التعلم بدلالة العمليات المعرفية مثل المعرفة والتفكير والتخطيط والاستدلال والقصد والتوقع والدوافع (الزغول، مرجع سابق).

7. **التعلم عبر منحى معالجة المعلومات:**

ظهر نتيجة الثورة المعرفية في علم النفس التي سادت السبعينات من القرن العشرين لتحل محل النظريات السلوكية، حيث وجد العلماء العديد من جوانب القصور في المنحى السلوكي، فضلاً عن العديد من التسهيلات حول نظرية بياجيه، وقد ترتب على ذلك التوجه نحو علم النفس المعرفي، وعلم الحاسوب الأمر الذي أدى إلى انبثاق رؤية جديدة حول عملية التفكير تمثّلت فيما يعرف بمنحى معالجة المعلومات (أبو جادو، 2007).

طرائق التعلم:

1. **طريقة التعلم بالكل:**

عندما يحفظ المتعلم موضوعاً نظرياً، أو قصيدة فقد يتم حفظ الموضوع ككل دفعة واحدة. أو أن يقسم إلى أجزاء أو أبيات يدرسها المتعلم، الجزء تلو الآخر ثم يوجد بين هذه الأجزاء. عادةً يتم تقسيم الموضوعات الطويلة إلى أجزاء منطقية واضحة العلاقة ثم يدرس كل جزء لوحده. دلّت الدراسات التجريبية، على أنه لا يوجد قاعدة قاطعة مانعة ترجع التعلم بالكل أو بالجزء، وذلك لأن الموضوعات الكلية تختلف في محتواها ومضمونها وتراكيبها من حيث الوحدة والترابط والتنظيم والمعنى.

2. **قيمة الشكل والتنظيم في التعلم:**

تعلم المادة المنتظمة في شكل أو مخطط واضح أسهل بكثير من تعلم المادة المتمزقة التي لا يربط بين أجزائها ناظم أو رابط.

3. **القراءة والتسميع في التعلم:**

دلت التجارب على أن مزج القراءة بالتسميع أجدى من القراءة فقط إذ كانت طريقة التسميع التي تلي القراءة فيها إعادة و استرجاع للمواد المقروءة مع عدم النظر إلى المادة المتعلمة إلا في حالة العجز عن التذكر حيث يسمح المتعلم لنفسه بإلقاء نظرة خاطفة على الكتاب تساعده على الاستمرار في التذكر والتسميع.

4. **التدريب المتلاحق والتدريب الموزّع:**

أكّدت الدراسات على أن التدريب الموزع أفضل في نتائجه من التدريب

المتلاحق. وأن من الأنسب تقسيم الوقت المخصص للتعلم إلى فترات (التويجري وآخرون، مرجع سابق).

5. **طريقة التكرار الواعي:**

يستطيع الإنسان أن يتعلّم أعمالاً بسيطة من مرة واحدة، ولكن الأعمال المعقدة تحتاج إلى الإعادة والتكرار. غير أنّ التكرار يجب أن يكون مقروناً بالانتباه والملاحظة وفهم الموقف والتمييز بين الاستجابات الخاطئة والصائبة، ويكون التكرار مقروناً بالتدعيم والمعرفة الواعية.

6. **طريقة النشاط الذاتي:**

تعتمد على نشاط الفرد وجهده الخاص، ومحاولاته وأخطائه وتجاربه، ومن ذلك النشاط الفردي يتعلّم الفرد الإنسان ما يريد (ناصر، مرجع سابق).

العوامل المساعدة على التعلم:

هناك عدة عوامل تساعد على عملية التعلم الجيد، ويستعملها كل من يهمه القيام بعملية التعليم وهي:

1. **عامل التكرار:**

أي أنّ المتعلم إذا ما كرر عملاً معيناً، فإنّ هذه العملية التكرارية تسهل تعديله وتنظيمه، وتكرار شيء ما عدة مرات يكسب الفرد نوعاً من الثبات والكمال، ويصحح الأخطاء إن وجدت، وكثيراً ما يفيد التكرار في تعلم بعض المهارات والأعمال اليدوية.

2. **عامل الدقة:**

نتيجة للتكرار ومن ثم الحفظ، تكتسب عملية التعلم الدقة والوضوح، وعندما يتعلم الإنسان الدقة، فإنه بذلك يتمكن من السيطرة على أسلوب التعلم، فإذا كان الإنسان الفرد دقيقاً في تعلم شيء ما، فإن هذه الدقة تجعل الإنسان يحتفظ بما تعلمه أكثر، وتجعل أحكامه في ذلك الموضوع وأقيسته أقرب إلى الصواب.

3. **عامل الأولوية:**

ويعني ذلك أن الآثار الأولى التي تتركها عملية التعلم والناتجة عنها، تترك آثاراً أكثر فعالية من العوامل التي تأتي بعدها، ولذا يهتم المربون بالاستجابات الأولى الصحيحة في عملية التعلم، لأنها تبقى ثابتة مع الفرد المتعلم، وتستمر معه لفترة طويلة.

4. **عامل التنظيم:**

هي عملية كشف علاقات بين الأشياء المتعلمة وتنمية هذه العلاقات، أو كشف صلة بني شيئين أو أكثر، على أن فاعلية التعلم تزداد كلما كان هناك

علاقة أكبر بين الأشياء التي يريد المتعلم تعلمها، سواء علاقة الجنس، أو النوع، أو الوزن، أو الحرف الأول، أو الأخير أو الشكل الخارجي، أو المكونات، أو المعاني... إلخ.

5. **عامل الحداثة:**

الأفعال الحديثة أو الأشياء الحديثة، يتعلمها الفرد ويميل إليها، وخاصة إذا كانت وثيقة الاتصال بخبراته وممارساته اليومية، والحداثة تدل على وجود رغبة الإنسان في التعلم المستمر، وما دامت عملية تنمية، وهي بالتالي مستمرة ومتغيرة ومتجددة ومتطورة، فالتعلم الحديث منها يكون أقرب إلى الاسترجاع والاستعمال.

6. **عامل الأثر:**

أي أنّ الناتج عن عملية التعلم سواء كان الأثر ارتياحيًّا، أو غير ارتياحي، سروريًّا أو غير سروري، أي عندما تتم عملية تعلم ما له أثر فعال في كلا الاتجاهين (السيئ والجيد) فإنّ استمراره واسترجاعه، يكون كبيراً وفي كل زمان أو مكان أو موقف. ورغم وجود كل هذه العوامل المساعدة فإنه ليس ضروريًّا استخدامها جميعاً كي يتم التعلم بطريقة جيدة. بل إن هذه العوامل قد تكون مساعدة في جملتها لبعض الأفراد في حين أن بعضها يكفي لأفراد آخرين.

الأسس التعليمية للتربية

التعليم، أنواعه ومراحله، المعلم، وطرق التعليم والمناهج التعليمية التربوية، والوسائل التعليمية التربوية وتقويم العملية التعليمية التربوية وأشكالها

إن التربية والتعليم لفظان لكل منهما معنى منفصل عن الآخر، ومع أن كثيراً من الناس يخلطون بين هذين اللفظين؛ ظنًّا منهم أن التربية هي نفسها التعليم أو العكس، إلا أن الصحيح غير ذلك. فلا التربية هي نفسها التعليم، ولا التعليم هو التربية، وهما ليستا كلمتين مترادفتين تدل إحداهما على ما تدل عليه الأخرى، بل هما مختلفتان، ولكنهما مرتبطتان، وهما ليستا كلمتين مترادفتين تدل إحداهما على ما تدل عليه الأخرى، بل هما مختلفتان، ولكنهما مرتبطتان. أما الاختلاف فيظهر فيما يلي:

1. التربية عملية إيقاظ قوى المرء المختلفة الكامنة في نفس الإنسان المتعلم، ويكون ذلك ذاتيًّا في معظم الأحيان، أما التعليم فهو عبارة عن إيصال المعلومات المختلفة إلى الذهن، عن طريق معلم.
2. التربية تهدف دوماً لغرض سامٍ، غرض يرضى عنه المجتمع، وتشجعه الجماعة المحيطة ولكن التعليم بالإضافة إلى كونه يهدف إلى غرض سامٍ؛ فقد يكون غرضه غير سامٍ أيضاً.
3. التربية عملية تطبيع للإنسان كي يعيش حياته، وهي عملية استمرارية من المهد إلى اللحد، أما التعليم فإنه يعد الإنسان لمهنة أو لحرفة، أو لأي عمل.
4. تعتبر التربية غاية في ذاتها، والوصول إلى أقصى مراتب التربية وأهدافها المرجوة يتم عن طريق التعلم والتعليم، ولذا فإن عملية التعليم تعتبر وسيلة هامة من وسائل التربية.

اختلط الأمر على الكثيرين وفي مناسبات متعددة فجعلوا التربية والتعليم شيئاً واحداً. واختلط الأمر على الكثيرين أيضاً فحاولوا إيجاد فاصل قاطع بين العمليتين. والذنب في الحالتين ليس ذنب الناس وحدهم، بل هو أيضاً ذنب التعقيد المعروف عن العملية التربوية، الاتصال الذي لا مناص منه بين التربية والتعليم قد تستطيع القول أن التربية عملية عامة وإن التعليم عملية أضيق وهي تقع داخل عملية التربية. نقول ذلك حين نرى في التربية عملية تتجه إلى العادات والسلوك الاجتماعي والقيم الأخلاقية والمعلومات والتفكير ومظاهر الشخصية وحين نرى في التعليم عملية تتجه إلى المعرفة والتفكير دون أي مظهر آخر من مظاهر الطفل؛ فالمعلّم يعلّم الطفل في الصف القراءة أو الكتابة أو درس العلوم والمربي يعلم ذلك، ولكنه فوق ذلك يساعد الطفل على تكون عادات خاصة في اللعب مع رفاقه، في التعاون معهم في محادثتهم....إلخ.

إذا أسرنا بهذا التحديد يكون قولنا باتساع التربية وضيق التعلم صحيحاً ولكن هـذا التحديـد نفسه لا يظهر لنا دائماً صحيحاً، فتربية الطفل على قيم اجتماعيـة أو أخلاقيـة معينـة في الوقـت نفسـه تعلم، والحد ليس أبداً فاصلاً بينهما، لهذا يجب أن نشير في الحديث عن التربيـة والتعليـم إلى نقطتـين، الأولى: هي أن علينا أن لا نبالغ مطلقاً في الحـديث عـن الفـروق بيـنهما، وأن نكـون يقظـين إلى نقـاط الاتصال العديدة الموجودة بينهما. والثانية: هي أننا حين ننظر إلى التربية كعملية فنحن ننظر إليها مـن حيث جوها العام ومن حيث واقعها ومن حيث أهدافها العامـة، أمـا حـين ننظـر إلى التعلـيم في واقـع الحاضر، وفي هدفه القريب وفي وجه الخاص به، فحين نتحدث عن تعليم الحساب لا نفكـر في أهـدافنا التي تظهر على شكل إنّما لقابلية الإنسان لكمالها. ولكننا نفكّر في ذلك حين نتحدث عـن تربيـة الطفـل عن طريق الرياضيات.

مفهوم التعليم:

التعلم والتعليم:

من الحقائق الأساسية التي تفرق بين الـتعلم والتعلـيم أن كلمـة الـتعلم مرتبطـة بالشـخص المتعلّم نفسه، في حين أن كلمة التعلـيم مرتبطـة بتنظـيم البيئـة الخارجيـة التـي تحـدث فيهـا عمليـة التعلّم.

التعلّم والتعليم: أن تحديد طبيعة العلاقة بين المتعلم والتعليم قـد يسـهل عليـك اسـتيعاب مفهوم التعليم ويبين أهميته لعملية التعلم. لقد عرفـت أن الـتعلم يشـير إلى التغـيرات النمائيـة التـي تحدث على سلوك المتعلم نتيجة تفاعله مع أنواع الخبرات التعليمية في البيئة.

التعليم إذن يرتبط بالتصميم والتخطيط والإجراءات وغير ذلك من عناصر في البيئة يقوم بها المعلم لتنظيم الموقف التعليمي بقصد تسهيل عملية التعلم على التلاميـذ وإن تسـهيل عمليـة الـتعلم على التلاميـذ تعنـي تمكينـهم مـن اكتسـاب الأهـداف التعليميـة المقصـودة وتطـوير سـلوكهم العقـلي والوجداني والحركي، بفضل عملية التعلـيم التـي تقـوم بتحديـد السـلوكيات واختيـار المـادة التعليميـة وتنظيمها والتحكم في شروط تعليمها للتلاميذ في الموقف الصفي.

ولكن العلاقات بين التعلم والتعليم ليست دائمـاً متبادلـة الدلالـة أي أن حـدوث التعلـيم لا يؤدي دائماً إلى التعلّم و حدوث التعلم لا يدل على تعليم بالضرورة، فقد يحصل تعليم بشرـوط جيـدة ولكن تعلم التلاميذ لا يتم بدرجة ناجحة بسبب نقص في المدخلات السلوكية لشخصية التلاميـذ وعـلى أي حال فإن تعلم التلاميذ يبقى هو المعيار الذي يكشف عن مدى فعالية التعليم داخل المدارس.

التدريس (Teaching) مسالة ترتبط بنظريات علم النفس التعليمي

ولكنها ترتبط بالفكر الفلسفي الذي يعالج طبيعة المعرفة ومنهجيتها وطرق اكتسابها ولكن التدريس من حيث هو موضوع تربوي يرتبط بتخطيط المناهج الدراسية لأنه يشكل أحد العناصر الأساسية المكونة لبنية المنهاج فالتدريس قضية منهجية ترتبط بطبيعة المعرفة وطرق تحصيلها. إضافة إلى أنها عملية تطبيقية للبعد التقني في التربية الذي يستند إلى مبادئ نظريات التعلم والتعليم وإن مثل التدريس للمعلم كمثل الجانب الإكلينيكي للطبيب في عيادته لذا فإن عملية التدريس تهتم بالقضايا التي تحدث لتدريس موضوعات المنهاج داخل الصف وخارجه سواء أكانت هذه القضايا متصلة بالتلميذ أو بالموضوع، وهذا يعني أن عملية التدريس تفيد من المبادئ التي تقوم عليها نظريات التعلم والتعليم لغاية الاستعانة بها في تحسين عملية التدريس وليس في تحديد المبادئ التي تقوم عليها هذه العملية فالتدريس طريقة ومنهجية في التعليم وليس هدفاً بحد ذاته والهدف التربوي هو تعلم التلاميذ، وليس تدريس المعلم، وعندئذ يصبح الهدف الحقيقي للمعلم هو توجيه التلاميذ وتطوير دوافعهم الإدراكية لتحمل مسؤولية تعلمهم وتواصلهم مع المعرفة.

أنواع التعليم:

1. التعليم الأكاديمي: وهو ذلك النوع من التعليم المتوفر في المدارس على اختلاف مستوياتها (الأساسي، والثانوي) وما يتبعها من تعليمٍ عالٍ في المعاهد وكليات المجتمع والجامعات.
2. التعليم المهني: وهو ذلك النوع من التعليم الذي يؤهل المتعلم لممارسة مهنة معينة تحتاج إلى مهارة وقدرة فنية محددة، منها: الدراسات الزراعية و التجارية والهندسية.....إلخ.

ويتطلب هذا النوع من التعليم حصول المتعلم على شهادة الدراسة الثانوية أو شهادة الدراسة الجامعية المتوسطة (شهادة كلية المجتمع).

3. التعلم الحرفي اليدوي: وهو بذلك النوع من التعليم الذي يؤهل المتعلم لامتلاك حرفة معينة أو يعد هذا النوع أقل درجة من التعليم المهني وأسهل منه وأقل منه في عدد سنوات الدراسة ومن أمثلته: الحرف الخزفية والكهربائية والميكانيكية وأعمال الغزل والنسيج ويتطلب هذا النوع من التعليم إنهاء المتعلم مرحلة التعليم الأساسي على الأكثر.
4. التعليم الشامل: وهو ذلك النوع من التعليم الذي يجمع ما بين الدراسة الأكاديمية والدراسة المهنية بحيث يدرس المتعلم مواد أكاديمية عامة لنهاية المرحلة التعليمية المحددة وفي الوقت نفسه يدرس المواد المهنية التي يرغب في دراستها حتى يكمل دراسته الثانوية العامة.

أنواع التعلم:

تصنيف على أساسين هما:

أولاً: أنواع التعلم بحسب شروط التعلم والظروف التي يتم فيها:

يقسم التعلم فيها إلى نوعين هما:

أ. تعلم مقصود: وهو التعلم الذي يؤدي إلى تغير في أداء المتعلم كاستجابة هادفـة منـه لموقـف تعليمي معين، ثم توظيف ظروفه وشروطه، والتحكم في مثيراته لإحداث التغير المقصود سـواء تمت إجراءات التحكم من جانب المتعلم أو من جانب المعلم.

ب. تعلم عرضي ومصاحب: يحدث هذا النوع من التعلم نتيجة للارتباط بين استجابة ومثير محدد أو استجابة وتدعيم يتبعهن بدون وعي من جانب المـتعلم بحـدوث التغير استجابة سـلوكية جديدة، وقد تكون الاستجابة المتعلمة ضارة أو نافعة.

ثانياً: أنواع التعلم من حيث المجالات التي يستهدفها العلم:

يقسم التعلم هنا إلى ثلاثة أنواع وهي:

1. التعلم العقلي المعرفي: ويتضمن عمليات المعرفة والفهم والتحليل والتركيب والتطبيق والتقييم ويتضمن هذا النوع من التعلم أيضاً ما يلي:

أ. التعلم اللفظي: وهو قدرة الفرد على استيعاب بعض المعارف ومن ثمّ التعبير عنها.

ب. التعلم الإدراكي: ويهدف إلى إعادة تنظيم المثيرات الحسـية في نمـاذج إدراكيـة جديـدة، بحيـث يستطيع الفرد أن يدرك الموقف بصورة جديدة.

ج. تعلم أسلوب حل المشكلات: وذلك بالاعتماد على المعارف والخبرات والتجارب المكتسبة سلفاً.

2. التعلم الوجداني: ويشمل ما نتعلمه مـن عـادات في التعبير عـن الانفعـالات والـتحكم فيهـا واكتساب العواطف والاتجاهات والقيم وجوانب التذوق الأدبي والفني والجمالي.

3. التعلم الأدائي الحركي: ويتمثل فيما يتعلمـه الفرد مـن عـادات ومهـارات تزيـد مـن قدرتـه في مجالات القراءة والكتابة والتحدث والمشي والحركة والأنشطة الرياضية مثل كرة القدم والسلة والسباحة وركوب الدرجات وغيرها.

مراحل التعليم والتعلم:

يمر تعليم الفرد وتعلمه في مراحل متتابعة والمراحل المقصودة هي:

أولاً: مرحلة ما قبل المدرسة:

وتشمل هذه المرحلة مرحلة الحضانة أو مرحلة رياض الأطفال وتهدف إلى

تعليم الطفل مبادئ القراءة والكتابة والحساب وتشجيعه التعبير عن ذاته من خلال الرسم والحركات المختلفة التي يقوم بها، وأيضاً إلى رباطه بالبيئة المحيطة.

ثانياً: مرحلة التعليم الأساسي:

وتعد المرحلة الأولى من مراحل التعليم النظامي وتشمل التعليم الابتدائي والإعدادي، وهي أيضاً مرحلة التعليم الإلزامي ويأتي دور المدرسة هنا مكملاً لدور الأسرة في رعاية نمو التلميذ من جميع النواحي الجسمية والعقلية والانفعالية والاجتماعية.

ثالثاً: مرحلة التعليم الثانوية:

وتعد هذه المرحلة امتداداً للمرحلة الإلزامية وتمهيداً للمرحلة التي تليها وهي التعليم العالي. ويتفرع التعليم الثانوي إلى الأكاديمية والمهنية. وكما تتنوع المدارس تبعاً لتنوع التعليم فهناك مدارس الأكاديمية والمهنية. وظهرت أيضاً في هذه المرحلة أنواع مدارس هي: مدارس شاملة / مدارس ريادية / وتنتهي هذه المرحلة بجلوس الطلبة إلى امتحان الدراسة الثانوية.

رابعاً: مرحلة التعليم العالي:

وتقسم هذه المرحلة إلى قسمين:

1. مرحلة معاهد المعلمين وكليات المجتمع، ومدة الدراسة فيها سنتان وتهدف إلى تخريج المهنيين والمتخصصين تلبية لحاجات سوق العمل.

2. مرحلة التعليم الجامعي: تتلخص وظائف الجامعة بالتعليم والبحث العلمي وخدمة المجتمع، وتهدف الجامعات إلى تخريج الكوادر البشرية المؤهلة تأهيلاً علمياً وفنياً وتقنياً والقادرة على خدمة مجتمعها بفاعلية. وتنقسم المرحلة الجامعية إلى ثلاث مستويات هي: البكالوريوس، الماجستير، الدكتوراه.

المعلم وصفاته:

من المعلوم أن مهنة التعليم في الوقت الحاضر لا تعمل على نقل المعلومات والمعارف إلى المتعلمين فحسب، وإنما تقوم على جهد علمي مدروس يهدف إلى تهذيب الأجسام والعقول وتطوير الاستعدادات والقدرات ومن هنا يتبين لنا أن مهنة التعليم هي علم وفن، وبهذا تتطلب ممن يقوم بها شروطاً ومواصفات خاصة.

الصفات التي يجب توافرها في المعلم العصري:

أ.   **الصفات الشخصية:**

1. الشخصية المميزة.
2. سعة الأفق.
3. التفكير.
4. الحدس.

5. حب الاستطلاع والبحث والتنقيب.
6. الابتكار والتجديد.
7. ضبط النفس.
8. اللباقة.
9. الروح المعنوية العالية.
10. التعاون مع زملائه والآخرين.
11. التمتع بصحة جسمية ونفسية لائقة.

ب. صفات معرفية:

1. معرفة الميدان تخصصه الأكاديمية.
2. معرفته بموضوعات أخرى ذات علاقة بموضوع تخصصه الأكاديمي، مما يمنحه ثقافة أوسع في المجال.

ج. صفات فكرية أو عقلية:

تتعلق الصفات الفكرية أو العقلية بتملك المعلم لمهارات التفكير الناقد البنّاء، والتحليل المنطقي، ومعرفة علاقات الجزيئات بالكليات.

د. صفات متعلقة بموضوع التدريس:

1. القدرة على إيصال الأفكار والمعلومات إلى التلاميذ بوضوح.
2. القدرة على المواءمة بين نقل الأفكار الواجب إعطاؤها، والمستوى العمري والعقلي للتلاميذ.
3. ترتيب موضوعات الدراسة وتنظيمها
4. اختيار المواد أو الموضوعات المناسبة وتدريسها بطريقة منطقية سهلة.
5. الرغبة في متابعة كل جديد في الموضوع.

ه. صفات اجتماعية:

1. القدرة على التواصل الاجتماعي الناجح فمهنة التعليم تتطلب من المعلم التعاون اليومي مع عدد كبير من الأفراد من مستويات عمرية متباينة، وأوساط ثقافية متعددة.
2. التعاون مع الزملاء المدرسين، وبناء علاقات إيجابية معهم.
3. الاهتمام بمشاعر التلاميذ والتجاوب والتفاعل معهم.
4. تمثل النموذج القدوة الحسنة لتلاميذه في سلوكه وعاداته، وفي الحديث واللباس والعمل.

و. صفات تقنية:

تتمثل هذه الصفات في قدرة المعلم على التعامل مع تكنولوجيا المعلومات والتعليم المختلفة وخاصة الحواسيب وشبكة الإنترنت.

إدارة الصف تنظيمه:

الإدارة الصفية: توجيه نشاط مجموعة من الأفراد نحو هدف معين مشترك من خلال تنظيم جهود هؤلاء الأفراد وتنسيقها واستثمارها بأقصى طاقة ممكنة للحصول على أفضل النتائج وبأقل جهد ووقت ممكن.

وللصف الجيد خصائص معينة لابد من توافرها لكي يحدث التفاعل الإيجابي بين المعلم والطالب لا يحدث ذلك إلا إذا توافرت بيئة تعليمية مناسبة فإذا كانت البيئة التعليمية إرهابية وسيطرة فإن الطالب يكبت رغباته وميوله مما يؤدي إلى نفوره من التعلم.

أما إذا كانت هذه البيئة التعليمية ديمقراطية تتميز بالصداقة والثقة والإخلاص والتفكير المشترك، فإن الطالب يتجاوب مع المعلم ويزيد تفاعله مما يسهل عملية تعلمه ويؤدي إلى زيادة مفهوم الذات لديه.

لذا يجب أن يتم التعلم في جو مريح يشعر الطالب فيه بالهدوء والطمأنينة ويرتاح المعلم أيضاً في هذا الجو مما يقوم على العون والدفء والحنان لطلابه.

ويمكن توافر هذه الخصائص داخل الصف في بيئة تعليمية مادية ونفسية آمنة والمقصود بالبيئة المادية للصف هي: المقاعد والجدران الغرف الصفية والأبواب والشبابيك واللوحات والصور والخرائط والمساطر والكراسات والخزانات وطريقة الجلوس وبخاصة لمن عندهم بعض الإعاقات الجسمية أو الحواس.

أما المقصود بالبيئة النفسية: هو تقبل الطلاب بعضهم بعضاً وتقبلهم للمعلم وتقبل المعلم لهم وطرق وأساليب التعامل بينهم (منسي، 1996 م).

الطرق التعليمية التربوية:

كانت طرق التربية والتعليم لدى الشعوب البدائية وسيلتها التقليد والمحاكاة، وكان الصغير يقلد الكبار في عاداتها وأعمالهم ومهنهم، وخاصة التدريب على الطقوس والشعائر الدينية والتي كانت تعتبر أساس التربية النظرية أما التربية العملية فكانت وسيلتها المحاكاة. أما الحفظ المبني على التكرار فكان من سمات التربية الصينية القديمة التي تقوم على استظهار التعاليم الصينية وحفظها غيباً لتقديم الامتحانات التي كانت المعيار الذي ينتخب به موظفو الدولة. وحتى التربية عند قدماء المصريين، وكانت هي الأخرى تقوم على الحفظ عن ظهر قلب. وكان المعلم في كل الحالات ملقناً للتلاميذ.

وجاء الإسلام واتبع علماؤه الطرق التي كانت معروفة في زمانهم من تلقين المعلومات أو المحاكاة أو التقليد أو الحفظ غيباً، ولكنهم فوق ذلك فرقوا بين طرق تعليم الصغار وطرق تعليم الكبار.

أما في المراحل العليا من التعلم الإسلامي فكانت الطريقة تقوم على

النقاش بين المعلم والتلميذ، وإثارة الأسئلة وتبادلها والإجابة عليها بـين التلاميـذ والمعلمـين وكان التعلم يقوم على المناظرة التي تشحذ الذهن وتقوي الحجة وتطلق البيان وتفصح اللسان.

إن طرق التعليم التربوي، تساعد المدرس على معرفة الظروف المناسبة لـكي تصبح الدراسـة شيقة وواضحة بالنسبة للتلميذ ومناسبة لمستواه، ووثيقة الصلة بحاجاته، حتى يقبل عليها ويستفيد منها لتنمية قواه، وإظهار مواهبه ودفعه إلى التفكير.

ولما كانت الطريقة وسيلة لتحقيق غايات التربية التي تسـعى المدرسـة إليهـا، فـإن الأسـاس الأول الذي ينبغي أن تقوم عليه الطريقة، هـو مـدى تحقيقهـا لممارسـة المبـادئ الديمقراطيـة، وتنمية صفات الشخصية اللازمة للإنسان الصالح في المجتمع الديمقراطي المتطلع للمتقدم.

إلا أن الفلسفة التربوية لا يمكن الاستفادة منها إلا إذا فسرت وتحددت طرق تحقيقهـا، ووضعت موضع التنفيذ، واختبرت على محك التجريب والتطبيق العملي.

إن الفلسفة والأهداف تحتاج دائماً إلى طريقة لتحقيقها، كما أن الطريقـة تحتـاج إلى فلسفة توجهها وتدعمها. ولكن الطرق التربوية تتعدد وتتنوع تبعاً لتعدد الفلسفات وتنوعها، بـل إن الفلسفة الوحيدة قد تؤدي عند محاولة تطبيقها إلى أكثر من طريقة، تبعـاً لاختلاف وجهـات النظر في تفسـيرها، وطرق الاستفادة منها. ولكن الطرق جميعاً، تستهدف التلميذ وتهتـم بنمـوه، وتهيئة أنسـب الظروف لتعليمه وتربيته وتأهيله، ورغم تعدد الطرق إلا أنها تدور في ثلاثة اتجاهات أو مواقف.

1. موقف سلبي.
2. موقف ذاتي.
3. موقف تعاوني.

ومن الطرق التربوية التي تستخدم في العالم العربي والبلدان الأخرى في العالم اليوم:

طريقة القصة:

وفي هذه الطريقة يقص المعلم قصة ظريفة تؤدي إلى هدف تربوي، وهنا تظهر براعة المعلم في اختيار القصة المناسبة للموضوع المناسب، وتعتبر القصـة، مـن طرق التعليم الممتعة بالنسبة للأطفال، لأنها تدخل البهجة والسرور إلى نفوسهم،وتنمي عندهم روح الخيـال، كـما أن هـذه الطريقـة تصلح أيضاً للكبار، كنوع من الاستشهاد بها كمثال على حادثة أو توضيح لموقف، وتعتبر أساسـية في المرحلة الابتدائية.

طريقة الإلقاء:

طريقة الإلقاء أو المحاضرة وهي الطريقة التي تقوم على إعداد المعلم لدرسه وتقديمه إلى التلاميذ عن طريق التحدّث والإلقاء فهي طريقة قديمة حديثة، بمعنى أنها كانت تستخدم منذ القدم وذلك عن طريق الإلقاء والتحفيظ ثم التسميع للموضوعات التي ألقيت على التلاميذ. ولا يزال يستخدم هذا الأسلوب في معظم المدارس وكل الجامعات والدراسات وما بعد المرحلة الثانوية، وفي الندوات العامة والمحاضرات.

ومن الطرق الحديثة في التعليم ما يلي:

1. **طريقة منتسوري، تهيئة البيئة:**

تنسب هذه الطريقة إلى ماري منتسوري، فقد وجدت أن الطريقة التربوية العملية، تفيد الأطفال المتخلفين أكثر من المعالجة الطبية، وتتلخص طريقتها في تهيئة، وإعداد البيئة التعليمية السليمة للطفل وتشجيعه على مبادرة في عمل الأشياء، واستعمال الأدوات والمواد التي أعدت للتدريب والتهذيب التربوي، مع الاهتمام بحرية الطفل الشخصية في التعبير. أما وظيفة المربي في هذه الطريقة فهي الإشراف والتوجيه، وعليه أن لا يطلب من الطفل القيام بعمل ليس باستطاعته تأديته، كما عليه أن يكون لطيفاً في معاملته، ليكون قدوة للأطفال، وأن لا يستخدم العقوبات، ولا الجوائز ليحافظ على شخصية الطفل. وترى أن التربية والتهذيب تبدأ منذ ميلاد الطفل، فإذا ما استغلت قدرات الطفل في سنه الأول، فسيكون ذلك أساساً قيماً للتربية الصحيحة مستقبلاً، حيث يسهل تكييف الطفل بدنياً وعقلياً.

2. **طريقة المشروع (حل المشكلات):**

ويطلق عليها أيضاً طريقة ديوي فقد أنشأ مدرسته النموذجية، واتخذها حقلاً لتجاربه وآرائه التربوية، ومن أهم مبادئه أن التربية هي الحياة نفسها، وليست مجرد إعداد للحياة وهي عملية نمو وتعلم وبناء وتجديد مستمر، عن طريق الخبرة الصالحة وربط الخبرات معاً، سواء الخبرات المدرسية أو البيئية، أو ما يمارسه الفرد في المجتمع. وأهتم بالفروق الفردية بين التلاميذ، ومراعاة ميولهم ودوافعهم وتعويدهم الاستقلال والاعتماد على النفس، وحب التعاون والإبداع. كل ذلك يتم تنظيمه عن طريق خبرات التلاميذ، ويكون ذلك بطريقة (المشروع) التي تقوم على حل المشاكل والمواقف التعليمية التي تواجه التلاميذ، على أنه يجب أن يتوفر في الموقف التعليمي ما يلي:

- وجود مشكلة تنبع من ميول التلاميذ ويحسون بها.

- وجود رغبة لديهم تدفعهم لحل تلك المشكلة.

- وضع خطة يشترك في وضعها التلاميذ وتكون قابلة للتنفيذ.

- تنفيذ الخطة بعمل جماعي تسوده الديمقراطية.

- الوصول إلى حل للمشكلة تؤدي إلى النمو الفردي والاجتماعي للتلاميذ.

وأهم ما تتميز به هذه الطريقة هو الاهتمام بميول التلاميذ ونشاطهم في المرتبة الأولى، ووضع المعلومات والحقائق في المرتبة الثانية.

3. **طريقة دالتن، (العينات):**

تمثل هذه الطريقة هيلين باركهرست وقد سميت بهذا الاسم (دالتن) نسبة إلى مدينة دالتن. وتمتاز هذه الطريقة بأنها تتيح المجال للتلاميذ بأن يحصل المعلومات بنفسه، وتدريبه على التفكير العلمي. ومن أهم المبادئ التي تقوم عليها هذه الطريقة:

1. أن التلاميذ هو مركز الاهتمام والعمل والنشاط المدرسي فعبارة عن موجه ومساعد ومرشد للتلاميذ.

2. أن كل تلميذ يسير في دراسته وفق رغبته.

3. تهيئ هذه الطريقة الحرية للتلاميذ.

وتقسم المنهج الدراسي في هذه الطريقة إلى عدد من الأجزاء تعرف (العينات) تساوي في عددها عدد أشهر السنة، كما يطلق عليها طريقة التعيينات، ولا يوجد في هذا النظام فصول دراسية بل هناك (معامل)، وهو المكان الذي يلجأ إليه التلميذ لدراسة ما لديه من التعيينات، ولكل مادة أو موضوع دراسي معمل خاص به، ومدرس متخصص، كما أنه ليس لهذه الطريقة التربوية جدول مدرسي يفرض على التلميذ أوقاتاً محددة، فالتلميذ هو الذي يختار المعمل الذي يريده، مستغرقاً في ذلك الزمن الذي يريده. أما دور المدرس فهو إعداد التعيينات، ومراجعتها وتعديلها، كما عليه البقاء في معمله، ليستقبل التلاميذ ويقدم لهم ما يحتاجونه من المساعدة والتوجه والإرشاد إذا طلبوا ذلك.

أما عملية تقويم الطلبة الذين يسيرون على هذه الطريقة فيكون باستخدام ثلاث بطاقات:

1. تبين مدى تقدم التلميذ في كل مادة من مواد التعيين.

2. تبين ما قطعه تلاميذ الفرقة الواحدة في كل عمل.

3. تبين مدى ما قطعه جميع الفرقة في جميع التعيينات (ناصر، مرجع سابق).

المناهج التربوية:

المنهاج (Curriculum) مصطلح من أصل لاتيني وهو يعني الطريق الذي يسلكه المعلم والمتعلم، أو المضمار الذي يسيران فيه بغية الوصول إلى الأهداف التربوية النابعة من التراث المتراكم. ويعرف المنهاج في التربية الحديثة بأنه مجموعة الخبرات والتجارب التي توضع ليتعلمها الصغار.

كما يعرف المنهاج بأنه مجموعة الخبرات المخططة التي توفرها المدرسة لمساعدة التلاميذ على بلوغ الحصيلة المنشودة من الأهداف إلى أقصى ما تستطيعه قدراتهم.

يطلق مصطلح المنهج على الموضوعات المختلفة والمحددة للدراسة في كل مادة من المواد الدراسية على حده، ويتصل المنهاج اتصالاً وثيقاً بالأهداف التربوية، ولهذا يختلف المنهاج باختلاف المواد والأفراد والمجتمعات.

وما دامت المناهج التربوية مرتبطة بالمدارس فيمكن القول بأن المناهج قد بدأت منذ أنشئت المدارس النظامية لأن التربية في العصور البدائية والتكرار، وقد وجدت المدارس وصارت التربية عملية مقصودة ولها أهداف معينة، ومن هنا وضعت المناهج لكي تحقق الأهداف التي تسعى التربية للوصول إليها. وفي البداية كانت المناهج تهتم بالجانب واحد من الجوانب النمو عند التلميذ، وهو جانب النمو العقلي، واكتساب التلميذ مجموعة من المعلومات والمعارف الأساسية وكان المنهاج يعني في هذا المقرر الدراسي، غير أن المناهج تطورت بتطور التربية وتغير المجتمعات وتقدمها وبدأت المناهج تهتم شيئاً فشيئاً بالنواحي الجسمية والاجتماعية والنفسية.

والتربية عامة تدور حول الخصائص الثقافية للجماعة التي تعيش معاً وتكوّن مجتمعاً متماسكاً. بالإضافة إلى معرفة المجتمع فإن هناك عناصر ثلاث أساسية يجب الاهتمام بها والاعتماد عليها عند وضع أي منهاج تربوي وهذه العناصر هي:

1. التلاميذ: وهم العنصر الذي يشكل الأفراد الذين يقدّم لهم المنهاج.
2. المعلمون: وهم العنصر الذي يقدم المنهاج للتلاميذ.
3. الموضوعات: المادة الدراسية المقدمة في المنهاج والتي تتضمن الموضوعات التي ستبحث في كل مادة دراسية على حدة ويراعى في ذلك الحداثة والسهولة والترابط العلمي.

الأسس التي تقوم عليه المناهج:

ويمكن أن تجمع الأسس التي تقوم عليها المناهج بما يلي:

1. الأسس التاريخية.
2. الأسس الفلسفية.
3. الأسس الاجتماعية.
4. الأسس النفسية.

1. الأسس التاريخية:

لقد تأثرت المناهج القديمة في التربية بمفاهيم نابعة من نظريات الفكر

التربوي في تلك العصور القديمة وكانت نظرية القيمة العقلية للإنسان هي النظرية التربوية المسيطرة لهذا كانت المناهج توضع لإكساب التلميذ المعارف والمعلومات العقلية، وما دامت فكرة مفهوم المناهج يعني تحقيق الهدف التربوي وكان الهدف هو النمو العقلي فإن المناهج القديمة كانت تقوم على ما يلي:

- الاهتمام بالعقل ونموه.
- الاهتمام بتغير سلوك التلاميذ.
- لم يهتم المنهاج القديم بتدريب التلاميذ على المهارات الضرورية.
- لم يدمج المنهاج القديم النواحي النظرية بالنواحي العلمية التطبيقية.
- الاعتماد في تطبيق المناهج الموضوعة على الطرق التلقينية.
- عدم الاهتمام بالفروق الفردية بين التلاميذ.

وكانت المناهج في كل عصر ولدى كل أمة تهتم بغرض معين وتهمل أغراض أخرى كثيرة، فالتربية الصينية القديمة كانت تركز مناهجها التربوية على التربية الخلقية، أما التربية المصرية فكانت تهدف من وراء تربيتهم إلى أغراض دنيوية عملية أو أغراض دينية، وجاءت التربية اليونانية بمنهاج يهتم بالعقل وتنميته، ولا تهتم بغيره من النواحي، واهتمت التربية الرومانية بالنواحي الجسمية والخطابية وركزت مناهجها التربوية على ذلك. وفي العصور الوسطى كانت مناهج التربية المسيحية تركز على الزهد والتقشف والابتعاد عن مباهج الحياة وتهتم بالأمور الدينية والآخرة فقط. أما مناهج التربية الإسلامية فكانت تهدف إلى نشر التربية الدينية والدنيوية وتركز في مناهجها عليهما معاً. وتطورت المناهج عبر العصور إلى أن ظهرت التربية الحديثة بمفهومها التقدمي، وأصبحت علماً من العلوم المعروفة وصار لها منهجاً علمياً قائماً على الملاحظة والتجريب والبحث والدراسة فتغيرت المفاهيم القديمة للمناهج وأصبحت النظرية التربوية السائدة والحديثة هي التي ترى أن المدرسة جزء من المجتمع. ولهذا صارت المناهج الحديثة تقوم على:

- الاهتمام بجميع جوانب النمو عند التلاميذ.
- إتاحة الفرصة للتلاميذ ليتدربوا على جميع أنواع السلوك المرغوبة.
- تدريب التلاميذ على طرق حل المشكلات التي تواجههم في حياتهم.
- الاهتمام بميول التلاميذ ورغباتهم وحاجاتهم واهتماماتهم.
- الاهتمام بالفروق الفردية بين التلاميذ.
- وضع مناهج مخططة لاشتراك التلاميذ والمعلمين في نقاش وحوار مثمر والابتعاد عن التلقين.

الفرق بين المنهاج بمفهومه القديم والمنهاج بمفهومه الحديث:

المنهاج القديم	المنهاج الحديث
1. يقتصر على الكتاب المدرسي.	• يشمل أوجه النشاط المختلفة والخبرات التي يمر بها التلميذ بتوجيه من المعلم.
2. موقف الطالب، موقف المتلقي ودوره سلبي.	• موقف الطالب، موقف المشارك والمتفاعل، ودوره إيجابي.
3. المعلم مصدر المعرفة.	• المعلم يشكل جزءاً من مصادر المعرفة.
4. وضعه متخصصون دونما مراعاة لحاجات التلاميذ وقدراتهم وميولهم.	• صُمِّم على أساس احتياجات التلاميذ ورغباتهم وتصوُّراتهم واستعداداتهم.
5. يهتم بالنمو العقلي وحده.	• يركِّز على النمو المتكامل.
6. جامد ولا يحتمل التطوير أو التغيير.	• جيِّد، مرن، يتمشّى مع الحياة وتطورها.

2. **الأسس الفلسفية:**

وهي عبارة عن مجموعة الآراء والأفكار التربوية، التي وضعها الفلاسفة من أجل إعداد النشء وقد مرت المناهج في ثلاث مراحل منذ أن وجدت وإلى يومنا هذا وهي:

أ. الأسس الفلسفية القديمة: وهي الأسس الفلسفية التي قامت على الاعتقاد بأن التعليم الذهني هو التربية، ويعني ذلك أن تربية التلميذ تكتمل عن طريق إلمامه بالمعارف والأفكار من حوله، وكان اهتمام المنهاج في هذه المرحلة منصباً على حشو أدمغة التلاميذ بالمعارف، والاهتمام بعقله.

ب. الأسس الفلسفية التحريرية: وهي الأسس روعي فيها التحرر من القديم عندما أخذ علم النفس التجريبي تدريجياً، ووجد أن للتلاميذ حاجات يجب أن تلبى ولديهم ميول يجب أن ترضى ورغبات يجب أن تنفذ.

ج. الأسس الفلسفية الحديثة: نظراً للتقدم العلمي الكبير تقدمت المناهج التربوية وصارت توضع متمشية مع التقدم السريع في وسائل الحياة، وجاءت الفلسفات الحديثة التحريرية والتي تقوم على مبادئ الحرية والمساواة والديمقراطية والمبادئ العلمية التطبيقية وقد وضعت المناهج الجديدة في ضوء تلك المفاهيم الفلسفية، وتميل إلى الاستفادة من التراث القديم ودراسته والحكمة في ذلك هي أن فهم الحاضر فهماً سليماً يتطلّب الرجوع إلى الماضي المتصل به.

3. الأسس الاجتماعية:

نظراً لتطور المجتمعات وظهور التخصصات الكثيرة والضيقة تعقدت الحياة وأصبحت الأسرة غير قادرة على تربية أطفالها فأنشئت بعض المؤسسات كالمدرسة كي تتم رسالة الأسرة التربوية وتحقيق أهدافها وأهم تلك المؤسسات التي تسير على منهاج معين هدفه تحقيق الغايات التي يراها أفراد المجتمع هامة وأساسية لبقائه واستمراره، ولهذا فإن الأسس الاجتماعية للمنهج تعني بالمناهج المدرسية وتهتم في أن تكون نابعة من قيم المجتمع ومعتقداته وعاداته والأنماط السلوكية التي يرضى عنها الجماعة وكما تسعى المناهج الجيدة للحفاظ على التراث الثقافي المتراكم للجماعة فإنها تهتم كذلك بالمخترعات والاكتشافات الحديثة وتعرضها بطريقة لا تتعارض مع نظام المجتمع وقيمه وتكون المناهج موضوعة ضمن الإطار الثقافي الذي يسير به المجتمع. ويتأثر الطفل سواء في المدرسة أو في البيت بجماعات خارجية عن المؤسستين وهم جماعة اللعب، وهذه الجماعة لها تأثير هام على حياة الطفل، ولذا لابد الأخذ بعين الاعتبار عند وضع المنهاج حاجة الطفل للجماعة الصغيرة. وجماعات اللعب، والاهتمام بكثير من الأشياء التي تدور في نطاق الحياة الاجتماعية للطفل كما وأن من القيم الاجتماعية التي يجب أن تستخدم عند وضع أي منهاج ما يلي:

- أن ينظر واضع المنهاج نظرة احترام واهتمام وتقدير لكل عضو من أعضاء المجتمع.
- أن يكون هناك تكافؤ في الفرص بين الأفراد في المجتمع الواحد.
- أن تنمي استعدادات كل فرد على حدة، إذا ما وجد بين الأفراد تفاوتاً في القدرات والميول.
- أن يؤمن واضع المنهاج بقدرة الإنسان على حل مشكلاته التي تواجهه بفضل ما أوتي من عقل وهذا يؤدي بواضع المنهاج إلى أن يوضع منهاجه بشكل يحث الإنسان الفرد على أن يفكر ويحل مشكلاته.
- أن يحتوي المنهاج على أفكار اجتماعية تحقق خير الجماعة والأفراد معاً.

4. الأسس النفسية:

لابد من معرفة نفسية الطفل والتلميذ الذي سيعد له المنهاج أي معرفة حاجاته وميوله ورغباته ودوافعه إلى تعليم وكيفية نموه وتسهيل مهمته في الحياة.

ومنذ القدم اهتمت المناهج بالأسس النفسية للأطفال فاهتموا أولاً بما عرف بنظرية الملكات القائلة بأن عند الإنسان ملكات عقلية هي قواه الخاصة ويمتاز بعضها عن بعض، ثم نظرية التدريب الشكلي التي كانت ترى أن الملكات تشبه العضلات وأنها تقوى بالتمرينات، وقد اهتم جون لوك بالتدريب العقلي وهو أهم

شيء عنده فإنه يجب الاهتمام بعقول الأطفال. أما هربارت فكان يرى أن العقل فراغ تأتيه الأفكار من الخارج وأن هذه الأفكار هي التي تكون العقل.

إن هذه الأسس النفسية التي تعتمد على النظرية القديمة أثبت علم النفس الحديث خطأها جميعاً، وأدت الأبحاث المستمرة إلى الاهتمام بنمو الطفل ككل متكامل من جميع نواحيه العقلية والانفعال والاجتماعية فيجب الاهتمام بخصائص نموه المختلفة، وحاجاته وميوله وقدراته ومهاراته واستعداداته وأنماط سلوكه ويجب أن ينظر إلى كل مكوناته والاهتمام بها وأن يتناسب المنهاج المقرر مع مراحل هذا النمو. لأن طفل السادسة من العمر له حاجات تختلف عن طفل العاشرة، لذا فإن من الأهمية بمكان معرفة مراحل النمو وكل تلك العناصر.

وما دام الغرض من التربية هو تغير سلوك الأفراد بما يناسب المجتمع الذي يعيشون فيه فإن المناهج التي توضع لهؤلاء الأفراد يجب أن تراعي التغيرات التي تحدث في المجتمع وبالتالي توضع المناهج وفق المبادئ والأهداف التي ترضى عنها الجماعة المحيطة وتكون متطورة مع العلوم الحديثة والاختراعات الجديدة والأساليب العلمية المبتكرة (ناصر، مرجع سابق).

دور الوسائل التعليمية في التعلم الصفي:

تعريف الوسائل التعليمية:

الوسائل التعليمية هي كافة الوسائل التي يمكن الاستفادة منها في المساعدة على تحقيق الأهداف التربوية المنشودة من عملية التعلم، سواء أكانت هذه الوسائل تكنولوجيا كالأفلام أو بسيطة كالسبورة والرسوم التوضيحية أو بيئية كالآثار والمواقع الطبيعية.

أنواع الوسائل التعليمية:

يمكن تصنيف الوسائل التعليمية المستخدمة في التعلم الصفي إلى الأنواع التالية:

1. الوسائل المرئية: وهي نوعان:

• مرئيات ثابتة غير آلية كالصور المسطحة والرسوم التوضيحية والبيانية والمواد التعليمية المطبوعة والسبورة والنماذج المجسمة والخرائط والمجسمات الجغرافية. وهذه المرئيات لا تستخدم الآلة في عرضها.

• مرئيات ثابتة آلية كالشرائح وأفلام الصور الثابتة والشفافيات فوق الرأسية والمواضيع غير النافذة. ويتم عرض هذه الوسائل ومشاهدتها باستخدام آلات خاصة لكل منها.

2. الوسائل السمعية كالتسجيلات السمعية والإذاعة المدرسية.

3. وسائل البيئة المحلية كالمواقع البيئية الطبيعية والصناعية والتاريخية والمعارض والمتاحف والخبراء. وتتميز هذه الوسائل بواقعيتها وكونها

حقيقية.

4. الوسائل المركبة: وهي التي تجمع أكثر من شكل أو نوع من الوسائل في آن واحد، ومـن أبـرز أنواع أفلام الصور المتحركة والتليفزيون التعليمي والشرائح المرفقة بتسجيل، أمـا آلات التعليـم المبرمج والكمبيوتر فتعد من الوسائل والمعينات المركبة.

وهناك من يصنف الوسائل التعليمية حسب معايير أخرى مختلفة من أبرزها ما يلي:

1. طريقة الحصول عليها: مواد جاهزة ومواد مصنعة:

ومن الأمثلة الأفلام المتحركة والثابتة والاسطوانات التعليمية والخرائط التي تنتجها الشركات. وأخرى ينتجها المعلم أو التلميذ كالشرائح والخرائط المنتجة محلياً والرسوم البيانية واللوحات.

2. إمكانية عرضها ضوئياً: مواد تعرض ضوئياً كالشرائح والأفلام ومواد لا تعرض ضوئياً كالمجسمات والتمثيليات.

3. الحواس المسـتقبلة لهـا: فهـي إمـا بصريـة كالصـور والأفلام الثابتـة، أو سـمعية كالتسـجيلات الصوتية، أو بصريـة سـمعية كـالأفلام الناطقـة وبـرامج التليفزيـون أو ملموسـة كالوسـائل المستخدمة مع فاقدي البصر مثل طريقة بريل في تعليم القراءة.

4. الخبرات التي تهيئها: فقد قام أدجار ديل بترتيب الوسائل التعليمية في مخروط أسماه الخبرة على أساس الخبرات التي تهيئها كل منها.

أهمية الوسائل التعليمية في التعلم الصفي:

تضطلع الوسائل التعليمية بـدور بـارز ومؤثر في نجـاح العمليـة التعليميـة التي تجري في المؤسسات التربوية، والمتمثلة في المساعدة على تحقيق الأهداف التربوية المتوخاة مـن هـذه العمليـة. ويمكن تبين أهمية الدور الذي تضطلع به الوسائل التعليمية في مجال التـعلم مـن خـلال انعكاساتهـا الإيجابية عليه والمتمثلة في عدد من نقاط من أبرزها ما يلي:

1. تعزيز الإدراك الحسي من خلال ما توفره من الخبرات الحسية للتلاميذ.

2. جذب وتركيز انتباه التلاميذ من خلال ما تضفيه على الدرس من حيوية وواقعية.

3. زيادة تشويق التلاميذ للدراسة واستثارة اهتمامهم بتعلم المادة الدراسية والإقبال عليها.

4. زيادة مشاركة التلاميذ الإيجابية في اكتساب الخبرة وتنمية قدراتهم على التأمل ودقة الملاحظة واتباع التفكير العلمي للوصول إلى حل المشكلات، مما

يؤدي إلى تحسين نوعية تعلمهم، ورفع مستوى الأداء عندهم.

5. زيادة خبرة التلاميذ.
6. توفير خبرات تكون أقرب إلى الواقعية.
7. تقوية الفهم لدى التلاميذ والمتمثل في القدرة على تمييز المدركات الحسية وفرزها وتركيبها والاختيار من بينها.
8. تسهيل عملية التعلم.
9. المساعدة على التذكير والتقليل من مقدار النسيان.
10. تنمية ميول إيجابية وتكوين قيم سليمة واتجاهات مرغوب فيها لدى التلاميذ.
11. المساعدة على تخطي حدود الزمان والمكان والإمكانيات المادية.
12. توفير الكثير من الوقت والجهد سواء بالنسبة للمعلم أو بالنسبة للتلاميذ.
13. توفير الخبرات المباشرة وغير المباشرة للتلاميذ.
14. تنمية القدرات الفكرية والإجرائية الخلاقة وزيادة الطلاقة اللفظية لدى التلاميذ.
15. زيادة التعلم كمًّا ونوعاً من خلال التغذية الراجعة التي تزود الفرد.

استخدامات الوسائل التعليمية:

يرى برونر أن هناك ثلاثة أنماط رئيسية للخبرات الأساسية اللازمة لعملية الاتصال والتفاهم هي: الخبرة المباشرة والخبرة المصورة والخبرة المجردة.

فالأولى تتضمن قيام المتعلم بالممارسة الفعلية أي بنشاط إيجابي عملي، مما يجعل المفاهيم التي يكونها واقعية وذات أبعاد متكاملة. أما في الحالة الثانية فإنه يكون هذه المفاهيم من خلال رؤيته لوسيلة تعليمية كالفيلم أو الصور، بمعنى انه لا يقوم بممارسة فعلية، ولكنه يكون مفاهيم بصرية ذهنية. وأما في الحالة الثالثة فإن المتعلم لا يكون هذه المفاهيم عن طريق الممارسة والرؤية، وإنما يكونها من خلال سماعه لألفاظ مجردة أو رؤيته لكلمات ليس فيها صفات الشيء الذي تدلل عليه مما يعني بأن هذه المفاهيم المجردة تعتمد في تكوينها على الخيال أو على الخبرات السابقة للتعلم حيث يقوم فيها المتعلّم بمقارنة اللفظ بخبراته السابقة وبالصورة الذهنية التي سبق له تكوينها في عقله وغالباً ما تكون هذه الصورة غير واضحة وتؤدي إلى تكوين مفاهيم غير صحيحة أو متكاملة مما يستدعي تزويد المتعلم بكثير من الخبرات التي تساعده على تكوين مفاهيم وصور ذهنية واضحة عن الألفاظ والكلمات التي يستخدمها هذا من جهة ومن جهة ثانية، فإنه على الرغم من مزايا الخبرة المباشرة كنمط فعال في تعليم الفرد إلا أن استخدامها في بعض المواقف التعليمية يكون صعباً لسببين الأول عدم توفر الواقع المطلوب دراسته أحياناً

والثاني صعوبة الاستفادة من الواقع المراد دراسته إذا لم يجر عليه تنقيح أحياناً أخرى.

ومما تقدّم يتبين أن استخدام الوسائل التعليمية في توفير الخبرات غير المباشرة يكون ضرورياً في المجالين التاليين:

الأول: مساعدة المتعلمين على تكوين مفاهيم وصور ذهنية واضحة عـن الألفـاظ والكلـمات المجردة التي يستخدمونها. وغني عن القول بأنه كلما تعددت الوسـائل التعليميـة وتنوعـت وأدت إلى إثراء الألفاظ وإكسابها من المعاني ما يقربها إلى الصور الذهنية الواقعية للخبرة.

الثاني: استخدامها كبدائل للخبرة المباشرة في الحالات التي يصعب فيها اسـتخدام هـذا النـوع من الخبرة.

بعض الوسائل التعليمية المستخدمة في التعلم الصفي:

وفيما يلي بيان لهذه الوسائل مع شرح موجز لاستخدام كل منها:

أولاً: السبورة:

وتعد من أقدم الوسائل المستخدمة في التدريس. ومن أبرز استعمالاتها ما يلي:

- كتابة بعض الكلمات والمصطلحات الجديدة.
- تفسير معاني بعض المفردات والتراكيب.
- حل بعض المسائل والتمرينات.
- عرض نماذج من أعمال التلاميذ.
- عرض بعض الحقائق أو الأفكار أو العمليات بالاستعانة بالرسوم البيانية.
- عرض موضوع الدرس على مراحل حسب سير الدرس.
- كتابة الأفكار الرئيسية للدرس.
- كتابة بعض الأسئلة والإجابات والتعريفات.
- كتابة بعض الملاحظات عند عرض الأفلام وإجراء التجارب.

ومن المقترحات التي تساعد على الإفادة من هذه الوسيلة على النحو مرض ما يلي:

1. أن يقوم المعلم بإعداد السبورة قبل الحصة ويحرص على نظافتها.
2. أن يكتب بخط واضح يكون من السهل رؤيته وقراءته من جميع التلاميذ.
3. أن يستعمل التباشير الملونة لتوضيح فكرة أو التأكيـد عـلى معنـى أو إبـراز أوجـه الشـبه والاختلاف ونحو ذلك.
4. أن يتحاشى التفاصيل غير الضرورية فيما يكتب أو يرسم.
5. أن يقف جانب السبورة.

ثانياً: اللوحة الوبرية:

وتتكون من لوح خشبي أو بلاستيكي مغطى بقماش له وبرة تساعد على بقاء

الأشكال أو الرسوم التي لها ظهر وبري أيضاً، عند الضغط عليها برفق، و يمكن أن تتكون من قطعة من الورق المقوى، غطى ظهرها بقماش وبري.

وتمتاز اللوحات الوبرية بسهولة إنتاجها واستعمالها وبتوافر وتنوع المواد التي تصنع منها.

ومن أبرز استعمالاتها ما يلي:

- تفسير معاني بعض الكلمات.
- شرح بعض المفاهيم والنظريات.
- شرح خطط الهجوم والدفاع في بعض المباريات الرياضية.
- عرض موضوع الدرس في خطوات متسلسلة.
- كتابة جمل عن مواضيع الصور التي تعرض على التلاميذ.
- عرض ملخص للدرس الذي تم شرحه.

ثالثاً: اللوحة الممغنطة:

وهي لوحة مصنوعة من المعدن وقد سميت بالممغنطة لوجود مغناطيس صغير ملصق بظهير كل شكل من الأشكال المستخدمة، يساعد على تثبيته عليها. وتؤدي هذه اللوحة نفس الوظيفة التي تؤديها، اللوحة الوبرية.

وهناك لوحات ممغنطة تستخدم كسبورات بالإضافة إلى تثبيت الأشكال المختلفة على سطحها مما يجعل منها وسيلة هامة لشرح الألعاب الرياضية والموضوعات الأخرى التي تحتاج إلى تحريك من مكان لآخر أثناء العرض، أو تحتاج إلى تغيير أماكنها، أو بناء الشكل العام على مراحل تتدفق وخطوات الشرح اللفظي.

رابعاً: النماذج:

يلجأ المعلم إلى استخدامها كبدائل لبعض الأشياء التي يتعذر عليه اصطحابها معه لغرفة الصف لسبب من الأسباب التالية:

1. صعوبة عرض الشيء الحقيقي على الدارسين.
2. قدرة النموذج على عرض الأفكار والمبادئ المطلوب شرحها على نحو أفضل من عرض الشيء الحقيقي.
3. استحالة رؤية الشيء الحقيقي المراد دراسته أو إدراكه حسياً.

خامساً: العينات:

هي عبارة عن أجسام طبيعية واقعية لها كافة خصائص الأشياء التي تمثلها لأنها جزء منها أو لأنها هي نفسها، فإذا كان موضوع الدرس هو سنابل القمح فإن العينات تكون سنابل قمح حقيقية.

ومن أبرز فوائد العينات في التدريس ما يلي:

- وضع التلاميذ في مواجهة الموضوع المراد دراسته كما هو في الواقع الطبيعي.
- إعفاء التلاميذ من القيام بزيارات للمواقع التي تتواجد فيها الظواهر الطبيعية المراد دراستها.

سادساً: الرسوم الخطية:

وهي رسوم تعتمد على الخط ومن أبرز أنواعها الرسوم المبسطة والرسوم التوضيحية والرسوم البيانية والخرائط.

أنواعها:

1. الرسوم المبسطة: وهي عبارة عن تمثيل تقريبي سهل للأشياء، وتتميز بسهولة إنتاجها وتنوع استخدامها، ولذلك فهي من أكثر أنواع الرسوم الخطية استخداماً في التعليم للدلالة على الأفكار أو تصوير الأشياء،وغني عن القول بأن بساطة هذه الرسوم وطرفاتها وقدراتها على التعبير الواضح السريع تجعل التلاميذ يقبلون على تتبعها وفهم المراد منها.

2. الرسوم التوضيحية: وهي أشكال خطية يعدها المعلم ليصور بها بعض العلاقات الهامة، ويعطي فكرة تقريبية عن بعض الأشياء والظواهر والأحداث. وتختلف عن الرسوم المبسطة من حيث أنها أكثر منها مماثلة للواقع الذي ترمز إليه وتركز على إظهار العناصر الأساسية في الشكل الواقعي وإغفال العناصر الأخرى غير الضرورية لتوضيح الفكرة المطلوبة للتلاميذ. ومن أبرز مزايا استخدام هذا النوع من الرسوم ما يلي:

- سرعة إعدادها.
- سهولة فهم المراد منها.
- فعاليتها في تشويق التلاميذ وجذب انتباههم لمتبعة النشاط.

3. الرسوم البيانية: وتستخدم لعرض إحصائيات أو بيانات أو توضيح علاقات عددية محددة بدقة، ليسهل على من يراها فهم المراد منها دون الدخول في التفاصيل الفنية الدقيقة المتعلقة بالموضوعات التي تصورها. وتكون على شكل دوائر أو أعمدة أو خطوط منكسرة.

4. الخرائط: رسم يعرض العلاقات المكانية وارتباطاتها النوعية في مجال متسع لا يستطيع بصر الإنسان الإحاطة به كتضاريس بلاد الشام.

معايير اختيار واستخدام الخرائط:

- أن تكون في متناول يد المعلم.
- أن تصف بالمتانة ودقة الصنع.
- أن تكون مناسبة للهدف المراد تحقيقه ولمستوى نضج التلاميذ.

- أن تتصف المعلومات التي تعرضها بالدقة العلمية.
- أن يكون من السهل مشاهدتها من قبل جميع التلاميذ في الصف.
- أن تكون غير مزدحمة بالبيانات والتفاصيل والرموز الجغرافية الغير ضرورية.
- أن تتوافر فيها الشروط الفنية كمناسبة اللون والخط وجودة الورق أو القماش الذي نصنع منه.

هناك ثلاث مشكلات تعترض استخدام الخرائط في التدريس وهي:

1. مشكلة الرموز.
2. مشكلة عدم مطابقة الخرائط للواقع.
3. مشكلة تقديم بعض المفاهيم الجغرافية كخطوط الطول والعرض.

وعليه فإنه ينبغي على المعلم العمل على معالجتها ويمكن التغلب على المشكلة الأولى بمساعدة التلاميذ على معرفة دلالة الرموز الجغرافية المختلفة الألوان. وعلى المشكلة الثانية باستخدام وسائل تعليمية مصاحبة. والتغلب على المشكلة الثالثة بالتأكيد على أن خطوط الطول عبارة عن خطوط وهمية تساعد على تفسير بعض الظواهر.

سابعاً: الصور:

تستخدم الصور سواء أكانت فوتوغرافية أو مرسومة في عملية التدريس، وهي قد تستخدم لدعم طريقة في التدريس أو تتم عملية التدريس كلها من خلالها.

مزايا استخدام الصور في التدريس:

- تعد أكثر دقة من الألفاظ والكلمات.
- تقدم معلومات واقعية قريبة الشبه الموقف الطبيعي.
- تدخل تنوعاً في الموقف التعليمي.
- تعد وسيلة اقتصادية توفر الوقت والجهد.
- توفر جهداً كبيراً على التلاميذ.
- تُغني عن أساليب التدريس الأخرى.
- تبرز واقعاً ملموساً أو جزءاً هاماً من الواقع.
- تشجع وتعمل على إثارة عمليات التفكير المختلفة.

معايير اختيار الصور:

1. أن تكون الصورة مرتبطة بهدف أو أكثر من أهداف الدرس.
2. أن تكون واضحة تقدم معلوماتها بشكل يساعد التلاميذ على استيعابها بسهولة ويسر.
3. أن تكون غنية بالمعلومات.

4. أن تكون قابلة للعرض داخل غرفة الصف.

5. أن تكون دقيقة تعطي معلومات أمنية عن الأشياء.

شروط استخدام الصور كوسيلة تعليمية:

- أن تستخدم الصورة في الوقت المناسب من نشاط الدرس.

- أن تعرض في مكان مناسب يتيح لجميع التلاميذ مشاهدتها بوضوح.

- أن يراعى في استخدامها الوظيفة التي سيحققها هذا الاستخدام.

- أن يتيح استخدامها الفرصة أمام الطالب لدراستها والوقوف على معلوماتها.

- أن تحفظ الصورة بعد الانتهاء من استخدامها مباشرة.

ثامناً: الأفلام التعليمية:

ويقصد بها النشاطات التعليمية التي يمكن عرضها باستخدام السينما أو الفيديو أو التلفاز، وتقدم مواقف تعليمية حية، تتكامل فيها الصورة مع الصوت، مما يثير انتباه التلاميذ.

مزايا استخدام الأفلام التعليمية:

1. يتمكّن التلاميذ من مشاهدة معلم مؤهل.

2. يقدم الفيلم مواقف غنية ومركزة في وقت قصير نسبياً.

3. يقدم أحداثاً علمية نادرة.

4. يساعد على تكامل حواس التلاميذ.

5. يؤدي إلى إثارة دوافع التلاميذ لمتابعة دراسة بعض المواقف التي يقدمها الفيلم.

6. يسهم في حل المشكلات الناجمة عن نقص المعلمين المؤهلين.

7. يقدم تسجيلاً حياً لمواقف زمنية ومكانية بعيدة يتمكّن التلاميذ من مشاهدتها.

8. يسهم في حل بعض المشكلات التعليمية.

معايير اختيار الوسائل التعليمية المناسبة:

- متقنة الصنع وصالحة للاستخدام.

- بسيطة وواضحة ومتسمة بدقة المعلومات.

- متناسبة مع التطور العلمي والتكنولوجي للمجتمع.

- مساوية للجهد أو الوقت أو المال المبذول في إعدادها أو الحصول عليها.

- قابلة للعرض في حدود الوقت المخصص لذلك في سياق الحصة أو الدرس.

- ذات مرونة تسمح بتعديلها بالإضافة أو بالحذف حسب مقتضيات طبيعة المادة والوقت المتاح.

- ذات صلة وثيقة بموضوع الدراسة.

● ذات فاعلية في التشويق واستثارة اهتمام التلاميذ ونشاطهم.

قواعد استخدام الوسائل التعليمية:

أولاً: القواعد التي يجب مراعاتها في إعداد الوسائل التعليمية المراد استخدامها:

1. أن يتعرف المعلم إلى الوسيلة التي وقع اختيارها عليها بهدف الإحاطة بمحتوياتها وخصائصها ونواحي القصور فيها ومدى مناسبتها لخبرات التلاميذ السابقة.

2. أن يقوم بتجريب الوسيلة المختارة وعمل خطة لاستخدامها في ضوء الأهداف المراد تحقيقها.

3. أن يقوم بتهيئة أذهان التلاميذ لاستخدام الوسيلة المختارة.

4. أن يقوم بتهيئة المكان على النحو الذي يساعد استخدام الوسيلة المختارة استخداماً سليماً يؤدي إلى تحقيق الفائدة المرجوة منها.

ثانياً: القواعد التي يجب مراعاتها في استخدام الوسائل التعليمية:

● أن يهيئ المعلم المناخ المناسب لاستخدام الوسيلة التعليمية.

● أن يتبع أسلوباً مناسباً ففي استخدام الوسيلة التعليمية يؤدي إلى اشتراك التلاميذ اشتراكاً إيجابياً في الحصول على الخبرة من طريقها.

● أن يحدد لنفسه الغرض من استخدام الوسيلة التعليمية في كل خطوة أثناء سير التلاميذ.

● أن يحرص على أن يتخذ التلاميذ موقفاً إيجابياً من استخدام الوسيلة التعليمية من خلال اشتراكهم في اختيارها.

● ألا يقتصر استخدامه للوسيلة التعليمية كوسيلة للتوضيح فقط.

● أن يستخدم الوسيلة في الوقت المناسب.

● أن يستخدم الوسيلة في المكان المناسب.

تقويم فعالية الوسائل التعليمية المستخدمة: إن التقويم وسيلة تعليمية يهدف إلى التعرف على مدى مساهمتها في تحقيق الأهداف التربوية المحددة واكتشاف ما بها من نواحي القوة والضعف بهدف تعزيز نواحي القوة والعمل على علاج الضعف وتلافيه. وفيما يلي بعض الأسس التي يجب مراعاتها لتحقيق أكبر قدر ممكن من موضوعية التقويم:

1. مدى فاعلية الوسيلة في إعطاء صورة واضحة وحقيقية عن الأفكار والعمليات والأشياء والأحداث التي تعرضها.

2. مدى مساهمة الوسيلة في زيادة فهم التلاميذ لموضوع الدرس.

3. مدى سلامة الوسيلة والمادة التي تعرضها من الناحية العلمية.

4. مدى استحقاق الوسيلة لما يبذل في إعدادها واستخدامها من وقت وجهد

وتكاليف.

5. نواحي القوة والضعف في استخدام الوسيلة والأساليب.

تصميم التعلم ومساهمته في التعلم الصفي: يقصد به قيام المعلم بتصميم أنظمة تتيح للتلاميذ الوصول إلى تحقيق أهدافه عن طريق توفير أنواع متعددة من الخبرات التعليمية. منها ما يتم عن طريق الممارسة والعمل أو الوسائل التعليمية المختلفة، ومنها ما يتم عن طريق الآلات التعليمية كالكمبيوتر ومعمل اللغات والتي تقدم المادة العلمية، وتعمل على ضبط العملية التعليمية وتجدر الإشارة إلى أن هذه الأساليب قد أدت إلى إعفاء المعلم في بعض الحالات من مسئولياته التقليدية وقيامه بوظائف جديدة.

ونظراً لتعدد أشكال ونماذج تلك التصميمات أو الأنظمة، فسيتم الاقتصار هنا على نموذج واحد وهو تصميم التعلم القائم على توفير أنواع متعددة من الخبرات التعليمية عن طريق استخدام الوسائل التعليمية وعليه فإن تصميم التعلم في هذا النموذج يقصد به إعداد الدرس أو تخطيطه بطريقة تعد في خطوطها العامة تطبيقاً لمدخل النظم، حيث تبين مراحل إعداد الدرس وطريقة اختيار الوسائل (الزيود).

التقويم:

تفيد كلمة (التقويم) بيان قيمة الشيء وكذلك تصحيح ما اعوج؛ فنحن حين نقيم أداء التلميذ فإنما نقوم بذلك لنقومه، أي نثمنه ونبين قيمته ونخلّصه من نقاط الضعف. وهناك فرق بين التقييم والتقويم؛ فالتقويم أشمل وأعم من التقييم الذي يتوقف عند مجرد إصدار حكم على قيمة الأشياء، بينما يتضمن مفهوم التقويم إضافة إلى إصدار الحكم عملية تعديل وتصحيح الأشياء التي تصدر بشأنها الأحكام. قد ورد في الأثر أن عمر بن الخطاب رضي الله عنه قال وهو يخاطب المسلمين من فوق المنبر: «إن أحسنت فأعينوني، وإن أسأت فقوموني، من رأى فيّ اعوجاجاً فليقومه» فرد عليه أحد المسلمين قائلاً: «و الله لو رأينا فيك اعوجاجاً لقومناه بسيوفنا».

والتقويم قديم قدم الإنسان، وتلعب قيم الإنسان وعاداته وخبراته دوراً هاماً في عملية التقييم. ويتقارب تقييم الأفراد إذا نشأوا في بيئات متجانسة ويتباعد باختلاف الزمن والمكان.

وعملية التقويم في التربية والتعليم عملية قديمة جديدة في نفس الوقت؛ فهي قديمة من حيث ممارسة الإنسان لها منذ عرف الإنسان لها منذ عرف الإنسان التعليم ومنذ قامت المدارس والمعاهد، وهي جديدة من حيث مدلولها وأساليبها وطرقها ومعناها وقواعدها وأدواتها، ومن حيث اهتمامها بمعرفة مدى نمو التلميذ

في أبعاد شخصيته المختلفة أكثر من اهتمامها بالحفظ واسترجاع المعلومات.

والتقويم غير الاختبار والقياس؛ فالتقويم في الميدان التربوي هو تقرير مدى العلاقة بين مستوى التحصيل وبين الأهداف التربوية المنشورة، وهو العملية التي يتحكم بها على مدى تحقيق الأهداف التربوية المنشودة، ومدى التطابق بين الأداء والأهداف، فالتقويم إذن يتضمن تقدير قيمة شيء معين استناداً إلى معيار معين.

الاختبار:

هو مجموعة من الأسئلة تقدّم للطلبة ليجيبوا عنها. يجب أن تتطابق فقرات الاختبار تطابقاً تاما مع السلوك الذي نتوخاه من وراء إتمام العملية التعليمية، وتقع في دائرة السلوك المتوقع أي زيادة في المعرفة أو اتساع في الفهم أو تحسن في المهارات الذهنية أو الجسمية أو تغير في الاتجاهات والميول أو في سمات الشخصية.

مستويات التقويم:

أ. التقويم التشخيصي:

تهدف الاختبارات التشخيصية إلى تحديد المستوى المدخلي لكفاية التلاميذ عند بداية التعليم، وفي ضوء النتائج يقوم المعلم بتنظيم برنامج تعليمي مناسب لهم. ولا يقتصر هذا النوع من التقويم على بيان الدرجة التي حصل عليها التلميذ فقط بل يبين الموضوعات التي نجح فيها والموضوعات التي فشل في الإلمام بها، فهذا النوع من الاختبارات يهتم بالرجوع إلى تفاصيل الإجابة وتحليل الأخطاء في كل سؤال على حدة.

ولا يقتصر التقويم التشخيصي على بدايات التعلم فقط بل يستمر باستمرار المواقف التعليمية، والانتباه إلى أن بعض التلاميذ لديهم مشكلة سمعية أو بصرية أو ذهنية تحد من قدرتهم على التعلم هو نوع من التقويم التشخيصي. ويدخل في نطاق هذا النوع من التقويم تحديد العوامل الجسمية والاجتماعية والانفعالية التي تؤثر في مستوى التحصيل عند التلاميذ. ويهدف التقويم التشخيصي في العموم إلى تحديد قدرات واستعدادات التلاميذ لاكتساب الخبرات التعليمية المتوخاة، وهو يساعد في تصحيح مسار العملية التعليمية أثناء حدوثها وليس بعد الانتهاء منها.

ب. التقويم التكويني:

يطلق اسم التقويم البائي أو التكويني أو الإنشائي للدلالة على ذلك النوع من التقويم الذي يحدث عدة مرات أثناء عملية التدريس بقصد تحسينها وتطورها. وهو يمثل عملية إصدار الأحكام على عملية مستمرة أو على نتاج يمكن مراجعته وتطويره.

والتقويم التكويني هو عملية مستمرة في نهاية وحدة دراسية أو هدف معين ويستفاد من نتائجه في العلاج المبكر وفي توفير التغذية الراجعة للتلاميذ عن طريق إفساح المجال لهم للتعليم بعد الانتهاء من كل مهمة تعليمية، كذلك يزوّد المعلمين بالمعلومات الكافية عن فعالية طرق وأساليب التدريس المتبعة ونوعية الوسائل التعليمية التي استخدمت في عملية التعليم.

والتقويم التكويني يحدث أثناء تكون أو تشكّل تعلّم التلميذ. ويكون هدف التقويم تصحيح مسار العملية التعليمية وبيان مدى تقدّم التلميذ نحو الهدف المنشود.

ويقوم المعلم بالتقويم التكويني خلال تدريسه أو في نهايته ليتأكد من أن التعليم قد تم لدى التلاميذ.

فإذا لم يتم أعاد النظر بمكونات العملية التعليمية والتي من أهمها الأهداف والمحتوى أو المقرر الدراسي وطرق وأساليب التدريس وعملية التقويم ذاتها. فالمعلم لا يستخدم التقدير البنائي أو التكويني أساساً لتقدير الطلب وإنما يهدف إلى توفير المعلومات التي توجه دقة التعليم.

ومن أدوات التقويم التكويني الأسئلة التي يطرحها المدرس أثناء الحصة. ومن المرغوب فيه أن يوجه المعلم السؤال إلى الطلبة جميعاً ثم ينتظر بعض الوقت حتى يستوعب الطلبة السؤال، وبعد ذلك يطلب من أحدهم الإجابة عنه. والسبب في ذلك هو حث الطلبة على التفكير في السؤال. أما إذا وجه المعلّم السؤال لطالب بعينه فإن بقية الطلبة يعفون أنفسهم من محاولة الإجابة عنه.

كذلك يجب على المعلم ألا يسأل الطلبة الذين يتطوعون للإجابة عن السؤال دون غيرهم بل من المستحسن أحياناً أن يسأل أي طالب في الصف ثم يعينه ليجيب عن السؤال.

ومن أدوات التقويم التكويني الأخرى الاختبارات القصيرة والتمارين الصفية والوظائف البيتية والملاحظة والمناقشات الجماعية، وأي أدوات تقويم أخرى يضعها المعلم لتغطي وحدة مستقلة من المنهج أو المقرر الدراسي.

وتنبع أهمية الاختبارات التكوينية من كونها أداة في يد المعلّم للكشف عن فعالية التدريس قبل فوات الأوان لأنها تتم عادة بصورة متكررة وعلى فترات زمنية قصيرة ومتقاربة.

ولا تقتصر الاستفادة من التقويم التكويني على المعلم والطالب فحسب، بل يستفيد منه أيضاً واضع المنهاج أو المقرر الدراسي إذ تبيّن له نتائجه مقدار السهولة أو الصعوبة ومقدار الوضوح أو الغموض ومقدار كفاءة دليل المعلم المصاحب للمقرر الدراسي.

ج. **التقويم الختامي:**

يصمم التقويم الختامي لقياس النتائج التعليمية التي تحدث مع نهاية فصل دراسي أو نهاية تطبيق منهاج أو برنامج معين والتي تبيّن مدى تحصيل التلاميذ أو كفايتهم في نهاية الفصل أو البرنامج الدراسي.

كما يستفاد من نتائجه في تقويم فعالية البرامج وتطويره نحو الأفضل وفي معرفة مدى تحقيق الأهداف التربوية المتوقعة وفي إعطاء الشهادات للطلبة، وفي اتخاذ قرارات إدارية بحقهم كالطرد والترقيع والترسيب وفي إعلام أولياء الأمور عن نتائج أبنائهم، وفي التنبؤ بأداء التلاميذ مستقبلاً، وفي إرشادهم وتوجيههم تربوياً ومهنياً.

وقد يغطي الاختبار الختامي عدة فصول أو قد يشمل المادة بأكملها، ويشمل الاختبار عينة ممثلة للمحتوى والأهداف ويهتم بالقدرات والمهارات العقلية والعمليات المعرفية الأكثر عموماً واتساعاً.

هناك الاختبارات تصنف حسب طريقة تفسير النتائج، وينسب هذا التصنيف إلى جليسر ـ وقد صنفها في فئتين هما:

أولاً: معيارية المرجع Norm-referenced : حيث يقارن أداء الطالب على الاختبار بأداء مجموعته المعيارية Norm-group كأن تفسر علاقة طالب في العلوم مثلاً على أنه أعلى تحصيلاً من 80% من طلاب صفه في مادة العلوم أو من خلال موقع علامته بالنسبة للمتوسط الحسابي لعلامات الصف.

ثانياً: محكية المراجع Criterion test : حيث يقارن أداء الطالب بمستوى أداء معين يتم تحديده بصرف النظر عن أداء المجموعة، كأن يجيب الطالب عن 80% من أسئلة الاختبار على الأقل أو أن يطبع 50 كلمة في الدقيقة طباعة صحيحة.

مراحل عملية التقويم:

1. ترجمة الأهداف التربوية إلى أهداف خاصة قصيرة الأمد يمكن أن يقيسها الاختبار.
2. اختيار الخبرات التربوية التي يجب أن يمر بها التلاميذ ويتفاعلون معها حتى تتحقق من خلالها أنواع السلوك المرغوب تحقيقها.
3. إيجاد أو تهيئة المواقف والظروف التي تتيح للتلاميذ فرصة التعبير عن نوع السلوك الذي تتضمنه الأهداف التربوية والتي يمكننا أن نجمع منها معلومات تقريبية متصلة بالهدف.
4. تحديد الأهداف النسبية لكل من الأهداف التربوية وبيان علاقتها بالمحتوى.
5. وصف طبيعة ونوع أو كمية الأداء الذي يمكن أن يعتبر مقبولاً.

6. إعداد فقرات الاختبار وتطبيقها واستخراج نتائجها وتحليل تلك النتائج.
7. مقدار النتائج التي تم استخلاصها بالأهداف التعليمية والسلوكية المتوخاة، ومن ثم إصدار الحكم أو القرار ومتابعة تنفيذه (عريفج، 1985).

مجالات التقويم التربوي:

ومن المجالات التي يجب أن يشملها التقويم:

1. نمو التلاميذ من حيث مستوى التحصيل والاتجاهات والشخصية والذّكاء وطرق التفكير والمهارات الذهنية والحركية.
2. الأهداف التربوية من حيث شمولها وترابطها وواقعيته وصياغتها وإمكانية تقييمها.
3. الكتاب المدرسي من حيث طبيعة الخبرات التي يتضمنها المحتوى الدراسي وطريقة تنظيم هذا المحتوى ومدى ارتباطه بفلسفة المجتمع ومدى حداثته ومصداقيته.
4. المعلم من حيث صفاته الشخصية والمهنية وقدرته على أداء دوره بنجاح.
5. مدير المدرسة من حيث الإقامة بواجباته ومسئولياته ومن حيث خبرته وعلاقته بالمعلمين والطلاب ومن حيث قدرته على ضبط النفس وحل المشكلات في الوقت المناسب.
6. طرق وأساليب التدريس المتبعة داخل وخارج جدران المدرسة.
7. الوسائل المعينة والمختبرات والملاعب والمكتبات وغيرها من التسهيلات المدرسية.
8. البناء المدرسي.
9. الإمكانيات البشرية المتوفرة في داخل المدرسة ومدى كفاءتها.
10. النشاطات المدرسية وبرامج خدمة المجتمع.
11. التوجيه والإشراف التربوي (عودة، 1993).

تقويم المعلم:

يعهد إلى المعلم بإحداث التغيرات السلوكية المرغوبة في التلاميذ، وحتى يستطيع المعلم إحداث هذه التغيرات فإنه يجب أن تتوفر فيه خصائص شخصية ومهنية تساعده على القيام بمهمته. لكن البحث في السمات التي تكون المعلم الناتج ليست بالسهولة التي قد يتصورها البعض، وذلك لأنه لا يوجد نمط واحد لشخصية المعلم الناتج. مع ذلك فإن هناك سمات عامة ينظر إليها عند تقييم المعلم وهي:

1. الصفات الذاتية الشخصية.
2. الصفات المهنية.

أدوات التقويم ووسائله:

الملاحظة: هي طريقة جمع البيانات عن التلميذ وهو في موقف السلوك المعتاد. وتزود بيانات الملاحظة المعلّم بمعلومات لا تستطيع وسائل التقويم الأخرى الحصول على مثلها.

والملاحظة نوعان: نوع مباشر وآخر غير مباشر، ويفضل اللجوء إلى النوع الأخير كلما أمكن ذلك بحيث لا يشعر التلميذ أنه موضع ملاحظة من المعلم، ولابد من إيجاد نوع من العلاقات الطيبة بين المعلم والتلاميذ من أجل توفير مناخ طبيعي يسلك فيه التلميذ سلوكه الطبيعي دونما تكلف. ولابد للمعلم في حال تدوين ملاحظاته حول التلميذ من أن يستخدم لغة وصفية صحيحة لتسجيل الملاحظات وأن يحدد هدف الملاحظة وأن يسجل ملاحظاته عن التلميذ فور الملاحظة أولاً بأول وأن يكون موضوعياً في أحكامه وألا يصدر أحكامه إلا إذا تكرر السلوك أكثر من مرة ولذا ينبغي أن يحتفظ المعلم في تفسير ما يجمعه أولاً بأول. وأخيراً يجب أن تكون عملية الملاحظة مستمرة وأن تأخذ مكانها في عدة مواقف.

قوائم التقدير: تستخدم قوائم التقدير حيث يمكن تحديد مدى وجود سمة معينة في موقف معين. يحلل المعلم الموضوع المراد تقييمه إلى جوانبه الرئيسية ويبين تحت كل جانب الأمور الفرعية المتصلة به. ويؤشر المعلم في حال توفر سمة من السمات بعلامة صح (√) أو بعلامة خطأ (×) في عدم توافرها. [وتسمى قائمة التقدير أحياناً بقائمة التدقيق أو المراجع أو الجرد]. ولا تختلف سلالم التقدير عن قوائم التقدير إلا من حيث تبيان مقدار امتلاك الفرد للسمة المراد تقييمها.

السجلات القصصية أو سجلات الحوادث:

هو وصف توضيحي مدعم بالحقائق لموقف في حياة التلميذ. ويمثل مجموعة السجلات القصصية لطالب معين وثائق تبين التغيرات التي حدثت وما تزال تحدث في حياته المدرسي. ويتضمن لموقف معين الزمان والظروف المحيطة به.

وينبغي أن يتم وصف كل موقف بموضوعية وبدون أي تفسير. وتفيد في توجيه وإرشاد الطالب وتنتقل معه من مدرسة لأخرى. وكلما كانت هذه السجلات أكثر استيفاء كلما كانت أكثر فائدة.

اختبارات الاستعدادات والقدرات: هو قدرة الفرد الكامنة على أداء عمل عقلي أو حركي أن توفر له التدريب اللازم. وتفيد اختبارات الاستعداد في التنبؤ بنوع الأداء المنتظر الذي سيجنيه الفرد من التدريب أو التحصيل في موقف أو مواقف جديدة. لاستعداد مزيج من عوامل النمو الداخلي ونتائج التدريب والخبرة، أو هو إمكانية يحيلها النضج والتدريب إلى قدرة فعلية.

وبينما تكشف اختبارات التحصيل عن مقدار ما تعلمه التلميذ من الخبرات التعليمية فإنها تقيس السرعة المتوقعة للتعلم أو القابلية للتعلم. ويمثل نقطة البدء في التعليم بينما التحصيل يمثل نقطة النهاية. وبينما تقيس اختبارات التحصيل آثار برنامج تعليمي معين فإنها تفيد في أغراض التنبؤ بأداء التلميذ مستقبلاً. والاستعداد عملية نضوجية لا تحدث فجأة أو بدون مقدمات. ويُرتهن استعداد الفرد للتعلم على نمو حواسه. وعند تقويم الاستعداد يجب أن يشترك كل من المتخصصين ومدرس الفصل في عملية التقويم. وفي تقويم الاستعدادات تستخدم إضافة إلى اختبارات الاستعدادات وسائل أخرى مثل المقابلة والاستفتاءات والملاحظة.

ومن أنواع الاستعدادات المختلفة نذكر الاستعداد اللغوي والاستعداد الميكانيكي والاستعداد الموسيقي والاستعداد الرياضي. أما القدرة فهي مقدرة الفرد الفعلية على الأداء في اللحظة الحاضرة من أعمال عقلية أو حركية سواء كان ذلك نتيجة تدريب أو من دون تدريب. والقدرة إما أن تكون فطرية موروثة كالقدرة على المشي أو مكتسبة كالقدرة على السباحة وقد تكون عامة كالذكاء أو خاصة كالقدرة على نظم الشعر وقد تكون بسيطة كالقدرة على التمييز بين الألوان أو مركبة كالقدرة اللغوية أو العددية أو الموسيقية. والقدرات إما تكون عقلية أو بدنية حركية.

اختبار الذّكاء: الذكاء قدرة عامة تظهر في مواقف متعددة من الحياة وتلاحظ من خلال تصرفات الفرد. وبينما تقيس اختبارات التحصيل آثار الخبرة ونتائج التعلم، فإن اختبارات الذكاء تقيس السرعة المتوقعة للتعلم أو القابلية للتعلم. ويمكن أن تستخدم اختبارات الذكاء في المدارس كوسيلة للتنبؤ عن مدى ما يمكن أن يجنيه التلميذ من الخبرات التربوية التي تقدمها المدرسة له.

ونسبة الذكاء عبارة عن درجة معيارية تمثل مدى ابتعاد التلميذ أو قربة عن متوسط أداء المجموعات التي ينتمي إليها التلميذ عمرياً. ومن الممكن الحصول على نسبة الذكاء عن طريق قسمة العمر العقلي على العمر الزمني ثم ضرب الناتج في 100.

واختبار الذكاء الواحد يتكون عادة من عدة اختبارات متنوعة. والدرجة النهائية هي حصيلة مجموعة درجات التلميذ على الاختبارات جميعها في اختبار الذكاء الواحد. ويفترض أن يكون عمر الفرد العقلي مساوياً لعمره الزمني في الحالات السوية. أما إذا كان عمره العقلي يقل عن عمره الزمني فهذا يشير إلى أن نسبة ذكاء الفرد تتجه في نمو غير سوي.

والملاحظ في مدارسنا اتخاذ العمر الزمني كمعيار لقبول التلاميذ في المدارس في حين يرى البعض أن اعتماد العمر الزمني دون العمر العقلي خطأ كبير لأن الأطفال يتعلّمون بعقولهم لا بأعمارهم ولا يكفي في تقويم المعلم لقدرات التلميذ العقلية أن يقف على درجة ذكائه فحسب بل يجب أن يقف أيضاً على قدراته الخاصة الأخرى حتى يمكن توجيهه بما يناسب هذه القدرات. ونسبة الذكاء ليست هي المؤشر الوحيد على امكانية التلميذ العقلية ولكنها بكل بساطة طريقة لمعرفة متوسطة معدل النمو العقلي للفرد (خضر، 1987).

اختبارات الشخصية: الشخصية هي مجموعة السمات النفسية والجسمية والسلوكية المميزة لأفراد التلاميذ والتي تجعلهم متميزين عن أقرانهم.

ويمكن أن يستبدل على شخصية الإفراد عن طريق الاستفتاءات أو عن طريق الاختبارات الإضفائية، أو الإسقاطية.

وتتلخص طريقة الاستفتاء في أن يعطي الشخص المراد التعرف على سمات شخصيته عدداً من الأسئلة المحددة ويطلب منه الإجابة عنها بحرية. وتكون الإجابة عن هذه الأسئلة عادة بنعم أو لا أو لا أدري. وتتلخص طريقة الاختبارات الإضفائية أو الإسقاطية في إعطاء الفرد مدركات غامضة غير متميز تكون بمثابة المثير (المنبه) للاستجابة بحيث يصب الفرد على ما هو عليه غير متميز ما يكنه في نفسه ومن أنواع الاختبارات الإسقاطية اختبار التداعي الحر واختبار المثيرات البصرية. وتقوم فكرة الاختبار على أساس إعطاء التلميذ مجموعة من البطاقات على التوالي على كل بطاقة منها كلمة أو عبارة ويطلب من الفرد الاستجابة لهذه الكلمة أو العبارة بأول كلمة تخطر في ذهنه. وفي هذه الحالة يسجل الفاحص الكلمة أو الكلمات التي يتلفظ بها الفرد المفحوص إضافة إلى قياس زمن الرجع والانفعالات المصاحبة.

اختبارات الاتجاهات: الاتجاه هو استعداد وجداني مكتسب، ثابت نسبياً، يحدد شعور الفرد وسلوكه نحو موضوعات معينة تتضمن حكماً عليها بالقبول أو الرفض أو الحياد.

هذه الموضوعات قد تكون أشياء أو أشخاصاً أو جماعات أو أفكاراً أو مبادئ وقد تكون الفرد نفسه كحب الذات واحترامها أو السخط عليها وضعف الثقة بها. والاتجاهات مكتسبة ومتعلمة ولا تتكون في فراغ ولكنها تتضمن دائماً علاقة بين فرد وموضوع من موضوعات البيئة، ولها خصائص انفعالية وتغلب عليها الذاتية أكثر من الموضوعية من حيث محتواها ومضمونها المعرفي.

وتتسم الاتجاهات بسمة الثبات النسبي ولكن من الممكن تغييرها في ظل ظروف معينة وتعكس ميلاً نفسياً نحو نشاط ما وليس تحديداً لفظياً له، وتتصف

الاتجاهات بدرجة متفاوتة من الترابط فيما بينها ويمكن التعرف عليها وملاحظتها وقياسها بطريقة غير مناسبة. والاتجاهات التي هي نتاج عملية التنشئة الاجتماعية تؤثر في استجابات الإنسان للأشياء أو للأشخاص بصورة ظاهرة، والمواد الدراسية جميعها تهدف إلى غرس اتجاهات محببة لدى التلاميذ.

ويتكون الاتجاه من نواح ثلاث هي:

1. الناحية المعرفية وتشمل معتقدات الفرد نحو شيء معين.
2. الناحية الشعورية وتشمل النواحي العاطفية والوجدانية المرتبطة بشيء معين.
3. الناحية العملية (السلوكية) وتشمل جميع الاستعدادات السلوكية المرتبطة بالاتجاه.

وتسعى التربية الحديثة إلى أن يدرك التلاميذ مسببات وظروف تكوين الاتجاهات حتى لا تؤخذ من الأجداد كأشياء مسلّم بها.

ومن أهم طرق غرس الاتجاهات:

1. القدوة الحسنة.
2. تغيير الجماعية المرجعية والبيئة الاجتماعية.
3. الممارسة الفعلية والخبرة الشخصية.
4. الترغيب والنصح والإرشاد.

وتتناول اختبارات الاتجاه تبيان فكرة الفرد ومشاعره وسلوكه تجاه موضوع معين. وتفيد هذه الاختبارات في تصحيح الجوانب السلبية في سلوك التلميذ وتعزيز الجوانب الإيجابية منها.

ويعتبر مقياس رينس ليكرت من أسهل المقاييس وأكثرها شيوعاً في قياس الاتجاهات. ويتلخص المقياس في إعطاء الفرد عبارات بعضها مؤيد لموضوع معين والبعض الآخر معارض له.

ويتبع كل عبارة من هذه العبارات عدد من الاستجابات المحتملة. ويطلب من التلميذ عند تحديد استجابته لمضمون أي عبارة من العبارات أن يضع علامة صح (√) بجوار أحد الاستجابات التي تعبر عن درجة الرفض أو الموافقة على مضمون العبارة. ويكون عدد الاستجابات في الدعم والأغلب خمس استجابات هي:

موافق جدا، موافق، غير متأكد، غير موافق، غير موافق أبداً

وأحياناً يكون عددها ثلاث استجابات هي:

موافق، غير متأكد، غير موافق.

وتختلف القيم عن الاتجاه من حيث افتقارها لموضوع ملموس كقيم الشجاعة أو الخدمة الاجتماعية أو الجمال. كما تعمل القيم كخلفيات لاتخاذ

قرارات نحو أشياء معينة وبالتالي تكوين اتجاهات، ويختلف الميل عن الاتجاه في أن الميل ليس له إلا جانب واحد فقط هو جانب الإيجاب، في حين أن للاتجاه ثلاث جوانب هي موجب وسالب ومحايد. فالفرد لا يميل إلا إلى الأشياء التي تجلب له المسرة، والمِيَل قد تكون مهنية أو أكاديمية أو على شكل هوايات.

والعوامل التي تؤثر في ثبات الميول هي عامل السن وعامل الخبرة، والعوامل التي تحدد الميول هي الجنس والوراثة والظروف الاجتماعية وسمات الشخصية، وتتضح الميول في سلوك الفرد، وبالتالي يمكن ملاحظتها والتعرف عليها. والتعرف على ميول التلاميذ يساعد على تحسين عملية التعليم والتعلم وخاصة لو ارتبطت معرفة الميول بالقدرات الحقيقية للتلميذ.

وهناك أساليب متعددة يستخدمها المدرس كي يكون أكثر معرفة بميول التلميذ من بينها:

المناقشات الصيفية - الاستفتاءات - الملاحظة - اختبارات الميول.

ويرجع اهتمام المدرس بميول التلاميذ لعدة أسباب هي:

1. تنمية الميول المرغوب فيها اجتماعياً.
2. تثبيط الميول غير المرغوب فيها اجتماعياً بالوسائل التربوية الممكنة.
3. غرس ميول جديدة.
4. استخدام الميول في التوجيه التربوي والمهني.

ومن الاتجاهات التي يمكن للمعلم أن يغرسها في نفوس التلاميذ النظافة، الاحترام، حب الوطن، حب الوالدين ن الوفاء، احترام الوقت، النظام، التعاون، الحرية، العدل، المساواة، وغيرها.

ومن أدوات التقويم الأخرى دراسة الحالة والمشروعات الفردية والمشروعات الجماعية وعينات العمل والمقابلات وغيرها.

اختبارات التحصيل:

يقصد بالاختبار التحصيلي الأداة التي تستخدم في قياس المعرفة والفهم والمهارة في مادة دراسية أو تدريبية معينة أو مجموعة من المواد.

ويعرف التحصيل بأنه مدى ما تحقق لدى التلميذ من أهداف التعلم نتيجة دراسته لموضوع من الموضوعات الدراسية.

وبما أن وظيفة المدرسة هي أن تحدِث تغيرات سلوكية مرغوب فيها في الجوانب المعرفية والأدائية والانفعالية لدى التلميذ فإن تحديد مدى هذه التغيرات يتم من خلال عملية التقييم.

الاختبارات الشفوية:

هي مزيج من اختبارات المقال والاختبار العملي وهي في الغالب الأسلوب

الأوحد في تقييم تلاميذ ما قبل المدرسة والصفوف الأولى مـن المرحلـة الابتدائيـة وفي تقييم المهارات اللغوية.

وربما تكون الاختبارات الشفوية أقدم طريقة استخدمت في تحديد مـدى اسـتيعاب التلاميـذ للدروس التي تعلّموها.

ولاشك أن للامتحانات الشفوية أهميتها الخاصة في مجال تقييم قدرة الطالـب عـلى القـراءة وعلى النطق والتعبير وقدرته على المحادثة وكذلك في مجال الحكم على مـدى فهـم التلاميـذ للحقـائق ومدى قدرتهم على معالجة المواقـف المسـتجدة وفي مجـال معرفة عمـق تعلمهـم واتسـاعه ومعرفة قدراتهم الكامنة وجوانب شخصيتهم المتعددة.

ومن المآخذ التي تؤخذ على الاختبارات الشفوية:

1.   تتباين صعوبة الأسئلة التي يطرحها المعلم على تلاميذه للإجابة عنها شفوياً.

2.   يتطلب اختبار عدد كبير من التلاميذ شفوياً وقتاً طويلاً.

3.   تعتمد هذه الطريقة اعتماداً كبيراً على التقرير الذاتي للمعلم الذي يحكم عـلى صحة الإجابـة الشفوية أولاً ثم يقرر ما تستحقه من تقدير ثانياً.

4.   قلة عدد الأسئلة الموجهة إلى كل تلميذ تضعف من درجة ثبات نتائج الاختبار.

5.   إن التباين في قدرة الطلاب على التعبير الشفوي يؤثر في تقويم قدرتهم بالنسبة للأهداف التي لا ترتبط بالتعبير الشفوي.

6.   كثير من التلاميذ لا يستطيعون الإجابـة عـن الأسـئلة الشـفوية بسـبب رهبـة الموقـف الـذي يجيبون فيه عن الأسئلة أمام المعلم وأمام تلاميذ الصف.

الاختبارات المقالية:

اختبار المقال نوع من الاختبارات الكتابية التي يطلب فيها إلى التلميـذ أن يكتـب جملـة أو فقرة أو أكثر حول موضوع محدد. وقد سميت هذه الاختبارات بالمقالية لأن التلميذ يُطلَبْ مِنه كتابـة (مقال) استجابة للموضوع أو المشكلة التي يطرحها السؤال، وللتلميذ هنا الحرية النسبية في تقدير كيفية تناوله للمشكلة، وفي طريقة اختياره للمعلومات، وفي طريقة تشكيله للأفكار وربطها وتنسـيقها بأسلوب لغوي واضح. ويتطلب هذا النوع من الاختبارات أن يقوم التلميـذ بقـراءة السـؤال ومـن ثم تشكيل الإجابة وكتابتها.

وتركز الاختبارات المقالية على الفهم العام للموضوع أكثر من فهم الجزيئات. ويسـاعد هـذا النوع من الاختبارات التلميذ على استخدام مهارة التعبير والتفكير والتنظيم وترابط بين الظواهر وإبراز العلاقات بين الأفكار والمعلومات.

ويعتبر اختبار المقال ذات قيمة كبيرة في قياس القدرات التالية:

1. القدرة على تذكر المعلومات والمعارف دون ذكر عوامل مساعدة.
2. القدرة على تشكيل الأفكار في نسق منطقي متسلسل.
3. القدرة على الاستخدام الجيد للأساليب اللغوية.
4. القدرة على قياس العمليات العقلية العليا عند التلاميذ مثل التحليل والتركيب والتقويم والتي توصف بأنها صعبة القياس في الاختبارات الموضوعية.

استعمالات الاختبارات المقالية:

1. استرجاع المعلومات.
2. تكوين رأي والدفاع عنه.
3. بيان العلة والسبب.
4. شرح المعاني والألفاظ والمفاهيم.
5. نقد العبارات أو الأفكار والمفاهيم.
6. التلخيص.
7. التحليل.
8. إدراك العلاقات.
9. اقتراح مشكلات وصياغة توصيات.
10. التمييز.

مميزات الاختبارات المقالية:

1. تتطلب إعمال الفكر حيث يطلب من التلميذ أن يحدد أفكاره ويختار ويسترجع ويعلل ويحلل ويربط وينظم المعلومات ويصيغها بأسلوبه.
2. تتيح الفرص للتلاميذ للتعبير الحر عن أنفسهم.
3. سهلة الوضع والإعداد.
4. يمكن إن تبين بطريقة غير مباشرة ميول التلاميذ واتجاهاتهم وقيمهم.
5. لا تساعد على التخمين في كتابة الإجابة الصحيحة لأن التلميذ يقوم بتنظيم إجاباته بنفسه.
6. تعطي الفرص للتلميذ لأن ينظر إلى موضوعات دروسه نظرة شاملة بحيث يرى ما بين الموضوعات المختلفة من علاقات.

عيوب الاختبارات المقالية:

1. لا تغطي جميع المادة لأن عدد أسئلتها قليل.
2. إن تصحيح الإجابة قد يتأثر بعوامل ذاتية أو شخصية تجاه التلميذ من قبل المعلم.

3. يترك هذا النوع من الاختبارات التلميذ في شك مما يريده المعلم في الإجابة.
4. يستغرق تصحيح هذا النوع من الاختبارات وقتاً طويلاً وجهداً كبيراً.
5. لا يمكن لهذا النوع من الاختبارات أن يقيس جميع أوجه التعليم في المقررات الدراسية المختلفة.

وفي محاولة لتطوير الاختبارات المقالية من حيث التقليل من آثار الذاتية عند التصحيح ومن حيث عدم اعتماد الطلبة على استرجاع المعلومات دون فهمها وتطبيقها فقد برزت إلى تحيز الوجود أنواع أخرى من الاختبارات المعدلة للاختبارات المقالية التقليدية.

ومن هذه الاختبارات:

1. اختبار الكتاب المفتوح: في هذا النوع من الاختبارات يسمح للطالب بالاستعانة بالكتاب المقرر أو المذكرات أو أي مواد مطبوعة أثناء تأديته للاختبار بشرط ألا تكون أسئلة الاختبار من النوع المباشر.
2. الاختبار البيتي: وهو شبيه باختبار الكتاب المفتوح ويخدم نفس أغراضه لكن التلميذ في هذه الحالة يأخذ أسئلة الاختبار معه للبيت ويستعين بما يتوفر لديه من كتب دراسية وكذلك قد يستعين بالمكتبة أو بمصادر المعلومات الأخرى المتوفرة في البيئة.

تصحيح الاختبارات المقالية:

1. التصحيح المطلق: وذلك حينما يقارن المعلم ما كتبه التلميذ بما هو وارد في نموذج الإجابة.
2. التصحيح النسبي: وذلك حينما يقارن المعلم ما كتبه التلميذ بما هو وارد في إجابات التلاميذ الأخرى.

الاختبارات الموضوعية: هي محاولة لتقييم أداء التلاميذ على أساس موضوعي. ويكون الاختبار موضوعياً إذا كان من النوع الذي إذا صحح أداء التلميذ فيه أكثر من مرة بواسطة مصحح واحد أو أكثر من مصحح فإن ورقة الإجابة تأخذ دائماً نفس العلامة. ويعرف هذا النوع من الاختبار بأنه مجموعة من المثيرات المتتابعة في صورة أسئلة يقصد بها تقدير فرد ما أو مجموعة من الأفراد تقديراً كمياً في سمة من السمات. وقد أطلق عليه صفة الموضوعية لأن ذاتية المصحح لا تتدخل في تصحيح ورقة الإجابة، وعدا ذلك فإن الاختبار يخضع لعنصر الذاتية كما في اختيار مادة الاختبار ومدى شمولها للمعلومات التي درسها التلميذ.

ومن مميزاته:

1. أن تصحيحها لا يتأثر بالعوامل الشخصية للمصحح.
2. يمكن بواسطتها إعداد عدد كبير من الأسئلة تغطي الكثير من المعلومات

التي درسها التلميذ.

3. يمكن لأي شخص عادي تصحيح أي امتحان من الامتحانات الموضوعية إذا توفر لديه مفتاح الإجابة.

4. تكشف عن سرعة التفكير عند التلميذ.

5. تتسم بالصدق والثبات والشمول إذا بنيت على أسس علمية سليمة.

ومن المآخذ التي تؤخذ على هذا النوع من الاختبارات:

أ. يتطلب بناء الاختبار وقتاً ومهارة وجهداً من واضعه.

ب. تشجيع التلاميذ على مذاكرة موضوعات الدراسة بصورة مجزّأة مما يحول دون النظرة المتكاملة لها.

ج. لا تقيس قدرة الطالب على اختيار الأفكار وتنظيمها والتعبير عنها.

د. تدفع التلميذ في كثير من الأحيان إلى عنصري الغش والتخمين.

اختبارات التكميل:

هذا النوع من الأسئلة لا يتطلب إجابة مطولة من نوع المقال، بل يتطلب إجابة قصيرة إذا عرضت المشكلة في صورة سؤال مباشرة، أو تكملة إذا عرضت في صورة عبارة ناقصة.

ويمكن تقدير علامات هذا النوع من الموضوعية، وذلك كثيراً ما يصنف مع فئة الاختبارات الموضوعية. غير لأنه يتلاقى مع الامتحان المقالي الذي تكون الإجابة عليه من نوع المقال في أنه يتطلب من التلميذ استرجاع الجواب الصحيح وليس مجرد اختياره من بين عدد من الإجابات.

ويفضل هذا النوع من الاختبارات على غيره حين نريد قياس قدرة التلاميذ على التذكر من خلال استعادتهم لبعض الكلمات والمصطلحات والحقائق الجزئية والأرقام.

مميزات اختبارات التكميل:

1. تغطيتها لعينة كبيرة من مفردات محتوى المادة الدراسية.

2. ملاءمتها لقياس قدرة التلاميذ على الاستنتاج وربط المفاهيم.

3. تقليلها من احتمال العثور على الجواب الصحيح بطريق الصدفة أو التخمين.

4. إمكانية تقدير العلامات بسهولة أكثر من الامتحانات المقالية.

عيوب اختبارات التكميل:

1. أن كثير من استعمال هذا النوع من الاختبار يؤدي إلى التشديد على أهمية استظهار الحقائق والمصطلحات.

2. من العسير صياغة جميع الأسئلة بحيث لا يحتمل كل منها سوى جواب

صحيح واحد.

3. يتطلب هذا النوع من الأسئلة قراءة الأجوبة لا عدها.

تصحيح اختبارات التكميل:

يأخذ المعلم ورقة إجابة صماء من نوع نموذج إجابة التلاميذ ثم يستخدمها **في التصحيح بإحدى الطريقتين التاليتين:**

1. كتابة الإجابة الصحيحة في فراغاتها المناسبة ثم تصحيح أوراق التلاميذ مباشرة من خلال مقارنة الإجابتين.
2. قص فراغات الإجابة الصماء بطريقة مناسبة.

اختبارات الصواب والخطأ:

يهدف اختبار الصواب والخطأ إلى قياس قدرة التلميذ على تعرف على الحقيقة. في هذا النوع من الاختبارات يعطي التلميذ مجموعة من العبارات تعبر عن حقائق أو مفاهيم علمية يكون بعضها صحيح والبعض الآخر غير صحيح. ويطلب من التلميذ وضع علامة صح (√) أمام العبارة التي يعتقد أنها صحيحة، وعلامة خطأ (×) أمام العبارة التي يعتقد أنها غير صحيحة اعتماداً على ما تعلمه من قبل.

مزايا اختبار الصواب والخطأ:

1. سهولة إعداده وسهولة تصحيحه.
2. تغطيته لعينة كبيرة من مفردات محتوى المادة الدراسية.
3. يمكن تقدير علاماته بموضوعية كاملة.

عيوب اختبار الصواب والخطأ:

1. يقيس إلمام الطالب بالحقائق والمعلومات ولا يقيس بعض القدرات الهامة كالتحليل والتعليل.
2. يشجع التلاميذ على الحفظ والاستظهار ويركز على الحقائق التفصيلية.
3. نسبة التخمين فيه 50 %.

تصحيح اختبار الصواب والخطأ:

يتم تصحيح هذا النوع من الاختبارات عن طريق إعداد مفتاح للإجابة لتحقيق دقة وسرعة التصحيح. وتأتي مفاتيح الإجابة على عدد صور من أهمها:

1. المفتاح العادي: في هذه الطريقة يأخذ المعلم ورقة امتحان عادية ويسجل عليها الإجابات الصحيحة ثم يوازي بين أرقام ورقته وورقة كل تلميذ على حدة ليقارن بين الإجابتين ويحتسب للتلميذ درجته.
2. المفتاح الشفاف: في هذه الطريقة تسجيل الإجابة الصحيحة على ورقة مصنوعة من رقائق البلاستيك الشفافة أو من الورق الشفاف ثم تصحيح

إجابة كل سؤال بمطابقة الإجابة المكتوبة على الورقة الشفافة على ورق إجابة التلميذ ومقارنة الإجابتين واحتساب درجة التلميذ.

3. المفتاح المثقب: في هذا النوع تسجيل الإجابات الصحيحة على ورق من نوع مقوّى ثم تثقب هذه الورقة باستعمال آلة حادة أو سيجارة مشتعلة بثقوب مستديرة في الأماكن المحددة لتلك الإجابات الصحيح بحيث يمكن رؤية الإجابات الصحيحة في كل ورقة إجابة.

اختبارات اختيار الجواب المناسب (اختيار من متعدد):

تقوم فكرة هذا النوع من الاختبارت على أساس قياس قدرة التلميذ على اختيار الإجابة الصحيحة لسؤال أو مشكلة من بين مجموعة من الإجابات التي تعرض عليه. ويتطلب أن يختار التلميذ الإجابة الصحيحة من بين عدة إجابات محتملة لسؤال واحد يفترض أن تكون واحدة منها فقط هي الإجابة الصحيحة من بين عدة إجابات محتملة لسؤال واحد يفترض أن تكون واحدة منها فقط هي الإجابة السليمة أو الافضل بينما تكون الإجابات الأخرى مموهات أو مشتتات أو أجوبة خاطئة أو بدائل، وعليه فإن فقرة اختيار الجواب المناسب تتكون من الدعامة أو المتن أو الأرومة ومن الإجابات المضللة والدعامة هي التي تقدم مشكلة ما أما الإجابات المضللة والتي تسمى أحياناً بالبدائل فهي الحلول المقترحة للمشكلة، وقد تكون الدعامة سؤالاً مباشراً أو عبارة غير كاملة. أما الإجابات البدائل فتتألف من الإجابة الصحيحة وعدد من الاستجابات الأخرى الصحيحة. وهناك نوع آخر من فقرات الاختبار من متعدد وهو اختيار أفضل إجابة من بين عدة بدائل كلها صحيحة ولكن من بينها واحدة فقط أفضل من الأخريات كأن يختار التلميذ أفضل سبب أو أفضل طريقة لعمل شيء ما. ويسمى هذا النوع أحياناً (اختبارات أحسن الإجابات) لأن التلميذ فيه اختيار أفضل البدائل.

مزايا اختبارات الجواب المناسب:

1. إمكانية استخدام هذا النوع من الاختبارات لقياس الأهداف التدريسية في معظم مستويات المجال المعرفي.

2. إن فرصة التخمين أضيق منها في اختيار الصواب والخطأ.

3. يمكن تصحيحه بموضوعية كاملة.

4. سهل التصحيح.

عيوب الاختبار:

1. يتطلب بناؤه وقتا كبيرا ومهارة وجهد فني وإلمام كبير بتفاصيل محتوى المادة الدراسية.

2. يشغل الاختبار حيزاً على الورق أكبر مما تشغله أسئلة الاختبارات الأخرى

ولا سيما عند ترتيب الأجوبة عموداً.

3. لا يقيس هذا النوع من الاختبارات قدرة التلميذ على تنظيم الأفكار ولا صياغتها (حمـدان، 1986).

اختبارات المقابلة: يتألف من بنود تقوم على مبدأ الاختيار ويأتي هذا النوع من الاختبارات شكل عمودين ويكون الأداء المطلوب هو مقابلة كل بند من بنود العمود الأول مع واحد من بنود العمود الثاني وفقاً لقاعدة محددة. ويتكون كل عمود من كلمات أو عبارات غير مرتبة أي لا تقابل كل كلمة أو عبارة الكلمة أو العبارة المناسبة التي تكملها أو التي تشرح معناها، ويطلب من التلميذ أن يربط بين العمودين بان يضع بجوار كل كلمة أو عبارة في العمود الأيمن رقم ما يناسبها من الكلمات أو العبارات في العمود الأيسر أو العكس. وقد يكتب على قائمة المقدمات عبارة (القائمة الأولى) وفي على قائمة الاستجابات (القائمة الثانية) وتفيد اختبارت المقابلة كثيراً في اختيار معاني المفاهيم والمفردات وتواريخ الأحداث، وفي نسبة الكتب إلى مؤلفيها والنظريات إلى أصحابها والكلمات الأجنبية إلى معانيها بالعربية والآلات التي استخداماتها والأعضاء إلى وظائفها والمحاصيل الزراعية لأماكن زراعتها والأنهار لأماكن جريانها. ويستفاد من هذا النوع من الاختبارات في مجال التربية في كشف قدرة التلاميذ على التذكر وتمييز المعلومات من بعضها البعض وانتقاء المناسب منها وتعتبر اختبارات المقابلة فعالة في قياس العلاقات بين مجموعة من الأشياء.

مزايا اختبار المقابلة:

1. يمكن إعداده وتصحيحه بسهولة وسرعة.
2. يساعد المعلم على تغطية كمية كبيرة من المعلومات في سؤال واحد.
3. مجال التخمين فيه أضيق من اختبار الصواب والخطأ.

عيوب اختبار المقابلة:

1. تأكيده الزائد على الحقائق وتذكرها.
2. قصوره عن قياس بعض القدرات العقلية.

تصحيح اختبار المقابلة:

يستخدم المعلم نسخة صماء من نموذج إجابة التلاميذ، حيث يكتب أرقام أو حروف الإجابـة الصحيحة في أماكنها المناسبة عناصر كل سؤال. يضع المعلم بعدئذنموذج إجابته على إجابة التلميذ مـع مراعاة موازاة أرقام الأسئلة وعناصرها لبعضها البعض ومن ثم يعد إجابـات أفـراد التلاميـذ الصحيحة ويحتسب لهم درجاتهم التي يستحقونها.

اختبارات إعادة الترتيب:

يتكون اختبار إعادة الترتيب من مجموعة من الأحداث أو الأرقام أو الأشياء أو أسماء غير مرتبة. حيث يطلب من التلاميذ إعادة ترتيبها وفقاً لمعيار معين قد يكون الحجم أو القرب أو البعد أو الطول أو المساحة أو غير ذلك من المعايير ويتحدد معيار إعادة الترتيب عادة في صدر السؤال ويمكن استخدام هذا النوع من الاختبارات أيضاً في تكوين بعض الجمل في حال طرح مفرداتها أمام التلميذ.

ولا تختلف مزايا وعيوب هذا النوع من الاختبارات كثيراً عن مزايا وعيوب اختبارات اختيار الجواب المناسب والمقابلة.

تصحيح اختبار إعادة الترتيب:

يعد المعلم إجابة نموذجية ويقارن بينها وبين إجابات التلاميذ. وتقوم طريقة التصحيح على أساس احتساب جميع الإجابات الصحيحة لتلميذ.

الاختبارات العملية:

يشمل هذا النوع من الاختبارات المهارات العملية التي لا يمكن الكشف عن مدى اتقانها عن طريق الاختبارات الشفوية أو التحريرية كمهارات الرياضة والرسم والخياطة و التصوير والزراعة. وتقيس الاختبارات العملية قدرة الطالب على تطبيق ما تعلمه لا ما حفظه وهي تقوم على تقييم الأداء العملي وليس على التحصيل النظري البحت. ففي هذا النوع من الاختبارات يقوم التلميذ بتأدية العمل الذي تعلمه بدلاً من الكتابة عنه.

ويقصد بالمهارة العملية القدرة على القيام بعمل ما بأكثر إتقان ممكن وبأقل جهد ممكن وفي أقصر فترة زمنية ممكنة وتقاس المهارات عادة باختبارات الأداء وفيها يطلب من التلميذ بأداء عمل ما مثل رسم خريطة أو عزف مقطوعة موسيقية ومن ثم يقوم المعلم بتقويم المهارة من حيث جودة الإنتاج ومن حيث خطوات الأداء في ضوء مواصفات متفق عليها مسبقاً. ومن الممكن تحليل المهارة إلى خطوات أو إجراءات ينبغي على التلميذ القيام بها ثم يقيم المعلم هذه الخطوات أو الإجراءات كلاً على حدة حتى يحكم على مدى إتقان التلميذ لكل خطوة بغرض توجيه التلميذ للأداء الأمثل (لندفل، 1968).

الأسس البيئية للتربية

إن التربية عملية تستمر مدى الحياة، فهي من المهد إلى اللحد، وهي بالتالي عملية تكيف مع البيئة المحيطة، وعملية التكيف هذه لا تولد مع الطفل، فلا بد من واسطة تتبنى هذه العملية، وتهيئ الطفل لأن يعيش في مجتمعه دون أن يشعر بضيق، والوسائط التي تقوم بعملية نقل التراث الثقافي وتربية الناشئين عديدة، لذا سنهتم بالمؤسسات الاجتماعية، التي تؤدي دوراً تربويًّا وتقوم بدور الوسيط، فتهيئ الأفراد للمجتمع الذي يعيشون فهيه، وتكون السلوك السائد للأفراد الإنسانيين، للقيام بالوظائف وتدريب الأفراد، والعمل لكسب العيش، والسيطرة الاجتماعية على أفراد الجماعة، والعلاقة بين الفرد والقوى العلوية.

على أن هناك وظائف أخرى تجدها في المجتمعات المختلفة، ولكن هذه المناشط الأساسية التي تشترك فيها الجماعات المنظمة المختلفة.

يقول كلباتريك: «إن المؤسسات الاجتماعية هي جميع التنظيمات الاجتماعية التي تنظم علاقة الأفراد بعضهم مع بعض، هادفة من ذلك تحقيق حياة أفضل». على أن لكل مؤسسة من المؤسسات الاجتماعية أهدافاً معينة. وتعمل المؤسسة على تحقيق تلك الأهداف، ويكون ذلك ضمن الإطار الثقافي للمجتمع المحلي.

وما دمنا نقول: إن العملية التربوية مستمرة من الولادة وحتى الموت، فإن الوسائط كذلك تستمر في تدريب أبناء البشرية طيلة مراحل حياتهم، وتتدرج معهم، وتتغير بنموهم، فتبدأ من البيت في سن الطفولة، وتمر في المدرسة به سن الشباب، وتستمر في مؤسسات المجتمع الأخرى في سن الرجولة.

المؤسسات الاجتماعية:

هي الوحدات والأنماط التي تكون منها البناء الاجتماعي وتعمل على تنظيم علاقة الأفراد ببعضهم والمحافظة على أدراجهم في الإطار الثقافي العام السائد في المجتمع.

أنواع المؤسسات الاجتماعية:

1. مؤسسات اجتماعية أساسية مثل الأسرة والمدرسة.
2. مؤسسات اجتماعية ثانوية مثل دور العبادة، أماكن العمل، الجمعيات النوادي، رفاق اللعب وأماكن الترويح.

وسأتحدث بمشيئة اللـه عن دور بعض المؤسسات الاجتماعية الثانوية (جماعات الرفاق - أماكن العبادة - أماكن العمل - وسائل الإعلام) في عملية التنشئة الاجتماعية.

أولاً جماعات الرفاق:

الجماعات موجودة في كل مكان في العالم، ويتألف المجتمع الإنساني من عدد كبير منها وتختلف هذه الجماعات فيما بينها من حيث أشكالها وطرق تنظيمها والوظائف التي تقوم بها، فمنها ما هو صغير الحجم ومنها ما هو كبير ومنها ما يؤدي وظيفة واحدة كالوظيفة البيولوجية أو النفسية أو الاقتصادية أو الاجتماعية ومنها ما يؤدي وظائف متعددة.

تعريف الجماعة: اختلف العلماء والمفكرون الاجتماعيون في تحديد مفهوم الجماعة ومن هذه التعريفات:

1. تعريف العالم كرش Krech والعالم كرتشفيلد Curch Field حيث عرّفا الجماعة بأنّها (شخصيات أو أكثر توجد بينهم علاقة سيكولوجية صريحة). وهذا التعريف يركز على البعد النفسي في بناء الجماعة.
2. تعريف أرنولد جرين A.Green حيث عرف الجماعة بأنها (تنظيم يضم شخصين أو أكثر تربطهم روابط وعلاقات تبادلية ونظام من المعايير المشتركة. حيث ركز هذا التعريف على التنظيم كعنصر أساسي في تعريف الجماعة.
3. تعريف العالم شينوي Chinoy حيث عرف الجماعة بأنها (عدد من الأشخاص تقوم علاقاتهم علي مجموعة من الأدوار والمراكز المترابطة والذين يشتركون في قيم ومعتقدات معينة والذين هم علي دراية كافية بقيمهم المشتركة أو المتشابهة. وبعلاقتهم بعضهم ببعض بحيث يستطيعون تمييز أنفسهم عن الآخرين حيث يركز هذا التعريف علي القيم والمتشابهة بين الأفراد.

خصائص الجماعة:

1. عضوية فردين أو أكثر.
2. وجود نمط تفاعل ومنظم يؤدي إلى حدوث علاقة اجتماعية واضحة بين الأعضاء.
3. اشتراك الأفراد في مجموعة من القيم والمعتقدات المتشابهة.
4. وجود أهداف مشتركة يسعى الأفراد إلى تحقيقها.
5. وجود قواعد تنظيمية يخضع لها الأفراد وتنظم العلاقات القائمة بينهم.
6. وجود طريقة للاتصال وخاصة اللغة المنطوقة والمكتوبة.

أنواع الجماعات:

1. **الجماعة الداخلية والجماعة الخارجية:**

- الجماعة الداخلية: هي الجماعة التي ينتمي إليها الفرد وهي تتميز بتضامن

أفرادها وشدة تماسكهم وشعورهم بالحب والتعاطف. وتحقق الأمن والاستقرار لأفرادها.

- الجماعة الخارجية: وهي الجماعة التي لا ينتمي إليها الفرد، وتعتبر غريبة عن الجماعة الداخلية ومعادية لها، ومتعارضة معها في المبادئ والأهداف ويشعر الأفراد نحوها بالعداء والكراهية.

2. **الجماعة الدائمة والجماعة المؤقتة:**

- الجماعة الدائمة: وهي التي تدوم طويلاً وأثرها قوي وعميق على الأفراد وفيها يكتسب الفرد قيمه واتجاهاته ويكتسب عاداته ويتعلم أساليب السلوك المختلفة مثل (الأسرة).
- الجماعة المؤقتة: وهي الجماعة التي تنشأ لسبب عارض كاجتماع الناس في الطريق وتجمهرهم حول حادث سيارة مثلاً، وتأثرهم ضعيف وهي غير متماسكة ولا مستقرة. وأهدافها قريبة وبقاؤها قصير.

3. **الجماعات الرسمية وغير الرسمية:**

- الجماعة الرسمية: تتألف من عدد من الأفراد يعملون معاً وفقاً لمجموعة من القواعد المنظمة للسلوك.
- الجماعة غير الرسمية: تنشأ نتيجة للاتصال المستمر والتفاعل الحر بين الأفراد وتتكون بطريقة تلقائية ومن أمثلتها الزمر وجماعات الأصدقاء.

4. **الجماعة الاختيارية والجماعة الإجبارية:**

- الجماعة الاختيارية: وهي الجماعة التي ينتمي إليها الفرد بمحض اختياره مثل الجماعات المدرسية والنوادي فالفرد يختار عضويته فيها ويستطيع الخروج منها في وقت من الأوقات.
- الجماعات الإجبارية: وهي الجماعة التي ينتمي إليها الفرد دون أن يكون له رأي في ذلك مثل عضوية الأسرة والعضوية القومية.

5. **الجماعة الأولية والجماعة الثانوية:**

- الجماعة الأولية: وهي التي يتصل فيها الفرد اتصالاً قوياً مباشراً وتمتاز بالترابط والتعاون الداخلي وفيها ينصهر الأفراد في وحدة مشتركة وتنطوي على نوع من التعاطف والتوحد المتبادل الذي يعبر عنه الأفراد تلقائياً بكلمة نحن. بخلاف الحال في الجماعة الثانوية.

6. **الجماعات من حيث العضوية:**

تعتبر الطريقة التي يتوصل بها إلى العضوية إحدى الصفات المهمة للجماعات ويفرق علماء الاجتماع غالباً بين نوعين من العضوية.

أ. العضوية التي يجد الفرد نفسه حاصلاً عليها دون ترتيب سابق ودون أن تكون

له السيطرة على توجيهها. وتسمى الجماعات في هذه الحالة بالجماعات ذات الأصل المشترك.

ب.   العضوية التي يكون الفرد حـراً في قبولهـا أو رفضـها وتسـمى الجماعـات في هـذه الحالـة الجماعات ذات المصلحة المشتركة.

7.   **الجماعات من حيث العلاقات:**

بناءً على العلاقات التي تنشأ في النسق الاجتماعي هناك نوع آخر من الجماعات:

أ.   الجماعات المستغرقة: وهذه الجماعات تكون العضوية فيها من النـوع الـذي لا يسـمح للفـرد بالعضوية في جماعة أخرى مثل الطوائف في الهند.

ب.   الجماعات الاختيارية: ويمكن أن نقسّم هذا النوع إلى قسمين هما:

1.   جماعات اختيارية استغراقية: حيث يكون الأعضاء في جماعة واحـدة متضمنين في الجماعـات الكبرى مثل أعضاء المحافظة. والولاية في دولة ما هم أعضاء في مجتمع الدولة أيضاً.

2.   جماعات اختيارية لا استغراقية: وفيها تكون العضوية لا تؤهل ولا تمنع في جماعة أخرى مثـال ذلك عضوية الروابط والنوادي.

جماعة الرفاق:

التعريف: هم الأطفال الذين يشبهون الطفل في المستوى الاجتماعي والاقتصادي والتعليمـي وفي صفات أخرى مثل السن وبينهم قواسم مشتركة في الميول والاتجاهات والرغبات.

مستويات جماعة الرفاق:

المستوى الأول:

جماعة رفاق اللعب: تتكون بصورة تلقائية لإشباع حاجات الجماعة إلى اللهو واللعب.

المستوى الثاني:

جماعة اللعبة: وهي الجماعة التي تشارك في لعبة جماعية مثل كرة القدم وغيرها وهي أكثر تعقيداً من الجماعة الأولى.

المستوى الثالث:

جماعة الشلة: وهي جماعـة مشاركـة حميمـة وتمثل درجـة أعلى مـن التعقيـد حيـث لهـا إمكانات وأوضاع اجتماعية متشابهة وهناك روابط مختلفة بين أعضائها.

المستوى الرابع:

جماعة العصابة: وتمثل درجة في التعقيد في التنظيم الاجتماعي وأهم مـا يميز العصابة هـو الصراع فهي لا تنمو ولا تزدهر دون وجود هذا الصراع إما مع السلطة أو مع من يمثلها في المجتمع أو مع عصابة أخرى.

- **آليات التنشئة الاجتماعية في جماعة الأقران (الرفاق):**

تستخدم جماعة الأقران آليات متعددة تساعدها في تحقيق دورها النفسي- والاجتماعي لأعضائها وفي تحقيق وظائفها في التنشئة الاجتماعية وبصفة عامة يمكن أن نحدد ثلاث آليات رئيسية تستعملها جماعة الأقران (الرفاق) وهي:

أولاً: التعزيز والعقاب في جماعة الأقران.

يسعى العضو الجديد في جماعة الأقران أن يحظى بانتباه وتقدير أفراد الجماعة أو من أعضائها المهمين بالنسبة له ومن الطبيعي أن نجد أن جماعة الأقران قادرة على إشباع هذا الاهتمام وتحقيقه. وبشرط أن يسلك هذا العضو بما يتفق مع ما وافقت عليه الجماعة. وبما ينسجم مع معاييرها وقيمها. وعندئذ تقبله في عضويتها. وهذا القبول في حد ذاته تعزيز لذلك السلوك الذي أظهره العضو الجديد ثم تستمر عملية التعزيز الاجتماعي في جماعة الأقران. ويمثل هذا التعزيز أو الثواب الاجتماعي في منح بعض أعضائها احتراماً وتقديراً خاصاً أو حتى وصفه في مكانه المتحدث أو المستشار وكذلك قد تمارس جماعة الأقران ألواناً ودرجات من العقاب بالاستهزاء أو المقاطعة أو حتى النبذ والابتعاد.

ثانياً: النماذج الشخصية التي تقدمها جماعة الأقران (الرفاق):

وكذلك تحدث التنشئة الاجتماعية في جماعة الأقران عن طريق النماذج والأمثلة. ففي هذه الجماعة قد يصبح عضو من أعضائها لسبب من الأسباب ذا قيمة خاصة تجعل منه مثلاً ونموذجاً يحتذى به ويتوحد معه سائر الأعضاء أو بعضهم. وفي هذه الحالة يصبح أعضاء الجماعة أكثر حساسية وأكثر استعداداً للاستجابة لمثل هذا الشخص. مما يضاعف من تأثير آرائه واتجاهاته ويزيدها عمقاً في الجماعة.

ثالثاً: المشاركة في اللعب:

يبدأ الطفل عن طريق اللعب في جماعة الأقران معرفة الحدود التي تضعها الجماعة على الفرد وهو يتعلم هذا بالمشاركة ويعرف كيف تنمو القواعد المشتركة أو تخترع بواسطة الجماعة لمواجهة موقف أو مشكلة معينة أو كيف تستعار من جماعة أخرى. أو يضعها كبار للجماعة.

- **دور جماعات الرفاق في التنشئة الاجتماعية:**

1. تكوين معايير اجتماعية جديدة وتنمية الحساسية والنقد نحو بعض المعايير الاجتماعية الاسئدة للسلوك.
2. إتاحة الفرصة للفرد للتجريب والتدريب على أنواع السلوك المختلفة.
3. إتاحة الفرصة لتقليد الكبار والاقتداء بهم في جو يتسم بالسماحة.
4. إتاحة الفرصة لأداء السلوك بعيداً عن رقابة الكبار واعتماد الرقابة الذاتية.

5. تعديل السلوك المنحرف لدى أعضاء الجماعة.

6. ملئ الفجوات وسد الثغرات التي تتركها الأسرة والمدرسة في معرفة الطفل.

7. إتاحة الفرصة لتحمل المسئولية الاجتماعية والتبعية الأخلاقية.

8. تقديم المثل الأعلى أو النموذج المثالي والمعايير الاجتماعية والفرص الجيدة للتقليد مـن خـلال رأي الجماعة.

9. تعطي الجماعة القوة والنفوذ للفرد فهي تسنده في سلوكه وتؤكد له ملكية أفعاله واتجاهاته.

10. تهيئ الجماعة وسطاً اجتماعياً يشبع فيه الفرد حاجاته ويمارس تأثيره الإيجابي.

11. تشجيع القدرة على القيادة عن طريق القيام بأدوار اجتماعية معينة.

12. إشباع حاجات الفرد من خلال وصوله إلى المكانة الاجتماعية والانتماء.

13. العمل على تحقيق أهم مطالب النمو الاجتماعي وهو الاستقلال والاعتماد على النفس.

14. المساعدة على النمو الجسمي عـن طريق إتاحـة الفرصة لممارسة النشاط الرياضي والنمو العقلي عن طريق ممارسة الهوايات والنمو الاجتماعي عـن طريق أوجـه النشـاط الاجتماعـي وتكوين الصداقات.

هذا الأثر الإيجابي لجماعة الرفاق ومن الجدير بالذكر أن لبعض جماعات الرفاق آثار سلبية تنعكس على الفرد وسائر أعضاء الجماعة فتؤدي بهم إلى أن يكونوا بـؤرة للفسـاد والانحـلال ومـن ثـم الدخول إلى دوائر السرقة والإجرام وتعاطي المخدرات.

ثانياً: أماكن العمل:

العمل كباقي المؤسسات الاجتماعية الأخرى حيث أنها مرحلـة طبيعيـة وأساسـية لابـد أن يدخلها الفرد ويواجهها وإلا كان عالة على المجتمع وسبباً في رفضه والتقليل من ذاته.

وتتحدد الأدوار والمراكز الاجتماعية للأفراد عن طريق العمل مـن خـلال نـوع المهنة التي يمارسها. ومدى التحصيل العلمي الذي ناله إلى جانب قدراته ونشاطاته التي يقوم بها، وفي العمل لابـد من حدوث تفاعل اجتماعي بين الفرد وزملائه في العمل مما يضطره إلى التكيف مع الأشخاص الآخرين وإقامة علاقات اجتماعية معهم.

ثالثاً: أماكن العبادة:

يؤثر الدين تأثيراً في نفوس الأفراد وخصوصاً في المجتمـع العربي الـذي يعتبر مهد الـديانات السماوية الثلاث وتعتبر دور العبادة من المؤسسات المهمة التي

تسهم في تربية الفرد وتشكيل شخصيته.

ويتلخص أثر دور العبادة في عملية التنشئة الاجتماعية بما يلي:

1. تعليم الفرد والجماعة التعاليم الدينية السماوية التي تحكم السلوك بما يتضمن السعادة للفرد والمجتمع.
2. إمداد الفرد بإطار سلوكي معياري مرتضى مبارك.
3. تنمية الضمير عند الفرد والجماعة.
4. الدعوة إلى ترجمة التعاليم السماوية السامية إلى سلوك علمي.
5. توحيد السلوك الاجتماعي والتقريب بين مختلف الطبقات مما يؤدي إلى تواضع الطبقة الاجتماعية العليا وشعور الغني بالمسئولية تجاه الفقير والمساواة بين الجميع.

يعتبر المسجد أنسب مؤسسات التربية الأخلاقية والاجتماعية ومن أهم المؤسسات التي تسهم في تربية الفرد وصقل شخصيته وهو بيئة لا تدانيه إلى دوره في التربية الأخلاقية والاجتماعية أي مؤسسة اجتماعية أو تربوية أخرى.

ويمكن إجمال دور المسجد في التنشئة الاجتماعية والاخلاقية في النقاط التالية:

1. غرس الاتجاهات القامة على حب الخير والعمل والابتعاد عن عمل الشر والابتعاد عنه في القول والعمل.
2. إكساب الأفراد اتجاهات وعادات ديمقراطية واجتماعية وتعاونية سليمة من خلال الخطب والمواعظ والدروس في المسجد.
3. تطويع الشخصية والنفس الإنسانية بما يضمن لها الخير والسلامة من خلال التأثير العظيم الذي تحدثه القيم الروحية والأخلاقية في النفس.
4. للإسلام والمسجد (رمز الحي) أعظم الأثر في الأمثلة على الحرية والمساواة والشورى.

رابعاً: وسائل الإعلام:

تعتبر وسائل الإعلام ذات أهمية كبرى في حياة الإنسان في هذا العصر فلم يعد الإنسان المعاصر قادر على الاستغناء عن زاد يتزود به يومياً من المادة الإعلامية سواء كانت مسموعة أو مقروءة أو مرئية.

وتلعب وسال الإعلام دوراً كبيراً في عمليات التثقيف والتعليم والتوعية وقد يكون لها تأثيراً سلبياً أو ضاراً إذا ما هيأت الأذهان لذلك.

- **تعريف الإعلام:**

«عملية تعبير موضوعي يقوم على تقديم الحقائق والأرقام والإحصائيات ويستهدف تنظيم التفاعل بين الناس من خلال وسائله المتخصصة العديدة».

وسائل الإعلام:

هي مجموعة من المواد العلمية والأدبية والفنية المؤدية للاتصال الجماعي بالناس بشكل مباشر أو غير مباشر من خلال الأدوات التي تنقلها أو تعبر عنها مثل التلفزيون والإذاعة والصحافة والسينما والفيديو ووكالات الأنباء والمعارض والمؤتمرات والندوات.

● **بعض المؤسسات الإعلامية وأثرها التربوي والاجتماعي:**

أ.   **الإذاعة:**

تعتبر الإذاعة من أكثر وسائل التثقيف والتربية انتشاراً وترجع أهميتها إلى الأمور التالية:

1.   أن الكلمة المنطوقة ذات أثر كبير لأنها لا تحتاج إلى معرفة سابقة بالقراءة والكتابة.

2.   وسيلة سهلة لتحصيل الثقافة ولإثراء الفكر.

3.   يستفاد من الإذاعة في خدمة الأهداف التربوية والتثقيفية.

4.   تزيد الإذاعة من الوعي الاجتماعي وبالتالي الوعي الأخلاقي من خلال البرامج المختلفة، والحكايات والقصص وغيرها.

5.   وتبرز أهمية الإذاعة كونها تعتمد على حس واحد هو السمع.

● **أثر الإذاعة على التنشئة الاجتماعية:**

1.   إثارة النشاط العقلي للطفل وتوسيع مداركه وتنمية تفكيره وحب الاستطلاع لديه.

2.   زيادة ثقافة الطفل وقدرته اللغوية وزيادة القدرة الأدبية لديه.

3.   تنمية الميول والاتجاهات الإيجابية.

4.   توسيع الآفاق الاجتماعية لدى الطفل نحو بيئته المحلية والعربية والعالمية.

5.   تنمية الذوق الفني وإحساسه المرهف وتوسيع خياله وتصوره للحياة.

6.   تعزيز روح الانتماء والتواصل الاجتماعي وبلورة دوره في الحياة.

7.   تشكيل وجدان الطفل والترويح عن نفسه وإدخال البهجة والأمل والسرور إلى حياته.

8.   تنمية قدراته الحسية والقدرة على الإصغاء والانتباه والتركيز هذا بالإضافة إلى دور الإذاعة المدرسية على التنشئة الاجتماعية للطفل في المدرسة.

ب.   **التلفزيون:**

يلعب التلفزيون في الوقت الحاضر دوراً فاعلاً ومؤثراً في حياة الناس وخاصة الأطفال فينقل إليهم في بيوتهم أو في أي موقع يتواجدون فيه العلم والخبرة

والتسلية والترفيه.

حيث أن الأطفال هم أكثر فئات المجتمع مشاهدة لبرامج التلفزيون حيث يقضون وقتاً كثيراً في متابعة برامجه المتخصصة لذلك لابد من معرفة الآثار الإيجابية والسلبية لهذه المشاهدات على التنشئة الاجتماعية للطفولة.

1. **الآثار الإيجابية:**

أ. يساهم في إعداد الطفل وتعويده الاعتماد على النفس واكتساب المعلومات والمعارف العامة من خلال المشاهدات التي تنمي فيه هذه العادات وبخاصة القصص والمسرحيات الهادفة.

ب. تعزيز مدركات الطفل الثقافية وتنميتها وإثراء القاموس اللغوي والمعرفي والكلامي لديه. وتعويده الجرأة وحسن الأداء.

ج. تقديم الأنماط السلوكية المناسبة والنماذج المثالثة في التربية.

د. مساعدة الأطفال في اختيار هوياتهم وتعزيز ميولهم وصقل مواهبهم.

ه. تدريبهم على الالتزام بدقة في الوقت وذلك من خلال الالتزام بمواعيد محددة في بث البرامج.

و. يكتسب الطفل الأدوار التربوية الإيجابية على المستوى الأخلاقي والسلوكي وذلك عن طريق التقليد والتقمص للشخصيات المعروفة.

ز. تعميق الانتماء الاجتماعي بين الطفل ومجتمعه الذي يعيش فيه.

ح. تعليم الطفل العناية الشخصية بالنظافة والمحافظة على الأسنان والجسم.

ط. تعليم الطفل العادات الصحية السليمة مثل زيارة المرضى وزيارة الأطباء عند الإصابة بالمرض والاستماع إلى نصحهم.

2. **الآثار السلبية لبرامج التلفزيون:**

أ. يقضي الطفل وقتاً طويلاً في مشاهدة برامج التلفزيون وهذا يجعله يعرض عن ممارسة أعمال أخرى تعتبر هامة.

ب. ربما يتقمص الطفل الأنماط السلوكية السلبية من خلال تقليد الشخصيات التي يعرفها في مشاهد العنف والضرب والاحتيال والسرقة وغيرها.

ج. يعتبر الطفل التلفزيون مرآة تعكس الواقع والحقيقة كما هي دون تدخل أو تعديل و تغيير في حين تؤدي الإمكانات الفنية للعرض إلى الخلط بين الوهم والحقيقة لدى الأطفال.

د. تؤدي المشاهدة المكثفة للتلفزيون إلى الاكتفاء بالاستماع إلى الكلام عن جهة واحدة لذلك فإن الطفل لا يفهم إلى نسبة ضئيلة مما يسمع ولن يحتفظ في ذاكرته إلا بنسبة ضيلة جدا منه.

ه. يحد التلفزيون من انطلاقة غير المقيدة في اللعب والحركة.

ج. **الصحافة:**

حتى تحقق الصحافة أهدافها وتقوم بدورها السليم وتؤدي وظيفتها التربوية يجب عليها ما يلي:

- أن يكون هدفها منبثقاً من أهداف المجتمع وقيمه ومبادئه وأن يلقي الضوء على مشكلاته وحلولها.
- أن تعمل على توجيه الفكر الديمقراطي إلى سبل الارتقاء والفهم السليم.
- أن تتحرر من كل تأثير حزبي أو طائفي أو أي سعي للكسب المادي فقط.
- **أثر الصحافة على التنشئة الاجتماعية للطفل:**

1. تنمية العادات والميول القرائية للطفل.
2. تنمية القدرة على التخيل والتصور والإبداع.
3. تنمية طرق التفكير والتخيل والربط لدى الطفل.
4. تحقيق ذاتية الطفل من خلال احترام فكرة وحكمة على الأشياء ومشاركته فيما يكتب ويعرض له من ألوان أدبية.
5. تنمية روح الانتماء عند الطفل من خلال ما تقدمه من قصص الخيال التاريخي التي تعرض نماذج من لشخصيات المحببة له التي تصقل شخصيته وتمسكه بأمته وتاريخها وأمجادها.

د. **السينما:**

يتضح أثر السينما على التنشئة الاجتماعية للطفولة من خلال ما يلي:

1. الإسهام في تنمية ثقافة الطفل من خلال تزويده بحصلة من المعلومات والحقائق والخبرات التي يجهلها وتفتح له آفاقاً جديدة من المعرفة.
2. توسيع مدارك الطفل وعقليته وتنمية الذوق الفني والجمالي لديه.
3. تنمية قدرة الطفل على التصور وتوسيع مجالات التخيل.
4. تنمية قدرة الطفل على التأمل ودقة الملاحظة وترتيب الأفكار.
5. تنمية روح المشاركة الجماعية لدى الطفل من إبعاده عن العزلة والانطواء والاضطراب النفسي والخجل.
6. تزويد الطفل بحصيلة من القيم والعادات والتقاليد الاجتماعية المرغوبة.
7. الإسهام في تعديل سلوك الطفل واتجاهاته وإكسابه أنماطاً جديدة من سلوك المواطنة الصالحة التي تتمشى مع التغيرات الاجتماعية.

ه. **المسرح:**

وله دور أيضاً في التربية الاجتماعية والأخلاقية من خلال:

1. غرس المثل العليا للاتجاهات الديمقراطية وتنميتها والبعد عن التفكير

الاتكالي والأخذ بالتفكير العلمي.

2. تقديم أنشطته من خلال مواقف تربوية صحيحة تتجسد فيها القيم السليمة للسلوك السليم.

3. إبراز المشكلات الاجتماعية بصورة حية ووضع الحلول لها.

الأسرة:

تعتبر الأسرة الوحدة الاجتماعية الأولى التي ينشأ فيها الطفل ويلتقي بها فهي المحيط الـذي تحتضنه منذ وصوله إلى هذا العالم يوم كان وليداً عاجزاً ضعيفاً (صوالحة، 1994) وتعتبر الأسرة مـن أهم الجماعات الإنسانية وأعظمها تأثيراً في حياة الأفراد والجماعات فهي الوحدة البنائية الأساسية التي تنشأ عن طريقها التجمعات الاجتماعية المختلفة وهي التي تقوم بالدور الرئيسي في بناء صرح المجتمع (الرشدان، مرجع سابق).

والأسرة هي الأداة الوحيدة تقريباً التي تنقل إلى الطفل كافة المعارف والمهارات والاتجاهـات والقيم السائدة في المجتمع بعد أن تترجمها إلى أساليب عملية لتنشئة النشـأة الاجتماعيـة بمـا يتناسب وثقافة المجتمع من جهة وما يتناسب ومتطلبات الأسرة ووسطها الاجتماعي الخاص (صوالحة، مرجـع سابق).

تعريف الأسرة:

تعريف أوجبران: حيث يعرّف الأسرة بأنها «رابطة اجتماعية مـن زوج وزوجـة وأطفالهما أو بدون أطفال أو من زوج بمفرده مع أطفاله. أو من زوجة مـع أطفالها» ويضيف بـأن الأسرة يمكـن أن تكون أكبر من ذلك فتشمل الجدود والأحفاد وبعض الأقارب على أن يكونوا مشتركين في معيشة واحدة مع الزوج والزوجة والأطفال.

تعريف ميردوك (Murdock): والذي يعرّف الأسرة بأنها: (جماعـة اجتماعيـة تتميـز بمكـان إقامة مشترك وتعاون اقتصادي، ووظيفة تكاثرية ويوجد بين اثنين من أعضائها على الأقل علاقة جنسية يعترف بها المجتمع. وتتكون الأسرة على الأقل من ذكر بالغ وأنثى بالغة وطفل سواء كان من نسلها أو كان عن طريق التبني).

تعريف برجس ولوك (Burgess and Lock): من أحسن التعريفـات التي وضعت للأسرة تعريف برجس ولوك حيث يعرفان الأسرة بأنها: (مجموعة من الأشخاص يرتبطون معـاً بـروابط الـزواج أو الـدم أو التبنـي ويعيشـون تحـت سـقف واحـد، ويتفـاعلون معـاً وفقـاً لأدوار اجتماعيـة محـددة ويحافظن على نمط ثقافي عام.

الأسرة نظام اجتماعي:

قد يبدو للبعض أن الأسرة نظام قائم على دوافع الغريزة وصلات الدم. كالأسرة عنـد نظائره من الحيوانات إلا أن الدراسة الاجتماعية العملية للأسرة ترى

غير ذلك حين تعتبر أن نظام الأسرة تقوم على اصطلاحات يرتضيها العقل الجمعي وقواعد تختارها المجتمعات وأنها لا تكاد تدين بشيء لدوافع الغريزة ويدافع عن هذا الرأي الأستاذ علي عبد الواحد وافي في كتابه (الأسرة والمجتمع) بما يأتي:

1. اختلاف النظم العائلية في جميع مظاهرها باختلاف المجتمعات والعصور، بل إنها تختلف في الأمة الواحدة باختلاف العصور وتتأثر بالأوضاع السياسية والاقتصادية والتربوية التي تسير عليها الأمة (الرشدان، مرجع سابق).
2. اختلاف نطاق الأسرة ضيقاً وسعة باختلاف المجتمعات والعصور، فأحياناً تضيق جدا حتى لا تتجاوز نطاق الأب والأم والأ[بناء، وأحياناً تتسع كل السعة حتى تشمل أفراد العشيرة كما هي الحال في العشائر الطوطمية. وقد تشمل الموالي والأرقاء كما هي الحال عند الرومان والعرب في الجاهلية. وهذا يؤكد أنها نظام اجتماعي اصطلاحي.
3. تختلف وظائف الأسرة باختلاف الهيئات والمجتمعات والعصور، فقد تشمل كل الوظائف الاجتماعية من اقتصادية وتشريعية، وقضائية وسياسية ودينية وتربوية وترفيهية كما كان الحال في الأسرة القديمة. وقد تضيق وتتقلص هذه الوظائف كما هي الحال في الأسرة الحديثة.
4. يختلف محور القرابة في الاسرة باختلاف المجتمعات وما تسير عليه من نظم، ففي بعضها لا يمت الولد بصلة القرابة إلا لأمه وأقاربها في حين أبيه وأقاربه أجانب بالنسبة إليه، كما هي الحال في معظم العشائر الأسترالية والأمريكية، وفي بعض المجتمعات يمت الولد بصلة القرابة إلى الناحيتين مع ترجيح ناحية الأب كالمجتمعات الإسلامية، وقد لا يكون هناك ترجيح لناحية على الأخرى كما في معظم الدول الأوروبية، وقد ينتسب الولد إلى جهة أخرى لا صلة لها بأبويه الطبيعيين كما هي الحال في بعض العشائر الاستوائية، حيث يتبع الولد طوطم المكان الذي أحست فيه الأم لأول مرة بحركته في بطنها.
5. تقيد النظم حرية الفرد في اختيار زوجته، فلا تبيح له هذا الاختيار إلا داخل طبقات معينة وتحظره في أخرى، وأسس التحريم هذه ترجع إلى نواحٍ اجتماعية لا صلة لها بالغرائز.
6. تضيق حرية الفرد في ارتباطه برابطة الزوجية، مع أي عدد يشاء عن طريق تدخل المجتمع في ذلك، فتبيح تعدد الزوجات في بعضها، وتعدد الأزواج في بعضها الآخر، كما تمنع بعض المجتمعات التعدد بأشكاله، فالعدد الذي تحدده المجتمعات المختلفة اصطلاحي ليس له أي أساس طبيعي أو منطقي أو غريزي.

7. لا يقر المجتمع اتصال الرجل بالمرأة، ولا يعترف به إلا إذا تم في الحد الذي رسمته النظم الاجتماعية، ولا يعترف بثمرة الاتصال هذا ولا يلحق نسبهم بأبيهم على الرغم من صلة الدم بينهم والتي لا تختلف عن تلك التي تربطه بأولاده الشرعيين، فالأولاد الشرعيون عند الأسرة الرومانية القديمة لا يعتبرون أولاداً إلا إذا اعترف بهم اعترافاً صحيحاً.

أنماط الأسرة: تختلف أنماط الأسرة باختلاف المجتمعات الإنسانية. وقد درج الباحون في الاجتماع والأنثربولوجيا على وضع تصنيفات للأسرة وفقاً لأشكالها وعلى أساس قاعدة الانتساب، ومحور القرابة، والسلطة، وموطن الإقامة كما يلي:

1. **من حيث شكل الأسرة:**

أ. هناك الأسرة النووية أو الأسرة الزواجية أو الأسرة الصغيرة وتتألف من الزوج والزوجة وإن كان بعض العلماء يذهبون إلى أن الأسرة لا تعتبر كاملة إلا إذا كانت تضم أطفالاً من كلا الجنسين.

ب. وهنك الطبيعة المزدوجة للأسرة الزواجية: وهي أسرتين زواجيتين معاً في وحدة اجتماعية واحدة تكونت الأسرة الثانية في هذه الوحدة من زواج أحد أبناء الأسرة الأولى (الإيجو) الأنا.

ج. هناك الأسرة متعددة الزوجات وهي عدة أسر زواجية معاً في وحدة اجتماعية وسكنية واحدة ويكون أساس الترابط هو وجود زوج مشترك بين عدة زوجات.

د. وهناك الأسرة متعددة الأزواج، ويكون أساس الترابط وجود زوجة يشترك في معاشرتها عدة أزواج.

ه. الأسرة المركبة الممتدة وهي عدة أسر زواجي في أسرة واحدة تربط بين أفرادها رابطة الدم واليش في وحدة سكنية واحدة ويسود بينهم تعاون اقتصادي.

2. **من حيث الانتساب الشخصي:**

هناك نوعان من الأسر:

أ. أسرة التوجيه / الاسرة التي يولد فيها الإنسان حيث تقوم بإكسابه القيم والعادات والتقاليد.

ب. أسرة التناسل / الأسرة التي يكوّنها الشخص عن طريق الزواج والإنجاب.

3. **من حيث محور القرابة:**

أ. قاعدة التسلسل القرابي الأبوي: بمعنى أن الطفل ينتمي إلى أسرة أبيه سواء كان ذكر أم أنثى.

ب. قاعدة التسلسل القرابي الأموي: بمعنى أن الطفل ينتمي إلى أسرة أمه.

ج. قاعدة التسلسل القرابي المزدوج: حيث يكون محور القرابة معتمداً على الناحيتين معاً الأب والأم (الرشدان، مرجع سابق).

4. **من حيث السلطة في الأسرة:**

هناك أربعة أنماط من الأسر هي:

أ. الأسرة الأبوية: ويكون للأب فيها سلطان واسع على أبنائه وزوجاتهم وأولادهم.

ب. الأسرة الأموية وتكون السلطة فيها للأم.

ج. الأسرة البنوية: التي يسيطر عليها أحد الأبناء.

د. الأسرة الديمقراطية: القائمة على أساس المساواة.

5. **من حيث موطن الإقامة:**

وهناك أنماط أربعة من الأسر تشكل قاعدة السكن هي:

أ. الأسرة التي يقيم فيها الزوجان مع أسرة والد الزوج.

ب. الأسرة التي يقيم فيها الزوجان مع أهل الزوجة.

ج. الأسرة التي يترك للزوجين حرية الاختيار بين سكن أهل الزوج والزوجة أو أهل الزوجة.

د. الأسرة التي يسكن الزوجان فيها بعيداً عن أهل الزوج أو الزوجة في مسكن مستقل (الرشدان، مرجع سابق).

ولتوضيح أنماط الأسرة من حيث الشكل بصورة أفضل نشير إلى الأشكال التالية حيث تـدل على الرموز العالمية التي اتفق عليها علماء الأنثربولوجيا والتي توضح العلاقة القرابية وأهمها:

معناه	الشكل
ذكر	△
أنثى	◯
علاقة زواج	=
علاقة زواج ترتب عليها إنجاب	⊤
علاقة أخوة	—

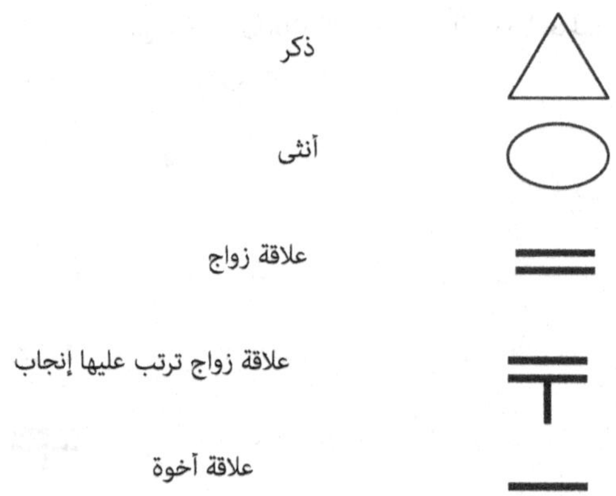

هذا وتوضح الرسومات فيما يلي الأنواع الخمسة لأنماط الأسرة من حيث الشكل:

1. الشكل يمثل الأسرة النووية (Nuclear Family):

2. مثال الأسرة ذات الطبيعة المزدوجة:

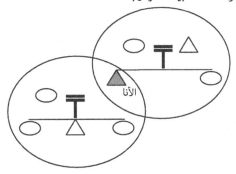

الأنا

ولكن لفهم هذا الشكل السابق والأشكال اللاحقة تشير إلى الرموز العالمية التي اتفق عليها علماء الأنثربولوجيا لتوضيح العلاقات القرابية وأهمها:

ذكر	△
أنثى	◯
علاقة زواج	=
علاقة زواج ترتب عليها إنجاب	⊤
علاقة آخوة	—

3. مثال الأسرة متعددة الزوجات Polygynons Family:

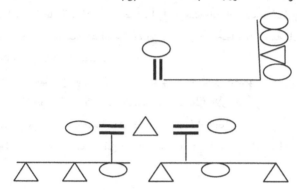

4. مثال الأسرة متعددة الأزواج Polyandrous Family:

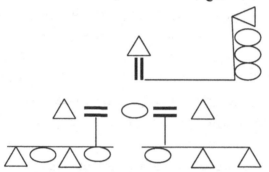

5. مثال الأسرة الممتدة Extended Family:

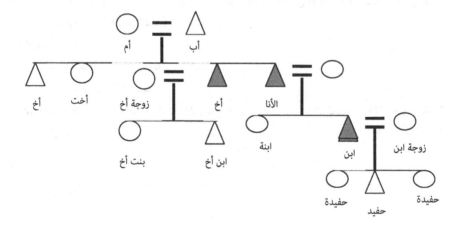

تطور الأسرة:

توجد الأسرة كنظام اجتماعي في مختلف أنواع المجتمعات البدائية والمتطورة على حد سواء، وقد مرت الأسرة بتطورات مختلفة منذ أقدم الأزمان حتى اليوم في جوانب رئيسية ثلاثة هي:

أ. تطور الأسرة من ناحية اتساعها:

فقد كان حجمها قديماً يشبه الأسرة في العصور الحديثة في حجمها المحدود، كما يبدو أيضاً أن نطاق الأسرة بين الشعوب قديماً كان أكثر اتساعاً مما هو عليه الآن، فالأسرة قد تضم أفراد العشيرة منا هو الحال عند سكان أستراليا وأمريكا، وقد تضم جميع أفراد العائلة (الأقارب) من ناحية الذكور وكذلك الأرقاء والموالي وكل من يتبناهم من رب الأسرة أو يدعي قرابتهم وكذلك الحال في الأسرة عند العرب الجاهليين.

ب. من ناحية رئاستها:

نظراً لكون الأسرة مجتمعاً صغيراً معقد الشئون فإن أمرهم لا يستقيم إلا بوجود رئيس يدير أعمالهم ومصالحها، واتفق على أن يسند الأمر في الرئاسة إلى الوالد، لكن لم يكن هو الدارج في جميع مراحل التاريخ والمجتمعات الإنسانية فقد كانت على مراحل:

1. المرحلة الأموية.
2. المرحلة الأبوية.
3. المرحلة الانفرادية أو الاستقلالية: وهي التي يستقل فيها كل من الزوجين بنفسه فلا يكون للآخر سلطان عليه وظهرت هذه المرحلة في المجتمعات الأوروبية و الأمريكية.

ج. من ناحية وظائفها:

كانت الأسرة قديماً تقوم بكفاية نفسها في مختلف أنشطة الحياة الاجتماعية، وفعالياتها الاقتصادية والسياسية والقضائية والتربوية... أما اليوم فقد تناقصت هذه الوظائف وتقلصت نظراً لظهور مؤسسة متخصصة، تكفّلت بالقيام بهذه الوظائف ولم يبق لها إلا وظيفتان هامتان هما: الوظيفة البيولوجية والوظيفة الثقافية.

خصائص الأسرة:

تتميز الأسر كنظام اجتماعي بالخصائص التالية وهي:

1. هي أبسط أشكال التجمع.
2. توجد في أشكالها المختلفة في كل المجتمعات وفي كل الأزمنة وذلك لحاجة الطفل بعد الولادة للرعاية.

3. النظام الذي يؤمن لأفراده وسائل العيش.

4. أول وسط اجتماعي يحيط بالطفل ويمرنه على الحياة كما يشكله ليكون عضواً في المجتمع.

5. الأسرة تتأثر بما سواها من النظم الاجتماعية وتؤثر فيها.

6. الأسرة وحدة إحصائية أي يمكن اتخاذها أساساً لإجراء الإحصائيات المختلفة للسكان.

7. تعتبر النموذج الأمثل لمجتمع مصغر.

وظائف الأسرة:

تقوم الأسرة بعدد من الوظائف الهامة وهي:

1. لا تزال الأسرة أصلح نظام للتناسل ويضمن للمجتمع نموه واستمراره عن طريق الإنجاب كما أنها تتواصل مهمتها نحو الأعضاء الجدد فتتولى تغذيتهم صغاراً وتنشئتهم خلال الطفولة المتأخرة.

2. الأسرة وحدة اقتصادية متضامنة يقوم فيها الأب بإعالة زوجته وأبنائه وتقوم الأم بأعمال المنزل. وقد تعمل الزوجة أو بعض الأبناء فيزيدون من دخل الأسرة.

3. الأسرة هي المكان الطبيعي لنشأة العقائد الدينية واستمرارها.

4. تعتبر الأسرة المدرسة الأولى التي يتعلم فيها الطفل لغته القومية وهي المسئولة عن التنشئة والتوجيه إلى حد كبير تشاركها النظم التعليمية الموجودة.

5. تعتبر الأسرة بالنسبة للطفل مدرسته الأولى التي يتلقى فيها مبادئ التربية الاجتماعية والسلوك والآداب العامة للحفاظ على الحقوق والقيام بالواجبات.

6. تعكس الأسرة على المجتمع صفاته فهي التي تكون الطفل وتعمل على تكامل شخصيته أولاً ثم إنه ذات عادات وتقاليد خاصة تربط أفراد الأسرة بعضهم ببعض، ثم تربطهم بالمجتمع.

7. تنظيم التصرف الجنسي بالطرق المشروعة اجتماعياً ضمن إطار ثقافة المجتمع.

8. تقوم الأسرة أخيراً بإعطاء المراكز التي تخلع علينا من اسم وعنصر- وجنسية وديانة ومهنة وطبقة ومحل إقامة (الرشدان، مرجع سابق).

هل تتخلى الأسرة عن وظائفها؟

أدت بعض الأسباب إلى تخلي الأسرة حديثاً عن كثير من وظائفها ولعل من أبرز هذه الأسباب هو خروج المرأة للعمل وتوكيل مؤسسات أخرى محلية

التنشئة الاجتماعية مثل دور الحضانة ورياض الأطفال وتتبلور فلسفة دور الحضانة في تنشأة الطفل حول فكرة أنها ليست فقط امتداداً لحياة الطفل مع أسرته بل إنه تحسين وإضافة لها فتحقق للطفل حاجات كثيرة لا تستطيع الأسرة تحقيقها (حوامدة، مرجع سابق) كما يذكر الدكتور محمد صوالحة ومصطفى حوامدة في كتابهما أساسيات التنشئة الاجتماعية.

في حين أن بعض علماء الاجتماع يبدون تخوفهم من تخلي الأسرة عن وظيفتها ويعتبرون ذلك بمثابة تهديد للأسرة ومؤشر لزوالها. كذلك فإنهم ينسبون الأمراض والأوبئة الاجتماعية وكل مظاهر التفكك الأسري إلى ذلك.

دور الأسرة في التنشئة الاجتماعية:

لقد كان إجماع الباحثين في مجالات التنشئة الاجتماعية على أن الخبرات الاجتماعية الأسرية لا سيّما في مرحلة الطفولة المبكرة تلعب دوراً كبيراً وأساسياً في بناء شخصية الطفل الاجتماعية والنفسية، ويتضح هذا الدور من خلال ما يلي:

1. تلعب الأسرة دوراً رئيسياً في إكساب الطفل العادات والقيم الاجتماعية السليمة في كافة المجالات، ومنها يتعلم الصواب والخطأ ويتعرف على الأساليب السلوكية التي يتمثلها كأسلوب في سلوكه.

2. الأسرة تمد الطفل بالمعرفة اللازمة لما له من حقوق وما عليه من واجبات بل وكيف يسلك للحصول على حقه أو تأدية واجبه (الرشدان، مرجع سابق).

3. تستأثر الأسرة بدور تكاد تنفرد به من دون المؤسسات الاجتماعية الأخرى وهو تعليم الصغار اللغة ووسائل الاتصال الأخرى وتخلع على الطفل الإسم والجنسية والهوية والديانة والمهنة أحياناً والطبقة ومحل الإقامة.

4. تؤدي الأسرة دورها الاجتماعي اتجاه الأطفال حيث يتلقون فيها مبادئ التربية الاجتماعية والآداب العامة وأساسيات المواطنة الصالحة.

5. تغرس الأسرة في أبنائها الانتماء إلى الأرض والأمة التي هو جزء منها.

6. يتعلّم الطفل معاني الحرية والمساواة والحب والإيثار والمشاركة والمساعدة واحترام الآخرين وتقديرهم.

7. تنقل الأسرة لأفرادها صورة حية عن أسس التعامل والتفاعل الاجتماعي من خلال ممارسات الكبار والقدوة في السلوك.

8. يقف الطفل على أهم الأدوار الاجتماعية المناطة به من خلال الأسرة حيث يتم تنشئته على الأدوار التي يتوقعها مكنه مجتمعه (الرشدان، مرجع سابق).

9. تلعب الأسرة دور مهم في عملية السيطرة والضبط الاجتماعي كأداة فعالة في كبح السلوكيات الشاذة وتعديلها (ويلر، 1982).

10. تلعب الأسرة دوراً كمؤسسة دفاع اجتماعي حيث تحفظ أفرادها بالتنشئة

السليمة من الانحراف (القضاة، 1992).

المدرسة:

تعتبر المدرسة من المؤسسات الاجتماعية التي تؤثر في التنشئة الاجتماعية للطفولة، حيث يدخل الأطفال المدرسة لأول مرة في سن السادسة تقريباً، وتكون الأسابيع الأولى في المدرسة من أكثر الفترات الحرجة في حياة الطفل، حيث ينتقل الطفل من بيئة تتسم باتصالات محدودة إلى بيئة ذات اتصالات أوسع، وذات طبيعة تتميز بجديتها وتتضمن أدواراً وتنظيمات متعددة ورتيبة وعادة ما تكون هذه التنظيمات ذات صراع مباشر مع السلوك المألوف في المنزل، وهذا يتطلب من الطفل تعديل سلوكه إلى الحد الضروري لتحقيق التكيف المناسب في المدرسة (حوامدة، مرجع سابق).

تعريف المدرسة:

1. «هي الاستجابة الفعالة لعملية التعلم وهي عبارة عن مثير ومؤثر».
2. «هي المؤسسة التي أنشأها المجتمع لتقوم على تربية وتنشئة أبناءه».

إن معظم ما تقوم به المدرسة من وظائف على الصعيد التربوي أو الاجتماعي فيما تقدمه ينحصر في ثلاثة أمور:

1. نقل العلم والمعرفة.
2. نقل الثقافة عبر الأجيال عادات، قيم، اتجاهات، مُثل وتطهير الثقافة.
3. تعليم المهارات اليدوية.

المدرسة كمؤسسة اجتماعية:

المدرسة مؤسسة اجتماعية تقوم بعمليات التعليم والتربية، وتعمل المدرسة على تنمية القدرات الفردية وتشجيعها حتى يستطيع الأفراد الاستجابة للتحديات المتغيرة التي تواجه مجتمعاتهم، فهي بذلك تقوم بوظيفتين تكادان متناقضتان، الأولى تتعلق بنقل التراث والمحافظة عليه. والثانية تتعلق بالتغيير ومواكبة التطور، والنظام التعليمي الجيد هو الذي يستطيع التوفيق بين هاتين الحاجتين.

وتعتبر المدرسة من المؤسسات القيمة على الحضارة العالمية، وقد أشار أحد المربين إلى ذلك بقوله: «هناك مؤسسات رئيسية خمس تتولى أمر الحضارة ومحتفظة بما فيها، وصائنة حاضرها ومؤمنة مستقبلها التقدمي وهذه المؤسسات هي البيت، المدرسة، الدولة، مؤسسات العمل، مؤسسات الدين. وتقوم كل منها على فكرة جوهرية تبرر وجود المدرسة وتبين الخدمة التي تؤديها إلى الحضارة (الرشدان، 1999).

عوامل نشأة المدرسة:

تضافرت عوامل ومتغيرات عديدة إلى قيام الظروف الضرورية التي أملت

الحاجة إلى نشوء المدارس وانتشارها ومن أهم هذه العوامل:

1. التبدلات البنائية الاجتماعية كالتحول من مجتمعات بسيطة التركيب متجانسة إلى مجتمعات معقدة التركيب، وقد أدى هذا إلى اتساع حاجات المجتمع وتعقيد الحياة وتراكم التراث الاجتماعي والثقافي وتزايد الأعباء المرتبطة بإعداد الأفراد مما جعل القبيلة والعشيرة والأسرة غير قادر على الوفاء بطلبات الأفراد.
2. اتساع وتطوير النشاطات الاقتصادية وحاجة تلك المتغيرات إلى معارف ومهارات جديدة ونظم خارجة عن قدرات الأسرة.
3. تزايد التراث الإنساني وتراكمه حيث أن عملية نقله أصبحت بحاجة إلى مؤسسة متخصصة كذلك الاتصال بين الحضارات والثقافات الأمر الذي تعجز عن تلبية احتياجاته ومستلزماته المؤسسات التقليدية مما فرض الحاجة إلى مؤسسات متخصصة.
4. تنافس الأمم على الثروات والأسواق من خلال التطور التكنولوجي والمعرفي الذي أدى إلى إبراز أهمية التعلم المنظم (علم اجتماع التربية، 1992).

مراحل نشأة المدرسة:

مرت المدرسة بعدة تطورات ومراحل حتى وصلت إلى ما هي عليه الآن وهذه المراحل هي:

1. المدرسة البيتية: كان الأبوان هما المسئولين عن تربية الأبناء عن طريق الملاحظة والتقليد والممارسة لصور عرضية غير مقصودة عن طريق اللعب وتقليد الكبار.
2. المدرسة القبلية: لم تكن المدرسة البيتية كافية لسد احتياجات الأقوام البدائية لعجزها عن ممارسة الشؤون الروحية وإعداد الأطفال لها فاستعان الآباء بخبراء القبيلة أو عرافيها لهذا الغرض.

ويقصد بالحياة الروحية ما يتعلق بالعقائد والطقوس الدينية حيث كانوا يؤمنون بالأرواح والقوى المستترة وأن لكل جسم نفساً وقريناً وعلى أساس هذه العقائد الخرافية كان الإنسان البدائي يبني سلوكه اليومي وهذا ما دفع الوالدين إلى الاستعانة بالعرافيين العالميين بأخبار هذه القوى.

3. المدرسة الحقيقية: وأخيراً ظهرت المدرسة الحقيقية يديرها معلمون من أهل الاختصاص وتتخذ لها مكاناً محدداً بين المؤسسات الاجتماعية (الرشدان، مرجع سابق).

وظائف المدرسة:

تتلخص الوظائف العامة للمدرسة فيما يلي:

1. لم تعد المدرسة مسئوليتها الاهتمام بالجانب العقلي للطفل، بل أصبحت تهتم بتنمية شخصية الطفل من جميع جوانبها العقلية والخلقية والاجتماعية والجسدية.

2. التركيز على حاضر الطفل من جميع جوانبه وهي بذلك تعده للمستقبل.

3. نقل التراث الثقافي عبر الأجيال.

4. الاحتفاظ بالتراث والعمل على تعزيزه وتسجيل الجديد وإسقاط ما هو غير مناسب.

5. تبسيط التراث الثقافي، فالمدرسة تبسط التراث وتقدمه بما يتناسب مع مراحل النمو المختلفة.

6. تطهير التراث الثقافي من الشوائب والعيوب.

7. إقرار التوازن بين أفراد ومختلف عناصر البيئة الاجتماعية وإتاحة الفرصة لكل فرد حتى يتحرر من قيود الجماعة التي نشأ فيها.

8. إذابة الفوارق الطبقية بين أطفال المدرسة.

مميزات المدرسة:

تتميز المدرسة بمميزات خاصة، يمكن على أساسها أن ندرسها كوحدة اجتماعية مستقلة هي:

1. أن المدرسة تضم أفراداً معنيين هم المدرسون والتلاميذ، فالمدرسون يقومون بعملية التدريس والطلاب يتلقون التعليم.

2. أن لها ثقافتها الخاصة، هذه الثقافة التي تكون في جزء منها خلق التلاميذ مختلفي الأعمار وفي الجزء الآخر خلق المدرسين.

3. أنها تمثل مركزاً للعلاقات الاجتماعية المتداخلة والمعقدة وهذه العلاقات هي المسالك التي يتخذها التفاعل الاجتماعي.

4. أن يسودها الشعور بالانتماء أي الشعور بـ (نحن) فالذين يتعلمون في المدرسة يرتبطون فيها ويشعرون بأنهم جزء منها وأنها تمثل في حياتهم فترة مهمة.

5. أن المدرسة لها تكوينها السياسي واضح التحديد فطريقة التفاعل الاجتماعي التي نجدها في المدرسة والتي تتمركز حول القيام بالتعليم واستقباله تحدد النظام السياسي للمدرسة.

6. العملية التعليمية داخل المدرسة تتكون من علوم وحقائق ومهارات وقيم واتجاهات (الرشدان، مرجع سابق).

7. المدرسة بيئة تربوية مبسطة من خلال اختيار مواد ملائمة لعقل الطفل وسد

حاجاته ونبذ المواد المعقدة وكذلك تصنيف المـواد وتـدريجها مـن السـهل إلى الصـعب ومـن المعلوم إلى المجهول.

8. المدرسة بيئة مصفاة، فالمدرسة تحاول تنقية بيئة الطالب مـن الفسـاد وتصـفيتها مـن الـدرن وتهيئ له بيئة وجو مشبع بالفضيلة والتقوى.

9. المدرسة بيئة تربوية واجتماعية موسعة فلا تقتصر على اختبارات شخصية مباشرة، بـل تعلمـه أيضاً عن طريق اختبارات الآخرين، بذلك تعمل على توسيع أفقه من حيث الزمان والمكان.

10. المدرسة بيئة تربوية صاهرة، تلاميذ المدرسة خليط من عناصر متفرقـة تمثـل مختلـف الفئـات والطبقات لذلك يعوزهم كثير من الاندماج والائتلاف والمدرسة تعمل عـلى توحيـد ميـولهم ونزعاتهم وصهرها في بوتقة قومية واحدة (شهلا، 1972).

دور المدرسة في عملية التنشئة الاجتماعية (سليمان، 1985):

إضافة إلى الوظائف العامة للمدرسة فإنها تساهم في تنشئة التلاميذ اجتماعياً كما يلي:

1. توجيه الطلاب إلى الاهتمام بشؤون مجتمعهم واحترام النظم العامة.

2. إكساب الطالب إيماناً بالقيم الصالحة.

3. مساعدة الطالب على تحمل المسئولية الاجتماعية.

4. إكساب الطالب القدرة على النقد الذاتي.

5. تحقيق مبدأ المشاركة الجماعية لكافة الطرق لربط الأفراد وتحقيق التماسك الاجتماعي.

6. إيجاد مواطنين اجتماعيين وتكوين المجتمع من خلال مساعدة التلاميـذ عـلى التفكيـر والعمـل وإقامة العلاقات الاجتماعية من خلال التفاعل الاجتماعي.

7. تنمية قدرات التلميذ ومعاونته عـلى امتصـاص ثقافـة مجتمعـه في صـوره محسـنة وإكسـابه الصفات الاجتماعية التي تؤهله للعيش في مجتمعه.

8. ربط أهداف التعليم بأهداف المجتمع كي تنمو الأهداف نمواً اجتماعياً وأن تكون مرنة قابلـة للتغيير في ضوء الاحتياجات المتجددة للمجتمع.

9. تقديم المساعدة الاجتماعية للتلميذ في تحقيق رغباته وميوله وحل مشكلاته.

10. يجب أن تتلاءم الإمكانيات المادية في المدرسة والوسائل والمعامل والمختبرات والحجرات مـع الاحتياجات الاجتماعية للتلاميذ.

11. ربط المناهج التعليمية باحتياجات التنمية الشاملة الاقتصادية والاجتماعية.

12. ربط المواد الدراسية بالأحداث الجارية للتلاميذ.

13. النهوض بالمجالس واللجان التنسيقية المدرسية كلجان ومدارس الآباء والمعلمين واتحادات الطلبة.

وظائف المدرسة إزاء المؤسسات الأخرى:

1. المدرسة أداة استكمال: حيث أنها تقوم باستكمال ما بدأته المؤسسات الأخرى وعلى رأسها الأسرة.

2. المدرسة أداة تصحيح: حيث تقوم بتصحيح الأخطاء الاجتماعية التي ترتكبها المؤسسات الأخرى.

3. المدرسة أداة تنسيق: حيث تقوم بتنسيق الجهود التي تبذلها سائر النظم الاجتماعية في سبيل تربية الأطفال وتظل على اتصال دائم بها لترشدها إلى أفضل الأساليب التربوية والتنشئة (شهلا، مرجع سابق).

العلاقات الاجتماعية في المدرسة:

أولاً: العلاقة بين التلاميذ:

إن من واجب المدرسة بذل جهود لإشباع حاجات التلاميذ من خلال:

1. الأداء الصحيح لدورها التربوي والاجتماعي داخل الفصول بإقامة الفرص للمناقشة الفعالة المنظمة بين التلاميذ.

2. زيادة مجالات النشاط وتنويعها.

3. تنشيط عملية التوجيه النفسي والاجتماعي التي يقوم بها الأخصائي الاجتماعي.

4. إعادة تنظيم التلاميذ في الفصول والفرق والجماعات على نحو تحقيق التجانس بينهم.

5. إتباع تقليد استقبال التلاميذ القدامى لإخوانهم الجدد استقبالاً طيباً.

6. أن تتيح المدرسة للتلاميذ فرصة تبادل الزيارات المنظمة مع المدارس الأخرى (أبو الفتوح، 1973).

ثانياً: العلاقة بين التلاميذ والمدرسين:

يجب على المدرسة تعميق العلاقات السليمة بين التلاميذ والمدرسين بأساليب كثيرة منها:

1. زيادة اختلاط المدرسين مع التلاميذ في العمل والنشاطات.

2. زيادة زمن التحدث والمناقشة في المواضيع الهامة التي تشمل الرأي العام داخل المدرسة وخارجها.

3. زيادة فرص اللقاءات الجماعية بين المدرسين وتلاميذهم عن طريق الندوات والمحاضرات.

.4

5. زيادة فرص الاندماج بين المدرسين والتلاميذ عن طريق الرحلات المدرسية والمعسكرات (سرحان، 1978).

ثالثاً: العلاقة بين المدرسة والمجتمع الخارجي:

تسعى المدرسة الحديثة حالياً إلى تدعيم التعاون بينها وبين الأسر والمجتمع من خلال:

أ.   مجلس الآباء والمعلمين.

ب.   المجلس الاستشاري من أهل الخبرة في المجتمع.

ج.   مجلس أصدقاء المدرسة.

د.   مجلس الطوارئ والأزمات.

ﻫ.   مجلس التطوير التربوي (الرشدان، 1997).

و.   مجلس الضبط المدرسي.

منزلقات المدرسة:

1. الانعزالية: ويقصد بها أن تقيم المدرسة الحواجز الحصينة بينها وبين الحياة الاجتماعية بدل الاتصال الدائم والتفاعل وقد كانت هذه حال المدرسة القديمة.

2. الرجعية: وتعني التمشي مع المثل القائل (إبقاء القديم على قِدَمِه والابتعاد عن كل ما هو جديد)، وإذا أصيبت المدرسة بهذا الداء فإنها تتخلف عن ركب المدرسة الحديثة ويكون مثلها كمثل الماء الراكد.

3. الاهتمام بمستقبل الطفل دون حاضره، وهذه من سمات المدرسة القديمة لذلك يجب على المدرسة الحديثة أن تنطلق من واقع الطفل وميوله وحاجاته والاهتمام بها لا اعتباره رجلاً صغيراً لا كما كانت تفعل التربية القديمة ومدارسها فقد قال (روسو) في هذا الصدد: «ماذا تقول البربرية التي تضحي بحاضر الطفل من أجل مستقبله وتنسى ـ هذا الحاضر طمعاً بسعادة مزعومة لا يجود بها المستقبل أبداً» (رسالة المعلم، 1994).

الأسس الاجتماعية للتربية

النظم الاجتماعية Social Institutions

إن النظم الاجتماعية تشكل الدعامة الأساسية في بناء المجتمع، نظراً لما تقوم به من وظائف أساسية هامة تشمل جميع جوانب الحياة الاجتماعية. وههذ الوظائف التي تؤديها النظم المختلفة للمجتمع تتجه أساساً إلى إرضاء عدد من الدوافع الإنسانية، جسمية ونفسية، ورغم كون هذه الدوافع قليلة العدد، إلا أن وسائل إشباعها متعددة ومتشعبة، فإشباع حاجة الإنسان إلى الطعام مثلاً، لا يتحقق بمجرد الحصول عليه، وإنما بوسائل متشعبة أخرى، كأسلوب طهيه ومواعيد تناوله، ومظاهر اقتصادية أخرى تتعلق بإنتاجه وتوزيعه واستهلاكه.

وكذلك ما يتعلق بإشباع الدافع الجنسي- حيث يحتاج إلى مظاهر مختلفة مثل الخطبة والحفلات وشراء بعض الأدوات وتجهيز بيت للسكن وغيرها. ولقد اتجهت الحضارات الإنسانية إلى وضع عدد من نماذج التصرف المقننة والمعترف بها. تحقق عن طريقها الدوافع الإنسانية بطريقة يوافق عليها المجتمع. وهذه النماذج هي ما اصطلح على تسميته النظم الاجتماعية (حسن، 1982م).

تعريف النظام الاجتماعي:

من أبسط التعريفات التي وضعت للنظام الاجتماعي ما أورده نادل Nadel حيث ينص بأنه «طريقة مقننة للسلوك الاجتماعي».

ويعرفه موريس جينزبرج بأنه عبارة عن «القواعد الموضوعة والمعترف بها والتي تتحكم في العلاقات بين الأفراد أو الجماعات».

غير أن بعض العلماء يرون أن هدف النظام هو إشباع الحاجات الاجتماعية ومنهم وليام أجبرن الذي يعرّف النظام بأنه «الطرق التي ينشئها وينظمها المجتمع لتحقيق حاجات إنسانية ضرورية».

ويذهب آخرون إلى إضافة نقطة أخرى إلى التعريف وهي: «وجود فئة من القيم يدور حولها النظام» نذكر من بينهم رويتر Reuter حيث يعرف النظام بأنه «ذلك النسق للنظم من الأفعال والأدوار الاجتماعية التي تدور حول قيمة معينة أو مجموعة من القيم» (الرشدان، 1984).

النظام الاجتماعي والنسق:

من الضروري أن نفرق بين النظام الاجتماعي Institutions وبين النسق الاجتماعي Social System حيث أن هناك اختلاف واضح بينهما في Social المعنى من حيث درجة التركيب والتعقيد فالنظام الاجتماعي يتألف من مجموعة من النظم يعتبر الواحد منها بمثابة نسق فرعي أو جزئي. فالمدرسة كنظام اجتماعي تضم مجموعة من النظم الداخلية التي تمثل إنسان مثل مجالس الطلبة،

ومجلس الضبط، ومجلس أولياء الأمور، وغيرها فالنظام هـو الإطار الخـارجي والـداخلي أمـا النسق فإنه يمثل الأطر الداخلي للنظام الاجتماعي ككل.

عناصر النظام الاجتماعي:

إذا حللنا النظم الاجتماعية الأساسية في المجتمع فإننا سنجد أنها تتـألف مـن أربعـة عنـاصر هي:

1. الأشخاص، أو القوة البشرية المنفذة للنظام Personnel.
2. المعدات أو الأدوات والأجهزة التي يؤدي الأعضاء بواسطتها وظائفهم Equipment.
3. التنظيم والطرق والكيفيات ومجريات العمل والإدارة وتسمى قواعد النظام Organization
4. الشعائر أو الرميات (العادات والتقاليد والقيم) والطقوس والاحتفالات (حسن، مرجع سابق).
5. الشعار (الميثاق) Motoe وهو محور النظام الاجتماعي والـذي يـدور حولـه، وهنـاك أنـواع للشعارات أو السمات الرمزية يلخصها جورج لنبرج كما يلي(غيث، 1962):

النظام	الديني	السياسي	الاقتصادي	الأسري
الشعار أو السمات الرمزية.	الهلال، الصليب، المذبح	العلم، القوانين، الدستور	العلامة التجارية، ألوان وأشكال مميزة	خاتم الزواج، حفل الزفاف، الوصية.

خصائص النظم الاجتماعية:

للنظم الاجتماعية خصائص عامة يمكن إجمالها فيما يلي:

1. يتميز النظام الاجتماعي بأنه يقوم بوظيفته كوحدة في النسـق الحضـاري ككل لأنه لا يخرج عن كونه تنظيماً لنماذج السلوك والتصرف والتفكير التي تظهر من خلال النشاط الاجتماعي.
2. يتميز النظام الاجتماعي بدرجة نسبية من الاستمرارية والـدوام لأنها لا تصبح نظمـاً إلا بعـد وصولها إلى مرحلة القبول خلال فترة زمنية مناسبة قد تستمر قرونـاً طويلـة كمـا في النظم الدينية ونظم الزواج والملكية وقد يندثر بعد فترة كما في نظام الإقطاع.
3. يتميز النظام الاجتماعي بأنه له هدف أو عدداً من الأهداف الواضحة.
4. تتميز النظم الاجتماعية بالجمود لما تتميز به من استمرار ودوام لفـترة طويلـة حتـى تكـاد في بعض الأحيان تصبح طقوس من الصعب تغييرها

بسهولة.

5. تعتبر النظم الاجتماعية عوامل توفيق بين أجزاء الحضارة ككل. فهي تميل إلى توحيد أجزاء النظام الاجتماعي الكلي (الرشدان، مرجع سابق).

أشكال النظم الاجتماعية:

للنظم الاجتماعية أشكال مختلفة منها:

1. النظم التلقائية والنظم المقننة، والأولى هي تلك النظم التي نشأت دون قصد أو وعي بل استجابة للقيم الخلقية السائدة ومثال ذلك نظم الزواج والملكية. أما الثانية فتتميز بأنها جاءت نتيجة تنظيم واع ومقصود لتحقيق أهداف معينة كنظام التعليم وأغلب النظم الاقتصادية.
2. نظم أساسية ونظم مساعدة أو فرعية. أساسية مثل نظام دولة أو نظام ديني معين وفرعية أو مساندة مثل النوادي، ومراكز الشباب.. وغيرها.
3. نظم مشروعة ونظم غير مشروعة. المشروعة مثل النظم التي تمثلها الأحزاب أما غير مشروعة فهي التي تتميز بعدم شرعيتها مثل نظام الرشوة أو منظمات الإرهاب وتجارة المخدرات.
4. نظم عامة الانتشار ونظم محدودة الانتشار. عامة مثل الدين حيث يعتبر نظاماً عاماً لارتفاع نسبة الأشخاص الذين يدخلون فيه بينما نظام الكشافة والمرشدات نظم محدودة الانتشار لقلة ومحدودية من ينتسبون إليه.
5. نظم عاملة ونظم ضابطة: نظم عاملة كالنظم الصناعية ووظيفتها الأساسية تنظيم نماذج التصرف لتحقيق أهداف النظام. وضابطة كما هو الحال في النظم القانونية وهي موجودة لضبط عدد من العادات ونماذج التصرف. والفرق بين النظم العاملة والضابطة هو أن العادات التي تنظمها في الأولى هي جزء منها أما الثانية فإن العادات ونماذج التصرف التي تنظمها هي في حد ذاتها لا تعتبر جزءاً منها فالجرائم والمخالفات لا تحتل جزءاً من النظام القانوني (لطفي، 1978).

وظائف النظم الاجتماعية:

للنظم الاجتماعية عدد من الوظائف أبرزها:

1. تعمل المؤسسات الاجتماعية أو النظم الاجتماعية كوسيلة للسيطرة الاجتماعية.
2. تحدد النظم الاجتماعية مركز الفرد الاجتماعي والدور الذي يقوم به.
3. تعمل النظم الاجتماعية على انسجام الفرد في الإطار الثقافي العام. انسجاماً يؤدي إلى تكيفه وإلى قيامه بمناشطه المختلفة كفرد وفي المجتمع.
4. تيسر النظم الاجتماعية العمل بالنسبة للفرد إذ أنها تنظم عدداً كبيراً من

المظاهر السلوكية في نمط واحد متكامل وفي حدود هذه المظاهر السلوكية المختلفة التي تكون كلاً معتمداً بتنقل الفرد من مستوى إلى مستوى آخر متجهاً إلى هدف معين يتطلع إلى تحقيقه (النجيحي).

لقد بدأت التربية منذ القدم ومع نشأة الإنسان الأولى، كضرورة اجتماعية هدفها إعداد الفرد ليصبح عضواً في مجتمعه، وباعتبارها عملية اجتماعية، كان إطارها الاجتماعي الأول الأسرة، وما يحيط بها من جماعات وبيئة اجتماعية.

وكانت تتم عن طريق الاتصال والتفاعل المباشر لبساطة الخبرات الحياتية وعن طريق التقليد والمحاكاة فلم يكن هناك مؤسسات تعليمية نظامية بل كان المجتمع هو المدرسة الكبيرة.

وأطلق اسم التربية غير المقصودة على هذا النوع من أنواع التنشئة الاجتماعية.

ومع تطور الحياة الاجتماعية، وتعقد مؤسساتها، أصبح من الأهمية بمكان وجود التخصص الوظيفي، بحيث يصبح كل فرد من أفراد المجتمع متخصصاً في مهنة ما يتقنها، ومن هؤلاء المتخصصين فئة المعلمين.

إن التربية ضرورة اجتماعية وترتبط بالمجتمع، ارتباطاً عضوياً وتهدف إلى الاهتمام بالمجتمع وتلبية حاجاته وتكييف أفراده مع بيئتهم من خلال تفاعلهم المستمر الذي يضمن لهم تشرُّب أسلوب حياة مجتمعهم واستيعاب ثقافته وكذلك ثقافته، وكذلك لا توجد تربية دون مجتمع فالعلاقة بينهما متبادلة ووثيقة الصلة؛ ولهذا تعتبر التربية مرآة المجتمع حيث تمتد بجذورها في داخل النظام الاجتماعي للمجتمع، وتكشف عن خصوصياته وتميزه عن غيره عند المجتمعات.

عناصر المجتمع:

إذا حللت البناء الاجتماعي العام لأي مجتمع نجده يتكون من العناصر الأساسية التالية:

1. البيئة الطبيعية: وهي الإطار البيئي والجغرافي الذي يحدد المجتمع وتشمل كل ما في البيئة من الأوضاع الطبيعية من مناخ، وتربة، ومعادن، وغابات.

2. البيئة الاجتماعية: وهي المناخ الذي يعيش في ظله أفراد المجتمع وتشمل المؤسسات الاجتماعية المختلفة، والجماعات، والتجمعات والهيئات.

3. السكان: وهم مجموعة من الأفراد الذين يشكلون الطاقة البشرية في المجتمع.

4. العلاقات الاجتماعية: وهي العمليات والتفاعلات الناجمة عن تفاعل الأفراد في البيئة الطبيعية والاجتماعية.

5. النظم والمؤسسات الاجتماعية: وهي مجموعة الأجهزة التي تقوم بالنشاط

الاجتماعي وتحقيق الوظائف الاجتماعية.

ولقد سادت النظرة التقليدية المحافظة للتربية منذ أقدم الأزمان وفي مختلف الحضارات والشعوب حتى أواخر القرن الثامن عشر عندما قامت الثورة الفرنسية حيث أخذت طلائع المربيين التحررين التقدميين تتبنى الدور التقدمي للتربية الذي نادى به أفلاطون منذ قرون عديدة، وهو بناء مجتمع جديد أفضل من المجتمع القديم (الرشدان والجغيني، 2007).

أنواع المجتمعات:

تختلف أنواع المجتمعات باختلاف التقسيمات السياسية والاقتصادية والحضارية فمن الناحية السياسية تقسم المجتمعات تبعاً لنوع الحكم السائد فيها إلى مجتمعات مَلَكِية ومجتمعات أميرية ومجتمعات جمهورية ومجتمعات مستبدة ومجتمعات ديمقراطية ومجتمعات شعبية.

أما من الناحية الاقتصادية فتنقسم المجتمعات تبعاً للنظام الاقتصادي الذي تمارسه إلى مجتمعات رأسمالية يقوم فيها النظام الاقتصادي على حرية الأفراد في التملّك، كما يشاءون.

وهي نوعان: مجتمعات رأسمالية حرة، ومجتمعات رأسمالية مقيدة والنوع الثاني من المجتمعات من الناحية الاقتصادية هو المجتمعات الاشتراكية وهي التي يقوم فيها النظام الاقتصادي على خدمة الجماعة وخدمة الدولة، وهذا بدوره ينقسم إلى مجتمع اشتراكي متطرف ومجتمع اشتراكي غير متطرف أو مجتمع اشتراكي يميني ويساري.

أما من الناحية الحضارية فيتفق كثير من الاجتماعيين على تقسيم المجتمعات إلى ما يلي:

1. مجتمع الالتقاط: وهو أبسط أنواع المجتمعات ويعيش أهله على التقاط الثمار من أشجار الغابات والوديان وليس لهذا المجتمع نظام مكتوب بل يرأسه رئيس الجماعة أو شيخ القبيلة أو ساحرها.
2. مجتمع الصيد: وهو مجتمع بسيط، لكنه أكثر تطوراً من المجتمع السابق، وفيه شيء من النظام، وله رئيس، ويسير أفراده على قواعد موضوعة، ولهم تراث بسيط، وغالباً ما يحكم هذا المجتمع شيخ أو رئيس يطبق أنظمته الجماعة (الرشدان، 2007).
3. المجتمع القروي الزراعي: وهو أكبر من مجتمع الصيد وأكثر تطوراً، أفراده يعملون في الزراعة أو الري وليس لديهم مؤسسات كبيرة وقد يوجد عندهم مدرسة ويكون اجتماع الناس عادة في المجتمع الريفي حول المعبد أو المؤسسة الدينية.

4. المجتمع الريفي الحضري: ويعتمد بصورة أساسية على الزراعة إلا أن فيه بعض الصناعات الخفيفة المتعلقة بالإنتاج الزراعي أو الأدوات الزراعية وفي هذا المجتمع مؤسسات وجمعيات مختلفة وبعض الدوائر الحكومية لتنظيم شؤون المواطنين الحياتية المختلفة.

5. المجتمع الحضري: وهو أكثر رقياً وتطوراً ويعتمد هذا المجتمع في الغالب على التجارة والصناعة وتبادل الحاجيات وتوزيع المنتجات وهو حلقة وصل بين القرى الزراعية والمدينة الكبيرة الصناعية.

6. مجتمع المدينة الكبيرة (Metropolitan): يجمع بين الكثير من المتناقضات لأن سكانه خليط من عدة مجتمعات أصغر نسبياً وهو مجتمع متعدد الطبقات والأجناس والأديان القومية.

7. مجتمع المدينة العظمى أو المدينة الولاية (Super Metropolitan): وهو مجتمع المدينة الكبيرة جداً، المدينة الولاية التي تضم في جنباتها عدداً من المدن والقرى المجاورة وفي هذا المجتمع يوجد خليط من المجتمعات أو الجماعات المختلفة وقد يعيش بعضها مستقلاً كل الاستقلال عند البعض الآخر في خدماتها.

8. المجتمعات المغلقة: ويقصد به المجتمع الذي يتكون من وحدة واحدة لها مبادئها وتضمها ومعتقداتها وقوانينها وتقاليدها وطريقة حياتها الخاصة.

ويطلق على هذه المجتمعات عادة مجتمعات الأقلية (الرشدان، 2007).

التربية وعلم الاجتماع:

العلاقة بين علم التربية وعلم الاجتماع علاقة وثيقة، ومما يدل على أهميتها وضرورتها وجود ما يسمى بـ (علم الاجتماع التربوي)، الذي نشأ وتطور في القرن العشرين، وهو العلم الذي يجمع ما بين علم الاجتماع وعلم التربية ويعتبر أحد فروع علم الاجتماع العامة والكثيرة ويهدف للكشف عن العلاقات ما بين العمليات الاجتماعية والعمليات التربوية.

وقد أصبح علم الاجتماع علماً شائعاً في الجامعات والكليات في مختلف دول العالم.

ويستخدم باعتباره علم المجتمع، وعلم دراسة الظواهر الاجتماعية وتفاعلاتها المختلفة لمساعدة التربية في تأدية مهامها ووظائفها.

وجميع الأسس الاجتماعية هي أسس مهمة في العملية التربوية، ذلك أنه لا توجد في فراغ دائماً في مجتمع له أسسه وعلاقاته الاقتصادية والثقافية والسياسية والتربوية.

كما أن المجتمع محتاج إلى التربية وخاصة أن التربية تهدف في جملة ما

تهدف إليه إلى تكيف الإنسان مع مجتمعه بما فيه من أنماط ثقافية وعادات مختلفة وذلك باستفادتها من النتائج التي توصل إليها علم الاجتماع وتسعى إلى تطبيقاتها في الميدان (الرشدان، 2007).

ويدرس علم الاجتماع الحياة الاجتماعية ككل متكامل إذ يركز على مجال الفعل الاجتماعي Context of Social Action فيدرس مجموعة العوامل الاجتماعية التي تحدد وتشكل وتوجه السلوك الإنساني (السيد، 2007).

التربية والتنشئة الاجتماعية (التطبيع الاجتماعي):

تلعب التربية دوراً فعالاً في هذه العملية لأنها تهدف إلى تشكيل شخصية الأفراد والانتقال بالفرد من كونه كائن بيولوجي إلى فرد له شخصيته المميزة؛ ولذلك فهي تستعين بالمبادئ والأسس والقوانين التي تساهم في هذا الانتقال.

وتتعاون التربية مع علم الاجتماع وعلم النفس الاجتماعي وعلم النفس التربوي وعلم الإنسان لتحقيق الأهداف المنشودة.

والتربية بالمعنى الواسع هي العملية التي يتم بها تشكيل وإعداد أفراد إنسانية في مجتمع معين وفي زمان ومكان معينين لكي يستطيعوا اكتساب المهارات والقيم والاتجاهات وأنماط السلوك المختلفة والتي تيسر لهم التعامل مع البيئة الاجتماعية التي ينشأون فيها وكذلك مع البيئة المادية.

وخلال سنوات قليلة يكون الطفل بعد الولادة قد اكتسب عناصر مختلفة عن طريق احتكاكه وتفاعله مع أعضاء مجتمعه الذي يعيش فيه ويحتل مكانة فيه وهذا جزء من عملية التنشئة الاجتماعية (الرشدان، 2007).

وتعتبر أسرة الطفل أول وسيط لعملية التنشئة الاجتماعية ويكتسب الطفل أول خبرة اجتماعية في الحياة من أسرته من خلال عملية التفاعل الاجتماعي، فالطفل يتعلّم عن طريق المحاكاة وتقديم النماذج السلوكية والتوجيه والفرص المتاحة للتعليم التي تقدمها له أسرته (السيد، 2007).

وتلعب أسرة الطفل دوراً هاماً في تعلمه اللغة وقدرته على استخدامها ودلالاتها الثقافية والتعبيرات اللغوية المناسبة للمواقف الاجتماعية.

الأسس الاجتماعية:

نظراً لتطور المجتمعات وظهور التخصصات الكثيرة والضيقة، تعقَّدت الحياة وأصبحت الأسرة غير قادرة على تربية أطفالها فأنشأت بعض المؤسسات لكي تتم رسالة الأسرة التربوية وتحقق أهدافها وأهم تلك المؤسسات «المدرسة» التي تسير على منهاج معين هدفه تحقيق الغايات التي يراها أفراد المجتمع هامة وأساسية لبقائه واستمراره.

ولهذا فإن الأسس الاجتماعية للمنهج تعني بالمناهج المدرسية وتهتم بأن

تكون نابعة من قيم المجتمع ومعتقداته وعاداته والأنماط السلوكية التي يرضاها عنه المجتمع.

وكما يسعى المنهاج أو المناهج الجديدة للحفاظ على التراث الثقافي المتراكم للجماعة، فإنها تهتم كذلك بالمخترعات والاكتشافات الحديثة وتعرضها بطريقة لا تتعارض مع نظام المجتمع وقيمه.

وتكون المناهج موضوعة ضمن الإطار الثقافي الذي يسير فيه المجتمع سواء في الأسرة التي تغرس عدة صفات اجتماعية في الطفل أو المؤسسة الأكبر وهي المدرسة التي تضع كل إمكانياتها في عملية تكييف الفرد مع مجتمعه.

ويتأثر الطفل سواء في المدرسة أو في البيت بجماعات خارجية عند المؤسستين وهم جماعة اللعب، وهذه الجماعة لها تأثير عام وهام على حياة الطفل؛ ولذا لابد من الأخذ بعين الاعتبار عند وضع المنهاج (الطيطي وآخرون، 2007).

التربية عملية تطبيع اجتماعي:

عندما يولد الطفل يبدأ عملية التكيف مع مجتمعه الجديد وما أن يشب ويكبر حتى يبدأ في اكتساب العادات والتقاليد والقيم والنظم والمفاهيم والأنماط السلوكية وكل ما يرضي عنه الجماعة فتتكون بذلك شخصية الفرد الاجتماعية.

ومع أن الفرد يكتسب ثقافة الجماعة إلا أنه لا يمكن القول على هذا القياس أن كل الأفراد يصبحون وكأنهم نسخة مكررة أو أشخاص طبق الأصل متماثلون.

لأن هناك إلى جانب الاكتساب الجماعي فروقاً فردية تخص كل فرد على حدة وفروقاً في الذكاء والاستعدادات والنمو وفروقاً بيولوجية عضوية وفروقاً أخرى عضوية ووراثية وبيئية.

ويمثل المجتمع كنسق أكبر البوتقة التي تشكل وتعمل فيها التربية الرسمية وغير الرسمية لإعداد الفرد وأفراد المجتمع اجتماعياً ومعرفياً ومهنياً بالكفاءة التي تتطلبها مرحلة نموه وإمكانياته وتطلعاته وطبيعة العصر.

فالإطار الثقافي للمجتمع يرسم أهداف التربية ومحتواها وأساليبها ومناهجها كما يحدد في نفس الوقت شخصية الأفراد الذين يمثلون المادة الخام لها ويخرجون مرة أخرى لهذا المجتمع كنتاج لعملية الإعداد الاجتماعي والمهني الذي تؤديه التربية (الطيطي وآخرون، 2007).

التربية والمجتمع:

اختلف المربون على مر العصور في علاقة التربية بالمجتمع، فرأى فريق منهم وعلى رأسهم (أرسطو) أن التربية هي الوسيلة الوحيدة لاستقرار المجتمع من حيث

أنها تنقل تراثه من جيل إلى جيل وبذلك تؤدي إلى استمراره بقيمه ونظمه الثابتة وبقاء الأوضاع الاجتماعية فيه على حالها وتعتبر هذه النظرية نظرية محافظة تقليدية (الطيطي، 2007).

ورأى أفلاطون أن التربية تعتبر وسيلة لإصلاح المجتمع وتحسينه وتقدّمه وتطوره، وأن التربية هي التي تستطيع أن ترفع من شأن المجتمع وليس هناك إصلاح حقيقي إلا إذا قام على أساس من تنشئة الأجيال المقبلة وتعتبر هذه النظرية تقدمية ومتطورة.

ولا ريب أن النهضة التربوية التي تعم العالم المتحضر اليوم يرجع الفضل فيها بالدرجة الأولى إلى هذه النظرة التقدمية (صابر، 2007).

إن من يدرس سيرة حياة العباقرة والرجال الأفذاذ يجد أن تجارب الحياة في المجتمع هي التي جعلت منهم أبطالاً خدموا مجتمعاتهم، وساروا بها إلى الأمام نحو التقدم والتحضر.

وللمجتمع أهمية كبيرة في العملية التربوية إذ في ضوء معرفة المجتمع ومكوناته ونظمه يمكن لرجال التربية رسم مخططاتهم ووضع سياساتهم التربوية لأن هذه السياسة يجب أن تتمشى مع ظروف وإمكانات وحاجات المجتمع وفي ضوء ثقافته (الغزوب، 2007).

الأهداف الاجتماعية للعملية التربوية:

1. المحافظة على بقاء المجتمع واستمراريته، وتطوره وازدهاره، إذ لا مجتمع دون تربية.

2. تكوين الاتجاهات وأنماط السلوك الاجتماعي الإيجابي لدى الأفراد في المواقف الاجتماعية المختلفة.

3. دمج الأفراد في ثقافة المجتمع من خلال البرامج النظامية المقصودة للمؤسسات التربوية.

4. تحقيق الوفاق الاجتماعي بتعزيز الأنماط السلوكية الإيجابية المشتركة في المجتمع.

5. تجذير المعايير والقيم الاجتماعية والأخلاقية لدى الأفراد، من خلال تزويدهم بالخبرات المباشرة والممارسة العملية كلما أمكن ذلك.

6. تثبيت القيم والأفكار الجديدة المناسبة للمجتمع وطبيعته من خلال تعديل الأفكار والاتجاهات والسلوكات السائدة، أو تغييرها بما يتناسب والمستجدات الحديثة في المجتمع.

7. تحقيق النمو الشامل والمتكامل والمتوازن لأفراد المجتمع من جميع النواحي الجسمية والعقلية والفكرية والنفسية والاجتماعية.

8. مساعدة الأفراد على اكتساب الخبرات الجديدة اللازمة لاندماجهم في مجتمعهم من خلال ما تنقله إليهم المناهج، وما يرونه من معلميهم، وما يكتسبونه من خلال التفاعل الاجتماعي.
9. مساعدة الأفراد على تعلم الأدوار الاجتماعية، من خلال إكسابهم أنماط السلوك التي يتوقع منهم ممارستها في المجتمع بحسب المراكز التي يمكن أن يتوؤها في المجتمع، وطبيعة الأدوار المناطة بهم.
10. إعداد الكوادر البشرية المؤهلة القادرة على تحمل مسؤولياتها الكاملة في المجتمع، واللازمة لإنجاح خطط التنمية له.

وهناك بعض المفاهيم والمصطلحات المتعلقة بالتربية الاجتماعية، التي يجدر بالمتعلم أن يتعرف إليها ويلم ببعض جوانبها، ومن ذلك:

الأطر الاجتماعية (Frame of Reference):

ويقصد به كل سلوك اجتماعي تحدده الجماعة وتبرزه، وهو يوضح الأرضية التربوية التي يختار منها الفرد طرازاً نموذجيًا للسلوك، كما يتضمن كل العوامل الذاتية والموضوعية التي تؤثر في العملية التربوية، وهو الذي يحدد مجموعة العناصر الأساسية التي لها أهمية في ظواهر المجتمع كالعادات والتقاليد، وغيرها، كما أنه يحدد لنا الأنماط التي تعد نماذج مختارة ومنتقاة، ويقدم التفسير لهذا الاختيار، بناءً على المعتقدات التي تؤمن بها الجماعة وتعتنقها.

ويتكون الإطار الاجتماعي من عناصر مختارة يقبلها المجتمع، وترضاها الجماعة، وتأخذها رمزاً، أو مثالاً تود الوصول إليه والتمثل به، ولذلك فهو يختلف من مجتمع إلى آخر، ومن جماعة إلى أخرى، فهناك أطر اجتماعية فردية، أو عائلية، أو بيئية، أو مهنية، أو طبقية، أو قطرية، أو قومية، أو حتى أطر اجتماعية عالمية.

وتختلف تنشئة الفرد الاجتماعية باختلاف اتصاله بمن حوله، والعلاقات التي يقيمها معهم، أفراداً كانوا أم جماعات، ومن هنا فثقافته تضيق أو تتسع، وسلوكاته تتحدد أو تكون أكثر شمولية، بحسب نوعية اتصاله الثقافي بالآخرين.

التمثل والاستيعاب (Assimilation):

هي عملية امتصاص وتمثيل وهضم عناصر ثقافية، داخلية وخارجية، وتيارات اجتماعية دخيلة أو مستوردة، دخلت إلى التيار الثقافي الاجتماعي الحضاري، والتكوين التنظيمي والوظائفي للمجتمع الأصلي.

وتعمل هذه العملية على صهر العناصر الثقافية والحضارية الأصيلة، ومزجها بالعناصر الثقافية والحضارية الوافدة في بوتقة واحدة، تتمثلها الوحدات الاجتماعية الضالعة في إطار المجتمع الكبير، وبهذه العملية تستطيع الجماعات التي تنتمي إلى مستويات حضارية متباينة أن تندمج في نمط حضاري موحد وجديد،

وهكذا يشترك الأفراد الذين قد يختلفون في المنبت والسلالة والأصل والمستوى الثقافي، في ذكريات وخبرات ومواقف وتجارب اجتماعية وتاريخية، تصبح من مقوماتهم الثقافية، ويكون تماثل الأفراد وةالجماعات في طباعهم ومصالحهم وأهدافهم بفضل التكيف، وبذلك يتقبلون ثقافة بعضهم بعضاً، ويكونون من ثقافاتهم المختلفة نوعاً واحداً من الثقافة يسودهم جميعاً، فإذا اختفت الثقافة المميزة لجماعة ما نتيجة لاكتسابها الكلي لثقافة جماعة جديدة، فهذا يسمى تمثل أحادي الجانب، أما إذا انصهرت ثقافة جماعة ما بجماعة أخرى، وفقدت سماتها الأولية، فظهرت ثقافة جديدة فإن التماثل هنا يكون ثنائي الاتجاه.

التطبيع الاجتماعي، أو التنشئة الاجتماعية (Socialization):

عندما يولد الإنسان يكون مخلوقاً عضويًا كاملاً، يأكل ويشرب ويتنفس، ويسعد ويألم ويفرح ويبكي و...، ومع اتصاله بالآخرين وتفاعله معهم، ابتداءً بأسرته في طفولته، ومروراً بالأصدقاء ورفاق اللعب، وزملاء الدراسة، ثم زملاء العمل، في فترات البلود والرشد والنضج، يأخذ هذا المخلوق العضوي بالتحول تدريجيًا إلى مخلوق اجتماعي، عندما يكتسب سلوك المحيطين به أفراداً أو جماعات، ويتمثل قيمهم، وعاداتهم وتقاليدهم، ونظم حياتهم، و...، أي أنه يتكيف مع هذا المجتمع، ويصبح جزءاً فاعلاً في جماعته، إن هذه العمليات التي وصفت سابقاً تدعى التنشئة الاجتماعية.

وقد اختلفت تعاريف التنشئة الاجتماعية، باختلاف الأبعاد الإنسانية المرتبطة بها، إلا أنه يمكن الوصول إلى تعريف يخص الإنسان كمخلوق عضوي، ثقافي، سلوكي،... وهو: تربية الفرد، وتعليمه، وتوجيهه، وتثقيفه، وتلقينه لغة الجماعة التي ينتمي إليها، وسنن حياتها، والخضوع لمعاييرها وقيمها والرضا بأحكامها، والتطبع بطباعها، وتمثل السلوك العام والخاص بالجماعة التي يعيش بينها، وممارسة ما توارثوه وأدخلوه إلى ثقافتهم الأصلية من وسائل جديدة، أخذت أو استعيرت وتم تكييفها لهذه الثقافة، وما توصلوا إليه من حضارة وتقدم وتطور.. والاستجابة للمؤثرات الخاصة بهم، والرضا بأحكامهم، والسير ضمن الإطار الذي يرضونه، للوصول إلى الأهداف التي يريدونها.

وهناك عناصر تساعد في عملية التنشئة الاجتماعية منها ما يتصل بالفرد كصفاته الوراثية، وإمكانياته البيولوجية، وقابليته للتعلم، وقدرته على تكوين علاقات متنوعة مع الآخرين، والدوافع الاجتماعية التي تدفعه للانتماء إلى جماعة، ومنها ما يتصل بالجماعة، كالقيم والمعايير الاجتماعية، والمؤسسات الاجتماعية، والمراكز والأدوار الاجتماعية سواء للفرد، أو المحيطين به.

وتتأثر التنشئة الاجتماعية بعوامل كثيرة، مثل: الطبقات الاجتماعية،

والـدين والمعتقـد، والبيئـة الطبيعيـة، والوضـع السـياسي، والوضع الاقتصـادي، والمسـتوى التعليمي (ناصر، 2004).

وتعد التربية عملية تطبيع اجتماعي ثقافي، فهي بنوعيها المقصود، وغير المقصود، تسـتمد مادتها من المجتمع ونظمه ومعاييره وقيمه، لتحقيق أهداف مرسومة ومخطط لها من المعنيين في ذلك المجتمع.

إن التربية عملية تشكيل للأفراد الإنسانيين في مجتمع معين، وزمـان ومكـان محـدودين، وتكون نتيجة هذا التشكيل شخصيات من أنواع معينة، لها تكوينها الاجتماعي الخاص، ولها اتجاهاتهـا وأدوارها الاجتماعية، وبهذا تختلف المجتمعات بعضها عن بعض.

ولما كانت التربية تبحث في عملية التكيف، أو التفاعل مـع المجتمـع المحـيط الـذي تحكمـه ثقافة معينة، فهناك ثلاثة مفاهيم تدخل في عملية التفاعل كي يبقى المجتمع متطوراً، وتتفاعـل هـذه المفاهيم مع بعضها فينتج عنها تربية سليمة متميزة عن غيرها، وهذه المفاهيم هي:

- نظريات وفلسفات تخص الطبيعة البشرية والإنسان وحاجاته المتنوعة.

- نظريات وفلسفات تخص المجتمع وتكوينه.

- نظريات وفلسفات وأفكار نابعة من الثقافة.

التربية كنظام اجتماعي:

تستمد التربية فلسفتها وأهدافها ومناهجها وأساليبها وطرقها مـن ثقافـة المجتمـع والمرحلـة التنموية التي يعيشها وحاجات المتعلمين وتطلعاته.

فالوظيفة الأساسية للنظام التربوي الرسمي تتمثل في الإعداد والكفاءة النوعية التـي تتطلبهـا عملية التنمية المستديمة وكمواطنين ممثلين لثقافة مجتمعهم.

ويساعد التربية الرسمية في أدائها لوظائفها تحديد أهدافها وفلسفتها وبرامجها وأهدافها من قبل متخصصين.

فالإعداد التربوي للهيئة التدريسية يسـاعدهم عـلى فهـم دورهـم التربـوي ومتطلبـات دور المتعلم من خلال النظرة إلى المدرسة كمؤسسة اجتماعيـة تربويـة في نطـاق الإطار الاجتماعـي الثقـافي للمجتمع (زهران، 2007).

بالرغم مـن أن الـنظم الاجتماعيـة تتميـز بالاستمرارية والثبـات النسـبي إلا أنهـا تسـتجيب للتغيرات الاجتماعيـة التي تحدث بالمجتمع وتعمل على تحقيق التكامـل بينهـا وبين العنـاصر الثقافيـة السائدة لتحقيق الاستقرار الاجتماعي.

وتؤدي النظم الاجتماعية مجموعة من الوظائف في المجتمـع كـما أنهـا بتحديـدها للقواعـد والمعايير الاجتماعية والموضوعية المعترف بها اجتماعياً لتنظيم

سلوك أفراد المجتمع والعلاقات الاجتماعية بينهم تقوم بوظيفة الضبط الاجتماعي ومساعدة الفرد على تحقيق النمو الشامل المتكامل (ذياب، 2007).

الأهداف الاجتماعية للعملية التربوية:

إن الأهداف الاجتماعية النابعة من المجتمع، والقائمـة علـى وجهـات نظر علماء الاجتماع الذين يهتمون بالعملية التربوية تجمع على أنه لا بد مـن مراعـاة التقاليد والعـادات والنظم والقيم، وتطويرها إلى أنماط جديدة تتمشى مع الحياة الاجتماعية الجديدة، ونقلها إلى الأجيال الأخرى.

إن هذا يعني الاهتمام بـ«الثقافة» كوظيفة أساسية للتربية وهي بالتالي:

1. استيعاب ثقافة المجتمع.
2. تطوير الثقافة.
3. نقل الثقافة من جيل لآخر.

وهذا يدفعنا للقول بأن ثقافة المجتمع هامة، ولا بد منها. وكما تدل المعطيات السابقة فـإن الثقافة عملية مكتسبة وليست وراثية.

أما نقل الثقافة فهي من أصعب الأعمال التربوية لأن ذلك يستدعي يقظة القائمين على هذه العملية. والصعوبة تنشأ من معرفة ما يجب أن يعطى ولمن يعطى، ثم حذف ما لا يناسب، وإضافة ما يناسب، وبالتالي تتبع عملية تطوير الثقافة الحالية للمجتمع بما يناسب الجماعة والتطور والتقدم، ومـا يناسب التخطيط المستقبلي للعملية التربوية، ثم في النهاية تكون عملية النقل. (نقل الثقافة للأجيال). لأنَّ نقل الثقافة بشكل أو بآخر، يهدف فيما يسعى إليه إلى خلق الانسجام بين المواطنين بعضهم بعضاً، وبين المواطنين والسلطة الحاكمـة، وبين المـواطنين والأنظمـة والتعليمـات التـي تريـدها الدولـة. لأن الثقافة، يجب أن تكون الإطار العام لسـير المجتمـع، ففـي المجتمعـات الرأسمالية تركـز الثقافـة علـى الفلسفة الفردية، وإذا كان المجتمع اشتراكيًّا فإنَّ الثقافة ستشجع الفلسفة (الجماعية) التي تؤيـد هـذا الاتجاه. وهكذا.

الأسس الاقتصادية للتربية

منذ خلق الإنسان على وجه الأرض وهو يقوم بتربية أبنائه على التعايش مع البيئة الطبيعية، والتكيف مع الجماعة الذين يعيش بينهم وعملية التدريب هذه تهدف إلى أن يعيش الفرد الجديد الوافد إلى الحياة عيشة مناسبة منسجمة مع من حوله وبالتالي يبقى هذا الجيل محتفظاً بتراث الآباء والأجداد، فيتحقق بقاء الجنس البشري ويستمر على هذه الأرض وتبقى القيم والنظم التي يريدها، ومن ثمّ يتحقق الهدف الأساسي لكل جماعة وهو استمرارية بقاء ثقافتها.

اقتصاديات التعليم:

- بدأ في صورة محددة في كانون أول سنة 1960 على يد ثيودور شولتز Theodore Schultzz الأستاذ في الاقتصاد الزراعي.
- ترجع جذور هذا العلم إلى قبل 25 قرن.
- أشار أفلاطون في القرن الخامس قبل الميلاد إلى دور التربية وأثرها في النمو الاقتصادي.
- أشار الفيلسوف الصيني كون تسو Quon-Tsu إلى أثر التربية على النمو الاقتصادي وضرب مثلاً فقال: الحبوب التي نزرعها تخصب مرة واحدة والأشجار المثمرة قد نقطفها عشرات المرات أما إذا علمنا الشعب فإننا نجني الثمر ألف مرة.

العلماء الذين اهتموا بعلم اقتصاديات التعليم:

1. الفرد مارشال Alfred Marshall : أكثر أنواع الاستثمارات الرأسمالية قيمة استثمار البشر.
2. مالثوس Malthus: يجب الاهتمام بالتربية كونها تؤدي إلى الحيلولة دون حدوث الانفجار السكاني.
3. آدم سميث Adam Smith: إن الطريق إلى بناء الدولة يكون بتخليص الناس من الفساد ووضع الكفاءة.
4. كارل ماركس Karl Marx: وظيفة التربية هي تحرير العامل وتنمية مهاراته الفنية، والمحافظة عليه ويزيد التربية جانباً هامًّا من البنيان الاجتماعي.

اقتصاديات التربية:

حيث يتم بحثها على النحو التالي:

المهمات الاقتصادية والاجتماعية للتربية والتعليم في ظروف التنمية الاقتصادية وقبل البحث في المهمات التي يضطلع بها هذا القطاع، لابد من التعرض إلى الأسباب والظروف التي جعلت الاهتمام بقطاع التربية والتعليم يتزايد يوماً

فآخر، لا سيَّما لدى الاقتصاديين الأمر الذي غدا معه هذا الاهتمام موضوع دراسة مستقلة بل باباً قائماً بذاته من أبواب الاقتصاد والتربية على السواء، ذلك ما عرف باسم «اقتصاديات التعليم (Economics Education)» (منذر، 1974).

أن هذه العناية الخاصة التي أولاها الاقتصاديون لقطاع التربية والتعليم ودراسة آثاره ودوره في التنمية الاقتصادية والاجتماعية تعود إلى عوامل عديدة نجملها فيما يلي:

1. التركيز المتزايد على التنمية الاقتصادية: حيث أن مسألة التنمية الاقتصادية ومعضلاتها وأزمات التخلف والحلول والسياسات المقترحة لمعالجتها أصبحت اليوم ذائعة على المستويات الوطنية والقومية والدولية خاصة في بلدان العالم الثالث باعتبارها أولى المهام الشعبية على طريق التقدم الحضاري الشامل.

2. تزايد الإنفاق في قطاع التربية والتعليم: وكنتيجة لما تقدّم شهد العالم المعاصر توسعاً كبيراً في القطاع التربوي التعليمي تبعه تزايد النفقات التربوية والتعليمية في شتى البلدان تزايداً هائلاً خاصة في العقدين الأخيرين – وضخامة نسبتها من الميزانية العامة للدولة.

3. العجز المالي والبحث عن مصادر التمويل: أمام هذا التوسع المنقطع النظير في قطاع التربية والتعليم، وأمام هذا التضخم الكبير في النفقات التربوية، والتزايد الهائل في أعداد الطلبة عجزت أكثر البلدان عن القيام بالأعباء التعليمية كاملة، الأمر الذي أدى إلى ضرورة دراسة التعليم دراسة اقتصادية علمية تبحث التكلفة والنفقات والعوائد من أجل الوصول إلى أكبر مردود ممكن بأقل التكاليف.

4. تصاعد أهمية دور العنصر البشري (مصدّق، 1981).

دوافع الإنفاق على التربية والتعليم:

1. دوافع اقتصادية: تزود المجتمع بما يحتاج من خبراء وفنيين ومهنيين ومحاسبين وأطباء.. إلخ.

2. دوافع اجتماعية: تخلص المجتمع من آفات اجتماعية كالأمراض الجسمية والنفسية.

3. دوافع دينية: استجابة للتعاليم الدينية كي يستطيع البشر- النظر في شؤون حياتهم الدنيا والآخرة.

4. دوافع سياسية: تفقه الناس في معرفة الأهداف التي يعيشون من أجلها ولمن يحتكمون ويحكمون.

5. دافع دولي وعالمي وإنساني: من لا يتعلم لا يتطور ولا يلحق بالركب

الحضاري.

المهمات الاقتصادية للتربية والتعليم:

يلعب قطاع التربية والتعليم دوراً أساسياً وبارزاً في إعداد الطاقة البشرية العاملة المؤهلة والخبيرة، اللازمة لتسير عجلة التنمية الاقتصادية بما يقع على عاتقه من مهام إعداد الأخصائيين والفنيين والعمال المهرة.

كذلك يلعب قطاع التربية والتعليم دوراً كبيراً وحاسماً في توفير إمكانية الاستفادة من البحث العلمي وتطبيق نتائجه في الحياة العامة.

كما تقع على عاتق التربية والتعليم مهمة المساهمة في النمو الاقتصادي حيث دل من التجارب والأبحاث التي أجريت لدراسة النمو الاقتصادي في أكثر بلدان العالم على أن التربية والتعليم عامل رئيسي من عوامل النمو من خلال ما تساهم به «العوامل المتبقية (Residuals Factor)» التي كانت وراء الجزء الأكبر من النمو الذي تحقق في مختلف البلدان.

ومن هذه الدراسات (دراسة أوكرست، ودراسة سمث وريدوي، ودراسة نيتامو).

الكلفة في قطاع التربية والتعليم:

مفهوم الكلفة: هي مقياساً لمقدار الإنفاق النقدي الذي يتم في سبيل تحقيق منفعة محددة.

على أن أغراض استخدام الكلفة بين المحاسبة والتخطيط هي التي تحدد معنى واتجاه المفهوم الدقيق للكلفة.

فعلى سبيل المثال يدخل في المفهوم المحاسبي للكلفة موضوع تقسيم الإنفاق على عدد الطلبة لفترة مضت بهدف معرفة الإنفاق على الطالب، فيما يدخل في المفهوم التخطيطي للكلفة موضوع تقدير تكاليف الخريجين في المستقبل.

على أنه من الخطأ عدم التمييز بين هذه المفاهيم، كاستخدام المفهوم التخطيطي للكلفة مثلاً في التعبير عن حجم الموارد التي استخدمت التدريس مادة معينة خلال فترة مضت، أو بالعكس.

أقسام الكلفة:

قد تقسَّم الكلفة إلى رأسمالية وجارية أو إلى:

1. الكلفة المباشرة: تلك التكاليف التي تخص جهة معينة كأن يتم الإنفاق مثلاً على مجال محدد في مؤسسة تعليمية معينة كالإنفاق الذي تقوم به كلية ما من أجل مرافقها وأقسامها التعليمية.
2. التكاليف غير المباشرة: التي لا تخص جهة محددة بالذات، حيث لا يقتصر الإنفاق في هذه الحالة على مؤسسة تعليمية واحدة ومحددة فحسب إنما يتم شاملاً لمجموعة من المؤسسات أو المرافق كإنفاق الإدارة المركزية في جامعة ما الذي يخص أكثر من كلية.

ومن هنا جاءت تسميتها أحياناً بـ «العبء الإضافي» أو «الكلفة الإضافية».

عناصر الكلفة:

1. كلفة الأراضي والمباني.
2. كلفة الأجهزة والمعدات.
3. كلفة الموارد القابلة للاستهلاك.
4. كلفة النفقات العامة على الإدارة المدرسية والمكتبة والتسهيلات الدراسية والطلابية.
5. كلفة الهيئات التدريسية والموظفين التي تتكون من الرواتب وملحقاتها.

العائد في قطاع التربية والتعليم:

لاشك أن محور النظرة الاقتصادية لأي مشروع اقتصادي يتمثل في حساب العائد من الاستثمارات الموظفة في ذلك المشروع بالمقارنة مع التكاليف التي استلزمها قيامه.

ولما كنا قد اعتبرنا التعليم نشاطاً إنتاجياً في الأمد الطويل، وبالتالي فالإنفاق فيه يعد استثماراً للموارد من أجل تحقيق منافع معينة، فلابد أن يقودنا هذا الاعتبار إلى التساؤل عن مقدار الدخل الصافي الذي يدره هذا النشاط قياساً بما ينفق عليه من أموال في المباني والرواتب والأجور والكتب والتفتيش والأجهزة الإدارية والامتحانات، وبالتالي يقودنا إلى البحث عن عوائد ذلك الاستثمار.

أشكال العائد في قطاع التربية والتعليم:

العوائد المباشرة ومنها:

أ. العوائد الفردية: وتعني عموماً الدخول الإضافية التي يحصل عليها الأفراد بسبب ما من مستوياتهم التعليمية.

ب. العوائد الاجتماعية: يراد بها العوائد الصافية التي تؤول إلى المجتمع ككل نتيجة الاستثمار في التعليم.

وهذه الطريقة في حساب العوائد على أساس المجتمع، استخدمها «شـلتز» متبعاً الخطوات

التالية:

1. حدد المبلغ الإجمالي للاستثمار الذي يتم في التعليم خلال فترة معينة، أو اختر تطور المخزون التعليمي الذي حصلت عليه الطاقة العاملة، وهذا الجانب يتصل بتقدير «نفقات التعليم».
2. حسب عائدات التعليم استناداً إلى الأرباح التي تم الحصول عليها تبعاً لمستوى التعليم.
3. قارن الزيادة الحاصلة في الدخل القومي والناجمة عن زيادة مخزون التعلم بالزيادة الحاصلة في الدخل القومي خلال الفترة نفسها من أجل معرفة مدى

إسهام التعليم في النمو الإجمالي.

العوائد غير المباشرة:

وهي مجموعة الآثار الإيجابية التي يخلقها التعليم خارج نطاق المجال التعليمي نفسه كتوفر فرص الإبداع والتطور وخلق إمكانيات التجديد والاختراع، وكل ذلك منافع اقتصادية يمكن قياسها.

فمثلاً: ربة المنزل المتعلمة التي لا تعمل لا تزيد مقدار الدخل القومي، ولكنها تربي أطفالها تربية أفضل بكثير من تربية المرأة الجاهلة، الأمر الذي يساهم في المستقبل في زيادة متوسط إنتاجية أولادها (مصدق، 1981).

التربية والتنمية:

مفهوم التنمية:

لقد أدى التقدّم في مجالي العلوم والتكنولوجيا الذي يسود العالم في يومنا الحاضر إلى اتساع الهوة بين الدول المتقدمة والدول النامية أو دول العالم الثالث، وقد كان لهذا تأثيره على وعي المجتمعات على اختلافها بأهمية التنمية وضرورة اللحاق بركب الدول المتقدمة، ومن ثم تنبهها إلى أهمية وضع خطط التنمية قصيرة ومتوسطة وبعيدة المدى أداة للوصول إلى تقدّم المجتمع وازدهاره وتقدمه.

هذا، وقد حظي الاقتصاد بالاهتمام الأكبر، وغلبت التوجهات الاقتصادية وعناصرها المرتبطة بمعدلات الناتج القومي الإجمالي وقضايا الاستثمار والتجارة والقروض وغيرها على مفاهيم التنمية وخططها وممارساتها في غالبية أقطار العالم وبخاصة الدول النامية ومنها البلدان العربية. ولعل السبب في ذلك يعود إلى أن التنمية الاقتصادية تقوم على معايير مادية، وأن مردودها ملموس بينما لا تقوم التنمية الاجتماعية والثقافية على معايير مادية – مثل المال والآلات – ومردودها ليس ملموساً بدرجة مردود التنمية الاقتصادية نفسها.

وتعتمد التنمية الاقتصادية في العالم المعاصر على عدة عناصر متشابكة، ويمكن تصنيفها بإيجاز تحت نمو القوة العاملة الماهرة، وتراكم رأس المال المادي ونسبة الاستثمار الفعلي من الدخل القومي، وسرعة تطبيق الأساليب والطرائق الجديدة في الإنتاج (همشري، 2001).

الفرق بين النمو Growth والتنمية Development

1. النمو يشير إلى عملية الزيادة الثابتة أو المستمرة التي تحدث في جانب معين من جوانب الحياة. أما التنمية فعبارة عن تحقيق زيادة سريعة تراكمية ودائمة عبر فترة من الزمن تخضع لإرادة بشرية ومجهود إنساني.

2. النمو يحدث في الغالب عن طريق التطور البطيء والتحول التدريجي. أما التنمية فتحتاج إلى دفعة قوية (Big Push) ليخرج المجتمع من حالة

الركود والتخلف إلى حالة الحركة والتقدم.

3. النمو يكون التغير فيه أقرب ما يكون كميًا، أما التنمية أقرب ما يكون فيه المتغير كيفيًا.
4. النمو ينظر إليه على أنه عملية تلقائية، تحدث دون تدخل من جانب الإنسان. أما التنمية تشير إلى النمط المتعمد الذي يتم عن طريق الجهود المنظمة التي يقوم بها الإنسان لتحقيق أهداف معينة (ناصر، 2005).

وهناك تعريفات متعددة للتنمية منها ما يلي:

- التنمية: «عملية تهدف إلى تحقيق زيادة سريعة وتراكمية خلال فترة من الزمن، وتتطلب حشد الموارد والإمكانات المادية والبشرية لينتقل المجتمع من حالة الركود والتخلف إلى حالة النمو والتقدم. وتكون التنمية شاملة لأنها تشمل مختلف جوانب النشاط الاقتصادي والاجتماعي والثقافي، تستهدف تغيرات نوعية بالإضافة إلى التغيرات الكمية، وذلك عن طريق الجهود المنظمة».
- التنمية: «عملية اجتماعية مخططة ومنظمة وهادفة إلى إحداث تحسينات جوهرية في جميع جوانب الحياة الاجتماعية والاقتصادية والثقافية والسياسية،... إلخ، بغرض تحقيق التقدم والنماء للمجتمع».
- التنمية: هي «مجموعة العمليات الرشيدة الشاملة المتكاملة التي يقوم بها مجتمع من المجتمعات لتحسين نوعية الحياة ومستوى الثقافة فيه، للوصول إلى التقدم والرخاء المنشود وبخاصة في القطاعات الفقيرة والمتدنية».
- التنمية: هي «جملة مخططة ومنظمة من الجهود والأنشطة التي تستهدف إحداث تغييرات جذرية في البنى الاجتماعية والاقتصادية والثقافية والصحية والتربوية والسكانية والسياسية بحيث تؤدي إلى النهوض والارتقاء في نوعية حياة المجتمع وتحقيق السعادة والتقدم والرخاء لأبنائه في الحاضر والمستقبل».

دور التربية في العملية التنموية:

تؤكد الدراسات والبحوث المنشورة على أن هناك ثمة علاقة ارتباطية إيجابية بين التربية والنّماء والتقدم الاجتماعي والاقتصادي والصحي والتعليمي والأخلاقي...الخ.

وتتضح هذه العلاقة بالإجابة عن السؤال الكبير «ما عائد العملية التربوية؟» وهي إعداد الإنسان القادر وتأهيله وتدريبه على استثمار الإمكانات والموارد المتوافرة، المالك لإمكانية العمل المنتج، ولديه القدرة على الإسهام والمشاركة الإيجابية في تحمل مسئولياته في تنمية نفسه والمجتمع الذي هو جزء منه.

من هنا نستطيع القول بأن التنمية في العالم المعاصر تعتمد على نحو أساسي على مدى توافر العنصر البشري الذي يفترض أن يقود هذه العملية، وعلى الأفكار والآراء والاتجاهات الجديدة التي يحملونها بغرض التخلص من مظاهر التخلف، وتحقيق التنمية والتقدم المنشودين.

فالعنصر البشري المؤهل تأهيلاً علمياً وفنياً وتقنياً لازم لاستثمار رأس المال، واستغلال الموارد الطبيعية وإيجاد أسواق جديدة للمنتجات وتنشيط التجارة والصناعة والزراعة، ورفع المستوى الصحي للمجتمع وإدارة مؤسساته، وتحريك النشاط العلمي واستغلال التكنولوجيا الحديثة وتطويرها... الخ، مما يؤدي بالتالي إلى التقدم والتطور (همشري، 2001).

التربية والتغير:

من يتفحص الحياة ونواميسها ومظاهرها المختلفة يجد أن قوامها يستند إلى التغير، لا الثبات. ويأخذ التغير أشكالاً مختلفة منها الحركة، والتطور، والنمو، والتقدّم، والتمدد والانكماش، والتجديد، والولادة والموت، وغير ذلك من صور التغير.

ويقصد بالتغير ذلك التحويل الذي يطرأ على النظم داخل المجتمع (مثال: النظم الاجتماعية، والسياسية، والاقتصادية والثقافية، الخ)، من حيث بنيتها ووظائفها بدون إصدار أي أحكام قيمية على هذه التحولات. ويعني ذلك لا يؤدي بالضرورة إلى حركة صاعدة من التطور أو التقدم أو إلى حركة هابطة من التقهقر أو التخلف.

كما أنه لا يعني نتاجاً إيجابياً في كافة نواحي الحياة المجتمعة بل قد يحتوي على جوانب إيجابية وأخرى سلبية.

وبالإضافة إلى التغيرات التي قد تطرأ على النظم المكونة للمجتمع فقد يطرأ التغير على عناصر المجتمع الإنساني نفسه من حيث بنيته ومؤسساته وأنماط السلوك فيه، ووظائفه، وقيمه وأهدافه، والعلاقات القائمة بين أفراده وحدوده الجغرافية والسياسية وثقافته وغير ذلك من مكونات المجتمع الإنساني التي قد يعتريها التغير.

وقد يحصل التغير على حياة الناس فيبدل نظرتهم إلى الأمور أو في الأدوات التي يستعملونها لإنجاز أعمالهم أو في الطرق التي يسلكونها لمعالجة مشكلاتهم أو في أدوارهم أو مراكزهم الاجتماعية، الخ.

ومن الجدير بالذكر أن التغير الذي يكون طارئاً، أو يحدث على نحو مؤقت جداً أو الذي يمس فئة محدودة، هذا التغير لا يعد تغيراً جوهرياً، إذ لابد أن يمس التغير (التحول) مسار الحياة بصورة مستمرة لدى قطاع واسع من الناس حتى يشار إليه كتغير مهم.

ويتصف التغير بالنسبية فهو يختلف من مجتمع إلى آخر ومن قطاع إلى آخر داخل المجتمع نفسه، فالمجتمع هو نظام مفتوح يتفاعل مع بيئتيه الداخلية والخارجية ويتأثر ويؤثر بهما، بما فيهما من تغيرات حاصلة، ويتطلب ذلك من أفراد المجتمع إعادة تكييف أنفسهم لمتطلبات استمرار الحياة في مجتمع فاعل ومتغير.

مما تقدَّم يمكن القول أن التغير مبدأ لا يستغنى عنه في تطوير أبعاد الحياة في المجتمع الإنساني، ولابد للمجتمعات الإنسانية من الاستجابة إلى مبدأ التغير والأخذ به، حتى تبقى مجتمعات قادرة على حماية نفسها من التفكك والضياع والتخلف الذي قد يصيبها بسبب الانغلاق أمام رياح التغير؛ لأن الثبات في المجتمعات الإنسانية يسبب لها الجمود ومن ثم التلاشي، وأن انفتاحها على رياح التغير يسبب لها التقدم والازدهار.

وتختلف المجتمعات في مواجهة التغير، لكنها جميعاً تلجأ إلى التربية بصفتها أداة فعالة في هذا المجال من خلال مداخل متعددة منها: التكيف والملاءمة والتكامل والتطور والتقدم وغير ذلك من أمور. فمن المعلوم أن التربية هي عملية إنماء لإنسان توجّه للحاضر والمستقبل؛ لذلك فهي تعني بدرجة كبيرة بالتغيرات الحاضرة والمستقبلية في المجتمع الإنساني وتساعد الفرد مع البيئة استطاع أن ينمو إلا أن نموه هذا يعتمد بدرجة عالية على مستوى العمليات التربوية التي تمكنه من التكيف (همشري، 2001).

وعلى الرغم من أن التربية تساعد على إحداث التغير الاجتماعي وتسهم فيه بطرق شتى إلا أنه من ناحية أخرى تعد أداة ضبط التغيير وتوجيهه في إطار التقدم الاجتماعي.

وتستخدم التربية الطرق التالية في مواجهة التغير:

1. تحويل العمليات التربوية من عمليات تقليدية تركز على التلقين إلى عمليات تركز على آليات التفكير والتفاعل مع الخبرات النمائية من أجل التكيف.
2. تقديم نموذج ثقافي فعال للتلاميذ يمكنهم من الاستجابة إلى التغيرات ومواجهة المشكلات العديدة والمتشابكة في عالم سريع التغير.
3. الإسهام في تلبية متطلبات التقدم الاجتماعي المعاصر.
4. تنمية القدرة لدى الأفراد على التكيف مع الظروف والعوامل المتغيرة داخل المجتمع.
5. وضع التغير موضع الدراسة والنقاش وبحثه داخل الغرفة الصفية مما يساعد التلاميذ على التعرف على طبيعته ومشكلاته ومتطلباته، وبالتالي

زيادة قدرتهم على التكيف معه (الهمشري، 2001).

أنواع التغير وأشكاله:

هنالك نوعان من التغير، هما:

1. **التغير المفاجئ (الطفرة أو الثورة):**

يحدث هذا النوع من التغير على نحو فجائي وبدون أي مقدمات وقد يطلق على هذا النوع من التغير طفرة إذا كان تغيراً اجتماعياً وثورة أو انقلاباً سياسيًّا. إذا تم باستخدام القوة أو باستيلاء على السلطة. ومن المعلوم أن الثورات السياسية و الاجتماعية عبر نماذجها وأمثلتها المختلفة قد نشرت أفكاراً وفلسفات جديدة أدت على نحو أو آخر إلى إحداث تغيرات في أهداف التربية ومناهجها وسياستها ومفاهيمها الخ، في الأقطار التي حديث فيها.

2. **التغير التدريجي (التطور):**

يتعايش التغير التدريجي المستمر مع طريقة الحياة والأشياء، وغالباً ما يكون تغيراً نحو الأفضل والأحسن، ويختلف هذا النوع من التغير عن التغير السريع في أنه قد يتم بصورة منظمة ويخطط لها وبطريقة مدروسة، ويكون الصراع أقل حدة، ويقسم التغير التدريجي بدوره إلى نوعين هما:

أ. التغير البطيء: ويتم هذا النوع من التغير بطريقة متدرجة بطيئة جدًّا لدرجة أنه يصعب على الإنسان إدراكه أو ملاحظته بسهولة ويحتاج إلى فترة زمنية طويلة في ظهوره وحدوثه.

ب. التغير المرحلي: ينطوي هذا النوع من التغير على نمو جديد للشيء المتطور في كل مرحلة عنه في المرحلة السابقة، وهو بهذا لا يحافظ على جعل جوهر الشيء المتطور بحالة إنمائية صاعدة، ويكون التغير (التطور) في كل مرحلة سبباً لمرحلة التغير أو التطور اللاحقة، من هنا يتبين أن آثار هذا التغير قد لا تظهر بسرعة وأنها تحتاج إلى زمن طويل للإحساس بها وإدراكها ومن أمثلته خطط التنمية الثلاثية أو الخماسية أو العشرية التي تعمل بها كثير من الدول في الوقت الحاضر (عريفج، 2000).

أما بالنسبة لأشكال التغير، فتظهر في ثلاثة صور أساسية:

1. التغير الخطي: وهو التغير الذي يسير على وتيرة واحدة وعلى نحو متلاحق، ويظهر على شكل خط مستقيم، ويؤدي باستمرار إلى تطوير وتحسين على الوضع السابق.
2. التغير المتذبذب: وهو التغير الذي لا يكون له اتجاه محدد، ولا قانون ينظمه، ويتذبذب صعوداً وهبوطاً، مثل ازدهار المدن وانكماشها، وانتشار الموضة واختفائها وعودتها للظهور مرة أخرى على نحو أقوى مما كانت عليه أو

أضعف، الخ.

3. التغير الدائري: وهو التغير الذي يظهر على شكل دائرة تقفل حلقة التغير بانتهائه عند النقطة التي بدأ منها (عريفج، 2000).

عوامل التغير:

هنالك عوامل متعددة تؤثر في عملية التغير على نحو عام، وعلى عملية التغير في التربية على نحو خاص. ومن أهم هذه العوامل نذكر ما يلي:

1. العوامل التطويرية الطبيعية:

تتطور قطاعات من الحياة أو المجتمع بدون أسباب حتمية ويكون هـذا التطور طبيعيـاً يتماشى مع نواميس الحياة التي نعيشها. ومثالنا على ذلك تطور الإنسان جسميـاً وعقليـاً. وبما أنه مـن الطبيعي أن يتطور بما يتماشى مـع التطورات والمستجدات في البيئة الخارجيـة، وأن يأخذ بالتغيرات الحاصلة فيها، وإلا سيتلاشى مع مرور الوقت إذ لا جمود في الأنظمة الحديثة ويمكن القول بـأن التربية يمكــن أن تتطــور تطـوراً طبيعيـاً كونهـا نظامـاً مفتوحـاً مـن الأنظمـة المكونـة للمجتمـع (همشري، 2001).

2. العوامل السيكولوجية:

قد ترجع بعض التغيرات الاجتماعية مثلاً إلى حالة التـأقلم والمواءمـة التـي يحدثها الإنسـان بسبب دوافع سيكولوجية ناتجة عن صعوبة إشباع الحاجات أو خلق حاجـات جديدة للناس في أي مجتمع بهدف استمراره والمحافظة على تقدمه. ومن المعلوم أن التربية تعمل على تزويد الفرد بالمعارف والمعلومات والمهارات التي تمكنه من إيجاد وسائل وطرق جديدة لإشباع حاجاته، وزيادة قدرته على التأقلم مع البيئة المحيطة. وبما أن هذه المعارف والمعلومات والمهارات تتغير وتتطور علـى نحو دائم، فإن التربية تغير بدورها وسائلها وطرقها في الحصول عليها والتعامل معها ونقلها وإيصالها إلى المتعلمين وهذا بدوره يتضمن آثاراً سيكولوجية تؤثر عليهم وتعمل التربية على مساعدتهم لتخطي هذه الآثار والتغلب عليها (همشري، 2001).

3. العوامل التكنولوجية:

أدى تطور صناعة تكنولوجيا المعلومـات ووسـائل الاتصال السـلكية واللاسـلكية إلى حـدوث تغيرات مهمة في طبيعة المجتمع الحاضر، وبنيته ووسائل اتصاله، وأنماط التفاعل فيه والأدوار والمراكز الاجتماعية لأفراده ونوعية الوظائف المتوافرة فيه وإدخال أهداف جديـدة لمؤسسـاته وغير ذلك مـن تغيرات اجتماعية.

هذا وقد عملت هـذه العوامل التكنولوجية أيضاً إلى إحداث تغيرات جوهرية في مجال التربية من حيث مضمونها ومحتواها وأهـدافها ونظمهـا الفرعيـة (الطالـب والمعلـم والمنهج والمرافـق التعليمية والإدارة التربوية و غيرها). ونذكر فيما يلي بعض

ملامح هذا التغير.

أ. التغير المفاهيمي: ويظهر هذا التغير في الأوجه التالية:

- تطور علاقة التربية مع علوم أخرى مثل علم الحاسوب وتكنولوجيا المعلومات وعلم الاتصال.

- ظهور مفاهيم تربوية جديدة ذات علاقة بالعوامل التكنولوجية مثل «نظم المعلومات التربوية وتحليلها وتصميمها» و«التعلم بوساطة الحاسوب» و«التعلم المبرمج» و«التعلم عن بعد» و«التعلم الذاتي».

زيادة الاعتماد على التدريب العملي جنباً إلى جنب مع النظرية في العملية التعليمية.

ب. التغير في الأهداف التربوية: وظهور أهداف جديدة ذات علاقة بالعوامل التكنولوجية.

ج. التغير في مجال المعلم: ويظهر هذا التغير في الأوجه التالية:

- ظهور صنف جديد من المعلمين يتمثل بالمعلم الإلكتروني أو المعلم الحاسوبي.

- لم يعد المعلم هو المصدر الوحيد للمعلومات وبدأ يفقد جزءاً مهماً من دوره في هذا المجال مقابل مصادر المعلومات الأخرى مثل قواعد البيانات وبنوك المعلومات وشبكات المعلومات وبخاصة الإنترنت.

- لم يعد دور المعلم هو دور الملقن للمعلومات وإنما أصبح مرشداً وموجهاً لنوعية المعلومات اللازمة للمتعلم ومصادرها المحتملة وامتد ليكون مديراً ومخططاً لعمليات التعلم.

د. التغير في مجال الطالب: ويظهر هذا التغير في الأوجه التالية:

- ظهور دور إيجابي للطالب في العملية التعليمية التعلمية إذ تجعل التكنولوجيا من المحاضرة الصفية مجالاً للأسئلة والنقاش والحوار والتغذية الراجعة كما يستطيع الطالب الذي يمتلك مهارات متقدمة في مجال التكنولوجيا نقل هذه المهارات إلى زملائه الآخرين مما يخفف بالتالي من عبء الاعتماد على المعلم على نحو كلي.

- قلة اعتماد الطالب على الكتاب الدراسي والمحاضرة الصفية والمعلم وزيادة اعتماده على مصادر المعلومات الإلكترونية وعلى التعلم الذاتي وسيلة للتحصيل المعرفي والدراسي.

- زيادة استقلالية الطالب من حيث استقلاليته في اختيار الموضوعات التي يرغب بتعلمها أو اختيار مصادر المعلومات الفضلى لديه أو اختيار الشكل الذي تظهر عليه المعلومات المرغوبة مما يؤدي إلى تنوع خبراته ومعلوماته ومصادرها وبالتالي إلى زيادة فاعليته في العملية التعليمية والتعلمية.

ه‍.   التغير في مباني المدارس: ويظهر هذا التغير في الأوجه التالية:

●   زيادة الميل نحو النواحي العلمية الوظيفية في تصميم مباني المدارس.

●   زيادة الاهتمام بالتهوية والتبريد نتيجة للحرارة الناتجة عـن عمـل الحواسـيب وتكنولوجيـا المعلومات الأخرى المتوافرة في معامل الحاسوب في المدرسة.

●   زيادة الاهتمام بالتبريد والتدفئة إذ تتطلب الحواسيب مثلاً درجات حرارة معينة لا تزيـد عـن 15 درجة مئوية بأي حال من الأحوال.

●   استبدال الأرضيات الثابتة بالأرضيات المتحركة؛ وذلك لإمكان إصلاح الأعطال المختلفة التي قـد تصيب الأسلاك والتمديدات الكهربائية.

●   الحاجة إلى أثاث من نوعيات ومواصفات خاصة فيما يتعلـق بمحطـات الحواسـيب وملحقاتهـا المختلفة.

و.   التغير في المناهج: ويتمثـل هـذا التغيـر في ظهـور مقـررات تكنولوجيـا المعلومـات والحاسـوب وقواعد البيانات.

ز.   التغير في طرق التدريس: ويتمثل هذا التغير في الأوجه التالية:

●   إتباع أسلوب التعليم بواسطة الحاسوب بدلاً من الاعتماد على المحاضرة فقط.

●   خـزن محاضرات المعلم في ذاكـرة الحاسـوب وإمكانيـة اسـترجاع التلاميـذ لهـذه المحاضـرات والمذكرات.

●   تشجيع أسلوب التعلم الذاتي أو تفريد التعليم.

ح.   التغير في الاختبارات: ويتمثل هذا التغير في الأوجه التالية:

●   إعداد الاختبارات المدرسية بواسطة الحاسوب.

●   تصحيح الاختبارات المدرسية بواسطة الحاسوب.

●   تأسـيس بنـك للاختبـارات المدرسـية في ذاكـرة الحاسـوب ممـا يسـاعد عـلى اسـترجاع هـذه الاختبارات بسرعة متناهية وتعديلها وتغيرها إذا تطلّب الأمر ذلك (همشري، 2001).

4.   العوامل المجتمعية ومنها:

أ.   عمل القائد الملهم بما يحتمل من فكر وما يمثله من خلق وإبداع لذا فهو يشكل أحـد عوامـل التغير لدى أتباعه بفضل ما يبثه من أفكار بينهم وبين أفراد المجتمع وما يـدعوهم إليـه. وفي التربية أمثلة كثيرة على القادة والمفكرين والملهمين الذين كانت لهم أفكار متميزة غـيرت مـن دور التربية في المجتمع ودفعت بعجلتها إلى الأمام ومن هـؤلاء (أرسـطو، أفلاطـون، وأمانويـل، وكانت، وجون ديوي، وساطع الحصري، ومحمد عبده).

ب.   عوامل الصراع الاجتماعي: حيث يعتبر التغير نتيجة حتمية للتناقض

القائم بين طرف اجتماعي وآخر نتيجة لاختلاف المصالح وتعدد الثقافات، أو محاولة فرض طرف سلطته على الطرف الآخر. وقد يؤدي هذا الصراع إلى تدمير الثروة وسفك الدماء وإحداث التفكك والخلخلة داخل المجتمع ككل، وليس هناك أفضل من التربية كوسيلة للقضاء على مظاهر الصراع الاجتماعي أو على الأقل التقليل من حدته على نحو واضح وإحداث التماسك والتلاحم داخل المجتمع الواحد ونبذ الخلافات الشخصية بين أفراده على سبيل الدفاع عن مجتمعهم، وبالتالي إحداث التوافق الاجتماعي بين الفئات المتصارعة من خلال ما تبثه من أفكار ومعلومات في أذهان التلاميذ في المدرسة أو الطلبة في الجامعات في هذا لا مجال ودورها الإرشادي التوجيهي فيه (همشري، 2001).

5. **عامل الفجوة الثقافية:**

يحدث التغير الثقافي نتيجة أنواع التوتر التي تصيب الناس بسبب التباين في سرعة تغير العناصر المادية قبل تغير لعناصر غير المادية في النظم الاجتماعية مما يؤدي إلى عدد من المشاكل بسبب ما يعكسه هذا التباين من تأثير في القيم داخل المجتمع.

ويتمثّل دور التربية في هذا المجال في أنها تشرح للتلاميذ أسباب التغير الثقافي وجوانبه واتجاهاته وتأثيراته لمساعدتهم على فهمه والتعامل معه على نحو إيجابي وتعمل أيضاً على تعميق وعي الأفراد وإدراكهم بذاتهم الثقافية وبالذات الثقافية لمجتمعهم؛ إذ تشكل الذات الثقافية للمجتمع مصدر قوة للمجتمع نفسه ولأفراده، وانتقال هذه الذاتية من جيل إلى جيل والمحافظة عليها من الزوال أو الذوبان أو الضياع هو من أهم وظائف التربية ومسئوليات المربي (همشري، 2001).

6. **التقدم العلمي:**

أدى تغلغل العلم في جميع مناحي الحياة المعاصرة إلى تغيير كثير من العادات السلوكية وطرق إشباع الناس لحاجاتهم وأساليبهم في التعامل مع بيئتهم وأصبحت المجتمعات متمايزة عن بعضها بعضاً بمدى نجاحها في توظيف العلم والتكنولوجيا في ميادين الحياة الاقتصادية والاجتماعية والثقافية.

7. **الثورات:**

تعد الثورات من العوامل المهمة التي تؤدي إلى التغير الشامل والسريع؛ وذلك من خلال المفاهيم والأفكار والأساليب الجديدة التي تأتي بها مما يؤدي إلى استبعاد الأساليب القديمة وإبدال النظم المتعبة في المجتمع بنظم أخرى.

ومن أمثلة الثورات: الثورة الفرنسية، والثورة البلشفية، والثورة المصرية.

8. الحروب:

تعد الحروب من العوامل التي تفضي إلى التغير الشامل والسريع وقد تؤدي بعض الحروب إلى القضاء على حضارة ما وإنشاء حضارة أخرى مكانها أو قد تدمر ثقافة وتأتي بثقافة غيرها (همشري، 2001).

نظريات التغير:

هنالك عدة نظريات للتغير، نذكر فيما يلي:

1. نظرية العبقرية:

تعد نظرية العبقرية من أقدم نظريات التغير ويرى أصحابها أن التغير يحصل نتيجة لظهور القادة الأفذاذ كالرجال المصلحين أو القادة السياسيين أو العسكريين المبرزين أو الرجال الوطنيين الـذين يحملون أفكاراً مميزة حول الواقع أو المستقبل ويكونون قادرين على تغيير المفاهيم والأفكار والأنمـاط السلوكية والتقاليد والعادات السائدة في مجتمعهم نحو الأفضل.

ومن أمثلتهم: ساطع الحصري، وصلاح الدين الأيوبي، وغاندي، وغيرهم (العمايرة، 1999).

2. النظرية الحتمية:

يرى أتباع هذه النظرية أن التغير يحـدث بصـورة حتميـة أو جبريـة نتيجـة عوامـل محـددة وتنقسم هذه النظرية بدورها إلى نظريتين فرعيتين هما:

أ.   النظرية الحتمية التطورية: وترى هذه النظرية أن أي شيء في هذا الكون لابد وأن يتغير أو أن يعتريه التغير ويكون التغير في الغالب إلى الأحسن والأفضل.

ب.   النظرية الحتمية الاقتصادية: وتركز هذه النظرية على اقتصاد المجتمع وتـرى أن تطوره أمـر حتمي مما يؤدي إلى تغير المجتمع نفسه على نحو كلي من حيث نظمه ومؤسساته وأسـلوب حياته وعلاقاته وطبيعة طبقاته الاجتماعية والاقتصادية وأدوارها المختلفة، الخ.

وتدعم رأيها بما يحدث مـن تغير جوهري في اقتصاديات المجتمعـات التـي تكتشـف فيهـا ثروات طبيعيـة كـالبترول أو الـذهب أو الفوسفات وغيرهـا، والـذي يـؤدي بـدوره إلى تغير واضح في المجتمع وإلى تقدمه وازدهاره.

3. نظرية التغير الدائري:

تفترض هذه النظرية أن التغير من طبيعة المجتمعـات علـى اختلافهـا وأنـه يسـير في مراحـل متتالية ويدور في حلقة تنتهي به إلى نقطة البداية، فهناك أطوار ثلاثة أساسـية لتطور المجتمع وهـي: طور التكوين والنشأة، وطور النضج والاكتمال، وأخيراً طور الهِرَم والشيخوخة، حيث يقوم على أنقاضـه مجتمع آخر يسير في المراحل

نفسها التي سار فيها المجتمع السابق.

4. النظرية الثقافية:

تقوم هذه النظرية على افتراض أن الصراع بين الثقافات أو بين الثقافات الفرعية أو بين العناصر الثقافية الخاصة بفئة معينة وغيرها من فئات المجتمع الواحد أو بين عموميات الثقافة والمتغيرات الوافدة أو الصراعات الناجمة عن الغزو الثقافي أو الانتشار الثقافي وغيرها تكون وراء التغيرات الحاصلة في البناء الاجتماعي والأنظمة المختلفة فيه.

5. النظرية الديموغرافية (السكانية):

تقوم هذه النظرية على أساس الربط بين التغيرات الديمغرافية وبين التغير الاجتماعي. ويدعم أصحاب هذه النظرية رأيهم فيما تحدثه هجرة السكان من الريف إلى المدن وبخاصة فئة الشباب والهجرة القسرية للسكان نتيجة للحروب والكوارث من تغيرات في بنية المجتمع وأحواله وطبقاته وظروفه السياسية والاقتصادية والثقافية. وقد ربط بعض أنصار هذه النظرية أيضاً بين زيادة معدلات المواليد والحراك الرأسي في المجتمع، بينما ربط بعضهم الآخر بين نمو السكان على نحو عام وتغير البناء الطبقي في المجتمع.

6. نظرية التخلف الاقتصادي والاجتماعي:

يرى أصحاب هذه النظرية أن التخلف في الناحية الاقتصادية أو الناحية الاجتماعية أو كليهما معاً سيؤدي بالضرورة إلى تغيرات جوهرية واضحة في المجتمع. فزيادة حدة الفقر في مجتمع ما على سبيل المثال سيؤدي إلى خلل اجتماعي واضح، وإلى ظهور كثير من المشكلات الاجتماعية وإلى تغير في أسلوب حياة الأفراد وفي أخلاقياتهم وقيمهم الاجتماعية.

مظاهر التغير:

هنالك العديد من مظاهر التغير التي تعتري المجتمعات على اختلافها، منها ما يلي:

1. التقدم العلمي والتكنولوجي الذي يؤدي إلى تقدم المجتمع وتطوره وازدهاره وتمايزه عن غيره من المجتمعات.
2. الهجرة من الريف إلى المدن وبخاصة في المجتمعات الصناعية والذي يؤدي إلى تضخم المدن ونشوء تجمعات سكنية غير المواقع التقليدية وبخاصة المدن أو القرى الصناعية التي تنشأ في مواقع الثروات النفطية أو مناجم المعادن أو الفوسفات أو البوتاسو وغيرها.
3. التغير في نظام الأسرة: إذ أدى كبر المجتمع واتساعه وتمدده و الظروف الاقتصادية السائدة والتطورات التكنولوجية المتلاحقة في الوقت الحاضر إلى

تغير واضح في مفهوم الأسرة التقليدي وفي حجمها وعلاقات أفرادها ومفاهيمها وعاداتها وتقاليدها. ويعد التغير في النظرة نحو دور المرأة وتعليمها وعملها في المجتمع من أفضل الأمثلة على هذا التغير.

4. ظهور مفاهيم جديدة وتطبيقاتها في المجتمع: وقد تظهر هذه المفاهيم نتيجة للتطورات العلمية أو التكنولوجية وبخاصة في مجال الحواسيب والاتصالات السلكية واللاسلكية التي أتاحت للأفراد فرصة الاتصال السريع والسهل بالآخرين والاطلاع على ثقافتهم وتبادل الآراء والأفكار معهم وبذلك يعد الانتشار الثقافي أو الغزو الثقافي من العوامل المهمة في ظهور مفاهيم وأفكار جديدة في المجتمع.

5. التغير في أساليب الحياة وأساليب العمل والإنتاج.

6. التغير في القوى الاجتماعية ففي الماضي ظهرت قوة الطبقة العاملة في مجال الصناعة من خلال نقابات العمال أو النقابات المهنية المختلفة أما اليوم فقد برزت قوة الفئة المتخصصة في مجال التكنولوجيا وبخاصة الحواسيب (همشري، 2001).

إن عوامل التغير المتعددة ترتبط ارتباطاً وثيقاً بدور الأفراد في جماعتهم، ومراكزهم ومراتبهم، ومن ثمّ استجابة المجتمع وتفاعلاته مع التغير الحاصل، وكنتيجة لعملية التغير، هناك مظاهر واضحة يراها المجتمع، ويمكن بواسطة تلك المظاهر أن يحكم على أن المجتمع يتغير ويتطور، ومن هذه المظاهر:

1. التقدم العلمي، وتطبيقات الأبحاث والدراسات العلمية في مجالات حياتية واسعة، واستغلال نتائج الأبحاث في تحسين وتقدم المجتمع.

2. التغير في نظام الأسرة (من أسرة ممتدة إلى أسرة أحادية)، وتولد عن ذلك التغير دخول المرأة لميدان العمل فازداد بذلك داخل الأسرة.

3. الهجرة من الريف إلى المدينة في المجتمعات التي تتطور نحو الصناعة، أما في المجتمعات المعرفية المتطورة (كأمريكا)، فالهجرة معاكسة من المدينة إلى الريف.

4. ظهور مفاهيم جديدة، وتطبيق تلك المفاهيم في بعض المجتمعات أو في الممارسات الحياتية، مثل الحرب الباردة، والحرب النفسية... إلخ.

5. ازدياد المواصلات وتحسين نوعيتها، من حيث الكم والكيف، ويتبع ذلك سهولة في الاتصال، وإيصال الأفكار لمسافات بعيدة وبسرعة ويسر.

6. ظهور قوة لبعض الطبقات التي كانت مسحوقة في العصور الوسطى، وتطور في استخدام الحرية، وممارسة الحقوق الإنسانية، مما أدى إلى ظهور قوة للطبقات العاملة (مثل نقابات العمال، والنقابات المهنية المختلفة).

على أن هذه المظاهر الإيجابية، ليست هي كل مظاهر التغير ولكن هناك **سلبيات قد تظهـر** نتيجة للتغير، من هذه السلبيات:

1. انتشار اللامبالاة.
2. الانجراف في المادية.
3. العبث والتمرد اللاواعي.
4. الميل إلى الأنانية والفردية.
5. إهمال النواحي الروحية والعقائدية.
6. الابتعاد عن الحياة العامة وخدمة الجماعة والمجتمع.

الأسس الدينية للتربية

قال تعالى: (فأقم وجهك للدين حنيفا فطرة الـلـه التي فطر الناس عليها لا تبديل لخلق الـلـه ذلك الدين القيم) **(الروم:30).**

تعريف الدين:

الدين في اللغة: مفرد جمعه أديان، يقال دان نفسه أي أذلّها ومثل حاسبها والدين السلطان أو الورع أو الطاعة.

أما الدين في الاصطلاح: هو الاعتقاد بوجود ذات أو ذوات غيبية علوية لها شعور واختيار وتصرّف وتدابير للشئون التي تخص الإنسان، أو هو اعتقاد من شأنه أن يبعث على مناجاة تلك الذات السامية في رغبة ورهبة وخضوع وتمجيد.

وبعبارة موجزة: هو الإيمان بذات إلهية جديرة بالطاعة والعبادة.

اتجهات تصنيف الأديان:

لغرض تسهيل دراسة الأديان ذهب كثيرٌ من العلماء إلى تصنيفها باصطلاحات منها:

ذهب هيجل إلى أن الأديان منها:

1. أديان طبيعية أو فطرية وهي الأديان البدائية وأديان الأقوام المتأخرة الموجودة في سويسرا وأمريكا اللاتينية وأفريقيا.
2. أديان مطلقة أو كاملة.
3. أديان مُلْهَمة أو موصى بها منها الإسلام واليهودية.

وهناك تصنيف آخر للأديان:

1. أديان أخلاقية وهي أديان الأقوام البدائية.
2. أديان منقذة ومنها البوذية والمسيحية.

وهناك أيضا تصنيف يشمل:

1. أديان عالمية (المسيحية والإسلام).
2. أديان قومية ومحلية (الديانات البدائية والقديمة).

أما العلماء المسلمون فقد صنفوها إلى:

1. أديان صحيحة: وهي الأديان الموصى بها من عند الـلـه تعالى والتي تطلب من معتنقها عبادة إله واحد لا إله غيره وتأمره بالتحلي بالأخلاق الفاضلة وجملة من العبادات.
2. أديان باطلة (الوضعية): وهي الأديان التي قام البشر بوضعها لسياسة الناس، وتنظيم أمورهم، لما تشمل من أحكام (عليان والساموك، 1976).

أصل الدين ومصدره:

اختلف العلماء في تحديد أصل الدين ومصدره فظهرت مجموعة من

المذاهب والنظريات الدينية مذهلة.

المذهب الوضعي:

يرى أصحاب هذا الاتجاه أن الإنسان وصل إلى الدين بنفسه عن طريق عوامل إنسانية سواء أكانت تلك العوامل من نوع الملاحظات والتأملات الفردية أم من نوع التأثيرات والضرورات الاجتماعية اللاشعورية، والمنهج الذي سلكوه للوصول إلى دعواهم هو دراسة أديان المجتمعات القديمة والمعاصرة المتخلفة في الحضارة مستخدمين الطريقة القياسية في استنتاج أقدم مظهر معروف من مظاهر التفكير الديني وخلصوا إلى أنه يعتبر صورة مطابقة لديانة الإنسان الأولى.

وأصحاب هذا الاتجاه وإن اتفقوا في الغاية وهي: تحديد نشأة الدين والمنهج وهو: دراسة التجمعات الإنسانية القديمة ولمعاصرة غير المتحضرة إلا أن النتائج التي توصلوا إليها جاءت متفاوتة جداً. ولذا انقسم الباحثون في هذا الاتجاه إلى فريقين:

فريق منهم: استنتج أن الدين بدأ في صورة الخرافة والوثنية وأن الإنسان أخذ يرتقي في دينه على مدى الأجيال حتى انتهى إلى فكرة (التوحيد) بل زعم بعضهم أن فكرة التوحيد جد حديثه - أنها وليدة العقلية السامية وقد نادى بهذه النظرية أنصار مذهب التطور التقدمي أو التصاعدي الذي ساد في أوروبا في القرن التاسع عشر وحاول تطبيقه على الدين «سبنسر» وتايلور ومنيزيد.

أما الفرق الثاني: قالوا بأن فكرة التوحيد هي أول ديانة عرفها البشر مستدلين بأنه لم ينفك عنها مجتمع من المجتمعات الإنسانية في القديم والحديث وتوصلوا إلى أن الوثنية ليست سوى أعراض طارئة، ومن روادها لانج حيث أثبت عقيدة الإله الأعظم عند القبائل الهمجية في استراليا. وبروكلمان الذي أوجدها عند السامين.

الفريق الثالث: قال بأن الخرافة عرض طارئ ومتطفل وذهبوا إلى نظرية التوحيد الفطري أو البدائي.

نظرية عبادة مظاهر الطبيعة أو المذهب الطبيعي:

يرى أصحاب هذه النظرية أن الدين أول محاولة قام بها العقل الإنساني لتفسير ظواهر الطبيعة خصوصاً تلك الظواهر التي تثير في النفس العجب والدهشة والخوف والرهبة. وأصحاب هذه النظرية فريقان.

فريق يرى أن العامل في إثارة الفكرة الدينية هو التأمل والنظر في مشاهدة الطبيعة تأملاً يجعل الإنسان يشعر بمزيد من الدهشة والإعجاب فيخلص إلى أنه محاط بقوى مستقلة عن إرادة البشر يخضع أفراد المجتمع فيها لتأثيرها ولا قدرة للأفراد على تعديل نظامها. ولشدة نفوذها وتأثيرها في نفسه نبّهت منه فكرة الدين و عبد الطبيعة، ومن أشهر القائلين بذلك ماكس فولر.

الفريق الثاني وعلى رأسهم العالم جيفونز يرى أن التأمل والنظر في الظواهر الطبيعية العادية لا يكفي لإثارة الفكرة الدينية، ولذا الذي يثيرها هو الطبيعة الشاذة العنيفة، فهذه الحوادث الرهيبة تبعث الفزع والخوف بنفس الإنسان وتجعله يستفسر عن مصدرها فينسبها إلى قوى خفية غيبية تسيّر هذا العالم، ولابد من العمل على إرضائها بتقديم الهدايا والقرابين والأضاحي.

نظرية عبادة مظاهر الروح أو المذهب الحيوي:

تنسب هذه النظرية إلى العالم الإنجليزي تايلور الذي يبيّن في كتابه الحضارة البدائية كيف تنبه البشر الأول إلى الروح، واعتقد بأن للموجودات الأخرى - حيواناً أم جماداً - أرواحاً، وأن تلك الأرواح عبارة عن كائنات تتصل بالناس وأن جميع ما يصيب النفس الإنسانية من نجاح وتوفيق ومن آلام ومصائب إنما يرجع إلى تلك الأرواح أو العالم الروحي وزاد ما لهذه الأرواح من قوة وقدرة وبذلك أصبح الإنسان ملزماً بأن يرضيها وأن يتخلص من غضبها وأن يتقرّب إليها بالقرابين والأضحية والصلوات.

وقد بين تايلور أن النوم واليقظة كانت سبباً في تنبيه البشر إلى الروح فعندما كان الإنسان ينام يتصور أصحابه أنه مات وعندما يستيقظ يظنون أن قوة خفية ما أحيته. حيث أن الجسد لا يتغير في النوم أو اليقظة، وإنما هناك شيء خفي يحركه فلابد أن يكون هذا الشيء منفصلاً ومختلفاً عنه، وبذلك الشيء هو النفس، وهذه النفس رغم قدرتها العادية لا يمكن أن تلمسها وهذه النفس لا تعتبرها روحاً؛ لأنها لا تنفصل عن الجسد فإنها لا تعبد إنما تعبد وتصبح مقدسة بتحولها إلى روح بعد أن تبتعد عن مكانها في الجسد ولا يستطيع الإنسان أن يتصل بها إلا بمراعاة طقوس خاصة والنفس لا تصبح روحاً إلا في حالة الموت، وبذلك فإن أول عبادة في نظر تايلور هي عبادة أرواح الموتى وكانت تقدم لهم قرابين غذائية تشبع حاجات الموتى تقدّم على القبور واللحود (عليان والساموك، 1976).

النظرية الطوطمية:

انتشرت هذه الديانة في استراليا حيث يرى علماء العمران أن سكان استراليا الأصليين أكثر الناس تأخراً في مضمار الحضارة، وأنهم في حالة من الوحشية والبؤس لا تضاهيها حالة، فهم لا يبنون بيوتاً، ولا أكواخاً متينة، ويجهلون الزراعة والصناعة، وهم يقتاتون من لحوم الحيوانات البرية وجذور النباتات وليس لديهم سوى شبه مجلس يجتمع فيه الراشدون ويقررون الأعمال التي تهمهم جميعاً.

أما ديانتهم فكانت بعيدة جداً عن المظهر الذي تأخذه الصابئة في عبادة النجوم والتقرب إلى الكائنات الكبرى فكانت عبادتهم تقتصر على عبادة الطوطم. فما هو الطوطم؟

الطوطم هو لفظ دخل إلى اللغات الأفرنجية سنة 1791 للميلاد وقد أخذه الرحالة لدفع الإنجليزي عن لغة الهنود الحمر في أمريكا الشمالية ويراد به كائنات تحترمها بعض القبائل المتوحشة، ويعتقد كل فرد من أفراد القبيلة بعلاقة نسب بينه وبين أحد منها ويسميه طوطمه، وقد يكون الطوطم حيواناً أو نباتاً، وهو يحمي صاحبه وصاحبه يحترمه ويقدسه ويعبده فإذا كان حيواناً لا يقتله ولا يأكله وإذا كان نباتاً لا يقطعه وتختلف عبادة الطوطم عن الديانة الفتشية التي تقوم على عبادة صنم على صورة حيوان.

أنواع الطواطم:

الطوطم الجنسي: هو الطوطم الذي يحظى باحترام أحد الجنسين الذكور أو الإناث فيكون خاصاً بنساء القبيلة أو برجالها.

الطوطم الشخصي: هو الطوطم الذي يحظى باحترام الفرد الواحد ولا يرثه أبناءه.

طوطم القبيلة: هو الطوطم الذي يشترك أفراد القبيلة في تقديسه أو عبادته ويسمون باسمه ويعتقدون أنه جدهم الأعلى وأنهم من دم واحد مرتبطون بعهود متبادلة ترجع إلى ذلك الطوطم (شلحت، 2003).

وللطوطم اعتباران:

الاعتبار الديني: يراد ما بين الطوطم من علاقات، فالرجل يحترم طوطمه، والطوطم يحميه ويحفظه.

الاعتبار الاجتماعي: الحقوق المتبادلة بين أفراد تلك القبيلة التي يجمعها اسم ذلك الطوطم.

فالطوطم من الجهة الدينية يعتبر أماً للقبيلة وأنها من نسله، ولكل قبيلة حديث خرافي عن طوطمها يتناقلونه أباً عن جد يغلب أن يكون مداره عن كيفية انتقاله من الحيوانية أو النباتية إلى الإنسانية فمن قبائل الأيروكوا من هنود أمريكا قبيلة تعرف بقبيلة السلحفاة، يعتقد أهلها أنهم متناسلون منها، حيث أنها استثقلت صدفتها فألقتها عن ظهرها ثم تحولت إلى إنسان وأنجبت أولاداً (شلحت، 2003).

مظاهر اتباع الطوطم: التشبه به وتقليده في الشكل والمظهر ويلبسون جلده ويرسمونه على أذرعتهم وهو ما يسمى بالتعاويذ.

الطوطم من الناحية الاجتماعية:

الزواج الخارجي: وهو ما يتعلق بالطوطم الجنسي الذي يراد به اختصاص ذكور القبيلة أو إناثها بطوطم خاص غير طوطم القبيلة أو الطوطم الشخصي.

أما الطوطم من الناحية الاجتماعية: يراد به تعاقد أهل القبيلة فيما بينها

باعتبار علاقاتها بالقبائل الأخرى، فأهل الطوطم الواحد يعدون أخوه وأخوات يتعاونون في السراء والضراء بروابط هي أشد مما بين أفراد العائلة الواحدة.

فمن شروط الطوطمية أن رجال الطوطم الواحد لا يتزوجون نساء من قبيلتهم ولا النساء برجال منها فالرجل يتزوج بامرأة من غير قبيلته وطوطم غير طوطمه وربما نشأ الأولاد على طوطم آخر فإذا نشبت حرب تعاون أهل الطوطم الواحد على أصحاب الطوطم الأخذ فينفصل الرجل عن زوجته والولد عن أمه وأبيه.

فهم يعتقدون أن الزواج من نفس القبيلة مضر بالصحة ويعاقبون من يقدم عليه بالموت والأولاد في الغالب يرثون طوطم أمهاتهم فإن النسب يتصل بينهم بالأمهات وليس بالآباء.

الطوطمية وأماكن انتشارها:

تنتشر الطوطمية في استراليا وشمالي أمريكا وبنما الطوطم الشائع هو طمطم البغبغاء وكذلك في أفريقيا وفي آسيا في الهند، وقبائل البنغال وسيبيريا وبعض جهات من الصين وجزائر المحيط.

قوانين الطوطمية:

1. يمتنع أصحاب هذا المذهب عن قتل الحيوانات أو أكل لحومها.
2. يجوز للفرد أكل بعض حيواناتها عند الضرورة لكن مع التأسف والاستغفار.
3. يلبس أفراد القبيلة جلده في بعض الاحتفالات الدينية.
4. تؤمن أفراد القبيلة بوجود نسب يربطها بطوطمها وأنهم وإياه من أصل واحد.
5. أفراد القبيلة أخوة وأخوات لا يجوز التزاوج فيما بينهم (شلحت، 2003).

نظرية التوحيد الفطري أو الكائن الأعلى:

تشترك النظريات السابقة في أنها على أساس فكرة التطور وتتفق في أن الدين بدأ بداية همجية تعتمد على الخرافة والأسطورة وأن الإنسان أخذ يرتقي في دينه حتى وصل إلى الكمال.

ولقد حاول أصحاب هذه النظريات أن ينسبوا فكرة التوحيد إلى العقلية السامية أي إلى (اليهودية والإسلام والمسيحية) أما نظرية التوحيد الفطري فإنها تختلف في النتيجة التي تم التوصل إليها في أن فكرة التوحيد أو الإله الأعلى هي البداية الحقيقية للدين لكنها فسدت بتأثير الظروف الاجتماعية فانتشرت الخرافة والوثنية في المجتمعات الإنسانية وأن الإنسان أخذ يرتقي فيما بعد في فهم الدين.

فهذه النظرية تتفق مع مذهب التطور الذي يبدأ من التوحيد إلى التعدد وأنها تعترف بالألوهية وعلاقتها بالخلق استناداً إلى ما أودع الله في الإنسان من الفهم والوعي.

مذهب الوحي:

يؤكد أصحاب هذا المذهب على أن الدين موحى به من عند الله وأن الإنسان الأول عرف فكرة الدين ودان بالتوحيد عن طريق الوحي وليس عن طريق العقل.

وقد شاع هذا المذهب في القرون الوسطى عند رجال الدين وهو ما سعت الديانات الكبرى كالإسلام واليهودية والمسيحية لإثباته عن طريق البراهين التي تؤكد إمكانية الوحي وصدق النبوة وتارة أخرى بالتماس سند عقلي يربط الدين بما يحقق من مصالح.

فهذه النظرية تؤكد أن أصل الدين ومصدره الإله وليس الإنسان وأن فكرة الدين قد نزلت على الإنسان الأول ولم يكتشفها هو، والإنسان عرف الآلهة بنور الوحي لا بنور العقل والمصدر الذي تستند إليه هذه النظرية هو الكتب السماوية وقصه خلق الإنسان الأول (عليان والساموك، 1976).

المعتقدات الدينية للشعور:

أولاً ديانات مصر القديمة: تميزت هذه الديانة بعقيدة البحث والحساب وقد كان المصريون أكثر الأمم القديمة تعبداً وتمسكاً بالدين وتعاليمه حتى أن الدين كان عاملاً فعالاً في كل نشاطاتهم الحياتية.

الآلهة وأصلها: الآلهة المصرية ترجع من جهة أصلها إلى قوى الطبيعة التي كانت ذات أثر وهم في حياة سكان وادي النيل الأقدمين حيث قاموا على تشخيص هذه القوى وعبدوها على هيئة آلهة أهم ما تتصف به هو صفة التشبيه أي أنّها كالبشر من الناحية الروحية والجسمية لكنها أعلى وأسمى من الإنسان من حيث القدرة والخلود.

وراجع الباحثون القوى الطبيعية التي كانت أصل الآلهة المصرية إلى:

1. القوى المستمدة من الشمس تتمثل في «رع» إله الشمس.
2. القوى المستمدة من الأرض تتمثل في «جب» إله الأرض.
3. القوى المستمدة من الحيوان، فلقد قدّس المصريون الحيوانات لكنها لم تعبد في بداية الأمر لكن قد كان لكل إله حيوان خاص به فيرمز برأس كبش للإله «آمون» وبرأس عجل للإله «فتّاح» وهكذا.

وقد كانت عبادة الحيوانات في البداية مقصودة على واحد من نوعه ثم انتقلوا إلى عبادة النوع كله، ومن جانب آخر فقد كان المصريون يؤمنون بتفرد الإله أو ما يسمى بالإله العظيم فقد كان «أمون» الإله الأعظم لديهم.

البعث والحساب عند المصريين:

لعل أعظم ما في الديانة المصرية هو الاعتقاد بالحياة والموت والخلود بما فيها من ثواب أو عقاب على ما قام به الإنسان من عمل صالح، أو فاسد في الحياة الدنيا.

وقد قامت عقيدة المصريون على أمرين رئيسيين:

1. فكرة العدل الإلهي وذلك بوجود يوم آخر وحياة أخرى لينتصر يفها الخير أو الشر.
2. وجود الروح وخلودها: اعتقد المصريون بأن الإنسان مكون من عنصرين متغايرين هما الجسد والروح.

وأن الجسد شيء كتب عليه الفناء وأن اله وكلّ أمر حياة البشر وإحساسه وشعوره إلى روح تغاير الجسد والتي هي شيء خالد لا يعرف الموت أو الفناء، وهذا ما حفزهم إلى التفنن في تحنيط الموتى وبقاء المومياء على هيئة من التماسك وعدم التحلل حتى تعود النفس إلى غلافها.

ولضمان عودة النفس تفننوا في إقامة تماثيل الموتى التي تشبه أجسامهم حتى تحل النفس فيها، وإن كان الجسم غير صالح (بارندر، 1993).

الديانة الهندوسية:

تميزت الهند بوجود نظام الطبقات وأهم هذه الطبقات:

1. طبقة البرهمية وتمثل الكهنة الذي يدرسون أسفار؟؟ - الكتاب المقدس.
2. طبقة الكاشتريا والتي تقوم بحماية الشعب وتلاوة الكتاب المقدس.
3. طبقة الفيشية (العبيد) وتقوم بزراعة الأراضي وتربية المواشي والبيع والشراء.
4. الشودرا التي تقوم على خدمة الطبقات الثلاث.

وكانت لطبقة البراهما مدارس خاصة تربي أبناءها تربية دينية حتى يصبحوا كهنة وكان تعليمهم ينصب على اجتياز أدوار أربعة هي دور التلمذة وفي هذا الدور يحتضن الأستاذ طلبته كأبناءه، الدور الني وهو الدعاء حيث يتدرب البرهميّ على المناجاة والأدعية والأدعية ويتزوج البرهميّ ببرهمية ثم ينتقل غلى الخلوة والتفكير ليعود بعدها لحياته الطبيعية.

أما الآلهة الهندية فقد تعددت وكانت ذات أصول قديمة لوكمية أرتكزت على تقديس أرواح تسكن الصخور والحيوان والأشجار وأيضاً ذات صول طبيعية حيث ارتكزت على تقديس قوى الطبيعة من سماء وماء وشمس.

فالبقرة أكثر الحيوانات قدسية عندهم فلها تماثيل في كل معبد. وتتمتع بحرية مطلقة فلا يجوز للهندوسي أكل لحمها تحت أي ظرف من الظروف، أو أن يستغل جلدها في أي صناعة، وإذا ماتت وجب دفنها.

والديانة الهندوسية تؤمن بأمرين:

أحدهما: مبدأ الحلول، عندما قالوا بأن روح الإنسان هي نفس روح براهما موجودة في الإنسان كما هي موجودة في المخلوقات الأخرى.

ثانيهما: تناسخ الأرواح حيث يؤمن الهندوسي بأن الروح تنتقل من الإنسان إلى الحيوان وبالعكس.

ومن معتقدات الهندوسية إيمانهم بالكارما ومعناها قانون الجزاء أو العدالة، ويعني أن جميع أعمال الإنسان التي تؤثر على الآخرين خيراً أم شراً يجازى عليها بالثواب والعقاب وهذا الجزاء يكون في الحياة العادية فإن لم يقع، يقع في الحياة الأخرى عندما تنتقل الروح إلى جسد آخر.

وهدف الإنسان الهندوسي أن يصل غلى مرحلة الخلاص التي تهيئ الظلات روحه من الجسد للاتحاد بالإله براهما ويكون ذلك بالعمل الصالح حتى يصل إلى النيرفانا (بارندر، 1993).

الديانة البابلية:

من المعتقدات التي سادت في العراق عقائد السومريين والأكاديين والكلدانيين والآشوريين لقد كان الناس في بابل يعتقدون أنهم خلقوا من طينة الأرض شكلوا حتى يشبهوا الآلهة وأنهم ما خلقوا إلا لعبادتهم لذلك هم ملزمون بخشية الآلهة وعبادتها وتقديم القرابين لها.

كما أن الديانة البابلية تميزت بتعدد الآلهة لكنهم كانوا يؤمنون بمبدأ التعدد لا مبدأ التوحيد.

والتفرد هو تخصيص إله أو جملة من الآلهة بالتعظيم والعبادة دون ترك الآلهة الأخرى، أما التوحيد فهو الاعتقاد بإله واحد وقصده وحده بالطاعة والعبادة.

وترجع الآلهة من جهة أصلها إلى قوى طبيعية مثل:

1. القوى المستمدة من السماء ويمثلها آنو.
2. القوى المستمدة من الهواء ويمثلها الإله انيل بالكتابة المسمارية.

وأبرز الآلهة: عشتار وآشور عند الأشوريين وألوّ.

ولم تكن للحيوانات في بابل أي قدسية.

الموت والعالم الآخر:

لم يشك البابليون في حتمية الموت وفرضه على البشر وجميع الأحياء، لكن يبدو أن فكرة البعث بعد الموت والجنة والنار لم يعرفوها في بادئ أمرهم وعقيدتهم في ذلك أن الإنسان إذا عمل صالحاً رضي عنه الإله وعاش متمتعاً بالسعادة، أما إذا أذنب بقصد أو بدون قصد فإن الإله الذي يحميه يتخلى عنه؛ فتتلقفه مخلوقات الشر.

والموت تنفصل الروح عن الجسد في القبر إلى عالم الأرواح، وهو العالم السفلي، وهي العيشة الأبدية حيث لا قيامة ولا رجعة ولا جنة ولا نار.

العبادات والشرائع:

اهتم العراقيون بإقامة المعابد للإله وحرصوا على إرضائها، وتقديم القرابين لها خوفاً منها من جهة، وأملاً في أن تمنحهم السعادة والرخاء من جهة أخرى.

وتنقسم الطقوس الدينية في بابل إلى قسمين:

ما يقوم به الفرد بنفسه بدون وساطة الكهنة، مثل الصلاة والاستغفار، ومنها الأعياد والمهرجانات الدينية، ومنها ما يقوم به الكهّان كذبح القرابين (بارندر، 1993).

الديانة اليهودية:

لم يستطع بنو إسرائيل في أي فترة من فترات تاريخهم أن يستقروا على عبادة اللـه الواحد الذي دعا له الأنبياء، كان اتجاههم إلى التجسيم والتعدد والنفعية واضحاً في جميع مراحل تـاريخهم وعلى الرغم من ارتباط وجودهم بإبراهيم عليه السلام، إلا أن البدائية الدينيـة كانت طابعهم، ويعد كثرة أنبيائهم دليلاً على تجدد الشرك فيهم، وبالتالي تجدد الحاجـة إلى أنبياء يجددون الـدعوة عـلى التوحيد، وكانت هذه الدعوة قليلة الجدوى فظهر للتاريخ بـدائيين يعبـدون الأرواح والأحجـار وأحيانـاً مقلدين يعبدون معبودات الأمم المجاورة التي كان لها حضارة وفكر.

وكان لليهود في مطلع ظهورهم على مسرح التاريخ بدواً ورحلاً أفكاراً بدائية تسيطر علـيهم، كالخوف من الشياطين، والاعتقاد في الأرواح، بالإضافة إلى عبادة الأصنام. وقد ظلوا عـلى هـذه الحـال حتى جاء سيدنا موسى عليه السلام وأخرجهم من مصر حيث عبدوا هناك العجل الـذهبي الـذي كـان رمز لإلههم.

ومن ناحية أخرى كانت الحية وهي محجرة سـيدنا مـوسى حيوانـاً مقدسـاً لـديهم لأنها في نظرهم تمثل الحكمة والدهاء، ونتيجة النظر إلى أن سيدنا موسى عليه السلام ساحر على حد قولهم قـد انتشر السحر بينهم.

وبعد موسى عليه السلام تأثر بنو إسرائيل بمعبودات الكنعانيين، وأصبح «بعل» معبـوداً لهـم (انترمان، 2004).

الآخرة والبعث عند اليهود:

تهتم اليهودية بالأعمال ولا تعنى بالإيمان وهي في جوهر أسلوبها حياة لا عقيدة وهي بذلك تختلف عن المسيحية التي تعنى بالإيمان وتجعله يفوق العمل.

ولما كانت اليهودية دين أعمال لا دين إيمان، فمن الواضح تبعاً لـذلك أنها لا تـتكلم عـن الآخرة والبعث والحساب فذلك أمور تتوقف على العقيدة؛ لهذا قلّما يشير اليهود إلى حياة أخرى بعد الموت، ولم يرد في دينهم شيء عن الخلود وكان الثواب والعقاب في الحياة الدنيا، ولم تعد فكرة البعـث عند اليهود إلى بعد أن فقدوا

الرجاء في أن يكن لهم سلطان على الأرض ولعلهم أخذوا هذه الفكرة عن الفرس أو المصريين.

الفرق اليهودية:

تكثر الفرق اليهودية، ولكنها تختلف في مبادئها وأسس حياتها ونظرتها إلى الكون وإلى ما وراء الكون.

أولاً: القديسيون:

ومعناها المنعزلون وهم بذلك يناظرون فرقة المعتزلة عند المسلمين، وقد أطلق عليهم أعدائهم هذه التسمية لذلك يكرهونها ويسمون أنفسهم «الأحبار، أو الربانيون، أو الأخوة في الله».

يعتقد القديسيون بالبعث وقيامة الأموات والملائكة والعالم الآخر، وأكثرهم يعيشون في عالم الزهد والتصوف، وهم لا يتزوجون، ويحافظون على وجودهم بطريقة التبني، وهم لا يقدمون القرابين في المعابد، ويرى القديسيون أن التوراة ليست كل الكتب المقدسة التي يعتمد عليها إنما هناك روايات شفوية يعتمدون عليها مدونة في التلمود.

وهم يقدسون الحاخامات ويعطونهم سلطة عليهم، ويعتقدون في أن مخافتهم من مخافة الله، ولا يوجد لديهم نشاط ثوري أو فكري إنما اتجهوا إلى تفسير التوراة والتعليق عليها.

ثانياً: الصدوقيون:

وهذه التسمية نسبة إلى صادوق الكاهن الأعظم في عهد سليمان، وهم ينكرون البعث والحياة الآخرة، والجنة والنار، ويرون أن جزاء الإنسان يتم في الدنيا وكذلك ينكرون التعاليم الشفوية (التلمود)، وحتى التوراة، ولا يرون أنها مقدسة قدسية مطلقة، وكذلك ينكرون الشياطين والملائكة، ولا يؤمنون بالقضاء والقدر، ولا يميلون إلى الاشتراك في الحركات الثورية.

وينحدر الصدوقيون من طبقة الاستقراطيين ببيت المقدس، الذين كانوا يمثلون الغنى والدين والمكانة في المجتمع اليهودي، ولذلك يعدهم اليهود حزب المحافظين لعدم اعترافهم بالتلمود لأنهم يرون أن الزيادة في الاعتقاد أو العبادة بدعة مرفوضة.

ثالثاً: القراءون:

كانوا يمثلون القلة بين اليهود فلما تدهور القديسيون علت هذه الفرقة والقراءون لا يعتقدون إلا بالعهد القديم كتاباً مقدساً، ولا يعترفون إلا بالتلمود.

رابعاً: فرقة الحسديين:

هي كلمة مأخوذة من كلمة حسديم بمعنى المشفقين، فهي تحترم

الأضحية والقرابين وتنكر التفرقة العنصرية، ولا تستخدم الذهب والفضة وتحرمها على أنفسهم، وتحرم نظام الرق والاشتغال بالتجارة وصناعة الأسلحة والذخيرة، وتحرم الملكية الفردية.

خامساً: الكتبة:

تطلق هذه التسمية على مجموعة من اليهود كانت مهمتهم كتابة الشريعة لمن يطلبها منهم، فهم أشبه بالنسَّاخ، وقد اتخذوا الوعظ وظيفة أخرى لهم، وهم وسيلة لتصيد أموال الناس، وكانوا يسموا بالحكماء وأحياناً السادة، كما كان الواحد منهم ينادي بلقب أب، مما رفع من شأنهم وكان لكل واحد منهم مدرسة يعلم بها.

سادساً: المتعصبون أو السفاكون:

وكانت هذه الفرقة على صلة وثيقة بالقديسيون، وكانوا يؤمنون بالمسيح والمهدي المنتظر والحماسة الوطنية والميل إلى العبادة، لكنهم عرفوا بعدم التسامح ضد المواطنين الذين عرفوا باللادينية ومن سياستهم عدم انتظار العون من الآلهة، بأن يعملوا بأنفسهم لمساعدة الآلهة، وقد كان الموت عندهم أسهل من طاعة غير اليهود.

وقام المتعصبون بحركات اغتيال وفوضى؛ فكانوا يرتكبون جرائمهم علناً في الطرقات ويغتالون دون تردد، وبذلك أطلق عليهم السفاكون كما لجأوا إلى اللصوصية والسلب والنهب، بالرغم من أنهم كانوا ذوو نزعة دينية (انترمان، 2004).

مصادر الفكر اليهودي:

العهد القديم:

هي التسمية العلمية لأسفار اليهود وليست التوراة إلا جزءاً منها ونسبتها إلى موسى لأنه أبرز أنبياء بني إسرائيل وكلمة التوراة معناها الشريعة أو التعاليم الدينية.

والعهد القديم مقدس لدى اليهود والمسيحيين ولكن أسفاره غير متفق عليها.

فمثلاً عند المسيحيين نجد أن النسخة الكاثوليكية تزيد سبعة أسفار عن النسخة البروتستنتية.

القسم الأول: التوراة ويشمل أسفاراً خمسة وهي التكوين - الخروج - اللاويون - العدد والتثنية، وتسمى بأسفار موسى، وفيما يلي تفصيل لها:

- سفر التكوين أو الخلق: وسمي بذلك لاشتماله على خلق العالم وخلق الإنسان الأول، وخطيئة أبو البشر، ونزوله إلى الأرض، وقصة الطوفان، ونشأة الشعوب.

- سفر الخروج: وسمي بذلك لتناوله خروج بني إسرائيل من مصر- وما عانوه من الفراعنة وكذلك قصتهم بعد يوسف عليه السلام، ومنه أيضاً الوصايا العشر.
- سفر اللاويين أو الأحبار: ويحوي كثيراً من التشريعات والوصايا والأحكام من كفارات الذنوب والأنكحة المحرمة، والأطعمة المحرمة، والطقوس والأعياد.
- سفر العدد: سمي بذلك لأنه حافل بالإعداد والتقسيم لأسباط بني إسرائيل وبه ترتيب لمنازلهم حسب أسباطهم وإحصاء لذكورهم.
- سفر التثنية: أو تثنية الشريعة ومعناها الإعادة والتكرار لتثبيت التشريعات والتعاليم، ففيها أعيد الكلام عن الوصايا العشر- وعن الأطعمة الحلال والحرام، والقضاء والملك (انترمان، 2004).

التلمود:

هو روايات شفوية تناولها الحاخامات من جيل إلى جيل، وبعد المسيح بمئة وخمسين سنة خاف أحد الحاخامات ويدعى يوحناس أن تلعب أيدي الضياع بهذه التعاليم الشفوية، فجمعها في كتاب وسمّاه الميشنا، والتي تعني الشريعة المتكررة لأن الميشنا تكرار لما ورد في توراة موسى.

وفي السنين التالية أدخل أحد الحاخامات في فلسطين وبابل زيادات على ما رواه يوحناس وسمي جمارا ومن الميشنا والجمارا يتكون التلمود الذي يحوي على تعاليم اليهود وآدابهم.

وهم يعتقدون أنه من ترك التلمود واكتفى بالتوراة ليس له إله ويعتقدون أنه من يخالف التوراة خطيئته قد تغتفر أما التلمود فمن يخالفه يعاقب بالقتل.

الوصايا العشر:

ورويت الوصايا العشر في الإصحاح الرابع والثلاثين من سفر الخروج، وقد كانت تدمج بين الدين وكذلك العادات والتقاليد وهي:

1. لا تصنع لنفسك منحوتاً ولا صورة تسجد له؛ لأن الإله غيور.
2. افتقد ذنوب الآباء في الأبناء.
3. لا تنطق باسم الرب باطلاً؛ لأن الرب لا يبرئ من نطق باسمه.
4. اذكر يوم السبت لتقدسه، ولا تعمل يوم السبت.
5. أكرم أباك وأمك كي تطول أيامك.
6. لا تسرق.
7. لا تزن.
8. لا تقتل.

9. لا تشهد على قريبك زور.
10. لا تشته بنت قريبك أو امرأته أو أَمَتِه، ولا ثوره، ولا حماره (انترمان، 2004).

العهد الجديد:

ويطلق عليه أحياناً الإنجيل، وهو كتاب المسيحيين المقدس، وإن اختلفوا في روايته وعدد أسفاره فمنهم علماء يقولون أنه سبعة وعشرون سفراً إلا وهي: الأناجيل (متى ومرقص ولوقا ويوحنا) وأعمال الرسائل التي هي رسائل بولس والرسائل الكاثوليكية، أما الكنيسة النسطورية فلا تعترف إلا باثنين وعشرين سفراً، وتضيف الكنيسة الحبشية إلى السبعة والعشرين سفراً ثمانية تشمل على دستور الرسل الذي أوجدته الكنيسة في أواخر القرن الرابع وبمؤلفه (كليمنس) أحد أبناء مدينة روما.

ومن الواضح أن هناك أناجيل ورسائل فنيت في عهد الاضطهادات الأولى التي عانتها المسيحية، ولكن بقي جزء كبير من الأناجيل والرسائل أخفاه ذووه ثم أظهروها عندما غلبت المسيحية أعداءها.

إنجيل متى:

متى أحد الحواريين، مات سنة 79 ببلاد الحبشة، ويتفق جمهور المسيحيين على أن متى كتب إنجيله بالآرامية، ولكن النسخة الآرامية لا وجود لها، وظهر كتاب باللغة اليونانية قيل أنه ترجمة إنجيل متى، ولم يُعرف المترجم ولا تاريخ الترجمة.

إنجيل مرقس:

مرقس طاف في البلاد داعياً للمسيحية، وقد قتل في سنة 62م، ولا يعرف تاريخ تأليف الإنجيل وكما أن حقيقة الكاتب موضع خلاف فبعضهم يرى أن مرقس هو الذي كتبه، ويرى آخرون أن بطرس رئيس الحواريين وأستاذ مرقس هو من كتبه، ومرقس رواه عنه.

إنجيل لوقا:

ليس لوقا من الحواريين ولا من تلاميذهم، وإنما هو تلميذ بولس.

إنجيل يوحنا:

لهذا الإنجيل أهمية خاصة في دراسة المسيحية؛ ذلك لأنه الإنجيل الذي نص صراحة على ألوهية المسيح، والشائع أن هذا الإنجيل كتبه يوحنا الحوري الذي كان يحبه المسيح ويصطفيه، ولكن هذا الشائع لا أساس له من البراهين وكثير من كتب المسيحية يؤكدون أن يوحنا الحوري لم يكتبه.

التشريع والمسيحية:

مر التشريع والمسيحية بعدة مراحل وهي:

المرحلة الأولى أتباع التشريع عند اليهود:

تعتبر المسيحية التوراة وأسفار الأنبياء السابقين كتباً مقدسة ويطلقون عليها اسم العهد القديم، وقد كانوا في عهودهم الأولى يتبعون شرعة اليهود والوصايا العشر عندهم؛ ولذلك لم يأت عيسى بشرع جديد، وما اهتم به هو الوعظ والوصية والتسامح، ويعلل المسيحيون عدم اهتمام عيسى بالتشريع بقولهم:

1. أنه أراد التشريعية روحاً محيية، لا حرفاً ميتاً.
2. أنه أراد تجنيب هذه الشريعة ما تفرضه عليها أحوال الزمان والمكان.
3. أنه أراد أن يحترم حرية الإنسان.

المرحلة الثانية عظات عيسى ومكانتها من التشريع:

أهم ما يروى عن عيسى عليه السلام من العظات مثل عظة الجبل، ويرى المسيحيون أن العظات نقلت التشريع في المسيحية إلى طور جديد.

المرحلة الثالثة الرسل والتشريع:

وبعد عيسى بفترة قصيرة اتضح لقادة المسيحيين أن التشريع اليهودي شق على الأتباع الجدد وبخاصة من غير بني إسرائيل، فأخذ المسيحيين يقللون من التكاليف وحصروها في الزنا وأكل المخنوق، وأكل الدم، وأكل ما ذبح للأوثان، وأباحوا الخمر ولحم الخنزير وهي محرمة في التوراة.

المرحلة الرابعة بولس والتشريع:

وجاء بولس فلعب دوراً كبيراً في التشريع المسيحي، فكان تارة يشرح ما روي عن عيسى وتارة يقترح هو من عنده.

المرحلة الخامسة دور الرؤساء الروحانيين والمجامع في التشريع:

حيث تسلّم الروحانيين تراث التشريع من الرسل ومن بولس وظلوا يباشرونه حتى تم الاعتراف بالمسيحية، فانتقل حق التشريع للمجامع التي لم تكتف بالتقنين حول أمور الدنيا بل راحت تخلق الآلهة، وتقرر حق الغفران وعصمة البابا.

المرحلة السادسة الكنائس والتشريع:

وقرر مجمع روما سنة 1869 عصمة البابا، فانتقل حق التشريع إليه، وعن طريقه نعمت الكنائس بحق التشريع.

الطوائف المسيحية:

1. **الكاثوليك:**

وتسمى كنيستهم بالكنيسة الكاثولوكية أو الغربية أو اللاتينية أو

البطرسية أو الرسولية، ومعناها العامة لأنها تُدعى أم الكنائس ومعلمتها، وتتبع الكنيسة الكاثوليكية نظام البابا ويرأسها البابا والكرادلة وهم أصحاب الحق الأول في تنظيم الكنيسة.

2. **الأرثوذكس:**

وتسمى كنيستهم بكنيسة الروم الأرثوذكسية، أو الكنيسة الشرقية، أو اليونانية لأن أكثر أتباعها من الروم الشرقيين كروسيا والبلقان واليونان.

3. **البروتستانت:**

وتسمى كنيستهم الكنيسة الإنجيلية، وقصد بهذه التسمية الإشارة إلى أتباع هذه الكنيسة أنهم يتبعون الإنجيل دون غيره ولا يخضعون لفهم سواهم له وتنتشر في ألمانيا وإنجلترا والدانمرك وهولندا وسويسرا والنرويج وأمريكا الشمالية.

العنصرية النصرانية:

كانت الديانة النصرانية تقوم في بادئ أمرها على المساواة بين أبناء الجنس البشري ولكنها بعد التدخل البشري الذي حرفها انحرفت عن هذه المساواة في تملق واضح لطبقة السادة حيث جعلت خضوع الناس ولا سيَّما الأرقاء ديناً ملزماً.

الإسلام:

1. العلم وسيلة إلى الإيمان بالله سبحانه وتعالى:

إن المنهج الإسلامي في معرفة الله بعيد عن أي خرافة أو وهم أو ظن وهو منهج يقوم على أساس العلم والوعي.

وكثير من الناس تسيطر على حياتهم الأوهام، أو الخرافات، وتدفعه إلى ممارسة أعمال فاسدة، ليس لها أساس صحيح يدعمها، فتذهب جهودهم عبثاً أو توجه إلى باطل يلحق بالإنسان أكثر الأضرار والمفاسد.

وذلك يعود إلى سلوك منهج فكري معوج، عندما يقع الإنسان في خديعة الظنون الكاذبة.

ولذلك نرى أن الخطاب الإسلامي يوجِّه الناس إلى اتخاذ العلم وسيلة للوصول إلى اليقين وأن لا يتبع الإنسان ما لا علم له به؛ لأنه يوقعه في متاهات من الجهل.

قال الله تعالى: (ولا تقف ما ليس لك به علم إن السمع والبصر والفؤاد كل أولئك كان عنه مسئولا) (الإسراء:36).

مبدأ التوحيد:

1. إن دلائل وحدانية الله سبحانه ظاهرة واضحة في نظام هذا الكون المستقر، وأحداثه المنسقة، وسيره المنتظم.. ولو كان هناك إله غير الله لحدث الصراع بينهم على تسيير هذه المخلوقات وعندئذٍ يدب الفساد في الأرض والسماء.

قال الـلـه سبحانه وتعالى: (لو كـان فـيهما آلهـة إلا الـلـه لفسـدتا فسـبحان الـلـه رب العرش عما يصفون) (الأنبياء:22).

2. ولو كان مع الـلـه آلهة أخرى لحاول بعضـهم أن يسـتعلي عـلى غـيره، وعندئـذ يشـهد الكـون حروباً مروعة مدمرة، ويكـون الملكـوت ميـداناً لصراع جبـار بـين الآلهـة المتنازعـة أو لحـاول الضعاف من هذه الآلهة المتنازعة أن يتعاونوا على من له القوة والنفوذ في هذا الملكوت.

قال الـلـه سبحانه وتعالى: (قل لو كان معه آلهة كما يقولون إذا لابتغـوا إلى ذي العـرش سبيلا (42) سبحانه وتعالى عما يقولون علوا كبيرا) (الإسراء:42 – 43).

3. ولو كان مع الـلـه آلهة أخرى لفصل كل إله ما خلـق ولشـاهدنا عمليـات الانفصـال والتجزئـة ظاهرة في هذا الكون وكم تكون، الحياة سيئة لو أن للشمس إلهاً منع عنا ضوءها وأن لو كـان للشجر إلهاً لمنع عنا ثمارها، أن لو كان للسحب إلهاً لمنع عنا قطرها.

مبدأ تنزيه الـلـه تعالى:

إن صفات الـلـه تعالى وكماله عزَّ وجـلّ حقيقـة قائمـة ثابتـة، يشـهد بهـا كـل مـا في الكـون، وتتحدث بها الفطرة البشرية، فكل إنسان منا يشعر أن فيه نقصاً دون الكمال ويشعر بوجود نقـص في كل ما نشاهده في المخلوقات، فهذا الاتجاه التي تتجه الفطـرة إليـه (الشـعور بـالنقص) إنمـا يتبـع مـن تيقنها بوجود من يتصف بالصفات العليا، ولـذي لـه الأسـماء الحسـنى، وتلـك هـي الفطـرة الإنسـانية المؤمنة التي فطرها الـلـه على الإيمان.

فعلم الإنسان بمخلوقات الـلـه محدود وهو لا يستطيع أن يحيط بالمخلوقـات علـماً فكيـف يستطيع أن يحيط بالله علماً؟

قال الـلـه تعالى: (ولا يحيطون بشيء من علمه إلا بما شاء) (البقرة:255).

فلا نعرف الـلـه حق معرفته إلا بما علمنا إياه من طريق الشريعة، فقـد جـاء العلـم والبيـان منه فعرَّفنا الـلـه بنفسه سبحانه وبأسمائه وصفاته فنقف عندها ونمجده ونقدسه وننزهه.

فالله سبحانه وتعالى نزَّه نفسه عن مشابهته بالمخلوقات فهو لا مثيل له ولا نظير له ولا شبيه له.

فذاته ليست كذوات المخلوقات وأسماؤه ليست كأسماء المخلوقات، وإن تشابهت الأسماء – كالرحيم مثلاً – ولكن المسمَّى يختلف.

وصفاته ليست كصفات المخلوقات وأفعاله ليست كأفعال المخلوقات.

فكل صفة من صفاته لا تشبه أبداً صفة من صفات الخلق فعلمه ليس

كعلم عباده، وحكمته ليست كحكمة البشر، وقدرته ليست كقدرة البشر ورحمته ليست كرحمة المخلوقين، وانتقامه من الكافرين ليس كانتقام البشر فكل صفة من البشر يلحقها النقص، أما كل صفة من صفات الـلـه فلها الكمال تعلى الـلـه عزَّ وجلَّ.

قال الـلـه تعالى: (ليس كمثله شيء وهو السميع البصير) (الشورى:11).

القرآن:

أ. تعريفه: هو كلام الـلـه تعالى، المنزَّل على سيدنا محمد »، المتعبَّد بتلاوته، المبتدأ بـ (بسم الـلـه الرحمن الرحيم، الحمد لله رب العالمين) والمختتم بسورة النساء.

والقرآن الكريم هو وحي من الـلـه تعالى للنبي » باللفظ والمعنى.

القرآن: كتابٌ أنزله الـلـه على محمد ».

قال الـلـه تعالى: (لكن الـلـه يشهد بما أنزل إليك أنزله بعلمه والملائكة يشهدون وكفى بالـلـه شهيدا) (النساء:166).

وقال تعالى: (وقرآنا فرقناه لتقرأه على الناس على مكث ونزلناه تنزيلا) (الإسراء:106).

تكفل الـلـه بحفظه من أي تحريف أو تبديل، قال الـلـه تعالى: (إنا نحن نزلنا الذكر وإنا له لحافظون) (الحِجر:9).

وقال تعالى: (لا يأتيه الباطل من بين يديه ولا من خلفه تنزيل من حكيم حميد) (فُصِّلَت:42).

والقرآن نزل على قلب محمد بواسطة جبريل عليه السلام باللسان العربي المبين.

قال الـلـه تعالى: (نزل به الروح الأمين (193) على قلبك لتكون من المنذرين (194) بلسان عربي مبين) (الشعراء: 193 - 195).

ويحتوي القرآن الكريم على أحكام تنظم كل شئون الحياة:

1. العقائد.
2. العبادات.
3. المعوضات والمعاملات.
4. الأخلاق.
5. العقوبات.
6. قصص الأنبياء والرسل وللعبر والعظات.

والقرآن هو أعظم معجزة خالدة للرسول »: ويتجلى إعجاز القرآن العظيم في نواحٍ كثيرة

منها:

1. الإعجاز البلاغي.
2. الإعجاز التشريعي.
3. الإعجاز العلمي.
4. الإخبار عن المغيبات والأمم السابقة.
5. تحقق ما وعد به وما أخبر عنه أنه سيقع في المستقبل.

ب. الفرق بينه وبين الحديث النبوي والحديث القدسي:

لكي نعرف الفرق بين القرآن وبين الحديث القدسي والحديث النبوي، نعطي التعريفين

الآتيين:

● الحديث النبوي: هو ما أضيف إلى النبي » من قول أو فعل أو تقرير أو صفة خَلْقِيَّة أو خُلُقِيَّة.

تعريف الحديث:

لغة ضد القديم، ويستعمل في اللغة أيضاً حقيقة في الخبر.

قال في القاموس: الحديث: الجديد والخبر.

واصطلاحاً: ما أضيف إلى النبي » من قول، أو فعل أو تقرير، أو وصف خِلقي أو خُلُقي.

والخبر عند علماء هذا الفن مرادف للحديث. فلا فرق إذن عند الجمهور بين الحديث

والخبر.

فالتعريف المختار للحديث هو: ما أضيف إلى النبي » من قول، أو فعل، أو تقرير، أو وصف خَلْقي أو خُلُقي، أو أضيف إلى الصحابي أو التابعي.

تعريف السُنَّة:

لغة: السيرة والطريقة المعتادة، حسنةً كانت أو قبيحة.

وفي اصطلاح بعض العلماء: ما أضيف إلى النبي » خاصة، والأكثرون يرون أنها تشمل أيضاً ما أضيف إلى الصحابي أو التابعي.

الفرق بين السُنَّة والحديث شمول الوصف الخلقي.

أما الأثر: فيسمى تعريف بغامض، وهذا هو المعتمد، لأنه مأخوذ من أثرت الحديث إذا

رويته.

فالحاصل: أن هذه العبارات الثلاثة: الحديث، الخبر، الأثر تطلق عند المحدثين بمعنى واحد

هو ما أضيف إلى النبي » قولاً، أو فعلاً، أو تقريراً، أو صفة خلقية أو خُلُقية، أو أضيف إلى الصحابي أو

التابعي.

التربية الإسلامية:

تمتد هذه الفترة ستة قرون من القرن السابع الميلادي عندما انتشر الإسلام في شبه جزيرة العرب، وانتقل إلى إمبراطورية الفرس والروم وحتى القرن الثالث عشر عندما سقطت بغداد على يد هولاكو المغولي عام 1258م، وتقسَّم هذه الفترة إلى عدة أطوار لكل واحدة منها خصائصها التربوية:

الطور الأول: نمو الإسلام في عهد الرسول صلى الله عليه وسلم .

الطور الثاني: طور الفتوحات الإسلامية التي بدأت في عهد أبي بكر أول الخلفاء الراشدين مقاربة نهايتها في عهد الأمويين.

الطور الثالث: هو طور تكوين الحضارة العربية والامتزاج بين الشعوب والحضارات ويبدأ بظهور العباسيين، وتدخل فيه حضارة الأندلس منذ القرن الثامن الميلادي.

الطور الرابع: والذي يبدأ مع ظهور الأتراك السلاجقة، وينتهي بظهور المغول في القرن الثالث عشر وسقوط بغداد على أيديهم (فضل، 1967).

أهدافها:

لم تكن أهداف التربية الإسلامية واحدة في كل العصور الإسلامية ورغم ذلك فإننا نرجع أهداف التربية الإسلامية إلى ما يلي:

أ. الهدف الديني: ويركز على دراسة علوم الدين والشريعة.

ب. الهدف الدنيوي: وهو ما تعبر عنه التربية الحديثة بالغرض النفعي العملي، أو الإعداد للحياة ومتطلباتها ويركز على دراسة علوم الإنسان والتاريخ والجغرافيا والكيمياء والفيزياء والطب والهندسة والفلك وغيرها من العلوم.

ج. هدف العلم من أجل العلم: ويعني العلم في ذاته ولذاته معاً، وهذا الهدف يدفع صاحبه للتعلم والبحث لا لشيء سوى لذة البحث والعلم المجددة للكشف عن الحقيقة ودقائق المعرفة. وقد ورد في الآيات الكريمة والأحاديث الشرفة ما يؤكد هذه الأهداف، في حين نجد أن أهداف التربية عند الأمم الأخرى إما دنيوية فقط كما كانت عند اليونان والرومان، أو دينية لما كانت عند بني إسرائيل والمسيحيين في الصدر الأول، ومن هنا فهي تفوق غيرها من أنواع التربية عند الأمم قديمها وحديثها (فاضل، 1967).

ملامح التربية الإسلامية عبر العصور:

- التربية الإسلامية مسئولية فردية، فالفرد المسلم مطالب بتنمية نفسه بنفسه من مناهل العلم، حسب إمكانياته وحسب توافر العلم في عصره.
- أنها تربية شاملة للجسد والروح والعقل، ومتدرجة مع الإنسان حسب مراحل

نموه المختلفة، كما أنها متكاملة لا تقتصر على مكان ما أو زمان معين، بـل تـتم في كـل مكـان وزمان، وفي مختلف أماكن وجود الإنسان.

- تعتبر التربية الإسلامية تربية عملية تربط ما بين العلم والعمل، وما بين النظري والتطبيق.

- كل إنسان فيها معلّم، فالكبير يعلم الصغير، والصغير يعلم الكبير، والمعلم قدوة لما يدعو إليه، يأمر بالبر والخير ويلتزم بهما.

- أنها تربية قوامها الحرية، وتقوم على الانفتاح على البيئـة المحليـة وعلى العـالم أجمـع، ورغـم ذلك فإنها تقوم على الأصالة، ولكنها لا تأخذ من نظم التربية في العالم الخارجي إلا ما تحتاج إليه.

- تعطي دوراً مهماً للجماعة، التي توجه الأفراد والهيئات وترشدهم وتسـاعدهم وتـتم الـنقص فيما يقومون به من جهود (فاضل، 1967 م).

أساليب التربية في القرآن:

إن الأساليب المتبعة في التربية القرآنية هي آية في النفاسة والإعجاز. فهـي أسـاليب تربويـة تتفق مع أرقى ما توصل إليه الفكر التربوي قديماً وحديثاً. فأسلوب التربية بالعمل وأسلوب التكرار، وأسلوب التأثير في النفس وإثارة العواطف وأسلوب استعمال المنطق والمحاكمـة العقليـة وأسـلوب الاستجواب وأسلوب القصة وأسلوب البيان الساحر، وأسلوب الوعظ وأسلوب الحكم والأمثال وأسلوب التمثال والقدوة الحسنة، وأسلوب التواصي والنصح المتبادل، وأسلوب الترغيب والترهيب، وقبول التوبة والغفران، ما هي إلا بعض الأساليب التربوية الفعالة التي نجدها في القرآن الكـريم. فالتربية القرآنيـة ليست قضية حفظ لفظي للقرآن الكريم فحسب بل هي قضية إيمان وأخلاق، وقضية علم وعمل كـما بينا، وهذه تتطلب أساليب فعالة مناسبة يحويها القرآن الكريم. ولكن رجـال التربيـة المسـلمين اليـوم قلَّما يعنون بأساليب التربية القرآنية، فيستقون من معينها في أداء واجباتهم التربوية، وفي هذا نقص في ثقافتنا التربوية أرجو أن ننتبه إليه فنعمل على تلافيه ونحن نسعى لتشـييد صرح ثقـافي جديـد لأمتنـا (فاضل، 1967 م).

«التعليم بالعمل» أو«الطريقة الفعالة» في التربية هي آخر مـا دعـت إليه التربية الحديثـة وهي الطريقة التي يساندها علم النفس الحديث، فتكوين أخلاق الإنسان وروحياته وبنـاء علاقاتـه الاجتماعية لا تقوم بالوعظ وحده ولا بالحفظ وحده، بل تحتـاج إلى أفعـال ليمارسـها الإنسان لتكون أخلاقه عملياً، وليبني علاقاته مع بني الإنسان بالواقع، فتعوّد المرء على النظام في الحياة، وعلى ضبط النفس وعلى الحياة الاجتماعية التعاونية، وعلى التضحية في سبيل المجموع كلها تتطلب مراناً وممارسة يومية تلازم حياة الإنسان ليل ونهار. وهذا ما يفعله القرآن الكريم،

حين يضع الفرائض التي يطلب إلى المسلم أن يقوم بها، فما هذه الفرائض إلا وسائل لتربية الإنسان وتوجيهه نحو الأهداف التربوية التي يدعو إليها القرآن، فالقرآن إنما جاء بالفرائض لتربية الإنسان وتغذيته باستمرار غذاءً روحياً، فكما أن الإنسان من حيث هو حيوان يحتاج إلى غذاء مادي لتنمية جسمه وإدامته يومياً، فهو كذلك يحتاج من حيث هو إنسان أن ينمي روحه ويغذيها بالفرائض والعبادات. وهنا نحن فيما يلي نستعرض بعض الأغراض التربوية التي قد تحققها الفرائض باعتبارها وسائل فعالة في بناء الإنسان (فاضل، 2005)

الصلاة: تربي الإنسان روحياً وخلقاً، إذ تربط الإنسان وخالقه، وتعلم الإنسان الطاعة والشكر لله. كما أنها تقوي إرادة الإنسان، وتعوّده على ضبط النفس والصبر والمثابرة والمحافظة على المواعيد، وهذا ما يحتاج إليه المسلمون، إنها تربي الإنسان اجتماعياً حيث يذهب المرء إلى صلاة الجماعة ولا سيّما يوم الجمعة، إذ فيها يجتمع المسلمون على قدم المساواة بين الغني والفقير، والقوي والضعيف، فيتعارفون ويتعاونون ويتعرفون على مشاكلهم العامة والخاصة. وهي أيضاً تربي الإنسان تربية رياضية روحية وجسدية معاً. ففيها تطهير للنفس وللجسم معاً، فأداء حركات رياضية متزنة كاملة من جهة أخرى.

قال اللـه تعالى: (اتل ما أوحي إليك من الكتاب وأقم الصلاة إن الصلاة تنهى عن الفحشاء والمنكر ولذكر اللـه أكبر و اللـه يعلم ما تصنعون) **(العنكبوت:45).**

قال اللـه تعالى: (وأمر أهلك بالصلاة واصطبر عليها) **(طه:132).**

قال اللـه تعالى: (حافظوا على الصلوات والصلاة الوسطى وقوموا لله قانتين) **(البقرة:238).**

قال اللـه تعالى: (رب اجعلني مقيم الصلاة ومن ذريتي ربنا وتقبل دعاء) **(إبراهيم:40).**

قال اللـه تعالى: (إن الذين آمنوا وعملوا الصالحات وأقاموا الصلاة وآتوا الزكاة لهم أجرهم عند ربهم ولا خوف عليهم ولا هم يحزنون) **(البقرة:277).**

قال اللـه تعالى: (يا أيها الذين آمنوا إذا نودي للصلاة من يوم الجمعة فاسعوا إلى ذكر اللـه وذروا البيع ذلكم خير لكم إن كنتم تعلمون) **(الجمعة:9).**

الصيام: في الصيام تربية روحية للفرد فهو يعلِّم الإنسان طاعة اللـه والالتجاء إليه، وفيه تربية خلقية إذ يعوِّد الإنسان على ضبط النفس ومكافحة الشهوات وبذلك تقوى الإرادة، وفيه تربية اجتماعية فهو يجعل المرء يفكر في حاجة الفقير والمحتاج، ويتذكر ضرورة مساعدته، كما أن فيه شعوراً بالوحدة الاجتماعية

والمساواة، إذ يشعر أبناء المجتمع أنهم جميعاً يقومون بتأدية فريضة دينية واحدة في وقت واحد وهي فريضة يتساوى فيها الغني والفقير والقوي والضعيف، وفيه تربية جسدية، ذلك عدا ترويض الجسم على تحمل الجوع والعطش. ففي الصوم تربية لنواحي متعددة من حياة الإنسان ولكنها تربية عملية فعالة.

ولقد فرضنا هذه التربية بالآية الكريمة: (شهر رمضان الذي أنزل فيه القرآن هدى للناس وبينات من الهدى والفرقان فمن شهد منكم الشهر فليصمه ومن كان مريضا أو على سفر فعدة من أيام أخر يريد الله بكم اليسر ولا يريد بكم العسر ولتكملوا العدة ولتكبروا الله على ما هداكم ولعلكم تشكرون)   (البقرة:185)، (فاضل، 1967).

الزكاة: في الزكاة خاصة وفي الصدقات والإنفاق عامة نجد تربية روحية عميقة، فهي تعلم الإنسان طاعة الأوامر الإلهية، ومكافحة الأنانية، والإفراط في النزعة المادية الفردية. فالزكاة معناها الطهارة، فهي (أي الزكاة) تطهر المال وتطهر النفس مما يعلق بها من طمع، وهي تعد الإنسان للحياة الاجتماعية والاشتراكية التي تتطلب الشعور مع الغير في احتياجاتهم وعوزهم، والعمل على معاونتهم. والقرآن الكريم يستهدف تعليم المسلمين النظام في جمع المساعدات للمحتاجين، فيض على شمول «العاملين عليها» بنصيب من الزكاة والصدقات. إذن فهناك جباة يوكل إليهم جمع الزكاة والخيرات، وتوزيعها على مستحقيها بشكل عادل ونزيه. ولو مارس المسلمون بجد وحزم هذه الفريضة الجوهرية في الإسلام لقضي على التسول الذي نراه شائعاً في الكثير من البلاد الإسلامية، ولقضي على كثير من البؤس والفقر والشائعين في البلاد الإسلامية اليوم. إن جمع الزكاة والصدقات، وتوزيعها بنزاهة وعدالة هي تربية عملية واقعية. وإن المدرسة الحديثة تستطيع تربية الطلاب على جمع التبرعات والصدقات في صناديق توضع في المدرسة وتشرف عليها هيئة من الطلاب بإشراف مدرس أو أكثر ويقرر توزيع هذه الصدقات على مستحقيها بصورة منتظمة، ففي ذلك تربية روحية واجتماعية ثمينة للجيل الصاعد. ويصدق الشيء نفسه على المساجد والجوامع فلو وضعت فيها صناديق لجمع الصدقات، أو لو تطوع أشخاص أتقياء لجمع التبرعات وتوزيعها على الفقراء لساد المجتمع جو روحي اجتماعي صحيح في البلاد الإسلامية.

ومما يلفت النظر في سويسرا أن ترى أطفال المدارس في شتى المناسبات يجمعون التبرعات من الناس في صناديق يحملونها لقاء شارات يعلقونها على صدور المتبرعين. وذلك لشتى الأغراض الخيرية والإنسانية. وقد لفت نظري في تونس قيام راهبات يدرن على البيوت لجمع التبرعات لأصحاب العصي البيض (العميان)

كما يقوم أشخاص محترمون في كنائس أوروبا وأمريكا بجمع التبرعات للأغراض الخيرية وللفقراء المعوزين. ولكننا لا نحتاج إلى أخذ دروس في روح البذل وفي الإنسانية من أوروبا، فقرآننا الكريم مملوء بالآيات التي تحث على الزكاة والبذل والإنفاق ولا سيما عن طريق الصدقات ولنا في تراث أسلافنا ثروة إنسانية عظيمة، فيا حبذا لو أحييناها وعملنا بموجبها. وها نحن فيما يلي نذكر بعض الآيات الكريمة على سبيل المثال:

(الم (1) ذلك الكتاب لا ريب فيه هدى للمتقين (2) الذين يؤمنون بالغيب ويقيمون الصلاة ومما رزقناهم ينفقون)   (البقرة:1 – 3).

(يا أيها الذين آمنوا أنفقوا من طيبات ما كسبتم ومما أخرجنا لكم من الأرض) (البقرة:267).

(مثل الذين ينفقون أموالهم في سبيل الله كمثل حبة أنبتت سبع سنابل في كل سنبلة مئة حبة و الله يضاعف لمن يشاء و الله واسع عليم) (البقرة:261).

(الذين ينفقون أموالهم في سبيل الله ثم لا يتبعون ما أنفقوا منا ولا أذى لهم أجرهم عند ربهم ولا خوف عليهم ولا هم يحزنون) (البقرة:274).

(لن تنالوا البر حتى تنفقوا مما تحبون وما تنفقوا من شيء فإن الله به عليم) (آل عمران:92).

(وأقيموا الصلاة وآتوا الزكاة واركعوا مع الراكعين)   (البقرة:43).

(قد أفلح من تزكى) (الأعلى:14).

(إنما الصدقات للفقراء والمساكين والعاملين عليها والمؤلفة قلوبهم وفي الرقاب والغارمين وفي سبيل الله وابن السبيل فريضة من الله و الله عليم حكيم) (التوبة:60).

(ألم يعلموا أن الله هو يقبل التوبة عن عباده ويأخذ الصدقات وأن الله هو التواب الرحيم)   (التوبة:104) (فاضل، 1993).

حج بيت الله الحرام: حج بيت الله الحرام فيه تربية روحية وتربية ثقافية إنسانية وتربية خلقية وتربية رياضية جسدية. فالحج بما يتضمنه من طاعة وتحمُّل مشاق وبذل نفقات فيه طاعة مخلصة لله وتطهير للنفوس من الخطيئات والآثام وتجديد العزم على اتباع حياة جديدة فيها تقرب إلى الله وتجنب للمعاصي، والحج يرمز إلى الوحدة وحدة الروح ووحدة الهدف الأعلى لجميع المسلمين، وفيه توسيع للأفق الثقافي والاجتماعي إذ يلتقي الإنسان بأبناء بلاد أخرى قد يختلفون عنه

في اللون واللغة والعادات ولكنه يرتبط بهم شعوريًّا وبالرياضة التعبدية وبمراسم الحج وما تتطلبه من صبر وتحمّل للمشاق وما تتطلبه من ذبح القرابين كرمز للتضحية والطاعة.

(...ولله على الناس حج البيت من استطاع إليه سبيلا...) (آل عمران:97).

(وإذ بوأنا لإبراهيم مكان البيت أن لا تشرك بي شيئا وطهر بيتي للطائفين والقائمين والركع السجود (26) وأذن في الناس بالحج يأتوك رجالا وعلى كل ضامر يأتين من كل فج عميق (27) ليشهدوا منافع لهم ويذكروا اسم الله في أيام معلومات على ما رزقهم من بهيمة الأنعام فكلوا منها وأطعموا البائس الفقير (28) ثم ليقضوا تفثهم وليوفوا نذورهم وليطوفوا بالبيت العتيق) (الحج:26 – 29) (فاضل، 1967).

الجهاد: الجهاد في سبيل الله يربي الإنسان على الاستعداد لبذل النفس والنفيس وبذل قصارى الجهد في سبيل سلامة الأمة والوطن والدفاع عن حوزة البلاد والعمل في سبيل رفع مستوى الحياة الإنسانية. وأن العقيدة الجهاد الراسخة المتأصلة في أبناء تونس الذين كافحوا في سبيل الاستقلال الأحياء منهم والأموات الفضل الأكبر في نوال تونس استقلالها واحتلالها المحل اللائق بها بين أمم العالم اليوم، هذا والجهاد مستمر في تونس اليوم من أجل رفع مستوى الحياة الإنسانية والقضاء على آثار البؤس والتخلف وهذا هو ما وصفه مجاهد تونس الأكبر «بالجهاد الأكبر»، وأنتم بذلك تعظون وفق تعاليم القرآن الكريم وأسلوبه العملي في التربية. وها أنا أتلو عليكم بعض الآيات من القرآن الكريم على سبيل المثال:

(والذين جاهدوا فينا لنهدينهم سبلنا وإن الله لمع المحسنين) (العنكبوت:69).

(يا أيها الذين آمنوا اتقوا الله وابتغوا إليه الوسيلة وجاهدوا في سبيله لعلكم تفلحون) (المائدة:35).

(والذين آمنوا وهاجروا وجاهدوا في سبيل الله والذين آووا ونصروا أولئك هم المؤمنون حقا لهم مغفرة ورزق كريم) (الأنفال:74).

يتضح مما مر أعلاه أن التربية القرآنية وما تتطلبه من القيام بتأدية الفرائض ليست مسألة حفظ ألفاظ فقط بل هي قبل كل شيء عمل وتطبيق وجهاد وتضحية، إذن فالطريقة العملية وما يرافقها من تكرار وتثبيت وتغلغل في صميم الحياة اليومية للإنسان هي من أولى الطرق التربوية التي يدعو القرآن إلى الأخذ بها (سابق، 1967م).

التذكير والأمر بالمعروف والتواصي:

من الأساليب الأساسية في التربية القرآنية هي أنها تفترض أن أفراد المجتمع يربي بعضهم بعضاً كما يؤثر بعضهم على بعض ويوجه بعضهم بعضاً. وهذا ما فرضه القرآن من ضرورة التذكر والأمر بالمعروف والنهي عن المنكر والتواصي بالحق والتواصي بالصبر. فكلنا معلم وكلنا متعلم في كل الأوقات، ولا يستغني بعضنا عن بعض صغيرنا يتعلم من كبيرنا وكبيرنا يتعلم من صغيرنا، فالتذكير بالخير والحق والدعوة إليهما والتنبيه إلى الشر والضرر والنهي عنهما هو من صميم الأساليب التربوية الإسلامية التي تحتاج إليها المجتمعات الحديثة بكل تأكيد.

(وذكر فإن الذكرى تنفع المؤمنين) (الذاريات:55).

(إن في ذلك لذكرى لمن كان له قلب أو ألقى السمع وهو شهيد) (ق:37).

(فذكر إنما أنت مذكر) (الغاشية:21).

(كنتم خير أمة أخرجت للناس تأمرون بالمعروف وتنهون عن المنكر وتؤمنون بالله) (آل عمران:110).

(والعصر (1) إن الإنسان لفي خسر (2) إلا الذين آمنوا وعملوا الصالحات وتواصوا بالحق وتواصوا بالصبر) (العصر:1 – 3)، (سابق، 1967).

أسلوب الوعظ والنصح:

من أساليب التربية المعروفة من أقدم العصور أسلوب الوعظ والنصح، فالإنسان قد يصغي ويرغب في سماع النصح من محبيه وناصحيه، فالنصح أو الوعظ يصبح في الحالة ذا تأثير بليغ في نفس المخاطب ولا سيّما حين يكون صادراً عن محبة ومن القلب إلى القلب، فالنصح أو الوعظ من والد محب أو والدة أو أخ كبير أو صديق أو شيخ محترم قد يغير مجرى حياة الإنسان، وما لم يكن النصح أو الوعظ صادراً من القلب إلى القلب فتأثيره يكون ضعيفاً أو معدوماً تقريباً، والقرآن الكريم يزخر بالنصائح والمواعظ الثمينة، فهو قد وصف بأنه جاء موعظة للناس فقد جاء في القرآن:

(إن الله نعما يعظكم به) (النساء:58).

( ) يا أيها الناس قد جاءتكم موعظة من ربكم وشفاء لما في الصدور وهدى ورحمة للمؤمنين) (يونس:57).

قلنا أن النصائح و المواعظ في القرآن كثيرة بل القرآن كله موعظة، ولعل تلاوة بعض المواعظ المشهورة يوضح لنا الأسلوب التربوي الأبوي الذي يستعمله

القرآن، ولنأخذ موعظة لقمان لابنه مثلاً:

(وإذ قال لقمان لابنه وهو يعظه) (لقمان:13).

وكذلك ما جاء في سورة الإسراء: (لا تجعل مع الله إلها آخر فتقعد مذموما مخذولا) (الإسراء:22).

أسلوب القصة:

من الأساليب التربوية المعروفة أسلوب القصة، فالقصة تؤثر في النفس إذا وضعت في قالب عاطفي مؤثر، والقصة ذات المغزى الأخلاقي المثير قد تخالج أعماق النفس فتحرك الدوافع الخيرة في الإنسان وتطرد النزعات الشريرة فيه، فهي قد تجعل القارئ أو السامع يتأثر بما يقرا أو يسمع فيميل إلى الخير وينفذه ويمتعض من الشر فيبتعد عنه. وفعل القصة الأخلاقية أمر معروف منذ القدم. فقد استعمل القصة حكماء الهنود والفرس واليونان، والقرآن الكريم جاء بقصص تربوية هي غاية في الأهمية في علاقات الإنسان الأخلاقية والروحية بأخيه الإنسان، مع جمال الأسلوب وبلاغة المعنى، كما نص القرآن الكريم على أهمية القصة للعبرة الأخلاقية فقد ورد في القرآن الكريم:

(نحن نقص عليك أحسن القصص بما أوحينا إليك هذا القرآن وإن كنت من قبله لمن الغافلين) (يوسف:3).

(لقد كان في قصصهم عبرة لأولي الألباب...) (يوسف:111).

ومن القصص المعروفة في القرآن الكريم نذكر على سبيل المثال:

قصة بني آدم في سورة المائدة فهي تصور فظاعة الحسد والحقد والعدوان عند أحد الأخوين، كما تصور الرحمة والتسامح عند الأخ الآخر، وهي تنتهي بتصوير صغر نفس الأخ الحاسد حتى أنه يخجل من نفسه عندما يعجز عن إتيان مثل ما فعله الغراب بمواراة جثمان أخيه:

(واتل عليهم نبأ ابني آدم بالحق إذ قربا قربانا فتقبل من أحدهما ولم يتقبل من الآخر قال لأقتلنك قال إنما يتقبل الله من المتقين) (المائدة:27).

وقصة يوسف التي تصور حسد أخواته وكيدهم له، ثم تصور مراودة امرأة العزيز ليوسف عن نفسه وكيف أنه استعصم بالله، فتغلب على الشهوة برحمة الله وعونه، ثم قصة دخوله السجن وخروجه منه ظافراً عالي الرأس مقرباً إلى الملك، إلى آخر القصة (فاضل، 1967).

أسلوب التوبة والغفران:

إن القرآن الكريم بعد كل الجهود التربوية التي يبذلها مع الإنسان لا يسد

الباب في وجه الذين عملوا سيئة وضلوا فساروا في طريق معوج، فهو يفتح أمامهم الباب على مصراعيه للعودة إلى جادة الصواب، وذلك بأن يثوبوا ويستغفروا ربهم ويبدؤوا حياة جديدة نقية، ولذلك نجد أن التوبة والغفران هي من أقوى وسائل الإصلاح في التربية وهو ما تعمل التربية الحديثة على الاستفادة منه جهد المستطاع، وها نحن أولاء نأتي على سبيل المثال ببعض الآيات البينات التي تدعو لهذا الأسلوب الإصلاحي في التربية:

(ومن يعمل سوءا أو يظلم نفسه ثم يستغفر الله يجد الله غفورا رحيما) (النساء:110).

(فمن تاب من بعد ظلمه وأصلح فإن الله يتوب عليه إن الله غفور رحيم) (المائدة:39).

(وإذا جاءك الذين يؤمنون بآياتنا فقل سلام عليكم كتب ربكم على نفسه الرحمة أنه من عمل منكم سوءا بجهالة ثم تاب من بعده وأصلح فأنه غفور رحيم) (الأنعام:54).

(وإني لغفار لمن تاب وآمن وعمل صالحا ثم اهتدى) (طه:82).

(إن الله يحب التوابين ويحب المتطهرين) (البقرة:222).

(قل يا عبادي الذين أسرفوا على أنفسهم لا تقنطوا من رحمة الله إن الله يغفر الذنوب جميعا إنه هو الغفور الرحيم) (الزُّمَر:53).

(..ورحمتي وسعت كل شيء...) (الأعراف:156) (فاضل، 1967).

أسلوب الترغيب والترهيب:

أسلوب الترغيب والترهيب من الأساليب الطبيعية التي لا يستغني عنها المربي في كل زمان ومكان. مهما عملت في حقل التربية فلا تستطيع السير طويلاً ما لم يعرف الطفل والإنسان أن هناك نتائج مسرة أو مؤلمة وراء عمله وسلوكه، فإن عمل خيراً نال السرور و الحلاوة، وإن عمل شراً ذاق الألم والمرارة، والقرآن الكريم يستعمل أسلوب الترغيب والترهيب في التربية على نطاق واسع، نتائج عمل الخير طيبة في الدنيا والآخرة. فالقرآن الكريم يصور نعيم الجنة أجمل تصوير، ويصور هول الجحيم بشكل مرعب ن فالقرآن يغدق بالنعيم على المتقين المجاهدين فاعلي الخير والمنفقين في سبيل الله ويصب جام الغضب الإلهي على الكافرين والظالمين والمنافقين والفاسقين والطغاة المتجبرين والبخلاء والمبذرين، فلابد للإنسان السوي الذكاء أن يختار طريق الخير في الحياة، طريق المحبة والرحمة والتعاون والإحسان وحسن معاملة الآخرين، والقرآن صريح بان الإنسان يحاسب على كل عمل يقوم به

صغيراً كان أ كبيراً والجزاء مطابق للعمل فلا ظلم ولا عدوان على الإنسان: (يومئذ يصدر الناس أشتاتا ليروا أعمالهم (6) فمن يعمل مثقال ذرة خيرا يره (7) ومن يعمل مثقال ذرة شرا يره) (الزلزلة:6 – 8).

(وكل إنسان ألزمناه طائره في عنقه ونخرج له يوم القيامة كتابا يلقاه منشورا) (الإسراء:13 – 14).

(من عمل صالحا فلنفسه ومن أساء فعليها وما ربك بظلام للعبيد) (فُصِّلَت:46).

(اليوم تجزى كل نفس بما كسبت لا ظلم اليوم إن الله سريع الحساب) (غافر:17).

وهاكم صور مروعة لأصحاب الجحيم:

(وحاق بآل فرعون سوء العذاب (45) النار يعرضون عليها غدوا وعشيا ويوم تقوم الساعة أدخلوا آل فرعون أشد العذاب) (غافر:45 – 46).

وهاكم صورة جميلة لما يتمتع أهل الخير من النعيم في الجنة:

(والسابقون السابقون (10) أولئك المقربون (11) في جنات النعيم) (الواقعة:10 – 12).

وفي سورة الحاقة نقرأ وصفاً مجملاً لما يحدث لأصحاب اليمين وهم الأتقياء الصالحون وأصحاب الشمال وهم الكافرون الظالمون:

(فأما من أوتي كتابه بيمينه فيقول هاؤم اقرءوا كتابيه)(الحاقة19) (فاضل، 1967م).

أثر القدوة والصداقة:

من أهم العوامل المؤثرة في تربية الطفل وفي حياة الإنسان القدوة التي يقتدي بها الطفل أو الإنسان، ثم الصداقات التي يكونها فهذه قد تبني المرء إن كانت صالحة خيرة وقد تهدمه إن كانت شريرة. والقرآن الكريم يؤكد على أهمية القدوة والصداقة في تقرير مصير الإنسان تأكيداً قوياً. وهو يدعو المسلمين لأن يدرسوا سيرة الرسول « فيتخذونها قدوة لهم، هذا وإن المعلم قد يصبح وسيلة شر وهلاك فيما إذا ضلل طلابه وقادهم إلى اتجاهات خطرة، وهاكم بعض الآيات الكريمة التي تؤكد أهمية القدوة والصداقة:

(لقد كان لكم في رسول الله أسوة حسنة لمن كان يرجو الله واليوم الآخر وذكر الله كثيرا) (الأحزاب:21).

(وقالوا ربنا إنا أطعنا سادتنا وكبراءنا فأضلونا السبيلا (67) ربنا آتهم ضعفين من العذاب والعنهم لعنا كبيرا) (الأحزاب:67 – 68)، (فاضل، 1967).

أسلوب العبر التاريخية:

يسرد القرآن بعض الحوادث التاريخية لأمم وشعوب غابرة لا من حيث كونه كتاب تاريخ، بل لأن هذه الحوادث التاريخية تحوي عبراً أخلاقية واجتماعية للمجتمعات البشرية في كل زمان ومكان، فالكفر والطغيان والفساد والإخلال بالموازين المادية والمعنوية كلها تعمل على تفويض المجتمع وانهياره، وذلك ما حدث لقوم نوح وقوم عاد وقوم ثمود وقوم مدين وقوم لوط وقوم فرعون وغيرهم، فكل هؤلاء هلكوا لخروجهم عن السنن الإلهية المقررة في حياتهم الروحية والأخلاقية والاجتماعية، مثال ذلك العبر التاريخية المتتالية في سورة الأعراف فهي تصور ما حدث لهذه الأقوام بسبب تخلفهم الروحي أو الخلقي أو الاجتماعي وعدم إصغائهم للأنبياء والرسل والهداة:

(لقد أرسلنا نوحا إلى قومه فقال يا قوم اعبدوا الله ما لكم من إله غيره إني أخاف عليكم عذاب يوم عظيم) (الأعراف:59) (فاضل، 1967).

أسلوب المحاكمة العقلية:

من الأساليب التربوية التي يمتاز بها القرآن الكريم أسلوب المحاكمة العقلية في توجيه الإنسان نحو الحق والخير، فالقرآن الكريم يحمل الإنسان على استعمال العقل والمنطق ورؤية الصواب والخطأ والتمييز بين الحق والباطل بالحجة وبالمشاهدة الحسية وليس بالقسر والتقليد الأعمى، والقرآن في ذلك يدعو لاتباع اللطف لا العنف في إفهام الطرف المقابل وكسبه إلى جانب الحق فقد ورد في القرآن الكريم:

(ادع إلى سبيل ربك بالحكمة والموعظة الحسنة وجادلهم بالتي هي أحسن إن ربك هو أعلم بمن ضل عن سبيله وهو أعلم بالمهتدين) (النحل:125).

(ولا تجادلوا أهل الكتاب إلا بالتي هي أحسن) (العنكبوت:46).

ومن المحاكمات العقلية التي وردت في القرآن الكريم نذكر على سبيل المثال المحاكمات العقلية التي وردت على لسان إبراهيم عليه السلام، ففي الواحدة منها يناقش إبراهيم أباه آزر ثم ينظر إلى الكوكب ثم إلى القمر ثم إلى الشمس فيجد أن هذه الظواهر كلها زائلة فيرفض أن يعبدها فيتجه فكره وقلبه إلى الخالق الأعظم، وفي محاكمة أخرى يكسر إبراهيم الأصنام إلا كبيرهم ويخبر قومه أن الصنم الكبير هو فاعل ذلك وليخبركم بنفسه إن كان يملك نطقاً، فلم يجد الطرف المقابل أن الصنم ينطق؟؟ إبراهيم الحجة عليهم كيف تعبدون ما لا يسمع

ولا يعقل:

(وإذ قال إبراهيم لأبيه آزر أتتخذ أصناما آلهة إني أراك وقومك في ضلال مبين (74) وكذلك نري إبراهيم ملكوت السماوات والأرض وليكون من الموقنين (75) فلما جن عليه الليل رأى كوكبا قال هذا ربي فلما أفل قال لا أحب الآفلين (76) فلما رأى القمر بازغا قال هذا ربي فلما أفل قال لئن لم يهدني ربي لأكونن من القوم الضالين (77) فلما رأى الشمس بازغة قال هذا ربي هذا أكبر فلما أفلت قال يا قوم إني بريء مما تشركون (78) إني وجهت وجهي للذي فطر السماوات والأرض حنيفا وما أنا من المشركين) **(الأنعام:74 - 79)**.

(ولقد آتينا إبراهيم رشده من قبل وكنا به عالمين (51) إذ قال لأبيه وقومه ما هذه التماثيل التي أنتم لها عاكفون (52) قالوا وجدنا آباءنا لها عابدين) **(الأنبياء:51 - 53) (فاضل، 1967)**.

أسلوب الاستجواب:

ومن طرائق التربية القرآنية طريقة الاستجواب وهي عبارة عن توجيه أسئلة إلى المخاطب تقوده إلى أن يتوصل بنفسه إلى الحقيقة، وهي من الطرق الحديثة المعروفة في التدريس ولكنها قديمة كقدم سقراط، والقرآن الكريم يستعملها بشكل جميل معجز ومقنع في الوقت نفسه.

(قل الحمد لله وسلام على عباده الذين اصطفى الله خير أما يشركون (59) أمن خلق السماوات والأرض وأنزل لكم من السماء ماء فأنبتنا به حدائق ذات بهجة ما كان لكم أن تنبتوا شجرها أئله مع الله بل هم قوم يعدلون (60) أمن جعل الأرض قرارا وجعل خلالها أنهارا وجعل لها رواسي وجعل بين البحرين حاجزا أئله مع الله بل أكثرهم لا يعلمون (61) أمن يجيب المضطر إذا دعاه ويكشف السوء ويجعلكم خلفاء الأرض أئله مع الله قليلا ما تذكرون (62) أمن يهديكم في ظلمات البر والبحر ومن يرسل الرياح بشرا بين يدي رحمته أئله مع الله تعالى الله عما يشركون (63) أمن يبدأ الخلق ثم يعيده ومن يرزقكم من السماء والأرض أئله مع الله قل هاتوا برهانكم إن كنتم صادقين) **(النمل:59 - 64)**.

(سيقولون لله قل أفلا تذكرون (85) قل من رب السماوات السبع ورب العرش العظيم (86) سيقولون لله قل أفلا تتقون (87) قل من

بيده ملكوت كل شيء وهو يجير ولا يجار عليه إن كنتم تعلمون (88) سيقولون لله قل فأنى تسحرون (89) بل أتيناهم بالحق وإنهم لكاذبون (المؤمنون:84 – 90).

ضرب الأمثال:

من وسائل التأثير التربوي في القرآن استعمال الأمثال أو التشبيهات ذات المغزى الأخلاقي فهي تؤثر تأثيراً عميقاً في العواطف وتلعب دوراً في التأثير على سلوك الإنسان في الحياة اليومية فيما لو استعملت بحكمة وفي الظرف المناسب، فقد ورد في القرآن الكريم عن تأثير الأمثال قوله تعالى: (وتلك الأمثال نضربها للناس وما يعقلها إلا العالمون) (العنكبوت:43).

وها نحن فيما يلي نذكر على سبيل المثال بعض الأمثال ذات المغزى العميق التي وردت في القرآن الكريم:

(أنزل من السماء ماء فسالت أودية بقدرها فاحتمل السيل زبدا رابيا ومما يوقدون عليه في النار ابتغاء حلية أو متاع زبد مثله كذلك يضرب الله الحق والباطل فأما الزبد فيذهب جفاء وأما ما ينفع الناس فيمكث في الأرض كذلك يضرب الله الأمثال) (الرعد:17).

(ألم تر كيف ضرب الله مثلا كلمة طيبة كشجرة طيبة أصلها ثابت وفرعها في السماء (24) تؤتي أكلها كل حين بإذن ربها ويضرب الله الأمثال للناس لعلهم يتذكرون (25) ومثل كلمة خبيثة كشجرة خبيثة اجتثت من فوق الأرض ما لها من قرار) (إبراهيم:24 – 26).

(مثل الذين اتخذوا من دون الله أولياء كمثل العنكبوت اتخذت بيتا وإن أوهن البيوت لبيت العنكبوت لو كانوا يعلمون) (العنكبوت:41) (فاضل، 1967).

أسلوب البيان الساحر:

ومن الأساليب التي نجدها في التربية القرآنية أسلوب جمال التصوير والبيان الساحر والموسيقى العذبة، فكل هذه تؤثر في النفس وتنفذ إلى الأعماق لتوجه الإنسان نحو الخير والحق وهنا نورد بعض الأمثلة:

(الله نور السماوات والأرض مثل...) (النور:35).

(وعباد الرحمن الذين يمشون على الأرض هونا وإذا خاطبهم الجاهلون قالوا سلاما (63) والذين يبيتون لربهم سجدا وقياما... إلخ) (الفرقان:64 – 77).

(واتل عليهم نبأ إبراهيم (69) إذ قال لأبيه وقومه ما تعبدون (70) قالوا نعبد أصناما فنظل لها عاكفين (71) قال هل يسمعونكم إذ تدعون (72) أو ينفعونكم أو يضرون (73) قالوا بل وجدنا آباءنا كذلك يفعلون (74) قال أفرأيتم ما كنتم تعبدون (75) أنتم وآباؤكم الأقدمون (76) فإنهم عدو لي إلا رب العالمين (77) الذي خلقني فهو يهدين (78) والذي هو يطعمني ويسقين (79) وإذا مرضت

فهو يشفين (80) والذي يميتني ثم يحيين...إلخ) (الشعراء:69 – 89) (فاضل، 1967).

أعلام التربية الإسلامية

لقد نبغ في التاريخ الإسلامي عدد ضخم من المربيين المسلمين الذين كرّسوا أنفسهم للعلم والتعليم، ووضعوا من خلال خبراتهم وتجاربهم عصارة الفكر التربوي الإسلامي،ويمكن القول بأن التربية الإسلامية لديها من الفلاسفة والمربيين المسلمين ما جعلها متميزة في التراث التربوي الإنساني، فقد نبغ المربون المسلمون في كل عصر ومصر مثل ابن سحنون، والفارابي، والقابسي، وابن مكرمة، وإخوان الصفا، وابن سينا، والغزالي، والزرنوجي وابن جماعة وابن خلدون (رشدان،1994).

أ. **القابسي:**

ولد أبو الحسن علي بن محمد القابسي في القيروان وتلقى علمه فيها وارتحل إلى الحجاز، وأقام في مصر فترة من الزمن حيث أخذ من أحد علماء الإسكندرية، ودرس على عدد كبير من شيوخ المغرب العربي، وقد اعترف له أهل عصره بالعلم والنزاهة والتقوى والقناعة، وتوفي في القيروان، ومن أشهر مؤلفاته التربوية كتاب (أحوال المتعلمين وأحكام المعلمين والمتعلمين) (سابق،1994).

آراؤه التربوية:

يعتبر القابسي مرجعاً أصيلاً للتربية الإسلامية حيث عنى بتربية الأطفال باعتبار أن تربية الطفل تمثل القاعدة الأساسية في التربية الإسلامية، ولما كانت البيئة الاجتماعية في عصره بيئة دينية خالصة؛ فقد تأثرت آراؤه ببيئته وبعلمه، فهو يرى أن الدين يهيئ الأطفال ويعدهم للحياة الأفضل وهو الأساس للتربية الإسلامية، وقد تميز القابسي بالتطرق لموضوعات وقضايا تربوية لم يسبقه أحد إليها وما زالت حتى عصرنا الحاضر محور اهتمام الأنظمة التربوية، ويمكن إيجاز أهم آراء القابسي التربوية على النحو التالي:

- غرض التربية: يرى القابسي أن الغرض من التربية هو إعداد الطفل وتنشئته على تعاليم الدين الإسلامي ليكون إنساناً صالحاً في حياته وآخرته فتبدأ عملية الإعداد بإرسال الأطفال إلى الكتاب حيث يتعلمون حفظ القرآن الكريم ثم يتعلمون الكتابة والنحو واللغة العربية ومن ثم يتعلمون الحساب والشعر وأخبار العرب وغيرها من العلوم النافعة التي ترتبط بحياتهم (سابق، 1994).
- منهج التربية: ينقسم المنهج في نظر القابسي إلى قسمين هما: المنهج الإجباري ومن مقرراته القرآن الكريم وبعض النحو والقراءة والكتابة والمنهج الاختياري ويشتمل على الحساب والتعمق في النحو والعربية والشعر وأيام العرب، ولا يقبل القابسي التهاون في تعليم القرآن الكريم باعتباره الموجه والمصدر الأساسي والرئيسي لثقافة الأمة وحياتها ولا يرى مانعاً من تعليم

النشء العلم والصنائع التي تساعده على الحياة الكريمة وبذلك يمكن أن يجمع المـتعلم بـين الغرض الديني وهو التفقه في الدين والغرض الدنيوي وهو اكتساب العلم وإتقان العمل.

- إلزامية التعليم: لم يحدد القابسي سناً معيناً للبدء بتعليم الطفل، لكنه ألزم الوالـد في البحـث عن مكان التعليم لابنه واعتبر (بيت المال) مسئولاً عـن تعلـيم مـن لا يسـتطيعون الالتحـاق بالكُتَّاب، ويعتبر هذا المبدأ الأول من نوعه في اعتبار التربية حقاً للطفل ليحمـل مسـئولية كـل من الوالد والمجتمع وهو اتجاه معاصر تأخذ به بعض الدول المتقدمة في المجال التربوي.

- ديمقراطية التعليم: يرى القابسي أن التعليم حق للجميع دون استثناء، بـل كـان يـرى ضرورة تعليم جميع أبناء المسلمين في مكان واحد، وأن يتلقوا العلم من معلم واحد حرصـاً منـه عـلى توفير مستوى واحد من التعليم للجميع ومعاملة واحدة لجميع الأطفال.

كما ذهب إلى ضرورة مكافأة المعلم بما يمكنه من التفرغ لتلاميـذه تفرغـاً تامـاً، يحـول دون انشغاله بأي أمر من الأمور المعيقة للتدريس. ويعتبر هذا المفهوم تعبيراً عن مفهوم شمولي لديمقراطية التعليم من حيث تكافؤ فرصه للجميع ونوعيته ومستواه.

- الاختلاط بين الجنسين: يعتبر القابسي أول من تعرض إلى الفصل بـين الجنسـين في التعلـيم مـن أجل توفير جو يسوده الاطمئنان النفسي لدى المتعلمين، ذكوراً وإناثاً وذهب به الحرص عـلى الأطفال إلى القول بضرورة مراعاة العمر الزمني للأطفال. وعدم الخلط بين صغار السـن وكبـار السن من المتعلمين.

برنامج التدريس:

يعتبر القابسي أول من وضع البرنامج التدريسي المفصل للمتعلمين، حيث كـان يهـتم ببرنـامج اليوم المدرسي الطويل، حيث يمضي الأطفال في الكتاب فترة صباحية ثـم يعـودون فـترة مسـائية، اعتبر نهاية الأسبوع للمراجعة والتقويم بحيث يذهب الأطفال للراحـة التامـة يـوم الجمعـة ليعـودوا أعـلى درجة من النشاط والإقبال على الدرس صباح السبت. أما توقيت المواد الدراسية، فكان القرآن وعلومـه يبدأ في الصباح، ثم الكتابة في الضحى، وتدريس بقية العلوم بعد الظهر إلى آخر النهار (سابق، 1994).

الحفظ والاستظهار:

اهتم القابسي بالحفظ والاستظهار بالنسبة لتعليم القرآن الكريم، ولكنـه أكـد عـلى أهميـة الربط بين الحفظ والمعاني من جهة وبين الميل للحفظ والفهم من

جهة أخرى، فالقراءة في رأيه هي التدبر والفهم ومهارة الاستظهار هي ضبط الشكل والإعراب، أما الكتابة فهي حسن الخط ووضوحه.

أثر المعلم وشخصيته في التعليم:

يرى القابسي أن الطفل بطبيعته ميال للمحاكاة يتأثر بمن يخالطهم ينقل عنهم سلوكهم وتصرفاتهم، والمعلم هو أقرب الناس بعد الوالدين إلى الطفل ومن هنا جاءت أهمية دوره في التأثير في تكوين شخصية الطفل وهذا يتطلب من المعلم أن يكون قدوة لتلاميذه في مظهره وحديثه وفي عاداته وسلوكه، هذا فضلاً عن أهمية معرفته بالقرآن الكريم التي تتصل بالفضيلة والحث على الخلق الجميل (رشدان، 1994).

ب. الغزالي:

ولد أبو حامد بن محمد الغزالي حجة الإسلام بمدينة طوس قرب خراسان من عائلة فقيرة تعمل في غزل الصوف. درس وتعلم في بلدته مبادئ العلوم، ثم سافر إلى نيسابور، وتلقى العلم على يد إمام الحرمين الشريفين (أبي المعالي الجويني) إمام الشافعية، ولمع نجم الغزالي، وأصبح من علماء الشافعية. كما اشتهر بما عرف عنه بسعة الاطلاع والذكاء والقدرة على المناظرة وتعرّف عليه نظام الملك، حيث عهد إليه بالتدريس في مدرسة النظامية ببغداد وكانت من المعاهد العليا التي يلتحق بالدراسة فيها نخبة الدارسين في مختلف العلوم والآداب واستمر في التدريس مدة أربع سنوات. رأى بعدها أن يتفرغ للعلم والبحث والمعرفة، فسافر إلى مكة ثم إلى دمشق فالإسكندرية ثم عاد إلى وطنه وقضى بقية عمره في التدريس والوعظ، وترك الغزالي ثروة عظيمة روحية دينية تتجاوز السبعين كتاباً في الفقه والمناظرة والدفاع عن الإسلام و الرد على الفلاسفة، ويعتبر ككتابه (إحياء علوم الدين) مرجعاً لكل باحث في التراث والثقافة على مر العصور (رشدان، 1994).

آراؤه في التربية:

يرى الغزالي أن التعليم أشرف المهن والصنائع، كما أنه من أنبل الرسائل التي يقوم بها الإنسان مستشهداً على ذلك بقول رسول الله محمد»: «وإنما بعثت معلماً»، وقد ضمن الغزالي كتاب (إحياء علوم الدين) معظم آرائه في التربية والتعليم والتي يمكن إيجازها بالجوانب الرئيسية التالية:

الغرض من التربية:

يرى الغزالي أن الغرض الأسمى للتربية هو التقرب إلى الله بالعلم والمعرفة، وأن يكون طلب العلم لغاية العلم، باعتباره وسيلة للمعرفة التي تهدف إلى تحقيق السعادة في الدنيا والآخرة ولا يتمكن الإنسان من التوصل إلى هذه السعادة إلا بالعلم والعمل: فأصل السعادة في الدنيا والآخرة هو العلم، فهو أفضل الأعمال،

فالتربية الإسلامية كما يرى الغزالي تجمع بين الدين والدنيا، فهي إخراج الأخلاق السيئة مـن النفوس والسلوك وغرس الأخلاق الحسنة في النفوس والسلوك (رشدان، 1994).

تصنيف العلوم:

يصنف الغزالي العلوم مـن حيـث أهميتها وارتباطـه ا بغـرض التربيـة والتعلـيم إلى صـنفين: فروض وهي العلوم المفروضة معرفتها على كل مسلم ومسلمة مثل علوم العبادات، وفروض الكفايـة وهي العلوم التي يحتاج إليها المجتمع لتسيير أمور حياته في الدنيا مثل الطب والحسـاب والصـناعات. ويؤكد الغزالي على أهمية الفائدة المباشرة لكل علم سواء في الأمور الدنيوية أو الآخرة وأثرها في تطهـير النفس والسمو بها عن الرذائل وتقريب الإنسان من ربه (رشدان، 1994).

طبيعة التعلم:

يبني الغزالي آراءه التربوية على نظرته إلى النفس الإنسانية وغرائز الإنسان وطبيعته، فالطفل في رأيه أمانة عند والديه وقلبه الطاهر جوهرة نفيسة خالية من كل نقش، وهو قابل لكل مـا يـنقش عليه كالصفحة البيضاء، وهو مهيأ لهذا التقبل الخير والشر على حد السواء. وعملية التعليم هـي التـي توجه غرائز الطفل إذ لا يجـوز معالجـة الغرائـز بـالقهر فالرياضـة والمجاهـدة والتعلـيم هـي أنجـح الأساليب لتحقيق ذلك (رشدان، 1994).

الفروق الفردية:

يرى الغزالي أنه ينبغي مراعاة استعدادات المتعلمين وقدراتهم العقلية والجسمية، فلا يجوز أن يلقي المعلم إلى المتعلم من العلم ما لا يتحمله عقله؛ لئلا ينفره من العلم، بل يقتصر في ذلك عـلى قدر فهم المتعلم يرى بأن يكون المعلم على خبرة تامة بأدوار النمو العقـلي للطفـل حتـى يتمشى- مـع درجات الاستعداد العقلي لكل طفل أو متعلم (رشدان، 1994).

الثواب والعقاب:

يدرك الغزالي أهمية الزجر غير المباشر للمتعلم؛ لأن التصريح بالعقاب أو التعـريض بـالمتعلم يميل بنفسه نحو الإصرار على الخطأ، ويورث لديه الجرأة غـير المؤدبـة، وينصـح الغزالي بمـدح المـتعلم وتكريمه على ما يقوم به من أفعال حسنة بل يشجع ذلك أمام الآخرين، بينما يرى أن مـن المستحسـن أن يتغافل المربي عن زجر المتعلم عن فعل مذموم أمام الآخرين، ويعالج ذلك في موقف آخر معه.

التربية الرياضية:

أولى الغزالي التربية الرياضية اهتماماً خاصاً لما لها من أثر في تقوية الجسم، وفي تنشيط ذهن المتعلم وحيويته، فالمشي والحركة والرياضة للطفل تجنبه

الكسل والإرهاق في التعلم، كما يهتم الغزالي باللعب الجميل وغير المرهق للطفل، وتوجيه اللعب نحو اكتساب الأخلاق الحميدة، والمعاملة الحسنة للآخرين.

التربية الخلقية:

يعتبر الغزالي التربية الخلقية الهادفة للطفل على درجة كبيرة من الأهمية؛ فهي التي تكسبه الصفات الجميلة، وتغرس في نفسه صفات الشجاعة والصبر والتواضع واحترام الكبير والرأفة بالصغير، وحسن الاستماع وطاعة الوالدين والمعلمين، إلى غير ذلك من الأنماط السلوكية الحميدة.

المواد الدراسية:

يرى الغزالي أن يتعلم المتعلم من العلم والمعرفة ما يحقق أغراض العلم والمعرفة، فيبدأ بتعلم القرآن والأحاديث والسيرة والأشعار، ثم ينتقل إلى تعلم العلوم الأخرى، وقد صنفهم إلى علوم محمودة تقوم عليها حياة الناس، وطرق معيشتهم وأساليب تعاملهم كالطب والهندسة والحساب وبعض الصناعات. وعلوم مباحة تثقف العقل وتثري معلومات الإنسان كالتاريخ والآداب وعلوم مذمومة تزرع القلق والشك في النفوس وهي ما ينبغي أن يجنبها المعلم تلاميذه مثل السحر والشعوذة، وبعض فروع الفلسفة.

سلوكيات المعلم:

اهتم الغزالي بتحديد آداب المعلم حتى يكون قادراً على ممارسة التعليم والقيام بدوره التعليمي وهو ما يمكن أن يوصف بالسلوكيات التي ينبغي أن تتوافر فيه.

الانضباط السلوكي للمتعلم.

- الالتزام بالخلق القويم.

- التواضع مع المعلم.

- الإقبال على طريقة المعلم في اكتساب وفهم العلوم.

- الإقبال على العلوم المحمودة النافعة والاهتمام بالأهم منها بتوجيه المعلم (رشدان، 1994).

الأسس الثقافية للتربية

نتناول في هذه الدراسة كل من التربية والثقافة وأثر الثقافة في التربية لأنه كما قال أوتاواي (1970): «وإذا نظرنا إلى التربية على أنها عملية تطبيع اجتماعي وجدناها أنها تشكل الوليد الإنساني ليصبح الفرد إنساناً فإذا ما نظرنا إلى هذا الهدف وحده وجدنا أن عملية التربية تسعى إلى تحقيق هذا الهدف في جميع المجتمعات على حد سواء ولكن الفرد الإنساني الذي يكون نتاج العملية التربوية يختلف من مجتمع لآخر في نمط الشخصية الذي يكون لديه وعي اختلاف السلوك وتنوعه فالتربية في كل من المجتمع العربي والفرنسي والسوفيتي تعمل على تكوين الفرد الإنساني، إلا أن هذا الفرد يختلف بين مجتمع وآخر في شخصيته وطريقة تفكيره وسلوكه وفي اللغة التي يتكلّمها، هذا الاختلاف بين أفراد المجتمعات الإنسانية المختلفة، يرجع إلى أن الثقافة التي تعمل التربية على القيام بوظيفتها في حدود إطارها تختلف بين مجتمع وآخر اختلافاً قد يكون كبيراً وقد يكون يسيراً» (أوتاواي، 1970).

وفي هذه الدراسة سوف نقوم بعرض شامل لمفهوم الثقافة ووظائفها وعناصرها وخصائصها والمستوى الثقافي وغيرها من المواضيع المتعلقة بالثقافة وآراء العلماء عليها بشكل شامل وميسر.

مفهوم الثقافة:

لو عدنا إلى مفهوم الثقافة في اللغة العربية لوجدنا أنها تعود إلى:

1. ثقف - ثقفاً (بفتح الثاء، وكسر القاف): بمعنى صار حذقاً فطناً فهو ثقف، والخل: أي اشتدت حموضته فصار حريفاً لاذعاً فهو ثقيف، والعلم والصناعة: حذقها، والرجل في الحرب: أي إدراكها والشيء: أي ظفر به.

   وفي تنزيل العزيز: (واقتلوهم حيث ثقفتموهم) (البقرة:191).
2. ثقف (بفتح الثاء، وكسر القاف): الخل - الثقافة: ثقف فهو ثقيف، وفلان: صار حاذقاً فطناً.
3. ثاقفه: مثقاف وثقاف: خاصمه، وحالده بالسلاح، ولاعبه إظهاراً للمهارة والحذق.
4. ثقف الشيء: أقام المعوج منه وسواه، والإنسان: أدبه وهذبه وعلّمه.
5. تثاقفوا: ثاقف بعضهم بعضاً، تثقف: مطاوع ثقفه ويقال: تثقف فلان في المدرسة كذا.
6. الثقافة: العلوم والمعارف التي يطلب الحذق فيها (أنيس وآخرون، 1994).

وكلمة الثقافة باللغة الإنجليزية (Culture) جاءت من الكلمة اللاتينية (Colere) وهي تعني بدورها: الزراعة أو التمجيد والتعظيم، وقد استعملها

اللاتنيون بمعنى الدرس والتحصيل العلمي (ناصر، 2005).

هناك تعاريف كثيرة ومختلفة للثقافة أوردها علماء الأنثربولوجيا من أبرزها:

1. **تعريف كلباتريك (Kilpatrick):**

هي كل ما صنعته يد الإنسان وما أدركه عقله من أشياء ومظاهر في البيئة الاجتماعية أي كل ما اخترعه الإنسان أو ما اكتشفه وكان له دور في العملية الاجتماعية.

ومعنى هذا أن الثقافة تشمل اللغة والعادات والتقاليد والمؤسسات الاجتماعية والمستويات والمفاهيم والأفكار إلى غير ذلك مما نجده مصنوعاً في البيئة الاجتماعية.

2. **تعريف كلكهون (Klukhohn):**

أنها وسائل الحياة المختلفة التي توصل إليها الإنسان عبر التاريخ السافر منها والمتضمن العقلي واللاعقلي، التي توجد في وقت معين والتي تكون وسائل إرشاد توجيه سلوك الأفراد الإنسانيين في المجتمع.

3. **تعريف تايلور (Taylor):**

إنها ذلك المعتقد الذي يشمل المعرفة والعقيدة والفن والأخلاق والقانون والعادات التي يكتسبها الفرد الإنسان كعضو في الجماعة (رشدان، 1994).

4. **تعريف تيللر:**

الثقافة هي الطريقة التي نأكل وننام بها وهي الطريقة التي نغسل ونرتدي بها ملابسنا ونذهب بها إلى العمل، إنها اللغة والقيم والمعتقدات التي نتمسك بها، إنها السلعة والخدمات التي نشتريها والطريقة التي نشتري بها وهي الطريقة التي نقابل بها الأصدقاء والغرباء عنا والطريقة التي نحكم بها أطفالنا والطريقة التي يستجيبون بها وإنها وسيلة الانتقال التي نستخدمها والترفيه الذي نستمتع به (الخوالدة، 2003).

مما سبق يمكننا القول إن الثقافة في جوهرها هي شكل الحياة الإنسانية كما يرسمها البشر الذين يعيشون تلك الحياة بما فيها من معتقدات وأساليب للفكر وغيرها وإن الثقافة هي التي يرسمها الناس في زمان معين ومكان معين، والقيمة المهمة التي تعنينا هنا هي قابلية الثقافة للتعلم وهذا هو الجانب التربوي الذي نعطيه اهتماماً خاصاً في هذا المجال (همشري، 2001).

يعرف رالف لبتون الثقافة تعريفاً وافياً بما يأتي:

(الثقافة هي تشكيل للسلوك المكتسب ولنتائج السلوك التي يشترك في مكوناتها أعضاء المجتمع المعين وينقلها).

ويحتاج هذا التعريف إلى بعض التوضيح:

فكلمة تشكيل تعني وجود نمط معين ولقد أصبح النمط الثقافي Culture Pattern اصطلاحاً شائع الاستخدام منذ أن أصدرت روث بينديت Ruth Benediet سنة 1935 كتابها المعروف (أنماط من الثقافة Patterns Of Culture) ويمكن استخدام عبارة (النمط الثقافي) لتعني أساليب السلوك المرتبط بحاجة أو وظيفة معينة دائمة لجميع المجتمعات إلا أن السلوك الخاص الذي تم به هذه التربية هو النمط الثقافي للمجتمع وهناك أمثلة أخرى للأنماط الثقافية تتصل بالعقائد وأساليب إدارة الأعمال والتجارة وأساليب الأكل والمشرب والمثل العليا للحياة وكل واحدة منها تختلف من مجتمع إلى آخر والثقافة الكلية هي تشكيل يتكون من جميع الأنماط الثقافية المتفاعلة أما كلمة سلوك فمن الطبيعي أنها تعني تفكير إلى جانب العمل وكل أنواع السلوك هذا ينبغي أن يتعلمها الفرد ولذلك هناك تعريف آخر للثقافة بأنها (الجزء المتعلم من سلوك الإنسان وهذا التعريف يميز السلوك الثقافي عن الدوافع الفطرية أو عن أي سمة أخرى موروثة وعلى ذلك قد يطلق على ثقافة بمقارنة بالوراثة البيولوجية أنها «الوراثة الاجتماعية» نتيجة لانتقالها عن طريق المجموعات الاجتماعية (أوتاواي، مرجع سابق).

وقبل أن نتابع توضيح مفهوم الثقافة وعلاقة التربية به وتأثيره في نمط الشخصية الفردية نتوقف قليلاً لنوضح ما لا نقصده بمفهوم الثقافة كما أردناه في التعريفات السابقة لعلماء الأنثربولوجيا، والذي يختلف عما تعود الناس استعماله في حياتهم العادية فقد يقول الناس إن هذا الرجل مثقف بمعنى أن الثقافة هنا تساوي التحصيل العلمي على أننا لا نقصد هذا المعنى في حديثنا عن الثقافة لأنها أشمل من مجرد التحصيل العلمي وقد يطلق على الشخص المتخصص في ميدان الفن والأدب أو الموسيقى، - أي الذي لديه معرفة بها - لفظ الرجل المثقف، وقد تعدى الناس هذا إلى إطلاق لفظ مثقف على كل شخص لديه عادات سلوكية ممتازة، أي أنه يحسن التصرف بما لا يجرح كرامة الآخرين وشعورهم على إننا لا نقصد هذا المعنى أيضاً، كما يستعمل المؤرخون لفظ ثقافة ليعبروا عن تطورات معينة في الميادين الفنية والعقلية فالثقافة الإغريقية مثلاً هي كل أوجه النشاط المختلفة التي قام بها العلماء الإغريق المتخصصون في الفن والأدب (رشدان، مرجع سابق).

تحديد المصطلحات الثقافية والحضارة المدنية:

إن المفاهيم المختلفة لكلمتي Culture, Civilization في التفكير العالمي بين المشتغلين بالدراسات الحضارية قد انعكس أثرها على الدراسات التي تتناول هذا

الموضوع في اللغة العربية ومن المستحسن تلمس مصطلحات ثابتة لترجمة هذه الأفكار حتى تستقر في الاستعمال العلمي.

فإن معنى كلمة Culture ترجع إلى الكلمة اللاتينية (Colere) وهي تعني: الزراعة أو التمجيد والتعظيم وقد استعملها اللاتينيون بمعنى الدرس والتحصيل العلمي.

وأما كلمة Civilization فقد انحدرت من كلمة Civis اللاتينية والتي تدل على مواطن المدن في صورة سلوكية معينة هي ما يتميز به الطبقة العليا في التقاليد الرومانية.

وأما عند الفرنسيين فإن كلمة المدنية Civilization أكثر دوراناً في كتبهم ولا يكاد ينعقد البحث بين كلمتي الحضارة والمدنية.

أما التحديد للمصطلح المقابل لهذه الكلمات الأجنبية باللغة العربية فنحن نستعمل في اللغة العربية كلمتي الحضارة والثقافة ترجمة لكلمة Culture والنفسيون يستعملون كلمة Civilization ويؤثرونها، أما الاجتماعيون فمنهم من يفضل أن تكون كلمة الثقافة دالة على الجانب الفكري من التقدم البشري والحضارة على الجانب المادي، ومنهم من يذهب إلى أن كلمة الحضارة ينبغي أن تكون ترجمة لكلمة Civilization والثقافة ترجمة لكلمة Culture والحضارة في اللغة تعني الإقامة في الحضر، والحضر والحضرة والحضارة بكسر الحاء أو فتحها أحياناً هي خلاف البادية (رشدان،مرجع سابق).

الثقافة وتطورها:

إن تاريخ الإنسان الثقافي هو مثل التاريخ البيولوجي، قصة تلاق وقصة تواصل وتجمع، وإذا كان من المحال أن نتصور تكاثر الجنس البشري وتجدد نوعه واستمراره عضوياً بدون هذا التواصل والتجمع، فإنه كذلك من المستحيل أن نتصور تفتح قدراته الإنسانية ونمو خبراته اجتماعياً بغير هذا السبيل فعن طريق تجمع الإنسان بأخيه ظهرت الأشكال المختلفة للتنظيمات الاجتماعية والاقتصادية والسياسية كما ظهرت اللغات والديانات والمخترعات التكنولوجية.

والذي يهدف إليه من هذا أن الاجتماع الإنساني اجتماع الناس وتواصلهم وتفاعلهم اجتماعياً هو الأساس الجوهري في نشأة الثقافة وفي نموها وتطورها وصورتها، وهذه الثقافة هي ميزة الجنس البشري والتي تكون بها الإنسان ما هو ويكون بها المجتمع البشري ما هو.

وقد لجأ علماء الاجتماع والأنثربولوجيا إلى تفسير نشأة الثقافة وتطورها لعامل واحد من عوامل التالية، إلاّ أن القول لعامل واحد فقط في نشأة الثقافة لا يتفق ووجهة النظر الاجتماعية المتكاملة.

أولاً: الجبريون الطبيعيون:

يقسمون إلى قسمين الأول الجبريون المكانييون أو الاجتماعيون الجغرافيون والثاني الجبريون الزمانيون أو المؤمنون بالجبرية الزمانية، كالاجتماعيين الجبريين أو التطوريين.

ثانياً: التفوق العنصري:

يرى أتباع هذا الرأي أن الثقافات الكبرى العظيمة اختص بصنعها عنصر معين من جنس البشر هم الآريون وأن العناصر الأخرى من شأنها أن تنتفع بتلك الثقافات وتحافظ عليها، وهي الجنس الأبيض عامة، وأن هناك عناصر أخرى هم الملونون سوداً وصفراً وسمراً، وشأنهم في هذه الحياة القضاء على الثقافات العظيمة التي صنعها قوم وانتفع بها آخرون وأن صناعة الثقافة واجب مقدس وهذا واجب يفرض سيادة العنصر الذي يصنع الحضارة وإخضاع العنصر الذي يفهمها ويصونها وإفناء العنصر الذي يفنيها ويهدمها وهذا منطق النظرية العنصرية بزعامة الحزب الوطني الاشتراكي الألماني.

ثالثاً: الاقتصاد:

يرى أتباع هذا الرأي أن الاقتصاد وما ينشئه من علاقات وما يدفع إليه من نشاط هو وحده سبب نشأة الثقافة وتطورها وأن كل ما كان ويكون هو في خدمة هذا النشاط وصوره المختلفة.

رابعاً: عوامل ميتافيزيقية أو فلسفية أو نفسية:

كما يرى أتباع هذا الرأي أن الثقافة تنشأ نتيجة لعوامل ميتافيزيقية أو فلسفية أو نفسية وهذا الرأي أيضاً غير سليم لأنها جميعاً من اختراع الإنسان وتصوراته واكتشافه.

وخلاصة القول انه من العسير الركون إلى تفسير مقنع بإسناد الثقافة ونشأتها إلى عامل واحد مهما كان ذلك العامل أساسياً وجوهرياً بل تنشأ عن طريق أسباب متعددة المتكاملة؛ فالثقافة كالوليد البشري ابن الإنسان والطبيعة معاً؛ فليست الطبيعة وحدها هي أمه فلا جبرانية مكانية ولا زمانية، وليس الإنسان وحده أباه فلا عنصرية ولا سببية فردية متصلة بنشاطه الاقتصادي أو الفكري، وإنما الثقافة هي الإنسان والطبيعة وما ينتج عنهما معاً (رشدان، مرجع سابق).

تأثير الوراثة على الثقافة:

تعتمد الثقافة على التفاعل بين الأفراد مع البيئة الاجتماعية وينبغي أن يتعلم من الجماعة الاجتماعية ومع ذلك فالشخصية تعتمد على الوراثة البيولوجية والنظرية التي ذكرت آنفاً تؤكد أهمية البيئة، ومن الواضح أنه يوجد دائماً تفاعل بين العوامل البيئية والثقافية وأي تحديد لهما لا يبدو أنه صحيح

ويميل علماء الأجناس إلى إبراز المدى الذي تعود فيه اختلافات الشخصية إلى تعديل الحاجات والقدرات البيولوجية والنفسية العامة والتي يعد معظمها فطرياً نتيجة للتدريب والحياة والقدرات البيولوجية والنفسية العامة والتي يعد معظمها فطرياً نتيجة للتدريب والحياة وليس نتيجة للفروق الموروثة الخاصة والحاجات البيولوجية هي الأشياء الظاهرة كالهواء والماء والطعام والنوم وحماية الصغير والتخلص من الألم والنشاط الجنسي، وجميع الكائنات لديها هذه الحاجات ومثلها في ذلك مثل الحيوانات، أما كيفية إشباعها لهذه الحاجات فيعتمد كما ذكرنا على ثقافاتهم ويذكر لينتون ثلاثة حاجات نفسية عامة بين جميع الكائنات البشرية وهي:

1. الحاجة إلى الاستجابة الانفعالية.
2. الحاجة إلى الأمن.
3. الحاجة إلى جدة الخبرة والمغامرة.
4. والإحساس بالانتماء إلى مجموعة.

وقد نتساءل عما إذا كانت هناك عوامل موروثة خاصة تؤثر تأثيراً مباشراً على الشخصية المستقلة، وتكون غير معتمدة نسبياً على البيئة، وهنا نجد أن آراء المصادر الموثوق بها المعروفة تختلف اختلافاً كبيراً حول الصفات التي تعتبر فطرية ولا فطرية، وإلى أي حد تعتبر كذلك، وبالرغم من ذلك ليس هناك شك في أن السمات الجسمية كلون العين وشكل الوجه وتركيب الجسم سمات موروثة وتتبع هذه السمات النظام الوراثي المعروف، كما أن العامل الذي يسميه علماء النفس بالذكاء العام موروث على الأقل إلى حد كبير ومن المحتمل أن تكون هناك بعض القدرات التعليمية الخاصة المختلفة كالقدرة على الموسيقى أو الرسم أو سهولة معالجة الأشياء المادية التي تختلف بدرجة ملحوظة من شخص لآخر فطرية أو ذات أساس فطري وقد يكون هناك شك فيما يتعلّق بالسمات المزاجية، إلا أن هناك ما يدل على أن الفروق الفيسيولوجية الجسمية كعمل الغدد الصماء تؤدي إلى اختلاف الأمزجة وأن الأسس الفسيولوجية لهذه الاختلافات موروثة كما قد يكون هناك أساس فسيولوجي لعوامل الذكاء والتعلم مما يزيد من احتمال تأثرها بالنواحي الوراثية ولا شك أن هناك فروقاً سيكولوجية واضحة وكثيرة بين الناس من السهل ملاحظتها كما أن علماء النفس يوافقون بوجه عام على أن بعض هذه العوامل المسببة لهذه الفروق فطرية ولكن ليس في الإمكان – في هذه المرحلة من معلوماتنا – أن نقرر بدقة المدى التي تؤثر به الوراثة على أي قدرة معينة والتعارض القديم بين الطبيعة والتطبع اتجاه خاطئ حيث أن كليهما ضروري ويتفاعلان معاً (أوتاواي، 1970).

ويقول مجموعة من العلماء أن الثقافة ليست غريزية بمعنى أنها سلوك غير موروث وراثة بيولوجية بالرغم من أن الصفات البيولوجية كاعتدال القامة للإنسان وحجم دماغه وتطور جهازه العصبي هي صفات أدت إلى إمكانية ابتداع الثقافة التي أصبحت موجودة لا يعيش الإنسان بدونها، ويولد الإنسان بقدرات مهيأة لأن تجعل بإمكانه أن يعيش في أي نمط من الثقافات التي يتبناها المجتمع إلا أنه بعد أن يعيش ثقافة معينة فإنه يصعب عليه تغييرها وتزداد هذه الصعوبة كلما تقدم به السن (أبو هلال وآخرون، 1993).

وظائف الثقافة:

تقوم الثقافة بوظائف كثيرة للفرد والمجتمع ومن أهم هذه الوظائف:

1. إن الثقافة تشكل عدسات التقاط للمعاني والدلالات والإدراك وتحدد رؤية الفرد للوجود في الإطار الثقافي الذي تمت تنشئته فيه.
2. إن الثقافة تعطي دوافع للسلوك الإنساني داخل المجتمع لأن الاستجابات السلوكية بطريقة معينة تعود إلى طبيعة المرجع الثقافي الذي يمثله الفرد.
3. إن الثقافة تقدم محكات والمعايير لقياس الأشياء وإصدار الأحكام وتقييم الأقوال والأفعال داخل الإطار الاجتماعي.
4. إن الثقافة تحدد أسباب الاتصال وتواصل داخل النظام الاجتماعي وقاعدة هذا الاتصال هي اللغة ذاتها والرموز والإيماءات الثقافية.
5. إن الثقافة تنمي عند الفرد الضمير الذي يتمثل في قيم الجماعة ومعاييرها.
6. إن الثقافة تنمي عند الأفراد مشاعر الولاء للوطن والانتماء للهوية الثقافية.
7. إن الثقافة توفر تفسيرات مرجعية جاهزة عن أصل الحياة والكون والإنسان ودوره في الوجود.
8. إن الثقافة تكسب الأفراد اتجاهات ومواقف سلوكية عامة باعتبار أن الفرد عضو في مجتمع عربي إسلامي أو عضو في مجتمع آخر له خصوصيته الثقافية.
9. إن الثقافة تكسب الأفراد مكانة (مركز) والدور داخل النظام الاجتماعي الذي يعيش فيه باعتبار أن هذه القضية مرهونة بعوامل ثقافية عاملة داخل المجتمع.
10. إن الثقافة تكسب الاتجاهات والمفاهيم والسلوكيات في إطار الإنتاج والاستهلاك داخل المجتمع الإنساني (الخوالدة، 2003).

أما وظائف الثقافة عند عبد اللـه رشدان التي يذكرها في كتابه، فإنه يتفق في كثير من النقاط مع ما قلنا، حيث يقول عنها:

1. أنها تمد الفرد بمجموعة من الأنماط السلوكية حيث يستطيع أفرادها أن

يحققوا حاجاتهم البيولوجية من مأكل ومشرب ومسكن وتناسب وبذلك تستطيع الجماعة أن تحفظ بقاءها واستمرارها.

2. أنها تمد أفرادها بمجموعة القوانين والنظم التي تتيح التعاون بين أعضائها مما ينتج عن ذلك أن تستطيع الجماعات الاستجابة لمواقف معينة استجابة موحدة لا تعتريها التفرقة.
3. تقدم الثقافة لأعضائها الوسائل المختلفة التي تهيئ لهم التفاعل داخل الجماعة مما يهيئ قدراً من الوحدة يمنعها من السقوط في أنواع الصراعات المختلفة.
4. أنها تخلق الحاجات التي يكتسبها الفرد ثم تمده بوسائل إشباعها فالاهتمامات الجمالية والأخلاقية والدينية تخلقها الثقافة ثم تهيئ للفرد وسائل إشباعها.
5. تقدم الثقافة للفرد مثيرات ثقافية عادة عليه أن يستجيب لها بالطريقة العادية الموجودة في الثقافة ويتضح هذا إذا ما انتقل الإنسان إلى ثقافة أجنبية يقابل فيها هذه المتغيرات ويجد استجابات مختلفة تحدث له القلق والاضطراب دون أن تؤدي ذلك في بيئته.
6. تقدم الثقافة للفرد أيضاً تفسيرات تقليدية مألوفة لعديد من المواقف على أساسها يجد الأفراد شكل سلوكه.
7. أنها تمدنا بوسيلة للتنبؤ بجزء كبير من سلوك الأفراد والجماعة في مواقف معينة ومعنى هذا إننا إذا عرفنا الأنماط الثقافية التي تسود الجماعة التي ينتمي إليها الفرد أمكننا أن نتنبّأ بأنه سيسلك حسب هذه الأنماط الثقافية في معظم المواقف التي يواجهها (رشدان، مرجع سابق).

إذا يمكن تلخيص وظائف الثقافة بأنها:

1. تحديد الطرق التي يمكن للإنسان أن يشبع حاجاته عن طريقها.
2. تحديد وتعريف الأصول التي بها ينجب ويتكاثر ويكوّن أجيال أخرى.
3. تحديد الطرق التي يتعلم بها أبناؤه.
4. تحديد طرق إنتاج وتوزيع البضاعة الضرورية لاستمرار الحياة.
5. تحديد الطرق التي تنظم العلاقات الإنسانية في المجتمع الواحد ومن ثمّ مع المجتمعات الأخرى.
6. تكسب الحياة معناها وتبقي على الدافعية عند أفرادها من أجل العمل الذي يساعدها على استمرارية الحياة (أبو هلال، مرجع سابق).

التخلف الثقافي:

عندما يصيب التغير المجتمع فإن عناصره المختلفة تتغير بنسب متفاوتة

والعناصر التي يصيبها التغير بنسب أقل من العناصر الأخرى توصف بأنها لديها تخلف ثقافي أما مكان التخلف الثقافي هو أننا لو افترضنا أن هناك ثلاثة مراحل يمكن تصورها ذهنياً في عملية التغير الثقافي وأن تلك المراحل التصورية هي المرحلة الأساسية أي النقطة التي يبدأ منها التغير، ثم المرحلة الانتقالية ثم المرحلة النهائية، فإن التخلف الثقافي يكون في المرحلة الوسطى المرحلة الانتقالية؛ فالتخلف يمتاز بصفة عامة وهي أنه مظهر من مظاهر عدم التكيف والملاءمة مع الوضع الجديد، أما بالنسبة لعوامل التخلف الثقافي فهناك عوامل كثيرة تؤدي إلى التخلف الثقافي هذه العوامل تنشأ أساساً من طبيعة الشخصية الاجتماعية التي هي إلى حد كبير نتاج ثقافي ومن هذه العوامل:

1. المحافظة على القديم.
2. اختلاف سرعة التغير في عناصر الثقافة.

عناصر الثقافة:

عندما عرضنا تعاريف الثقافة لا حظنا أن تعريف الثقافة تختلف وتتباين في مضامينها باختلاف مجالات الدراسة التاريخية والفلسفية والنفسية والاجتماعية والأنثربولوجيا واهتماماتها، فهناك من يؤكد في التعريف على الإنتاج الفكري والمعنوي المنبثق من التفاعل الاجتماعي للإفراد وجماعات الذي ينعكس بصورة ما في بعض العناصر المادية وعلاقات اجتماعية، وهناك من يؤكد على الجوانب الرمزية للثقافة وخاصة انتقالها عبر الأجيال وهناك من يبرز صفتها العقلية والاجتماعية والنظم العقائد عند الإفراد فالثقافة مكتسبة من خلال التفاعل الاجتماعي ومن خلال السيطرة على عناصر الطبيعة ومن ثم فهي تشمل الجوانب المادية والمعنوية ويفرق ميرل وايلدريدج Merril and Eldridge في تحليلهما للثقافة بين جوانب المادية وغير المادية ويؤكدان على أن أساسها يوجد في عقول الأفراد وأفكارهم «وتشمل الجوانب غير المادية آمال الجماعات آدابها العامة وقيمها وتقاليدها والمظاهر النفسية التي تظهر في الحياة الاجتماعية فأساس الثقافة يوجد في عقول الأفراد وليس في المظاهر الخارجية فالأفكار هي أساس حقيقة الثقافة» (سرحان، 1978).

إذا هناك قسمين للثقافة وهما:

أ. العناصر المادية:

ويقصد ما أنتجه الإنسان ويمكن اختباره بالحواس.

ب. العناصر غير المادية:

ويقصد بها العناصر التي تتضمن قواعد السلوك والأخلاق والقيم والعادات والتقاليد والأساليب الفنية التي تستعملها الجماعية (همشري، 2001).

كما قلنا أن الثقافة تشتمل على مظاهر مكون لها تسمى المحتوى الثقافي أو المضمون الثقافي ويمكن تصنيف هذا المضمون الثقافي بطرق مختلفة كل طريقة تقوم على أساس يختلف عن الآخر وعلى سبيل المثال يمكن تصنيف المضمون الثقافي على أنها عناصر مكتسبة في ثلاثة أبعاد هي:

مناشط مكتسبة:

مثل العلاقات الاجتماعية والمؤسسات.

أفكار مكتسبة:

مثل الاعتقادات.

نتائج مكتسبة:

مثل الآليات والعمران (الخوالدة، مرجع سابق).

أي أن العالم السابق قسمها إلى هذه الأقسام الثلاثة التي هي:

- المكونات المادية: أو ما يطلق عليها القطاع المادي للثقافة.

- المكونات الاجتماعية: أو ما يطلق عليها القطاع المادي للثقافة.

- المكونات الفكرية: أو ما يطلق عليها القطاع الفكري للثقافة (همشري، مرجع سابق).

المكونات الاجتماعية أو القطاع الاجتماعي:

فهو ما يطلق عليه اصطلاحاً البناء الاجتماعي (Social Structure) ويمكن القول باختصار أن البناء الاجتماعي هو هيكل المجموعة الاجتماعية من الناس المستمرة في الوجود لفترة كافية من الزمن وتنشأ بين أفرادها علاقات وتفاعل وينشأ عنها مجموعة نظم اجتماعية ويقوم كل فرد في المجتمع بدوره وله مركز يشغله والمقصود هنا بالبناء الاجتماعي النظم الاجتماعية التي عن طريقها تصل مجموعة من السكان إلى حالة الترابط والتكامل وهي الحالة اللازمة لتكوين المجتمع أو هي الجماعات المستمرة في الوجود لوقت كاف بحيث تستطيع الاحتفاظ بكيانها كجماعات رغم التغيرات التي تحدث للأفراد.

أما المكونات الفكرية أو القطاع الفكري للثقافة:

فيشمل العناصر والمركبات والنظم الثقافية التي يغلب عليها طابع الأفكار والعواطف ويتفق العلماء على أن هذا القطاع يشمل على نسق: اللغة، والفن والسحر والدين والعلم إن وجد.

أما المكون المادي أو القطاع المادي للثقافة:

فهي ما يستعمله الإنسان في حياته اليومية (أدوات وأثاث ومسكن ووسائل نقل وسفر وملبس وأسلحة ومباني وحلي وعادات معينة في طريقة الغذاء) (ناصر، مرجع سابق).

ومن أحسن التصنيفات الشائعة للمضمون الثقافي: تصنيف رالف لنتون الذي نظم المضمون الثقافي في ثلاثة أقسام أساسية هي:

1. العمومية Universals.
2. الخصوصية Specialties.
3. البدائل والمتغيرات Alternatives.

عمومية الثقافة:

هي المكونات الثقافية التي يشترك فيها جميع أفراد المجتمع الناضجين وتشمل العادات والتقاليد وأنماط السلوك ومصطلحات اللغة التي يتكلمها ويكتبها الناس وطرق وأنواع التحية التي يتبادلها الناس لبعضهم البعض وأنواع المأكولات والملابس والمنازل والأنماط الأساسية للعلاقات الاجتماعية ونوع الولاء والطاعة والاحترام والتوقعات السلوكية المتبادلة بين الصغار والكبار وبين الرجال والنساء والقيم والاتجاهات الحاكمة لسلوكهم واختلاطهم واتصالهم.

وعمومية الثقافة تشكل الأساس العام لها الذي يميزها عن الثقافات ذلك أنها تؤدي إلى وجود نمط مشترك من القيم والعادات والاتجاهات يتميز بها أفراد الثقافة عن غيرهم من الثقافات بحيث يتمكن الفرد المتعرف على عموميات الثقافة من تميز الأفراد الذين ينتمون إليها كذلك تؤدي هذه العموميات إلى وجود اهتمامات مشتركة بين أفراد المجتمع تعمل على تماسك الجماعة ووحدة أهدافها وكما تعمل على إكسابها الشعور بالانتماء والتضامن والتعاون وتجنبها الصراع والتمزق، إن اشتراك أفراد المجتمع في هذه العموميات وبصفة خاصة في الجوانب الفكرية والأيديولوجية هو الأساس في اكتساب الأفراد لروح الجماعة والعمل على بقائها.

وتعني التربية بعموميات الثقافة عناية باللغة ترجع إلى أهمية دورها في توحيد المجتمع وتماسكه الاجتماعي ذلك لأنها تكسب المجتمع المعايير والقيم والاتجاهات المتشابهة؛ فتظهر أنماط الشخصيات وبينها عوامل كثيرة مشتركة، فالوظيفة الأساسية للتربية في مرحلة التعليم الأولى هي نقل القدر المشترك الذي يتمثل في المحور الثقافي لعمومية الثقافية وهو يتضمن المستويات والمعارف التي تعين الأفراد على تمييز الصحيح من الخطأ والخير من الشر والقبيح من الجميل والحق من الباطل، كما تتضمن المعارف والمهارات والتي تؤدي إلى ضبط وتحسين السلوك العام وتعينهم على فهم مجتمعهم ومعرفة سماته وجذوره فاللغة القومية والتربية الوطنية وتاريخ مجتمعهم وجغرافيته وفنونه والعلم الذي تفسر مظاهر الطبيعة التي تحيط في المجتمع وإفراده وغير ذلك مما يشكل محتوى التعليم والمضمون التربوي العام الذي يهدف إلى تجميع الإفراد حول محور الثقافي الواحد كما يهيئ

لهم الاشتراك في الخبرات والاتجاهات والأهداف قبل أن يتفرقوا في تخصصاتهم المختلفة.

ثم إن هناك حقيقة أخرى تتصل باكتساب عموميات الثقافة تلك هي صعوبة دخولها في المناهج التعليمية وفي الكيان التربوي داخل المدرسة بل هناك من العموميات يكتسبها الفرد من التفاعل الاجتماعي في التنشئة خارج المدرسة.

ونظراً لأهمية التربية لنقل هذا القدر المشترك من عموميات الثقافة للإفراد المجتمع فقد أصبح التعليم الإلزامي مجانياً في أغلب الدول كي يتمكن جميع أفراد المجتمع الصغار على اختلاف مستوياتهم الاجتماعية والاقتصادية من الالتقاء التقارب والتفاعل داخل إطار ثقافي مشترك وبذلك تقل المسافة الاجتماعية التي تفصل بين طبقات المجتمع وتكسر الحواجز وتذوب الفوارق الطبقية ويشعر كل فرد بعضويته وانتمائه للمجتمع الكبير كما يشعر أن له نفس الحقوق والواجبات التي لغيره فيتدعم الكيان الاجتماعي ويزداد تماسكاً (سرحان).

وعمومية الثقافة هي وجود ثقافة يشترك فيها جميع أفراد المجتمع وتعد بمثابة الملامح الأساسية المحددة لثقافة مجتمع ما وهي التي تميز عن غيرها من الثقافات والعموميات الثقافة هي أكثرا عناصر الثقافة استقراراً ومن هذه العموميات اللغة واللباس الشعبي وطريقة التحية والاستقبال والوداع وطرز المباني وأسلوب الاحتفال في الأفراح وتعبير عن الأحزان وغيرها وبذلك تتشكل عموميات الثقافة القاسم المشترك بين أبناء المجتمع الواحد وتكون عنصر تجمع وتالف بينهم وتؤدي إلى ظهور اهتمامات مشترك تجمعهم وتولد بينهم بتضامن والمصير المشترك فاللغة العربية على سبيل المثال هي أهم العموميات الثقافية التي يمتاز بها العرب عن غيرهم من المجتمعات وهي أحد القواسم المشتركة ونسبه إليها سمي العرب بهذا الإسم وهي أهم الوسائل المهمة للتربية في هذا المجتمع لنقل المعرفة والمعلومات عن الموروث الثقافي إلى الدارسين (همشري، 2001).

بعد أن عرضنا مفهوم عموميات الثقافة لابد من معرفة الإجابة عن هذه الأسئلة:

1. **وما مركزية عناصر عموميات الثقافة؟**

إن العموميات تمثل العمود الفقري في المكونات الثقافية والأساس التي تقوم عليها الشخصية لهوية المجتمع لذلك فهي العناصر التي تميز إفراد ثقافة عن أخرى ومجتمع عن آخر.

2. **الوظائف التي تؤديها إلى المجتمع؟**

أنها تحافظ على الهوية الثقافية وتوحد أهداف المجتمع وتعمل على تماسكه كما تعمق مشاعر الانتماء والتضامن الاجتماعي وتميز المجتمع عن غيره من المجتمعات.

3. كيف نحافظ على عمومية الثقافة؟

يمكن أن تحافظ عليها عن طريق التربية وذلك بتقديم التعليم الأساسي العام يعمل على نشر عناصر العموميات الثقافية بين إفراد الجيل وتكوين الشخصية ثقافية الموحدة وتمكينهم من تمثيل عناصر الأساسية التي تشكل قاعدة فكرية واجتماعية مشتركة تسهم في توحيد المجتمع وصيانته وتماسك الاجتماعي.

وهنا يمكن أن نستخلص عظمة تاريخ وسياسة وهي أن الاستعمار أو العدو حين كان يتوجه لإضعاف المجتمع الذي يستعمره وإجباره على الاستسلام فانه يحاول ضرب عموميات الثقافة التي فيه لذلك يجب التنبيه إلى إن أي دعوة من شأنها إضعاف عموميات الثقافة يجب دفعها ومحاربتها.

فعمومية الثقافة من سماتها إن تكون شائعة عند كل افراد المجتمع وتنطوي على عناصر مادية ومعنوية وتميز المجتمعات عن بعضها الآخر وتتصف بالثبات النسبي وتعمل على صيانة المجتمع والمحافظة عليه وتشكل أساس الهوية الثقافية للأمة في المجتمع لذلك يجب العمل على تطويرها (الخوالدة).

خصوصية الثقافة:

هي تلك العناصر من الثقافة التي تشترك فيها مجموعة معينة من الافراد لها تنظيمها الاجتماعي الخاص والتي يشترك فيها المجتمع ففي جميع المجتمعات نجد أن هناك من يعرفها أو يقوم بها جزء معين من السكان وتؤدي إلى الصالح العام ولكل فرد من افراد المجتمع فكرة عامة واضحة عن نتيجة هذه العملية المتميزة وهذه الناشط التخصصية المختلفة مثال الرجل العادي قد لا يعرف الكثير عن عمل النجارة ولكن هذا لا يمنع أن هذا الشخص العادي يستطيع ان يفرق بين الصنعة الجيدة المتقنة وغير المتقنة (رشدان).

وهي عناصر الثقافة التي يشترك فيها مجموعة معينة من افراد المجتمع بمعنى انها العناصر التي تحكم السلوك افراد معينين دون غيرهم من المجتمع فهي العادات وتقاليد وانماط السلوك المختلفة المتصلة بالناشط الاجتماعية حددها المجتمع لفئات في تقسيمه للعمل بين الافراد (سرحان).

وتوجد داخل المجتمع مجموعة من الثقافات الفرعية التي تميز القطاعات الرئيسية في المجتمع وهي جزء من الثقافة الكلية للمجتمع ولكنها تختلف عنها في بعض السمات والمظاهر والمستويات لذا فان الثقافات الفرعية هي ثقافة قطاع متميز من المجتمع لها جزء ومستوى مما للمجتمع من خصائص بالإضافة إلى انفرادها بخصائص أخرى وبالتالي فإن خصوصية الثقافة هي الملامح والخصائص الثقافية تتميز بها فئة معينة عن غيرها من الفئات في المجتمع الواحد (همشري).

وهناك عدة أنواع من الخصوصية الثقافية ونذكر منها ما يلي:

أولاً: الخصوصية المهنية والفنية:

فلكل جماعة مهنية خصوصيات ثقافية التي تتميز بها عن غيرها فللأطباء مثلاً ثقافة خاصة بهم وللمهندسين ثقافة خاصة لهم وللتجار ثقافة خاصة بهم الخ (همشري).

وهي التي تستلزم لممارستها خبرات ومهارات فنية ومصطلحات سلوكية خاصة دون اعتبار لأصحاب هذه المهارات من الافراد فهي ليست وقفاً عليهم بل تسمح بدخول الافراد الفئات الأخرى للعمل فيها فالعمل الصناعي والزراعي والاشتغال بالطب والمحاماة والتدريس ليس قاصراً على فئة بعينها من الناس بل هو عمل مسموح به لمن يشاء من افراد المجتمع فمثلاً يتعلم ابن الفلاح ليعمل طبيباً أو محامياً وعندئذ قد انتقل إلى نوعية متخصصة أخرى غير التي يعمل فيها والده.

نخلص من ذلك إلى ان فئات الناس في هذا القسم غير ثابتة وإلى ان كل نوعية عمل تخصصية تكسب المشتغلين بها نمط شخصيته ومصطلحات سلوكية تختلف عن مثيلاتها في نوع العمل الأخرى (الخوالدة).

ثانياً: خصوصيات الطبقية:

وهي التي توجد بين افراد طبقة اجتماعية معينة فهنالك الطبقة الراقية والطبقة المتوسطة وطبقة الدهماء وكل واحدة من هذه لها قيمها واتجاهات ومصطلحات سلوكية وآدابها ومعاييرها الخاصة المنظمة لحياتها والمتحكمة في علاقاتها بغيرها من الطبقات فالاهتمامات الخاصة بالطبقة الراقية مثلا تنعكس على اختيارها لأساليب وأماكن الشغل ووقت فراغها وفي متابعة الموضوعات في الأزياء وموديلات السيارات وفي تفضيل أنواع من المأكولات والمشروبات والالتزام بمراسم وشكليات حضور الحفلات والسهرات وغيره مما لا تقدر عليه الطبقات الاجتماعية الأخرى كذلك فإن اساليب الاستعلاء في الحديث والاستخفاف في القول تبدو سمة ظاهرة في تعامل افراد الطبقة الراقية مع افراد طبقة الدهماء.

والفرق بين الخصوصيات الطبقية والخصوصيات المهنية إنما يكمن في امكانية الدخول في هذه الخصوصية ومعايشتها فبينما يكون الدخول في الخصوصيات المهنية مباحاً لجميع فئات المجتمع طالما توفرت لديهم الاستعدادات والرغبات والمؤهلات العلمية المناسبة نجد ان ذلك أمر عسير بالنسبة للدخول في الخصوصيات الطبقية في نظر التحكم الصفة الطبقية في المجتمع وانعدام الديمقراطية الصحيحة بمعناها الاقتصادي والاجتماعي والسياسي والعلمي (سرحان).

ثالثاً: الخصوصية العمرية:

فكل جماعية عمرية لها خصوصيتها الثقافية التي تتميز بها عن غيرها من الأعمار فللأطفال ثقافة خاصة ومختلفة عن ثقافة الشباب وللشباب ثقافة خاصة بهم الخ (همشري).

رابعاً: الخصوصيات العقائدية:

لكل عقيدة عناصرها الثقافية الخاصة بها والتي تميز الافراد التابعين اليها والمؤمنين بها عن غيرهم من افراد المعتقدات الأخرى (رشدان).

خامساً: الخصوصيات الجنسية:

فللذكور خصوصية ثقافية خاصة بهم وللإناث خصوصية ثقافية خاصة بهن يترتب عليها خصوصيات في التعامل وفي اللباس وفي وسائل التسلية وفي الأدوار التي يلعبها كل منهما في المجتمع (همشري).

سادساً: الخصوصيات العرقية والعنصرية:

لكل عنصر أو عرق في المجتمع عناصره الثقافية التي تميزه عن العروق أو العناصر الأخرى فخصوصية الشركس الثقافية تختلف مثلاً عن خصوصية الشيشان وللأرمن خصوصيات ثقافية أيضاً تميزهم عن غيرهم من الأعراق (رشدان).

سابعاً: الخصوصيات التعليمية:

لكل مرحلة من مراحل التعليمية عناصرها الثقافية الخاصة بها والتي تميزها عن غيرها من المراحل ولكل نوع من أنواع التعليم (الأكاديمي أو المهني أو الفني) عناصر ثقافية التي تختلف عن عناصر غيرها من أنواع التعليم وللتعليم الخاص خصوصياته الثقافية التي تميزه عن التعليم الحكومي (همشري).

المتغيرات (البدائل) الثقافية:

وهي العناصر الثقافية المستجدة في إطار العموميات الثقافية أو في إطار الخصوصيات الثقافية ويأتي هذا التجديد بفعل الانتشار الثقافي من الخارج للداخل أو الاقتباس أو الاستعارة أو بفعل توليد من التغير الداخلي وسواء أكانت البدالات من الخارج أم من الداخل فهي عناصر ثقافية جديدة لتطوير عناصر الثقافة لهذا فإن عناصر البدالات أو المتغيرات تخضع إلى شيء من السلوك الحذر أو خضوعها إلى التجريب في بادئ الأمر فان إثبات كفاءتها أو جودتها فإن افراد المجتمع يقبولن عليها ويتبنونها في حياتهم الخاصة والعامة فإن قبلت هذه الابدالات من الافراد طبقة معينة تصبح من خصوصياتهم الثقافية وان تبناها جميع افراد المجتمع تصبح من عمومياتهم.

وإذا لم تثبت هذه الابدالات جدارتها اما العناصر المنافسة فانها سرعان ما

تنطوي وتتلاشى نلاحظ ان الابدالات الثقافية التي تقع في العناصر المادية أسرع من الابدالات الثقافية التي تقع في العناصر المعنوية ويرجع ذلك إلى استجابة العناصر المادية بدرجة أروع واكثر استقراراً من الاستجابة في العناصر المعنوية ونتيجة لاختيار الابدالات التكنولوجية المحسوسة بدرجة أسرع وأكثر أثراً من اختيار الابدالات المعنوية المرتبطة بتغير قيم الناس وأفكارهم وأخلاقهم أو عاداتهم وتقاليدهم.

وتشكل الابدالات الثقافية مؤشراً على حيوية الثقافة وقدرتها على التطور فالمجتمعات التي تتميز بالانعزال وعدم الانفتاح والتماسك بالتقاليد فان الابدالات الثقافية فيها تكون نادرة أو قليلة في حين ان المجتمعات التي تتميز بالانفتاح والتطلع للتجديد والدينامية الثقافية فان الابدالات الثقافية تكون فيها عالية استجابة إلى روح التغير والتكيف مع المستجدات ولكن التغيرات السريعة في العناصر الثقافية السائدة تجد شيئاً من الاضطراب في بداية الأمر بسبب الاختلال الذي يحدث في العلاقات بين العوامل المكونات الثقافية وعندئذ تستدعي الحاجة إلى شيء من التكامل الثقافي حتى لا يترتب على هذه تغيرات مشكلات حادة وبالتالي تخلف الثقافي داخل المجتمع (الخوالدة).

خصائص الثقافة:

للثقافة خصائص مختلفة من أهمها ما يلي:

1. الثقافة إنسانية: أي خاصة بالإنسان وحده دون سائر الحيوانات (همشري، 2001).

أي أن الثقافة تختص بالإنسان وحده، وتشكل خاصية جوهرية له دون غيره من الكائنات. يعرف بها وتحدد سلوكه، وتميز المجتمعات الإنسانية بعضها عن بعض بما يتمثله جميع أفراد المجتمع من عموميات الثقافة (الخوالدة، 2003).

أن الثقافة خاصة بالمجتمع الإنساني كون الإنسان كائن اجتماعي مفكر وله قيمهُ ومبادئه الأخلاقية (الطيطي، 2002).

إن الثقافة تخص الإنسان وحده، فكل ما صنعته يد الإنسان وعقله، وبمعنى أن الإنسان الذي تأسره المحددات الثقافية التي يعيش في نطاقها هو صانع هذه الثقافة، وهو الذي يعمل على تطويرها من أجل تحديد نفسه من قيود ما يتهاوى منها مع تغيّر الظروف (عريفج، 2000).

2. الثقافة العضوية: أي أن الثقافة مسألة مرتبطة بصورة جوهرية في الإنسان، وإن وجودها يتطلب قيام الناس بمجموعة من الأعمال والانشطة المتصلة بالتفكير أو الاستجابة أو الإنتاج، وبدون قيام الإنسان بهذه الأنشطة فلا وجود للثقافة (عريفج، 2001).

إن العلاقة بين وجوه الثقافة عضوية، فالجوانب الثقافية في مجتمع ما تتكامل مع بعضها، فنظام الحدائق في المدن يتكامل مع نظام الشقق والمباني السكنية المتراصة والمزدحمة ونظام العمل المكتبي أو داخل المتجر أو المصنع، ولكن الحدائق ليست مطلباً في الأرياف حيث المساكن محاطة بالأرض الخلاء، والعمل الذي يمارسه الناس يكون في الهواء الطلق (عريفج، رشا).

3. الثقافة فوق عضوية: أي أن الثقافة ليست من النتاج البيولوجي للإنسان، بل من النتاج المكتسب، الذي يعمر بعد زوال الأجيال التي أنتجها، وهذا يعني أن الثقافة لا تزول بزوال الأعضاء الذين قاموا بإنتاجها، بل تستمر بع ذهابهم لأجيال قادمة (عريفج، 2003).

4. الثقافة مكتسبة: يتعلمها الأفراد وينقلونها من جيل إلى جيل، ويخطئ من يذهب إلى أنها فطرية غريزية، فما يبدو غريزياً للبعض هو في الواقع سلوك يقوم على إتقان عملية الاكتساب والتعليم، وقد يظهر ذلك في العادات الأصلية، والتقاليد الراسخة، والقيم التي تستمد خلال أجيال طويلة، إذ إن الإنسان يكتسب هذه الصفات في سنواته الأولى حتى تصبح جزءاً من شخصيته ويصبح هو عضواً في ثقافته.

5. الثقافة متراكمة: فالإنسان لا يبدأ حياته الاجتماعية الثقافية من العدم. بل يبدأ من حيث انتهت الأجيال الرائدة الحية التي ينتمي إليها، ومن التراث الاجتماعي الذي يعبر عن خبرات الأجيال السابقة، فبعض عناصر الثقافة في أي مجتمع تعبر عن خلاصة التجارب والخبرات التي عاشها الأفراد في الماضي بما تعرضوا له من أزمات، وما رسموه من أهداف وما استخدموه من أساليب، وما تمسكوا به من قيم ومعايير. وما نظموه من علاقات، وتتراكم الجوانب المختلفة على هذا النحو بطرق وصور مختلفة، فتطور اللغة وتراكمها مثلاً، قد يأخذ طريقاً يختلف عن الطريق الذي يتبعه التطور والتراكم العلمي أو التكنولوجي (الكسواني، 2003).

إن الثقافة تمثل ثمرة جهد تراكمي، فليست الثقافة في أي فترة من الفترات هي نتاج نفس العصر، بل تحمل الثقافة في طياتها عناصر قد ترجع إلى ماضٍ بعيداً جداً. ففي ثقافتنا العربية لا يزال هناك عناصر تعود إلى أبعد من العصر الجاهلي، إذ لا يزال لابن العم أولوية على غيره في طلب يد ابنة عمه (الكسواني، 2000).

6. الثقافة مثالية وواقعية: إذ تتحدد مثاليتها في الطرق التي يعتقد الناس أن من الواجب عليهم السير وفقها أو العمل بمقتضاها، وتنطلق واقعيتها من سلوك الأفراد العقلي، ومن تصرفاتهم.

أي أن الثقافة تنطوي على طرق وأفكار عليا ينبغي أن يسلك الناس في ضوئها، وهو ما يشير إلى الجانب المثالي في الثقافة وفي نفس الوقت، فإن الثقافة تشتمل على سلوكيات الناس كما هي في الواقع الفعلي، وهذا يشير إلى الجانب الواقعي في الثقافة، فالمثالية الثقافية تتصل بما ينبغي أن يكون والواقعية تتصل بما يمارس في الواقع، وهناك فجوة واسعة بين الثقافة المثالية وبين الثقافة الواقعية داخل المجتمعات الإنسانية (همشري، 2003).

7. الثقافة اجتماعية: أي أن الثقافة ليست من صناعة فرد بعينه، بل هي نتاج النظام الاجتماعي كله، في مسيرته التاريخية. لذا فهي صيغة اجتماعية في إطار مجتمع معين، الفرد ثقافة مجتمعه بفضل آليات التنشئة الاجتماعية وعمليات التربية التي يتعرض إليها في حياته (الخوالدة، 2003).
8. الثقافة تكاملية مادية ومعنوية في آن واحد: فثقافة المجتمع هي التي تحدد أسلوب الحياة في هذا المجتمع، سواء من ناحية وسائل الإنتاج والتعامل والأنظمة السياسية والاجتماعية أو من ناحية الأفكار والقيم والعادات والتقاليد وآداب السلوك وغير ذلك، فالعناصر المادية ما هي إلا نتاج الجهد الانساني في الثقافة، كما أن هذه العناصر تؤثر بدورها في مفاهيم الأفراد وعلاقاتهم بعضهم ببعض، والعناصر المادية في ثقافة ما تكتسب وظيفتها، ومعناها خلال خبرات أفرادها مع هذه العناصر مما يحيطها بالمعاني والأنماط السلوكية والمهارات والاتجاهات والقدرات والأفكار والمعارف والعادات (الخوالدة، 2003).
9. الثقافة ثابتة ومتغيرة: فعناصر الثقافة ومكوناتها منها ما يظل ثابتاً ولا يعتبره التغيير كالقيم الاجتماعية والعقائد الشرعية والاصول الدينية، ومنها ما يخضع للتغيير والتطوير كالجوانب المادية، ومن المعلوم أن بعض الثقافات تكون قابلة للتغيّر أكثر من غيرها.

كما أن درجة التغيّر وأسلوبه ومحتواه تختلف من ثقافة إلى أخرى (الخوالدة، 2001).

إن المفاهيم الثقافية بكافة مجالاتها لا تبقى كما هي فهي تتغير بصورة تواكب الحاجات والمتطلبات الحياتية المعاصرة فالتعليم للمرأة على سبيل المثال كان مرفوضاً سابقاً ولكنه أصبح أمراً حتمياً وكذلك خروج المرأة للعمل وهكذا الحال بالنسبة لبقية القيم المختلفة في إطار المضمون الثقافي.

10. الثقافة متطورة: إن الثقافة الاجتماعية ديناميكية بطبيعتها فهي تتطور بفعل عوامل كثيرة منها: أ. زيادة الخبرات الاجتماعية، ب. تقديم التعليم، ج. التبادل الثقافي والعلمي مع المجتمعات والثقافات الخارجية، د. زيادة

الثقافة العلمية الناتجة عن البحث العلمي، هـ الإرشاد الإعلامي لمختلف المؤسسات الدينية والصحية والتعليمية والاجتماعية (الخوالدة، 2002).

11. الثقافة مستمرة: ان حلقة التاريخ إذا تواصلت في مجتمع من المجتمعات فإن هذا التواصل يجعل من الثقافة عمليات تفاعلية اجتماعية مستمرة لا تتوقف (الخوالدة، 2002).

12. الثقافة علنية وخفية: أي أن الثقافة تكون علنية وتتمثل في العناصر المادية التي يمكن مشاهدتها مباشرة بالحواس، مثل أنواع الملابس وأنماط العمارة ... كما تكون الثقافة خفية حينما تتصل باتجاهات الأفراد وموافقتهم نحو موضوعات كثيرة في الوجود مثل: اتجاهاتهم نحو الدين والآخرة والوالدين والطبيعة وعالم الروح، ويستدل على عناصر الثقافة الضمنية بملاحظة أقوال الإنسان وأفعاله نحو هذه الموضوعات (الخوالدة، 2003).

13. الثقافة صريحة ضمنية: يشعر أبناء الثقافات الأخرى لدى زيارتهم لمجتمع ما بالنمط الثقافي السائد فيه بسهولة ويسر، وتكون وسائل الناس وعاداتهم وطعامهم ولباسهم مثيرة لفضول الزائد وحب الاستطلاع عنده، بينما لا يشعر أبناء الثقافة أنفسهم بأي استثارة حيال هذه الأمور، حيث أنهم يمارسون ثقافتهم بحكم المألوف.

ولهذا السبب كان قادة التغير الثقافي هم الأشخاص الذين يطلعون على ثقافات الغير، فتصبح ثقافتهم الأصلية موضع دراسة من جانبهم، يحكم عمليات المقارنة ومحاولات التعليل والتفسير التي لم تكن تمر بالخاطر أصلاً.

إن قادة التغيّر الثقافي لا يغيّرون في ثقافتهم الأم باستبدال عناصرها بما ينقلونه عن الثقافات الأخرى، وإنما يغيرون فيها بعد أن تصبح موضع دراسة وفحص، فتلقى الأضواء على الجوانب التي باتت متناقضة أو التي فقدت منطق استمرارها.

14. الثقافة منتشرة: أي أن عناصر الثقافة متحركة وقابلة للانتشار من بيئة إلى أخرى ومن مجتمع إلى آخر، ومن فرد إلى آخر، بل ينتقل من قسم إلى آخر داخل المكونات الثقافية ذاتها عن طريق الاحتكاك أو التفاعل أو الغزو أو الحروب أو بالوسائل الإعلامية، وهذه الصفة جعلت في الثقافة موضوعاً عالمياً لا تجده بيئات إقليمية.

15. الثقافة متنوعة الموضوع: إذ تختلف الثقافات في مضمونها بدرجة كبيرة قد تصل أحياناً إلى درجة التناقض، والمثال على ذلك أن بعض المجتمعات تسمح بتعدد الزوجات، بينما تعتبره مجتمعات أخرى جريمة يعاقب عليها القانون.

16. الثقافة انتقالية: فهي قابلة للانتقال من جيل إلى آخر، من جيل الكبار إلى

الصغار بواسطة عملية التثقيف أو التنشئة الثقافية أو الاجتماعية، كما يمكن أن تنقل من فئة إلى فئة أخرى، أو من جماعة إلى أخرى، ولهذا فهي بالتالي قابلة للانتشار بين الأمم والاجناس المختلفة، وذلك لسهولة أساليب الاتصال الحديثة المتقدمة.

17. الثقافة تنبؤية: لما كانت الثقافة تحدد بأسلوب الأفراد وسلوكهم في المجتمع، فإنه بالإمكان التنبؤ بما يمكن أن يتصرف به فرد معين ينتمي إلى ثقافة معينة، لأن ثقافته تحتم عليه أسلوباً معيناً تجاه كل مشكلة من المشاكل التي تقابله في حياته اليومية، وهي بالتالي تحدد التصرف الفردي والجماعي في إطار ثقافي محدد، وبخطة مرسومة أو خارطة يحملها الفرد معه، وبما يحدد مسيرة حياته اليومية.

18. يمارس النمط الثقافي بصورة يعوزها الاستبصار: يعكس أبناء مجتمع معين ثقافتهم، ولكنهم لا يفهمون ما يقف وراء سلوكهم بالضرورة، فقد تدعو أسرة تسكن في مدينة مجاورة لا تبعد 50 كيلو متر عن منزلك لتناول الغذاء مع أسرتك فيحضرون في الصباح الباكر مسببين حرجاً لك ولأنفسهم.

19. إن الثقافة تشبع حاجات الأفراد والجماعات: ولا أدل على ذلك ما نُسميه بالحنين للوطن، فنزوع المغترب لمتابعة أخبار بلاده وذويه وميله للرجوع إلى وطنه بين الحين والآخر إنما يُعبر عن حاجته إلى الوطن الأم حيث الثقافة التي تزعزع في أحضانها، وكانت تشبع حاجاته الفسيولوجية وحاجاته للشعور بالأمن والاطمئنان والتقبل والحنان والتفوق والتنفس وحتى النزاع والمقاتلة.

20. الثقافة وسيلة وليست غاية: لذا يعمل الإنسان على تطور الثقافة والاهتمام بها كانجاز هام للمجتمع الإنساني يرتفع بواقعه الحياتي إلى أرقى مستوى ممكن فهو يقبل منها ما يخدمه ويغير ما يضره ولا ينفعه (بسام، 2005).

مستويات الثقافة

ويشار هنا إلى الثقافة الأم والثقافات المتفرعة عنها (Culture and subculture). إذ يمكن أن نشبه المنحنى الثقافي العام باتجاه جريان النهر بين منبعه ومصبه، فيبدو النهر أحياناً وكأنه غيّر اتجاهه حين يلفت حول أحد الجبال أو حين يندفع في تفرّعات أو ترع لا تلبث أن تلتقي من جديد ليواصل النهر سيره في مجراه باتجاه مصب.

إنّ ثقافات الشعوب لها مثل هذه المسارات، ولذلك تجدنا نتحدث عن مسارات ثقافات كبرى، وكأن نقول: الثقافة الشرقية والغربية أو الرأسمالية

والاشتراكية أو ثقافات حوض المتوسط وثقافة شرق آسيا.

تتمايز الثقافة الغربية على سبيل المثال في خليط عجيب من الثقافات الفرعية، فثقافة الطليان متمايزة عن ثقافة الانجليزي، ويتحدث الناس عن الفرنسي ودمه الحار، وعن السويسري الذي يبدو وكأنه لا يكترث بما يدور حوله. وعن الألماني ونزعته للتحدي، وعن انفتاح هؤلاء وانغلاق أولئك، ولكن تبقى للثقافة الغربية ميزات عامة تتجاوز التباين في الموقع الجغرافي والمعتقد الديني واللغة والتاريخ، ويبقى الغربي في كل الأحوال ابن ثقافة مختلفة عن الثقافة الشرقية عموماً، كما يبقى أبناء حوض المتوسط مختلفين عن أبناء القارة الهندية (رشا بسام).

مستويات الثقافة: تقسم الثقافة من حيث مستوياتها إلى عدة مستويات وهي:

- المستوى المادي وغير المادي: إن كل ما أفرزته حضارة الإنسان من عمران وصناعات يدوية وحرفية وتقنية يعتبر من مستوى الإنجازات المادية للثقافة وما أنجزته ما هو مرتبط بالمفاهيم والمعاني غير مادي ينقسمان إلى:

أ.   القيم: تعتبر القيم من أرفع مستويات الثقافة الاجتماعية لأنها تمثل أرفع مستويات المفاهيم الفكرية والاجتماعية وتعكس علاقة المجتمع وردود فعله إزاء كل القضايا التي يواجهها في حياته. وذلك بهدف كل شيء ما يستحقه أو ما يقابله.

ب.   الأدب والفن: يعتبر الأدب من مخرجات الثقافة والذي ظهر عندما ارتقت المجتمعات بلغتها إلى مستوى متقدم أدى إلى إنتاج فني وأدبي فالأمة تقاس بثقافتها من خلال إنتاجاتها الأدبية والفنية فالغناء والشعر والنقوش وغيرهامن قصص وحكايات تشكل أرقى مستوى للثقافة.

ج.   السلوك: يعتبر علماء النفس السلوك أحد معايير قياس الإنسان والحيوان ويمكن تحديد مستوى تقدم الفرد أو المجتمع من خلال مظاهر سلوكه. فالسلوك المهذب القائم على الاحترام يعكس مضموناً ثقافياً رفيعاً والعادات والتقاليد في الأفراح والأفراح تتضمن مستوى تطور الفرد وتقدّمه.

د.   الطبقات الاجتماعية: لكل مجتمع تقسيماته الطبقية والتي كثيراً ما تحدث تمايزاً واضحاً في مستوى ثقافة كل طبقة فلا يمكن أن تتساوى ثقافة طبقة الفلاحين مع طبقة العمّال أو مع طبقة المتعلمين. وهذه التقسيمات تحدد نوعاً من التفاوت في طبيعة العادات والتقاليد وحتى سمات الأفراد.

هـ.   المستوى العلمي / العلماء: إن الثقافة العلمية التي تعتبر لغة القواعد والأنظمة والقوانين في مختلف التخصصات يعتبر المستوى القائم على الحقائق والمفاهيم التي انبثقت عن البحث العلمي وجهود العلماء والباحثين

الذين يغذون المجتمع بنتائج جهودهم البحثية المتواصلة واختراعاتهم المتميزة وهذا المستوى له شخصيته المتميزة التي لا يمكن إنكارها. فرجل التربية الباحث يزود المربين والمعلمين والآباء بكيفية التعامل مع الطفل ويزودهم بمعلومات كثيرة عنه.

و. التطبيق والخبرة: إن ميدان الحياة مليء بالخبرات والنتائج وكثيراً ما نجد فرقاً شاسعاً بين ما يتعلمه أي مختص وما يجب فعلياً أن يقوم به من عمل محدد.

إن أداء الإنسان في ميادين الحياة وإبداعه الخلاق في صناعاته المختلفة يجعل هذا الجانب مستوى ثقافي قائم بذاته وهو لغة متميزة والأمثال المتداولة بين الناس نتجت عن خبرة عملية تطبيقية لها شخصيتها في الأدب وفي الحياة العملية.

ز. المستوى المثالي: لقد أفرزت كل ثقافة مجموعة كبيرة من الأمور التي لا تقاس بقيمة مادية وتبقى رمزاً لهذه الأمة مثل مفهوم الشجاعة والكرم والمروءة والاحترام والانتماء والولاء والصدق والنبل والجمال والفن وغيرها فهي ترتبط بمنظومة القيم ولكنها تختلف نسبياً في أنها لا تحمل قيمة محددة لذا تشكل الجانب المثالي في الثقافة.

تقسم الثقافة إلى أقسام حسب فئات المجتمع إلى طبقات اجتماعية تنوعت وطرأ عليها بعض التغييرات على ضوء التغيرات الاجتماعية والاقتصادية التي تطرأ على المجتمعات لأسباب سياسية واقتصادية وعلمية وغيرها.

1. طبقة الفلاحين: وهم الفئة الاجتماعية التي تعمل في الزراعة وتعتبر الأرض مصدر رزقها ومكان وجودها وأداة عملها.
2. طبقة العمال: وهي الفئة التي تعمل في المصانع وورش العمل وغيرها وتقتات على ما تتقاضاه يومياً أو شهرياً ولا تملك أرضاً بل لها مهنة أو حرفة.
3. طبقة الموظفين: وهي الفئة المتعلمة والتي تعمل في الوظائف الحكومية في القطاعين المدني والعسكري وليس بالضرورة لهذه الفئة صفة تخصصية مهنية، ولكنها تشترك بأفرادها بتقارب نسبي في مستوى الثقافة ومستوى التفكير وفي الاهتمامات والطموحات ومظاهر العيش وأدواته وفي كثير في العادات.
4. طبقة التجار وكبار الملوك: وهي الطبقة التي تملك مصالح المال والاقتصاد وهذه الفئة المؤثرة حتى في السياسة العامة والدولية وتحدد مراكز الثقل الاقتصادية لذا لها حاجاتها واهتماماتها وأنماط سلوكها.
5. الطبقة السياسية: وهي فئة كبار رجال الدولة الذين يتميزون أيضاً بمستوياتهم الاجتماعية وإمكاناتهم المادية ونمط عيشهم ولهم مقوماتهم

المادية والثقافة.

6. الطبقات الخاصة: وهي الفئة التي تشكل الأقلية الدينية والقومية في المجتمع فلهم عاداتهم وتقاليدهم الدينية والقومية التي تمسكوا بها ويحافظوا عليها.
7. البدائل الثقافية: وهي مجموعة القيم والعادات والمفاهيم الاجتماعية التي تدخل على ثقافة المجتمع من الخارج من خلال التبادل الثقافي والزواج من الأجنبيات مما يؤدي إلى دخول أنماط سلوكية غريبة تصبح مع الزمن ضمن القيم والعادات الاجتماعية إذا تقبلها المجتمع وإلا ستبقى بدائل ثقافية لكنها كثيراً ما تؤثر على ثقافة المجتمع وتحدث تغيّراً فيها.
8. وفي المجتمعات العربية توجد طبقة البدو وهم سكان البادية الذين يعتمدون على المواشي في الرعي ومصدر عيشهم وبعضهم توطن وبعضهم ترك حياة الرعي ولهم خصائصهم الاجتماعية ونظمهم القبلية.
9. طبقة الغجر (النَوَر): وهم منتشرون في أكثر بلدان العالم ولهم صفات تميزهم وعادات وتقاليد يتشابهون بها (رشا بسام، 2002).

تتباين الأنماط الثقافية من مجتمع لآخر، فعلى الرغم من الصفات والوظائف العامة المشتركة للثقافة، فإن تكوينها المركب والتفاعل المستمر بين عناصرها، والتناقض بين هذه العناصر في سياق تطورها التاريخي، قد يؤدي إلى التباين حتى داخل الثقافة الواحدة، فالعامل الاقتصادي -على سبيل المثال- بما يرتبط به من أفكار ومفاهيم ومصالح، يعتبر على جانب كبير من الأهمية في نظرة الأفراد إلى ظروف حياتهم، فاحتكار جماعة من الناس لوسائل الإنتاج، يصحبه تباين في مستويات المفاهيم والأفكار والنظم الاجتماعية وهذا بدوره يؤدي إلى تغيرات واسعة في الاتجاهات الثقافية، الأمر الذي تتحد معه مستويات الثقافة ونأخذ صوراً متعددة، وهذا ما حدا بعلماء الأنثروبولوجيا أن يضعوا تحديداً للمستوى الثقافي بالمفهوم الأنثروبولوجي العلمي، فقالوا إن المقصود بالمستوى الثقافي العلمي هو ذلك الذي يصنف الثقافة وفقاً للأسلوب الذي تسير عليه سواء كان هذا الأسلوب بدائياً أو حضارياً الأمر الذي يمكن معه أن يقاس هذا الأسلوب بمقياس ثقافي معين (رشا بسام، 2003).

وحدة الثقافة.

مع أن الثقافة تتشكل من عناصر عديدة يصعب حصرها، إلا أنها تعتبر وحدة واحدة أكثر من عناصرها، أنها عبارة عن التكامل الذي يجمع تلك العناصر لتكوّن جسماً واحداً فهي كجسم الإنسان الذي يتكوّون من عدد كبير من الأعضاء، غير أن أكثر من مجموع الأعضاء التي يتشكل فيها. لو قمنا بجمع أعضاء الإنسان

لتشكل منها إنساناً فإننا لن نستطيع عمل ذلك.

لهذا السبب وأسباب أخرى، كنّا قد عرّفنا الثقافة بأنها «نظام متكامل» من السلوك المكتسب أو المتعلم. أو كما تقول روث بندكت «إن الكل الثقافي ليس مجموع أجزاءه بل هو ناتج عن تنظيم تلك الأجزاء بروابط جعلت منه وحدة جديدة». تعتبر هذه المبادئ من أفضل ما يوضح لنا طبيعة الثقافة وبذا تتباين المجتمعات. ربما نجد في مجتمعين نفس العناصر الثقافية، إلا أن الترتيب الذي قام به أحد المجتمعين بتكوين بناء من تلك العناصر يختلف عن تركيب المجتمع الآخر للعناصر نفسها تماماً كما يفعل البنّاء الذي ينتمي من مجموعة الحجارة جدراناً بينما يستعمل بنّاء آخر تلك الحجارة في بناء بيت. المواد الخام هي نفسها أما الأشكال فيها تختلف.

بقي أن نقول هنا بأن الإنسان الجاهل بالثقافات الأخرى هو الذي يسخر من عاداتهم ومن سلوكهم، ويجدر بالإنسان العارف الواعي أن لا يسخر من نسبة العادات، وذلك لأن كل مجتمع إنساني عاداته التي يراها هي وحدها الصحيحة بالنسبة له (التل، 1993).

الثقافة والتغيّر:

تتعرض الثقافة في أي مجتمع إلى التغيّر، شأنها شأن النظم الأخرى في المجتمع، فالتغير يصيب النظم الاجتماعية والثقافية والاقتصادية والتكنولوجية ... وحتى يبقى النظام الثقافي حياً داخل المجتمع الإنساني، ويعمل بصورة متوازية وفاعلة، فعلية أنيتجسيب إلى التغيّر الذي تطرأ عليه كلية المنظومة الثقافية أو على عنصر من عناصرها، وذلك بإدخال إبدالات ثقافية جديدة تعالج المشكلات التي تترتب على التغيّرات وبهذه الاستجابة للتغيّر، فإن للثقافة تعمل على التوازن الثقافي داخل المجتمع، وبهذا التوازن الثقافي يبقى المجتمع حياً ومتسقاً مع الثقافة المعاصرة ومستجداتها المستمرة.

التغيّر الثقافي يعني التحوّلات التي تطرأ على المنظومة الثقافية في المجتمع أو على عنصر أو أكثر من عناصر النظام الثقافي، مثل التغيّرات التي تصيب النظام المعرفي في سياق العلوم أو الآداب أو الفنون أو ما شابه من هذه الأجناس المعرفية، أو التغيّرات التي تصيب النظام التكنولوجي سواء كان هذا التغير في الجوانب المادية أم في الجوانب الناجمة، مثل: نظم المعلوماتية، نظم الاتصالات وغير ذلك من أنظمة البرمجيات وحينما يحدث تغييراً على النظام الثقافي، أو أحد مكوناته، ينبغي الاستجابة لهذا التغيّر من أجل استيعابه والتكيّف معه، لذا يلجأ المجتمع إلى التربية المدرسية لهذا الغرض.

وهذا يستدعي إدخال تغييرات على النظم المعرفية التي يدرسها الطلبة من خلال المناهج التعليمية للخطط الدراسية المختلفة.

وهذا هو السبب الحقيقي الذي يفسر لنا طبيعة التغيرات التي تطرأ على المناهج التعليمية بين الحين والآخر في المدارس والمعاهد والكليات الجامعية وهي عمليات ليست سهلة بل تتحمل المؤسسات التربوية في سبيل تحقيقها جهداً ونفقات مالية كبيرة وبالرغم من هذه المتطلبات المكلفة فإن النظم التربوية تستجيب لها حتىتبقى أنظمتها المعرفية والعلمية والتكنولوجية حية معاصرة قادرة على عمل التوازن الثقافي مع المستجدات في المجتمع الإنساني.

وإن استجابة النظام التربوي يتجاوز قضية تغيير المناهج التعليمية والكتب الدراسية، بل تذهب الاستجابة إلى إدخال برامج تعليمية جديدة لم تكن من قبل، وتنويع العليم المهني والفني والتكنولوجي إضافة إلى فتح تخصصات جديدة أخرى لمواجهة احتياجات التنمية الاجتماعية الشاملة والمستدامة في المجتمع، ولكن التمية المستدامة تتطلب تغيير في منظومة القيمة التي يتمثلها الإنسان وكذلك اتجاهاته نحو كثير من موضوعات الحياة المرتبطة بمتطلبات هذه التنمية المستدامة، وهذا لا يحصل إلى بتعليم نوعي تتبناه المدرسة، لأن التغيير في السلوك اللازم للتنمية هو جهد تعليمي يقع على مسؤولية النظام التعليمي الرسمي وغير الرسمي في المجتمع.

يمكن القول إن التغير سمة من سمات الحياة، وإن الجمود سمة من سمات الموت، وإن التغير في الحياة هي ظاهرة طبيعية قدرها الـلـه على مخلوقاته، وجعلها سنة ليوم الدين.

تنقسم النظريات التي تفسر التغيّر إلى مجموعتين من حيث منطلقها في التفسير، فبعض النظريات تنطلق من وصف أنماط التغيّر كنظرية التغير الحتمي الدائري، نظرية الحتمي التطوري، وبعض النظريات تنطلق من العوامل التي ينطلق منها التغير (التل، 2003).

التثقيف:

التثقيف هو العملية التي بواسطتها يجد كل فرد ثقافته، وهذا التعريف مدعاة إلى تأكيد أن كل فرد هو نتاج بيولوجي وثقافي، ذلك أن الوسط الثقافي لأي مجتمع يقوم بعملية تربية هذا المجتمع وتشكيله، في الوقت ذاته الذي يعمل فيه على تعلم التراث الثقافي الذي أنشأه الإنسان وجمعه على مر العصور، وهذا في حد ذاته هو التثقيف التربوي للإنسان الفرد في مجتمعه، وهو عملية مهمة لهذا الفرد كي يتحقق له التكيف مع المجتمع وبخاصة منذ النشأة الأولى، أي منذ الطفولة، بل منذ الولادة. حيث يبدأ هذا الوليد كعضو بيولوجي ومن ثم يبدأ بالتأثر بثقافة من حوله بشكل تدريجي ويبقى مع هذه الاستمرارية طوال إقامته في ظل المجتمع الإنساني (الكسواني، وآخرون، 2003).

ومن المعلوم أيضاً أن الفرد يبدأ بالتأثر بثقافة مجتمعه منذ الولادة، وأن هناك مؤسسات ثقافية كالأسرة والمدرسة، ومؤسسات أخرى مساندة يمكن أن تلعب دوراً بارزاً في حياة الأفراد وتثقيفهم من خلال عمليات التنشئة الاجتماعية.

وعمليات التربية والتعليم والتدريب المختلفة، فالطفل في بداية حياته يكون عضواً بيولوجياً على نحو تام وأنه خلال مراحل نموه التدريجي يكتسب ثقافته ممن حوله ومن المؤسسات الثقافية على اختلافها، ويبدأ في الابتعاد شيئاً فشيئاً عن سلوكاته البيولوجية والاقتراب من أنماط السلوك الثقافي، وبمعنى آخر يبدأ الطفل الخروج من الحالة البيولوجية إلى الحاجة الاجتماعية ومن هنا نرى أن عملية التثقيف عملية مكتسبة ولا دخل للوراثة فيها بأي شكل من الأشكال. كما أنها عملية مستمرة في حياة الفرد، وهي عملية طويلة الأمد وتحتاج إلى جهود كبيرة وإلى زمن طويل وتدريب وتعليم مناسبين (همشري، 2001).

وقد قامت (مارجريت ميد Margaret mend) بدراسات هامة لأساليب تربية الأطفال في المجتمعات البدائية وحينما قورنت هذه الأساليب المتبعة في تربية الأطفال في المجتمعات المتقدمة لوحظ بوضوح استجابات الأطفال الناشئين للبيئة الثقافية، فمع تشابه الخصائص البيولوجية عند الأطفال في المجتمعات الانسانية كافة، إلا أن الدراسات أثبتت ما يُدعى (بثورة المراهقة) واشكالاتها المميزة للمجتمعات المتقدمة إنما يبدو أنها تتحدد بالثقافة، إذ ليس هناك اشكالات مراهقة في كثير من المجتمعات البدائية، وبناءً عليه يمكن القول أن كل فرد هو نتاج بيولوجي ثقافي وأن الوسط الثقافي لأي مجتمع يقوم بعملية تربية هذا المجتمع وتشكيله، هذا من ناحية، ومن ناحية أخرى نجد أن المجتمع نفسه يعمل على تعلم التراث الثقافي الذي أنشأه الإنسان وجمعه على مر العصور، أي بمعنى أوسع يعمل على تثقيف الإنسان، وهنا تبرز أهمية دور المدرسة في القيام بهذه الوظيفة فهي إحدى الوسائل المربية والمثقفة التي تنقل ذلك التراث وتحافظ عليه ولا شك في أن عملية التثقيف التربوي تقوم بها المدرسة، كما تقوم بها الأسرة والآباء ودور العبادة والحكومات وكل المؤسسات والهيئات التي تؤثّر في سلوك الصغار والكبار بطريقة أو بأخرى ولذلك فالتربية أوسع مجالاً من مجرد الانتظام في المدرسة.

إن مجالها يمتد ليشمل تثقيف الإنسان بالإضافة إلى تربيته، يستخلص من ذلك أن الثقافة لها تأثيرها الملحوظ على الفرد، وأن هذا التأثير لا يتم أو يحدث تلقائياً وبغير حساب، أو دون وسيط ثقافي فالمعروف أنه لا ثقافة بدون مجتمع ولا مجتمع بدون أفراد وأنظمة ومؤسسات، وهذه الأنظمة والمؤسسات تعبيرات ثقافية، وحملة الثقافة هم هؤلاء الأفراد وعن طريقهم يتم النقل الثقافي، أي عملية التثقيف للأجيال الصاعدة والناشئة (الكسواني، وآخرون).

إن المؤسسات التعليمية يمكن أن تلعب دوراً بارزاً في العملية التثقيفية وذلك من خلال:

1. المحافظة على تماسك توجهات الأفراد الثقافية بحيث تتواءم مع الثقافة العامة لمجتمعهم ولا تخرج عنها.

2. المحافظة على قاسم مشترك للمعتقدات والسلوك والقيم متطلباً لبقاء الفرد فقياً إلى ثقافة معينة.

3. حماية الأفراد من الإمعان في النزعة الفردية بحيث لا يشعر الأفراد بالاغتراب في مجتمعهم.

4. تنظيم عملية تبادل التأثير والتأثر بين الأفراد والثقافة التي ينتمون إليها.

والتثقيف يعطي المتعلم فرصة المساهمة في تعليم نفسه وتطويرها وفرصة الإفادة من مصادر المعلومات الحديثة المختلفة لمعرفة المستجدات الحديثة للعمل على التكيف معها، وفرصة مناقشة الأمور والمسائل المختلفة التي تهمه بخاصة والمجتمع بعامة، ولا تنطوي عملية التثقيف على نقل المحتوى الثقافي إلى المتعلم فقط. وإنما تتطلب من جانبه ذكاء واستعداداً وقدرات وميولاً ورغبات خاصة في التثقيف، كما تتطلب منه القيام بعمليات الملاحظة والتنقيب والتجريب والقياس والاستدلال العقلي.

ومجمل القول أن الثقافة شيء كامن في الفرد، ومرد ذلك يعود إلى الحقيقة القائلة أن الثقافة تقررت وثبتت واستُوعبت في ذهن الفرد الانساني منذ طفولته، ومن لم تصبح بالتالي كل أو معظم الأسئلة أو المشاكل التي تخص اسلوب حياته وما يجب أن يحمله أو ما يتوقع عمله حيال تلك المشكلات (همشري).

السلوك الثقافي كمفهوم والعوامل المؤثرة فيه:

للثقافة دور بارز في مساعدة الفرد على التنبؤ بالسلوك الانساني؛ إذ أن معرفتنا بثقافة مجتمع ما، تسهل علينا معرفة ما يمكن أن يصوره أفراد ذلك المجتمع من سلوكات لدى احتكاكهم مع غيرهم من الأفراد أو تفاعلهم، أو بناء علاقات اجتماعية معهم سواء كان ذلك ضمن إطار المجتمع الواحد أو خارجه (همشري).

إن العلاقة بين الفرد والثقافة علاقة عضوية دينامية ونمو الثقافة وتطورها لا يأتي جزافاً إنما هو من فعل الأفراد ومن سلوكهم، فالثقافة توجد في عقول الأفراد وتظهر صريحة في سلوكهم خلال نشاطهم في المحلات المختلفة، إلا أنها قد تتفاوت في درجة وضوحها والعلاقات والأنشطة المنظمة إلى الدوافع الداخلية عند الأفراد، التي تكون على مستوى لا شعوري، التي توجد وراء أفعالهم وسلوكاتهم.

إننا لا نرى الثقافة بذاتها، وإنما نراها في السلوك الثقافي للأفراد أو في

المعاني المختلفة التي تكتسب ما يتناولونه من أدوات وأشياء ووظائف مختلفة في حياتهم، فهم يسلكون في أغلب الحالات وفق توقعات عامة تسود جانباً كبيراً من الجماعة، فنحن نرى الناس يسلكون - بمعنى يأكلون ويشربون ويتحلون ويتزوجون ويقاتلون ويتعاونون - وعندما نفحص هذه الأنواع من النشاطات والسلوكيات نجد أنها ليست عشوائية أو ذات صفة فردية، وإنما نجدها متناثرة، ولو بدرجات مختلفة بأنماط عامة من التقاليد والعادات والقيم وبمجموعة من المعاني كذلك، وكلها نجدها تعكس عوامل مختلفة اقتصادية منها وأخرى اجتماعية (الكسواني، وآخرون).

ومن المعلوم أن السلوك الثقافي لا ينتقل بالحداثة، وإنما يكتسب من خلال الأسرة والرفاق في المدرسة على نحو عام (همشري).

فالأسرة هي جماعة أولية تؤثر بوسائل شتى على أعضائها وعلى الأخص الأطفال منهم وقد بات في حكم المؤكد عند علماء الاجتماع أن كل أسرة تتسم بخليقة خاصة فريدة يوضح منها أعضائها ثم بعدد من العلاقات الخاصة تقود بين هؤلاء الأعضاء، وأن كل فرد في الأسرة كل في مركز خاص وأن هذا المركز يؤثر عليه فضلاً عن أنه يتأثر بحجم ونمو الأسرة، إننا نجد للأب والأم وسلوكياتهما أثراً بالغ الأهمية أكثر من الأخوة كما أننا لا ننسى أن أول ما يتعلمه الطفل ويشاهده في حياته هو في داخل الأسرة والمدرسة، يضع البيت الأسس التي ينطلق منها المعلمون في بناء واقعية الطفل قبل أن يدخل المدرسة، غير أن الخبرة المدرسية أكثر من مجرد كونها نقلاً وامتداداً وتعديلاً لما كان قد اكتسب بالبيت أو من الجيرة ذلك ايضاً تقدم للطفل أدوات ومواد جديدة تقتضي تكييفات أيضاً جديدة، فمعلمة المدرسة تقوم بدور يرجع كونها أم بديلة (كوافحة، 2004).

ويقع على المجتمع هنا تقديم قاعدته الثقافية لأفراده بطريقة منظمة ومفهومه ومتكاملة فلكل مجتمع تراثه الثقافي الذي تراكم عبر تاريخه الطويل وتفاعلاته مع المجتمعات الأخرى، ويكتسب الفرد من خلال تعايشه مع هذا التراث ادواره المختلفة (ثقافية، اجتماعية) باختلاف مراحل العمر وباختلاف جنسه وطبقته الاجتماعية، وطبيعة العمل الذي يمارسه. ويكوّن عادات وقيماً موجهة لسلوكه ويجد نفسه منتمياً لمؤسسات اجتماعية تشعره بمكانته في مجتمع وتعطي لحياته معنى جديد بالنسبة لعلاقته بالآخرين، وبمعنى آخر أن لكل فرد مركز معين في الثقافة ومرتبة ترتكز على هذا المركز وغالباً ما تكون قائمة على العمر أو الجنس أو الوظيفة أو المهنة أو الطبقة الاجتماعية، الخ، ويتأثر السلوك الثقافي للفرد بمركز الفرد ورتبته الثقافية والاجتماعية بدرجة كبيرة (همشري).

وبالإضافة إلى مركز الفرد ورتبته الثقافية والاجتماعية، يتأثر السلوك الثقافي بعوامل أخرى، هي:

1. مدى وعي الفرد ونضجه الثقافي، ويقصد بالوعي سلامة المعرفة لدى الفرد بحيث ترتكز إلى تعميق الإدراك لثقافة مجتمعه وتأصيله، فدرجة معرفة الفرد بثقافة مجتمعه ودرجة استيعابه لهاوتاريخها وعمق رؤيته لها تؤثر بدرجة كبيرة على سلوكه الثقافي لذا يقع على عاتق الفرد لاسعي بكل طاقته وقدراته ووسائله لاستيعاب مفردات ثقافته وعناصرها.
2. مدى اشباع الفرد لحاجته المختلفة وخاصة الثقافية منها، فغالباً ما يتقرر نوع السلوك الانساني بمدى إشباع لحاجاته.
3. مدى توافر المعايير؛ إذ ينجز أن توفر الثقافة للأفراد المعاني والمعايير التي يميزون في ضوئها بين ما هو مناسب أو غير مناسب في السلوك أو بين ما هو طبيعي وما هو غير طبيعي، وما هو عادي وما هو شاذ وما هو جميل أو قبيح.
4. مدى الانفتاح على الثقافات الأخرى؛ إذ غرض المؤسسات التربوية التقليدية على حماية الفرد والمجتمع سواء من المتغيرات الثقافية الواردة من ثقافات أخرى، بمجرد أنها تحديداً والتي قد تؤدي إلى تحرك الفرد عن مجتمعه فإذاً من هذه المتغيرات قد أخذت طريقها إليه، فيعيش في حالة اغتراب ثقافي يؤدي إلى تخبط في السلوك ويقع على التربية من أن تجعل هذه المتغيرات الثقافية موضوعاً للدرس والنقاش وإلا فإنها قد تكون قد أبعدت نفسها عن الواقع وأصبحت منعزلة عما يجري حولها.
5. مدى التناقض إذ ليس أسوأ من أن يجد الأفراد أنفسهم يعيشون في تناقضات مختلفة ضمن المجتمع الواحد، حيث يتناقض ما يدور داخل أسوار المدرسة مع ما يجري خارجها وتتناقض التربية الأسرية مع ما يجري مع مجتمع الرفاق أو في إطار العمل. وتكون مؤسسات المجتمع غريبة بعضها عن بعض بدل أن تكون متصلة أو متكاملة إن هذا التناقض يؤدي إلى تشويش السلوك الثقافي وتخبطه (همشري).

من يُعلم السلوك الثقافي؟

إن من يُعلم السلوك الثقافي ويعطيه أو يمنحه هو أي شخص كان، شريطة أن يمثل هذا الشخص أنظمة السلوك بمعنى أن يمثل طبيعة الإبداع الانساني. ومثل هذا السلوك المبدع سوف يشمل بطبيعة الحال كافة الأفعال التي تكون جديدة في البداية. عن شخص يتعلم ينجزها، وفي نهاية التحليل فإنه من الممكن أن يكون كافة لأشخاص من أصحاب عطاء واسع بمعنى أن الاهتمام هنا ينصب على السلوك المبدع الذي يقودنا إلى مظاهر معيارية أو إلى أدوار الشخص المعني التي

تؤخذ بعين الاعتبار، إن هذا الشخص المعطي والذي يعلم السلوك الثقافي هو ذلك الفرد الذي يستطيع بواسطة إبداعه وما لديه من معلومات وجهود يستطيع إحداث التغيرات المطلوبة في المجتمع (الكسواني، وآخرون).

من يتعلم السلوك الثقافي؟

إن السلوك الثقافي يعتبر ظاهرة عامة، يتعلمه الصغار والكبار، الذكور والإناث. كل حسب ما يقرره المجتمع وفقاً لقدرات واستعدادات الأفراد وفي ظل التراث الثقافي ورضى النظام الاجتماعي. وهذا مدعاة لتأكيد العلاقة الوثيقة المتبادلة بين الثقافة والشخصية الانسانية، فالثقافة توجد في سلوك الأفراد، فالفرد هو الذي يتعلم السلوك وكيفية ادائه، وكذلك الثقافة نجدها تنمو في عمليات التفاعل بين الأفراد وبيئتهم وتستمد صفاتها خلال هذا التفاعل ومن ناحية أخرى فإن شخصية الفرد لا تنمو إلا في محيط اجتماعي ثقافي ولا تعمل إلا في علاقات مستمرة متصلة بعناصر هذا المحيط، فشخصيات الأفراد تتأثر بالثقافة كما تؤثر فيها.

إن هذا الفرد الإنساني الذي يتفاعل مع بيئته الطبيعية والذي يمتلك المرونة اللامحدودة إضافة إلى القدرة الكافية على التعلم والقدرة الكافية على كافة العلاقات الاجتماعية. إن هذا الانسان الذي يحمل كافة هذه الخصائص هو ذلك الفرد المؤهل حقاً وصاحب الاستعداد الأول والأخير لتعلم وتقبل كافة فعاليات السلوك الثقافي (الكسواني، وآخرون).

ما الشيء المكتسب بالتعلم؟

عندما نذكر التعلم فإن أول ما يتبادر إلى الذهن تلك الصفة المميزة والخاصة بالإنسان عن سائر الكائنات الحية وهي اللغة فالإنسان هو الكائن الوحيد الذي يمتلك هذه الأداة على الرغم من اشتراكه هنا مع الحيوان في القدرة على الاتصال بالآخرين أو إصدار الأصوات فالحيوانات تصدر أصواتاً وتتأثر بها وتعتبر بها عما يواجهها من خطر غير أن وظيفة اللغة تمتد إلى أبعد من هذا بكثير. ومتى تمكن الإنسان من ربط شؤون الزمان والمكان وتساعده على مناقشة أحداث الماضي وشؤون المستقبل ومعالجة الأشياء والأحداث التي يبتعد عنه كثيراً والتي لا توجد في الواقع أو التي لا وجود لها على الإطلاق بل إنه يستطيع عن طريق اللغة أن يبتكر واقعاً يصبح حقيقة بالنسبة لسامعيه. تخيل صوراً قد يترجمها إلى واقع بعد فترة من الزمن قد تطول أو تقصر.

إن أول شيء يكتسبه الإنسان بالتعلم هو تلك اللغة برموزها وهو بذلك يتعلم أيضاً السلوك الثقافي لأن هذا السلوك بطبيعته هو كله رمزي فالكلمات عبارة عن رموز وحركات الجسم والزواج والدين وكل تفاعل الإنسان الاجتماعي

إنما يعقد أساساً على فهم هذه الرموز، ونعود لنأكد أن اللغة برموزها تأخذ القدرة على ابتكارها، فالكلمات على هذه الصفحة ما هي إلا عرض رمزي لكلمات منطوقة، وهي تثير في عقل القارئ بعض الصور والمشاعر التي يستجيب لها وبفضل اللغة المتعلمة ورموزها اتضحت استجاباتنا للأشياء في البيئة وتحولت إلى مفاهيم وفروض نستعيدها ونسترجعها ونستخدمها حتى وإن لم توجد هذه الأشياء في الواقع، ثم إن هذه الأشياء لم نتعرف عليها أو على مغزاها فقط إنما مارسوا استخدامها في حياتهم واستنبطوا منها الأدوات والآلات وتمكنوا من تشكيلها وتوجيهها لتحقيق أغراضهم الانسانية بوجه عام (الكسواني، وآخرون).

أهمية دراسة الثقافة بالنسبة للمعلم:

يعد إلمام المعلم بثقافة مجتمعه من حيث أصولها وعناصرها وأتجاهاتها ومشكلاتها وأهدافها ركناً مهماً من أركان وظيفته التي تقوم على تقديم التلميذ لمجتمعه، وتقديم ثقافة المجتمع للتلميذ، والمعلم إذ يقدم الثقافة للتلميذ فإنه لا يقدمها برمتها، بصالحها وطالحها، وإنما يقوم باختيار أنسب عناصرها وفق الفلسفة التربوية التي يرسمها المجتمع، ووفق الأسس والمعلومات النفسية التي يعرفها عن التلميذ، ولا يعني التبسيط هنا اختصار المعلومات والمعارف والمهارات وإنما يكون بتقديم الثقافة لكل تلميذ بقدر ما يناسبه وبالطريقة التي تناسبه يجب أن لا يكون تفسير المعلم للثقافة مجرد نقل لآراء تملى على التلميذ، وإنما يجب أن يُشرك التلميذ بأكبر قدر من النشاط للوصول إلى هذا التفسير وأن يستعين وتلاميذه بأكبر قدر من مصادر الثقافة في البيئة. وأن يقدم أكبر قدر من وجهات النظر بطريق علمية موضوعية مما يساعد التلاميذ على اكتساب أكبر قدر ممكن من المعلومات والمهارات، ويغنيهم على التدريب على عادات التفكير العلمي السليم ومعرفة المعلم بالثقافة يعينه على ما يلي:

1. فهم التلميذ نفسه: فالتلميذ في تكوينه الشخصي نتاج لعوامل بيولوجية وراثية وعوامل ثقافية عكسية وهذه العوامل الأخيرة قد تكون من القوة حيث تطغى على سلوك الفرد وتشكله إلى حد بعيد وبذلك إذا عرف المعلم الثقافة معرفة جيدة أمكنه معرفة التلميذ الذي يتشكل بهذه الثقافة على نحو أفضل.
2. إقرار الانسجام الاجتماعي وتدعيمه: فوظيفة المعلم هي إيجاد نوع من الانسجام بين ابناء المجتمع من مختلف الطبقات، وذلك من خلال تقريب الاتجاهات والمفاهيم وأساليب السلوك بين التلاميذ وتوحيدها على نحو يساعد على تعاونهم وانسجامهم وتوافقهم بعد تخرجهم من المدرسة.
3. تعويض النقص - وإن وجد - في المنهج وبخاصة في موضوعات التاريخ

والجغرافيا والتربية الوطنية، لقد اصبح دور المعلم طبقاً للمنهج الحديث ينصب على مساعدة التلاميذ على كسب ما يناسبهم من خبرة السابقين التي تضم المعلومات وتطبيقها وما يتصل بها من مهارات وكسب الاتجاهات والقيم والمثل العليا وأساليب التفكير وأنماط السلوك المناسبة مع الأخذ بعين الاعتبار بخصائص ثقافة المجتمع، وبذلك يجب ألا يكون المعلم مدرس مادة وإنما دارس ثقافة وناقل مبسط ومغير ومضيف اليها (همشري).

الأسس الوطنية للتربية

من القضايا المسلّم بها أن شخصية الإنسان هي كل لا تتجزأ، وإذا تأثر جانب من هذه الشخصية، أصاب التأثير باقي الجوانب، وذهب العلماء والمختصون أن لهذه الشخصية جوانب عدة وكل جانب يتمتع بأبعاد خاصة به، وقد أجمع العلماء على أن هذه الجوانب هي:

الروحي الانفعالي، العقلي، الاجتماعي، الجسمي، المهني، ثم الجانب الوطني.

ومنذ حققت الأقطار العربية سيادتها بالحصول على الاستقلال، وتغلغل في شعوبها الوعي القومي والإحساس بالكرامة الوطنية، وهي تراقب التطور والتقدم السريع الذي بلغته المجتمعات الأخرى وتبذل جهودها لمعرفة مكانتها في العالم واللحاق بركاب الأمم المتحضرة.

لذا اقتضى الأمر كذلك على تربية وطنية تعزز في نفوس المواطنين روح الانتماء والعطاء ليدرك الفرد انه جزء من هذه الأمة ومن خلال المفاهيم والمعارف التي يتزود بها يتمكن من الانتقال من بيئة ضيقة محدودة إلى بيئة أوسع.

وتعد المواطنة جزءاً من الهوية، ومفاهيمها مختلفة، وما دخل عليها من مفاهيم لاحتكاك الإنسان بما حوله من فكر وثقافة وسياسة في القديم والحديث.

وتعتبر المواطنة أساس فضيلة الانتساب للوطن الذي يؤكد على هوية الدولة قديماً وحديثاً.

فالمواطنة انتماء إلى تراب بحدود جغرافية، وهو نظام متكامل في النواحي السياسية والاجتماعية، وشؤون المجتمع المختلفة. وتخضع العلاقات فيه في الغالب لمقاييس النفع والضرر وتقوى هذه الرابطة بمقدار ما يتحقق من نفع بشري والترابط الواحد.

والمواطنة هي حركة التفاعل بين الفرد ومجتمعة الذي يعيش فيه وتنتج المواطنة مهارة معرفة الأدوار الاجتماعية الرئيسية والفرعية على المستويات المحلية والوطنية والقدمية والإنسانية، كما تؤهل النشء على تحمل مسؤولياتهم ومجتمعهم مواطنين أكثر اعتماداً على النفس.

المفاهيم الوطنية:

- المواطنة: إن موضوع المواطنة يشكل جزء منها ترتبط بمشكلة الهوية بمفاهيم مختلفة جراء احتكاك الإنسان فيمن حوله سياسياً وثقافة وفكراً قديماً وحديثاً هذه الهوية.

وتشكل المواطنة أساس الانتماء الذي يبرز ويؤكد الوطنية التي تعتبر هوية الدولة قديماً وحديثاً، ويعتبر الانتماء إلى تراب تحده حدود جغرافية مواطنة

والمقيم على هذا التراب مواطنون وما يقتضيه ذلك من حقوق وواجبات تنظم بينهم العلاقات المختلفة كما تنظم العلاقة مع النظام السياسي والاجتماعي.

وهذه العلاقة تتأثر بما يصيبها من نفع أو ضرر، فهي رابطة جغرافية نفعية، تقوى بمقدار ما يتحقق من نفع بشري: التراب الواحد، لذلك فإن الإنسان تقوى مواطنته بما حوله من مخلوقات وموجودات فوق تراب وطنه.

وتقتضي المواطنة المعرفة الحقة لمواطن متنوعة فيها معرفة أنفسنا ولما يدور حولنا، وليس في هذا فحسب بل التفاعل مع معطيات العصر الذي نعيشه، والعمل الجاد وفق قدراتنا وإمكانياتنا من أجل نهضة حضارية (حديثة) تتمثل في إحراز إبداعات في الممارسة المتنوعة والتي تنقل الوطن ومن يعيش فيه إلى مراكز أمامية بين الأمم الأخرى.

وتتيح المواطنة الحقة للدارسين المعرفة والمهارة، وتحقق لهم فهم الأدوار الاجتماعية الرئيسية منها والفرعية بمستوياتها المختلفة محلياً ووطنياً وقوميًّا وإنسانياً.

وتخلق المواطنة الحقة في النشء روح المسؤولية الوطنية وتعرفهم واجباتهم السلوكية للقيام بالأدوار اللازمة التي تمثل هويتهم الوطنية، وتحقق انتماءهم الوطني.

المواطن:

لما كانت المواطنة تشكل جزءاً من الهوية فإن المواطن الذي هو عضو في الدولة، له ما يغيره من الحقوق والامتيازات، وعليه ما على غيره من الواجبات والدستور هو الذي يحقق كلا الأمرين.

وعلى ذلك فإن المواطنين هم الذين يتساوون ويتمتعون بكامل الحقوق الإنسانية والمدنية في الدولة التي ينتمون إليها، غير أن الرعية حقوقهم منقوصة ومحددة بموجب أنظمة وقوانين معينة، أما التابعون منهم الذي يقومون في دولة تخضع لنظام الحماية أو الوصاية أو الانتداب.

وقد حدد المؤتمر الثقافي العربي الرابع المنعقد في دمشق عام 1959 صفات المواطن العربي الصالح المستنير، وهي:

- أن يعرف نفسه وقدرته ومكانته من أمته وواجبه لهذه الأمة وحقه عليها.
- أن يدرك الوضع الاجتماعي الذي يعيش فيه من الأسرة إلى البيئة المحلية والوطن والعالم متدرجاً في ذلك بتدرج مراحل نموه.
- أن يؤمن بواجب الخدمة العامة ويقبل عليها تلقائياً.
- أن يعرف مهام الحكومة، وأنواع الخدمات والواجبات لعامة التي تؤديها.
- أن يعرف مكانه ووطنه من العالم، ومركزه من التيارات والتكتلات الدولية.

- أن يؤمن بالله وبالقيم التي تربطه إلى أمته وتحدد أهدافه وسلوكه الاجتماعي.

- أن يترجم هذا الإيمان وهذه المعرفة إلى سلوك اجتماعي وعمل إيجابي للأهداف القومية.

الوطن:

فيما سبق استعرضنا مفاهيم المواطن والمواطنة، واستكمالاً لهذه المفاهيم ذات العلاقة الوطنية ببعضها، فإن الوطن في اللغة هو محل الإنسان، أي البيت الذي يقيم فيه لكن المعاجم العربية لم تذكر أهل هذه الكلمة، وإنما أشارت إلى هذا المعنى.

وقد عرف بعض العلماء الوطن لغة بأنه الأرض التي ينشأ عليها الإنسان ويتخذها مقراً له، وعلى ذلك فالأرض التي تتخذها الجماعة مستقراً ومقاماً تعتبر وطناً لتلك الجماعة وفي الجانب السياسي، فالوطن هو مكانك الذي تنسب إليه ويحفظ حقك ويعلم حقه عليك وهو في الوقت نفسه تؤمن فيه على نفسك وأهلك ومالك.

الوطنية:

تزامن نشوء الوطنية التي أتفق على أنها عاطفة قديمة مع الوقت الذي صار للإنسان منزل يقيم فيه، ومرعى لماشية وأرض يزرعها.

وقد عُرف عن العرب بحب الوطن، وتقديسهم لهذه العاطفة النبيلة وهذا الحب يبرز في أقوالهم المأثورة: «حب الوطن من الإيمان».

ومن المهم توضيح أنه من الأمور الطبيعية أن تكون الحالة الوطنية في بدايتها محلية محدودة.

فلو نظرنا إلى وطن الإنسان البدائي فإنه يختلف عن وطن المتحضر، كذلك فإن وطن المتحضر في العصور القديمة يختلف عنه في أيامنا هذه، فاليوناني القديم كان ينشأ على حب مدينة (أثينا واسبرطة) أي أن الوطنية تكون مقصورة على فئة معينة وهذا ما يعرف في أيامنا بالإقليمية، لكن هذه الوطنية الإقليمية سرعان ما نمت وامتدت حتى شملت الناس والمدن كافة إلى الوطن الأكبر.

والوطنية هي كينونة طبيعية في نفس الإنسان من محبة وارتباط وانتساب الفرد والجماعة إلى الأرض، وذلك الحنين العظيم إليها عند الاغتراب، أضف إلى ذلك الاستعداد الواسع للذود عن حياض الوطن، وكذلك الاستعداد للعمل من أجل تطوير الوطن، ورفع معيشة أهله وتطويره إلى الأفضل.

كل هذا له الجذور العميقة في تراثنا الإسلامي فالرسول صلى الله عليه وسلم ، كان

متعلقاً بمكة، ويذرف الدموع لدى ذكرها، والوطنية التي رافقت نشأة الدول العربية الحديثة نمت وترعرعت وتعمّقت بتطور الحياة السياسية و الاقتصادية، وصار انتشارها واسعاً بالتنشئة، فترى الفرد يتعلق بالمحل الذي عاش فيه وفي أصله، ويرتبط به ارتباطاً باطنياً خفياً، كما أن الوطنية بعقل الأفراد يشعرون بأنهم أقرب إلى بعض عن بقية الشعوب الأخرى.

الرموز الوطنية:

1. **النشيد الوطني:**

هو شعر عذب مغنى، يحمل في طياته أهدافاً سامية، يرتبط بالقلب ويدخله بيسر وسهولة ويرتاح إليه، ويغرز فيه المبادئ والقيم العليا وفي قمتها حب الوطن والاعتزاز به، وفداءه والتضحية من أجل حريته وكرامته بالمهج والأرواح.

2. **العَلَم:**

هو الصحيفة الخفاقة التي تحمل وتبرز شرف الأمة وأمجادها، وهو تلك الرقعة من القماش التي تدل الرموز والإشارات عليها على معنى خاص، والعلم يحمله الجند في طليعة الجيش وكذلك يرتفع فوق البنايات الرسمية والحكومية باستمرار، ويلوح به الأفراد في المناسبات العامة كالأعياد والمهرجانات والاحتفالات.

وقد عرف العَلَم عند الشعوب القديمة قبل الإسلام واستخدمه المصريون القدماء والآشوريين والإغريق والرومان، وكان للعَلَم دلالات دينية وعسكرية وفي الجاهلية كان للعرب رايات (أعلام) شتى متعددة الأشكال والألوان، فلكل قبيلة راية بلون مميز، وتربط هذه الراية بطرف الرمح ويحملها سيد القبيلة أو أحد المقدمين فيها.

وكان العَلَم لدى قريش يشكل أحد مظاهر السيادة، وأجمع مؤرخو الإسلام على أن النبي » عندما فتح مكة براية ذات اللون الأسود والأبيض في مقدمة جنده.

وفي غزوة بدر فكما ورد في «السيرة الحبيبة» كان قبالة النبي رايات، أحدهما سوداء يحملها علي ابن أبي طالب تسمى العقاب وهي راية الرسول »، والثانية: بيضاء في متناول الأنصار.

وهكذا فقد حمل قادة الرسول » في عهده ومن بعده الرايات، فقد حمل المثنى ابن حارثة (الراية السوداء) وخالد بن الوليد (الراية الخضراء) وسعد بن أبي وقاص (الحمراء) وأسامة بن زيد (الراية البيضاء).

3. **التراث الشعبي:**

إذا ابتعدنا عن الالتزام بالأصل اللغوي للتراث وعن التعريفات التي لها انتماءات فكرية ومذهبية أو سياسية واجتماعية فإن التراث هو: «مجموع ما وصلنا مما أنتجه الأقدمون من فكر وما تركوه من أثر» وإذا نظرنا إلى القرن الثامن عشر،

فكان يعتمد في جميع الأغاني الشعبية المشاركة في حركة التحرر الوطنية، أضف إلى ذلك إظهار الطابع المحلي للأغنية والموسيقى الشعبية، ولكن في النصف الثاني من القرن التاسع عشر، أخذ المهتمون بالتراث الشعبي يجمعون هذا التراث من [الأغاني والملابس والاحتفالات والطقوس] بغض النظر عن أي قيمة جمالية في مظهره، حتى بدأت حكومات العالم تشعر بأهمية إحياء التراث الشعبي ودوره الكبير في إبراز السمات القدمية، فأنشئت المراكز المتخصصة لدراسة التراث وسائر الشئون المرتبطة به.

القومية:

القومية كلمة مشتقة من «قوم» والقوم هم الجماعة من الناس تؤلف بينهم وحدة اللغة والتقاليد الاجتماعية، وأصول الثقافة وأسباب المصالح المشتركة.

وتعتبر القومية حالة عقلية، بل طريقة حياة لشعب من الشعوب أو أمة من الأمم.

وتسلط القومية الضوء على المرحلة التاريخية التي استطاعت شعوب أو أمم من خلالها إلى تكوين وحدات سياسية معينة تبوأت مكانها تحت الشمس.

وتمثل القومية عامل التمسك لأي شعب يقيم على أرض معينة وهي التي تدفع به لحماية ذاته ووطنه ضد أي عدوان داخلي أو خارجي على السواء.

وبما أن القومية هي الإخلاص والولاء فيمكن تعريف القومية بأنها القوى الاجتماعية والنفسية التي تنبع من عوامل ثقافية، وتاريخية معينة تؤدي إلى نوع من التقارب، والتضامن، ووحدة الآمال لأمة ما، وذلك من خلال الشعور بالانتماء المشترك ولاعتناقها قيماً مشتركة.

وأبعاد هوية الإنسان في الوطن العربي ثلاثة أمور رئيسية متداخلة ومتكاملة وهمية (الولاء، الانتماء، الاعتزاز بالأمة فكراً وتراثاً وحضارة) وهذه تعني الولاء والانتماء والاعتزاز بالأمة العربية فكراً وتاريخاً ومصيراً بالوطن العربي أرضاً وشعباً ونظاماً.

والإنسان وبدافع النزعة القومية يحب أمته ويرتبط بها قلبياًَ، يسعى من أجلها ويؤيد أمجادها ويفجع لما يصيبها ولا يتأخر للتضحية من أجلها، أما إذا أصبحت القومية هدفاً لذاتها فإنها تصبح مهددة.

والقومية لا تنحصر في وطن إقليمي مجزّأ، تستأثر به قلة من السكان، أما العنصرية فهي سيطرة جماعة واحدة على غيرها، وتصبح العنصرية بذلك خطراً على السلم العالمي.

وللقومية مقومات في هذا العصر هي:

1. العامل اللغوي.
2. العامل التاريخي.
3. العامل الاجتماعي.
4. العامل الجغرافي.
5. العامل الاقتصادي.
6. العامل السياسي.
7. العامل الوطني.
8. العامل الديني العقائدي.

وفي ذلك يقول نقولا زيادة: نحن أمة، لأننا وحدة وروحية لنا بلاد نقطنها، وتاريخ نرجع إليه، ولغة حية نتكلمها، وأدب نستعذبه، وذكريات ننتمي إليها، وآمال مشتركة تصبوا إلى تحقيقها، ومثل عليا متفقة نسعى إليها، وقوة نبذلها في سبيل آمالنا ومثلنا، وإرادة تحملنا على السير في سبيل الوصول إلى ما نأمله.

الأمة:

الأمة في الإنجليزية وهي مشتقة من أصل لاتيني هو وُلِدَ و (يولد) فالأمة عند أنصار هذا المذهب تعني مجموعة من البشر ينحدرون من أصل واحد ورابطتهم الأساسية هي رابطة الدم.

والأمة في اللغة العربية تعني الجيل والجنس من كل شيء وكل جيل من الناس أمة على حدة، وأمة كل نبي من أرسل إليهم، والأمة: القرن من الناس، فيقال: قد مضت أمم أي قرون.

وهناك تعريفات للأمة نعرض بعضها:

تعريفات الأمة:

1. الأمة مجموعة من البشر تربط بينهم روابط مشتركة (عرقية، دينية، لغوية، جغرافية، عادات، تقاليد، وماض مشترك، وآمال مستقبلية متشابهة).

2. الأمة: مجموعة من البشر تبني وحدتها في المقام الأول على أسس، إما كونها تعيش في إقليم واحد مع شعورها بالانتماء إليه، وإما على أساس الجوار المشترك بوجود عامل تاريخي زمني يشير إلى التقاليد الراسخة عبر الحقب.

3. الأمة تعني شعباً وجنساً مميز يربط بين أفراده كل من الأصل المشترك، واللغة والتاريخ، وعادة يقيم على أرض بعينها.

مما تقدم نستطيع القول: إن الأمة «هي الجماعة البشرية المتماسكة وفق نظامها الاجتماعي والثقافي، وللأمة روح واحدة تتجلى في وحدة عناصرها مثل «اللغة، العرق، الدين، العادات، التقاليد».

الشعب:

الشعب أمة تنحدر بصفة عامة من عدة أجناس وأصول عرقية مختلفة، لكن هذه الأجناس والأصول اختلطت مع بعضها البعض، بفضل الهجرات البشرية والغزوات والحروب. وهو كذلك مجموعة من الأفراد، تتميز عن باقي المجتمع، بميزة أو أكثر مشتركة كالإقامة في منطقة معينة أو الحسب أو المهنة أو العقيدة السياسية.

الولاء:

الولاء لغة من ولى، ولياً دنا منه وقرب، تبعه من غير فصل.

واصطلاحاً: من تبع ونصر وطاوع وخضع لسلطة ما، وهذه السلطة تتمثل في (الحاكم أو القبيلة أو العشيرة، أو الأب أو المؤسسة).

وهذا الولاء يكون بعيداً عن المنطقية والاستقلال الذاتي وهو بقصد المصلحة.

والولاء هو القرب والقرابة والنصرة.. وهو كلمة تستخدم للدلالة على الصلات والعواطف التي تربط الفرد بالجماعة كالأسرة والعمل والوطن أو الإخلاص لما يعتقد أنه صواب.

ويقسم بياجيه الولاء إلى نوعين:

أ. أحادي.

ب. متبادل.

أما الولاء الأحادي كعلاقة ولي الأمر بولده، والاحترام الأحادي يولد في الطفل طاعة تتميز بالخضوع لإرادة غيره.

أما المتبادل فيولد في الطفل أخلاقية الحرية والمساواة والعدالة.

وبالرغم منه المظاهر السلوكية كافة فإن ولاء الفرد الأساسي يتجه إلى العشيرة أو العائلة أو المذهب أو الطائفة. وفي إطار التقاليد الاجتماعية فإن سلطة الأب وشيخ القبيلة والزعيم الديني هي التي تحدد وجهة ولاء الفرد وموضوعه. وأهم ما يميز الولاء أن كل فرد مرتبط به يتوخى الربح.

الانتماء:

الانتماء لغة مأخوذة من النماء أي الزيادة والارتفاع والعلو وهي اصطلاحاً: الانتساب الحقيقي للدين والوطن وتجسده الجوارح عملاً.

ويكون الانتماء للدين بالالتزام بتعليماته والثبات على منهجه، أما الولاء للوطن فيجسد بالتضحية النابعة من شعور الفرد بحب الوطن وشعبه.

فالانتماء لغة واصطلاحاً يصبان في بوتقة واحدة من حيث العطاء والعمل الجاد والدءوب والارتفاع عن الصغائر والتفاني في خدمة الوطن والأمة. لذلك فإن

العمل المخلص والتضحية المستمرة تصبح مقياساً للانتماء الصادق الحقيقي.

الأسس الوطنية:

الولاء: الولاء لغة من ولي، يلي، وليا، دنا منه وقرب، تبعه من غير فصل.

واصطلاحاً: من تبع ونصر وطاوع وخضع لسلطة ما، وهذه السلطة تتمثل في الحاكم أو القبيلة أو العشيرة، أو الأب أو المؤسسة.

وهذا الولاء يكون بعيداً عن المنطقية والاستقلال الذاتي وهو يقصد المصلحة.

والولاء من القرب والقرابة والنصرة.. وهو كلمة تستخدم للدلالة على الصلات والعواطف التي تربط الفرد بالجماعة كالأسرة والعمل والوطن أو الإخلاص لما يعتقد أنه صواب.

ويقسم بياجيه الولاء إلى نوعين هما الأحادي والمتبادل وفيما يلي بيان لكل من هذين النوعين:

الولاء الأحادي كعلاقة ولي الأمر بولده، والاحترام الأحادي يولد في الطفل طاعة تتميز بالخضوع لإرادة غيره. أما المتبادل فيولد في الطفل أخلاقية الحرية والمساواة والعدالة.

وبالرغم منه المظاهر السلوكية كافة فإن ولاء الفرد الأساسي يتجه إلى العشيرة أو العائلة أو المذهب أو الطائفة.

ونظام الولاء لا يظهر في أي مجتمع إلا وسببته وأبرزته التنشئة الاجتماعية للأفراد في علاقات السلطة والهيمنة والتبعية والخضوع وما يميز الولاء أن كل فرد مرتبط به يتوخى الربح ويتضح ذلك في تقليد الوساطة وذلك لأن طالب المعروف والوسيط يحصلون على فائدة ما.

الانتماء:

الانتماء لغة مأخوذة من النماء أي الزيادة والارتفاع والعلو و اصطلاحاً تدل على الانتساب الحقيقي للدين والوطن وتجسده الجوارح عملاً، والرغبة في تقمص عضوية ومحبة الفرد لذلك والاعتزاز بالانضمام لهذا الشيء.

والانتماء لغة واصطلاحاً يصبان في بوتقة واحدة من حيث العطاء والعمل الجاد الدءوب والارتفاع عن الصغائر والتفاني في خدمة الوطن والأمة. والانتماء بالدين يكون بالالتزام بتعليماته والثبات على منهجه أما الولاء للوطن فيجسد من شعور الفرد بحب الوطن وشعبه في السراء والضراء وذلك بالتضحية من أجل هذا الوطن.

ومن وسائل تعزيز هذا الانتماء:

1. التضحية من أجل الوطن في السراء والضراء كضريبة دم يدفعها الفرد

الصادق في انتمائه.

2. القيام بالواجب المطلوب على أتم وأكمل وجه في جميع لمجالات.
3. المحافظة على التراث الشعبي والثقافي واللباس التقليدي واللغة الأم.
4. القيام بالأعمال التطوعية والخيرية لأن فيها فائدة المجتمع.
5. المحافظة على عادات وتقاليد المجتمع.

المساواة:

المقصود بالمساواة كأحد الأسس الوطنية أن يتماثل الأفراد في المجتمع أمام القانون بغض النظر عن المولد أو الطبقة الاجتماعية، أو العقيدة، أو الثورة، أو العقار أو الجنس أو الفكر أو المهنة أو التعليم ولا تعني أن يتساوى الناس في القدرات والاستعدادات لأن ذلك يختلف بالتحصيل والاستيعاب.

ولكن هذا لا يعني أن المساواة تعني العمومية والإطلاق بل هي محددة لذلك وضعت القوانين والأنظمة والتعليمات التي تضبط السلوك الإنساني.

وتكون المساواة بأن يكون الناس في الأحكام على حد السواء، وعلى استواء في الحقوق والواجبات، فالواجبات ملتزمة دائماً بالحقوق ولا تنفصل عنها.

العدالة:

العدل هو الحكم وفق القانون والموافق وما يقابل العدالة هي كلمة الإنصاف وتعني أن يكون الحكم مناسباً للعمل والممارسة وما يطلق على العدالة أنها ميزان ذي كفين ففي كفة تكون الممارسة وفي الأخرى يكون الحكم فإذا تساوى كان الإنصاف وإذا رجح أحدهما على الآخر يكون ظلماً وعدم إنصاف.

والعدالة تعكس ناحيتين رئيسيتين هم العدالة القانونية والثانية هي مبادئ العدالة والإنصاف.

أما العدالة القانونية فقد صورت بامرأة معصوبة العينين تمسك ميزاناً والحكم بعين الفصل بين العدل والحكم وهو في حد ذاته مقياس للمسئولية الفردية أما العدالة المتناهية بين الأفراد.

والعدل مهما كان معناه فهو نفسه قيمة خلقية أي أنه إحدى الغايات التي يسعى إليها لتحقيق حياة هنيئة.

الحرية:

لقد وردت الحرية منذ القدم في أقوال البعض مثل عمر بن الخطاب عندما قال مخاطباً عمرو بن العاص: «متى استعبدتم الناس وقد ولدتهم أمهاتهم أحراراً».

وقال روسو: «لا حياة للأمة بلا حرية ولا حياة للحرية بلا فضيلة».

وقال جورج واشنطن: «إنه من السهل عليك أن تزحزح الجبال وتقذف بها بعيداً وذلك أسهل من أن تفلح في وضع أغلال العبودية في أعناق الذين يصرون على

الحرية».

وللحرية آثار سلبية على الشعوب منها:

1. غياب الفكر والإنسان.
2. تفتت الشعوب وترهل الأمة وسقوطها في هوة من العجز والسلبية والانحطاط.

فالإنسان لا يستطيع أن يقرر مصيره إلا إذا كان حراً.

لقد سجل التاريخ صراعات عنيفة من أجل البحث عن الحرية فتعبير الحرية هو تعبير عن إحساس أو شعور بين الناس في مناخ اجتماعي خاص. وبالتالي هي تجديد أو شعور نفسي تستند على ظروف موضوعية ملائمة.

والحرية كما عرفها ديكارت هي القدرة على فعل شيء أو الامتناع عن فعله.

أما عند جون ستيوارت فهي: إطلاق عنان الناس ليحققوا خيرهم بالطريقة التي يرونها.

والحرية بالمعنى الاستثنائي هي انعدام القسر الخارجي فالإنسان على ذلك هو من لم يكن عبداً أو أسيراً للقوى السياسية أو الاجتماعية أو النفسية أو الخلقية أو العلمية أو الميتافيزيقية فالحرية هي القدرة على اختيار ما نريد والقرة على اختيار ما لا نريد.

وللحرية أشكالاً متعددة تتمثل في حرية العقيدة والرأي والعمل والانتقال في الملكية والتجارة والصناعة والتفكير والسياسة.

الحقوق والواجبات:

الحقوق: هي المزايا التي يشعر الفرد أو الجماعة أن من حقهم الحصول عليها من المجتمع أو هي المصالح والحريات التي يتوقعها الفرد والجماعة وهي السلطة التي يعطيها القانون لشخص ما ليتمكن من إنجاز أعمال معينة تحقيقاً للسلطة فالحقوق لا يمكن إلغائها أو سلبها.

ومن حقوق الإنسان التي نصت عليها الوثيقة الدولية لحقوق الإنسان عام 1984 حق الحرية والعدالة والمساواة أمام القانون.

أما الواجبات فلها معنيان أحدهما عام والآخر خاص فالعام هو المعنى الواسع الذي يتمثل في أي أفعال تفرضها قواعد مقبولة تحكم نواحي الحياة الاجتماعية والأعمال التعاونية والخاص يتمثل في الأفعال المطلوبة من الفرد.

والواجبات تنقسم نحو أنواع معينة تتمثل فيما يلي:

1. واجبات خلقية.
2. واجبات قانونية.
3. واجبات وطنية.

4. واجبات اجتماعية.
5. واجبات عائلية.
6. واجبات عقائدية.

القواعد الوطنية:

أولاً: الدستور:

كلمة الدستور فارسية الأصل من (دست) أي يد أو قاعدة و (در) تعني صاحب اليد أو القواعد وقد فسرت في النظام الفارسي بمعنى الوزير الكبير أو الدفتر الذي تجمع فيه القوانين.

ويعرف الدستور بأنه مجموعة القواعد أو السنن التي تتعلق بتنظيم ممارسة السلطة في الدولة وسلوك أجهزتها والمسئولين أيضاً.

والدستور الجيد لابد من توافر صفات معينة فيه مثل:

1. أن يكون خالياً من اللبس في المعنى.
2. أن ينص الدستور على طريقة مقبولة لتعديله.
3. أن يكون شاملاً لبعض القضايا التي تهم الدولة.
4. أن يكون موجزاً لا يتدخل في الجزيئات الصغيرة.
5. أن يتجاوب مع الأوضاع الحقيقية للدولة.
6. أن يكون ثابتاً ومرناً في نفس الوقت يتماشى مع تطورات المجتمع.

وقد تطور الحياة من يوم لآخر وتتطور هذه الدساتير معها لأنها مرنة وعملية وتغيير الدستور يتم بطرق معينة و تمر بمراحل من استبدال للدساتير ومراجعة القوانين من قبل لجان مهمتها مراجعة القضايا المختلفة وفق الأحكام الجديدة بمقتضى معطيات العصر والظروف الجديدة ويتم التغيير عن طريق السلطة التشريعية التي تمثل أفراد الشعب.

ثانياً: القانون:

القانون هو مجموعة من القواعد الأساسية التي تضعها السلطات التشريعية لضمان حسن سير العمل وانتظامه وتنظيم العلاقات بين الناس.

والقانون بالمعنى العام هو القانون المطبق في بلد معين وفي زمن معين وهذا ما يطلق عليه بالقانون الوضعي الذي يمثل أداة الضبط الاجتماعي والتحكم في الممارسات الإنسانية.

ويعد القانون عامل في تقدم الأمم ونمو الحضارات وتتطورها بتطور القواعد الشرعية وهناك مصادر لهذا القانون وهي:

1. العرف وهو أقدم مصادر القانون وهو مجموعة القواعد التي كونتها الحاجات الاجتماعية على مر الزمان. واعتقد الإنسان بوجوب اتباعها

والتعرض للجزاء عند مخالفتها.

2. الدين وهو الأصل في تنظيم علاقة الإنسان بخالقه وغيره.

3. التشريع وهو مصدر القاعدة القانونية بحيث تقوم السلطة المختصة في الدول بوضع القواعد القانونية في صورة مكتوبة بحيث يعد القانون هو الأساس والقاعدة السلوكية في المجتمع فإن خرقها يعد خروجاً عن القاعدة الأساسية لأن القانون شيء مقدّس وإلزامي ما دام الأفراد رضوه لأنفسهم.

ثالثاً: النظام:

يعرف النظام بأنه الأساس الإداري والسياسي والاجتماعي و الخلقي الذي عليه ضبط السلوك والعمل سواء أكان فردياً أو اجتماعياً أو جماعياً، فيقوم عليه كيان المجتمع أو الدولة كما ترسمه القوانين الموضوعة.

ويمكن أيضاً تعريف النظام بأنه الأسس التي تضبط وتراقب العمل وتحدد المخالفة والجزاء وتوقع العقوبات فهو مجموعة الآراء والنظريات العلمية والفلسفية المرتبطة معاً ارتباطاً يجعلها وحدة منسقة أو مجموعة من المصالح والنواحي والأنشطة والمتصل بعضها ببعض.

والنظام تصدره السلطة التنفيذية وعضو تابع لها ويتضمن نصوصاً عامة ملزمة ويكون هدف النظام وضع التفاصيل القائمة على التشريعات ويمكن للتشريع إلغاء النظام دون قيد أو شرط لأن النظام يخضع للتشريع في الدولة والتي يحق لها التغير نحو الأفضل.

رابعاً: التعليمات:

ونعني بالتعليمات القرارات الإدارية الفردية التي تصدر عن الهيئات الإدارية للسلطة التنفيذية أو المؤسسات العامة تطبيقاً لأحكام القانون أو النظام ويمكن أن توضع القواعد القانونية في الدولة في مراتب متدرجة من حيث القوة والقيمة كالتسلسل التالي:

الدستور (مجموعة التشريعات).

القانون (مجموعة القواعد).

النظام (مجموعة الإجراءات).

التعليمات (مجموعة الممارسات).

الديمقراطية:

تعد الديمقراطية من المفاهيم القديمة والحديثة ولقد أصاب هذا المفهوم تطوراً كبيراً في المراحل التاريخية المختلفة إلا أنه ما يزال يحتفظ بكثير من الأسس التي قام عليها.

والإنسان لا يستطيع العيش إلا من خلال مجتمع يتفاعل فيه ويؤثر ويتأثر

به لذلك لابد من توافر شروط ضابطة يضبطه وتحكمه.

وفكرة الديمقراطية وجدت في المجتمعات البدائية فكان يحكم القبيلة مجلس من شيوخها يقوم بإصدار القرارات وتكون هذه القرارات مؤيدة من أفراد القبيلة أما الإغريق فقد توصلوا إلى مفهوم واضح للديمقراطية وهي حكم الشعب لنفسه وعندما قسم أرسطو الحكومة إلى ملكية وأرستقراطية وجمهورية كان يعني بالجمهورية حكم الشعب نفسه بنفسه.

ولقد كان للفلسفة التي حدثت إثر الثورة الفرنسية تطوراً بارزاً على فكرة الديمقراطية فأكسبتها قوة حقيقية وضعها بالإطار الفلسفي النظري ولقد كان لفلسفة روسو أثر واضح في تشكيل عقلية رجال هذه الثورة فنظرية العقد الاجتماعي لعبت دوراً هاماً في هذا المجال بحيث أنها تقوم على أساس أن الأفراد في نشأتهم أشبه بنشأة الجماعة السياسية المنظمة.

والديمقراطية في أبسط معانيها هي أسلوب ممارسة الحياة كشكل من أشكال الحكم والتنظيم الاجتماعي والاقتصادي وطريقة في الحياة تشمل جوانب الحياة الإنسانية والفردية والجماعية.

فالديمقراطية هي نظام إنساني يؤكد على القيم الشخصية والإنسانية للفرد ومن مقوماتها:

1. الإيمان بقيمة الإنسان.
2. الإيمان بأن للفرد حقوقاً أساسية.
3. الإيمان بذكاء الإنسان.
4. الإيمان بتساوي جميع المواطنين في الحقوق والواجبات.

ويمكن إجمال خصائص وصفات المجتمع الديمقراطي بما يلي:

1. التأكيد على كرامة الإنسان وحريته وتمتعه بحقوقه وسيادة العدل والمساواة وتكافؤ الفرص أمام الجميع.
2. توفير المناخ النفسي والاجتماعي والسياسي الذي يسمح بحرية الرأي والنقد البناء الذي يشجع على التجديد والتغير والخلق والإبداع والتأكيد على المشاركة الحقيقية في شئون المجتمع.
3. خلو المجتمع من جميع ألوان الظلم والعدوان والاستبداد والاستغلال والتعصب والعنصرية والفوارق الحادة بين فئاته والتبعية في نظمه الاقتصادي والاجتماعي والسياسة.
4. التمتع بالإرادة الحرة والقرار المستقبل الذي يسمح به اختيار ما يراه صالحاً ونافعاً وتأكيداً في الأصالة الذاتية.
5. تحريك الدوافع الداخلية الأفراد والجماعة للتنمية وتوفير البيئة الصالحة

والمناخ المساعد على التنمية الذاتية.

6. الاهتمام بتنمية الموارد البشرية وفق خطط مرسومة واستراتيجيات محدود عن طريق التعليم والتدريب.

المؤسسات الوطنية:

الدولة:

من البديهي التطرق إلى معنى الدولة ومؤسساتها، فالدولة ذلك المجتمع المنظم الذي تتوافر له عناصر الوجود، ويعيش في إقليم. ويخضع لسيطرة هيئة حاكمة، ذات سيادة، يتمتع هذا المجتمع بشخصية تميزه عن المجتمعات الأخرى، وتربط بين أفراد الدولة رابطة سياسية قانونية تفرض عليهم الولاء لها والخضوع لقوانينها، كما تفرض على الدولة حماية أرواحهم وممتلكاتهم التي يقرها القانون الطبيعي والقوانين الوضعية.

ويمكن تعريف الدولة كالتالي: الدول كيان اعتباري وإطار تنظيمي وهي الأساس الأعلى لتكوين المجتمع السياسي، وموضع السيادة فيه وعناصرها معنوية ولكنها لا تتكون إلا بوجود الركن المادي لها، وأركان الدولة هي: السيادة، السكان، الأرض، المصالح المشتركة.

أما المفهوم الحديث للدولة: فهو تلك المنظمة التي يتم فيهما الفصل بين السلطة وبين أشخاص الحكام، إنها المجتمع الذي تكون له شخصية قانونية مستقلة هي صاحبة السيادة فيه. وما الحكام إلا نواب أو وكلاء عن هذه الشخصية القانونية ن يباشرون مظاهر السلطة نيابة عن الأصل وهو الدولة.

ولابد من التفريق بين الدولة والأمة:

1. لفظ الدولة يرمز للبعد السياسي للكيان الإنساني.

2. الدولة قديمة قدم الإنسان نفسه إلا أن استخدامها ظهر في كتابات ميكافيلي ومعاصريه في القرن السادس عشر ولكن ليس بذلك الشمول لهذه العبارة الذي أصبحت عليه الآن.

3. استخدم لفظ الأمة في القرن السابع عشر حيث كانت تعبر عن وجود ملامح جسدية مشتركة ولغة مشتركة. ودين مشترك، وتجارب تاريخية وعادات مشتركة.

4. الأمة تشير إلى النواحي الثقافية والحضارية للمجموعة الإنسانية.

أركان الدولة:

وهي العناصر التي تتكون منها الدولة:

1. الشعب / السكان Population.

2. الإقليم / الأرض Territory.

3. الحكومة Government.

4. السيادة Sovereignty.

5. الاستقلال Independence.

6. الاعتراف الدولي International Recognition.

تصنيف الدول:

تصنيف الدول في العالم المعاصر وفق النظام الذي يعين فيه رئيس الدولة فإن كان:

أ.   بالوارثة / ملكية.

ب.   بالانتخاب / جمهورية.

ج.   إذا تسلّم الحكم أرفع رجل دين / دينية.

ولذلك تصنف الدول كما يلي:

1. دول ملكية وراثية مطلقة السلطة العليا فهي للملك أو السلطان أو الأمير دون وجود مجلس يمثل الشعب يشارك في نظام الحكم مثل السعودية، قطر، عمّان.

2. دول ملكية دستورية السلطة فيها للشعب، رئيس هذه الدولة الملك أو الأمير وهو رئيس كل السلطات مثل: الأردن والمغرب والكويت والبحرين وبريطانيا، وأسبانيا، والسويد، النرويج، الدنمارك، وهولندا وبلجيكا ونيبال.

3. دول جمهورية يتم تعيين رأس الدولة بانتخاب مباشر أو غير مباشر (عن طريق نواب كل الشعب) مثل: مصر، السودان، العراق، اليمن، وتونس، ولبنان وتركيا، فرنسا، اليونان، البرتغال، بيرو، وتشيلي، بنما، السلفادور، بوليفيا، الفلبين، جنوب كوريا، جنوب أفريقيا.

4. دول جمهورية فيدرالية (اتحادية) ويتم فيها. انتخاب رأس الدولة في كافة الولايات الاتحادية مثل: الولايات المتحدة، روسيا، كندا، أستراليا، البرازيل، الأرجنتين، فنزويلا، الهند، باكستان، يوغسلافيا، ألمانيا، النمسا، سويسرا.

5. دول جمهورية اشتراكية (حزبية) تسير على نظام اشتراكي محدد مثل: سوريا، الجزائر، الصومال، فيتنام، سيريلانكا، الصين الشعبية، بولندا، رومانيا، بلغاريا، نيكاراغوا، كوبا.

6. دول دينية مثل: إيران، الفاتيكان.

الحكومة:

اختلفت التصورات حول تعريف الحكومة فهناك من قال: أن الحكومة هي الهيئة الحاكمة وأراد بذلك السلطات العامة في الدولة (التشريعية والتنفيذية والقضائية).

وهي التي توفر الأمن للبلاد واستقرار العلاقات بين الأفراد، وحمايتهم والدفاع عنهم ضد أي اعتداء خارجي.

بينما يقصد آخرون بكلمة الحكومة بأنها السلطة التنفيذية التي تعمل على سن القوانين وتدير المرافق العامة.

ويرى بعضهم أنها الوزارة ويعني بذلك البلاد ذات النظام البرلماني، لأن الوزارة كسلطة تنفيذية في النظام البرلماني هي المسئولة أمام البرلمان، وهي التي تنفذ القوانين وتحافظ على الأمن والنظام.

على ذلك يمكن القول: أن الحكومة هي نظام إدارة الدولة أو إدارة السلطة على الشعب، وتصريف أموره وتوجيه جهوده وضبط سوك أفراده وجماعاته عن طريق القوانين وتحافظ على الأمن والنظام والحكومة هي الجهاز التي تمارس به السلطة سلطتها السياسية.

أنظمة الحكم:

لتتم معرفة أنظمة الحكم فلابد من الإشارة إلى أن الحكومة هي الإدارة المتطورة عن القبيلة، وهي ذات السلطة في الشؤون العامة وتحكم بين الناس بواسطة قانون معين، وتخدم الجماعة، وتقدم لهم الأمن وتحفظهم وترعاهم.

والأسرة هي صورة للحكومة فكانت السلطة في البداية لدى الأسرة ثم انتقلت إلى شيخ القبيلة في الدولة، ويقتنع الناس بقبول الحكام في الحكومة في معظم التجمعات طالما أنهم يقومون بخدمة المجتمع والجماعة ويحافظون عليه النظام وراية القانون.

وفيما يلي إجمال، صور الإدارات الحكومية من أنظمة الحكم:

1. الحكم الفردي.
2. حكم الأقلية.
3. حكم كبار السن (الشيوخ).
4. حكم رجال الدين.
5. حكم العسكريين.
6. حكم الصفوة.
7. الحكم الشعبي.
8. حكم النساء.
9. الحكم الديمقراطي.

السلطات:

السلطة في الدولة تعني جميع الهيئات الحاكمة فيها وهي وظيفة مخولة لشخص ما أو مجموعة من الأشخاص في اتخاذ قرارات معينة أو إصدار أوامر

للآخرين في مسألة معينة أو موضوع ما.

وهي القوة الطبيعية أو الحق الشرعي في التصرف وإصدار الأوامر في مجتمع معين ويرتبط هذا الشكل من القوة بمركز يقبله الاعضاء، أعضاء المجتمع بوصفه شرعياً ومن ثم يخضعون لتوجيهاته وأوامره وقراراته.

وبناء على ذلك فالسلطة مفهوم معياري أي تحديد الذي يحق له اطلب من الآخرين الانصياع لتعليماته في علاقات سلوكية حيوية (اجتماعية واقتصادية وسياسية ودينية).

السلطة التشريعية:

تتألف هذه السلطة من الأشخاص المنتخبين من قبل الشعب لتمثيلهم في أمورهم العامة، وتختلف السلطة التشريعية من ناحية التركيب والعمل التي تقوم به من دولة ديمقراطية إلى أخرى.

وتأخذ السلطة التشريعية في تركيبها من حيث التركيب:

1. إما نموذج المجلسين.
2. أو نموذج المجس الواحد.

لكن معظم الدول تأخذ نمط المجلسين التشريعيين الذين ينقسمان بدورهما إلى:

المجلس الوطني الذي يمثل الشعب ومجلس الدول، أو مجلس الشيوخ ويمثل الدويلات كما هو الحال في الولايات المتحدة الأمريكية ويرجع انتشار نموذج المجلسين في هذه السلطة إلى أسباب تاريخية وأسباب عملية تتحد في ضرورة المجلسين في الدول الفيدرالية وضمانة صدور تشريعات ودروسه بشكل جيد.

أما المجلس التشريعي الواحد فتأخذ به بعض الدول الأوروبية الصغيرة وبعض دول أمريكا اللاتينية، والأردن يأخذ بنظام المجلسين، مجلس النواب ومجلس الأعيان، ومجلس النواب هو الهيئة التي ينتخبها الشعب لتمارس الوظيفة التشريعية عنه، في حين أن مجلس الأعيان في الأردن (مجلس الملك) هي الهيئة التي يختارها الملك ويكون عددها نصف عدد النواب ويطلق على الهيئتين البرلمان.

أما فكرة البرلمان فهي قديمة ظهرت عند اليونانيين حيث كان الحكام يدعون ممثلين الشعب لحضورهم جلساتهم والتباحث معهم ثم تطورت هذه المجالس في انجلترا عام 1531 حيث تحولت إلى مجلسين، هما: مجلس اللوردات ومجلس العموم (مجلس الشعب).

وظائف السلطة التشريعية:

1. التشريع.
2. المداولة.
3. الإشراف والمراقبة والتحقيق والمحاكمة.

4. تعديل الدستور.

السلطة التنفيذية:

تعتبر هذه السلطة التنفيذية جزءاً في الدولة وفي كثير من الأحيان يطلق عليها الحكومة ورئيس هذه السلطة إما ملك أو أمير أو رئيس الجمهورية أو رئيس الوزراء، وفي الدول الحديثة يمثل السلطة الجهاز التنفيذي رئيس الوزراء والوزراء.

الوزير هو منصب إداري تنفيذي استخدمه العرب لأول مرة في العصر العباسي الأول وكان الخلفاء قبل ذلك هم الذين يرأسون الجهاز الإداري ويسيرونه بأنفسهم استعانة بآراء البارزين.

وقد ظهر دور الوزارة الكبير في عهد هارون الرشيد ومن أشهر وزرائه يحي بن خالد البرمسكي الذي فوضه السلطة المطلقة، وفي عهد المأمون أيضاً فوض وزير الفضل بين سهل السلطة المطلقة.

وكان عند العرب في ذلك الوقت وزارتان هما:

وزارة التفويض، ووزارة التنفيذ.

وظائف السلطة التنفيذية:

1. تطبيق القوانين على سائر الأفراد من أجل المحافظة على النظام ومنع الجرائم.
2. إدارة الشؤون العسكرية: إ تشارك في القيام ببعض الأعمال الخاصة بالأمور العسكرية مثل إعلان الحرب على دول أخرى أو الدخول في سلم معها.
3. الإدارة العامة: وهي من مهام الأجهزة والفروع التابعة للسلطة التنفيذية وتقوم هذه الأجهزة بفرض النظام والإشراف على إدارة برامج الدولة (الاقتصاديه والاجتماعية وإعداد الميزانية).

السلطة القضائية:

تتولى القضاء والمحاكم على اختلاف أنواعها ودرجاتها، والمعروف أن العدالة هي في المهام الأساسية التي تسعى الأنظمة السياسية على تحقيقها وتحقيق ذلك يعتمد على السلطة القضائية المستقلة التي تقوم بممارسة أعمالها بعيداً عن سيطرة السلطتين التنفيذية والتشريعية.

أما تنظيم الجهاز القضائي قصد تنظيمي هرمي، يشتمل على:

1. المحاكم الابتدائية.
2. المحاكم الاستئنافية.
3. المحكمة العليا.

وظائف السلطة القضائية:

1. حسم المنازعات الفردية (وهذا هو القضاء المدني) والعقاب على سائر الجرائم

التي يرتكبها الأفراد (وهو موضوع القضاء الجنائي) والفصل في المنازعات الإدارية التي تنشأ بين الأفراد والسلطة العامة وهذا هو القضاء الإداري.

2. حماية حرية الفرد وحقوقه من استبداد الحكومة ومنع المساس بها، فالفرد له مجموعة من الحقوق والحريات الأساسية التي يجب أن يتمتع بها في ظل القانون.

3. المراجعة القضائية والحكم على دستورية القوانين والأنظمة والمراجعة القضائية هي ممارسة المحاكم الدستورية في ظل الأنظمة الديمقراطية لحق الطفل بالقوانين والأنظمة والقرارات التي ترى المحكمة أنها منافية لنص أو روح دستور الدولة.

ويرد معظم الكتاب التقسيم الثلاثي للسلطات في الدولة إلى مونيسكو (1690 - 1755) وهو الذي صنف جميع وظائف الدولة لهذه السلطات الثلاث (التشريعية - والتنفيذية - والقضائية).

التنظيمات السياسية (الأحزاب)

من المعروف أن التنظيمات السياسية هي مجموعة من الناس يجمعهم اتجاه واحد وهدف واحد يتم الاتفاق عليه فيما يتعلق بالبرامج والمبادئ السياسية.

وهذه المجموعة ترتبط ببعضها طبقاً لقواعد تنظيمية مقبولة من جانبهم وهي التي تحدد علاقاتهم وأسلوبهم ووسائلهم في العمل والنشاط.

وقد يكون التنظيم السياسي حزباً أو اتحاداً أو هيئة أو جماعة.

وللتنظيمات السياسية أنماط متعددة:

أ. نمط يدور حول شخص واحد قائد كان أو زعيماً.

ب. نمط تخلقه ظروف تاريخية معينة.

ج. نمط انتهازي يقوم من أجل ممارسة السلطة في أحسن الظروف الممكنة.

وأفضل هذه التنظيمات الذي يقوم على وحدة المبادئ و الأهداف والمصلحة مع توافر الديمقراطية داخل التنظيم.

وتعتبر الأحزاب بمختلف أشكالها وأسمائها جانباً من جوانب المؤسسة السياسية للدولة وهي بالنسبة للمواطن الوسيلة التي يشارك فيها بالحكم واتخاذ القدرات المتعلقة بحياته ومستقبله ومصيره.

وتنقسم الدول بالنسبة للحياة الحزبية بصورة عامة إلى مجموعتين هما:

الأولى: يسمح فيها للمواطنين بتشكيل الأحزاب السياسية والعمل السياسي في إطارها.

الثانية: وتنقسم الدول التي يسمح فيها بتأسيس الأحزاب السياسية بدورها إلى مجموعتين.

أولاً: دول تسمح لمواطنين بتأسيس الأحزاب بحرية كاملة دون قيد أو شرط.

ثانياً: دول لا تسمح بتأسيس الأحزاب وفق مبادئ محددة وهذه المجموعة تنقسم بدورها

إلى مجموعتين:

الأولى: لا تسمح إلا بحزب سياسي واحد.

الثانية: فتسمح بتأسيس أكثر من حزب في إطار المبادئ المحددة.

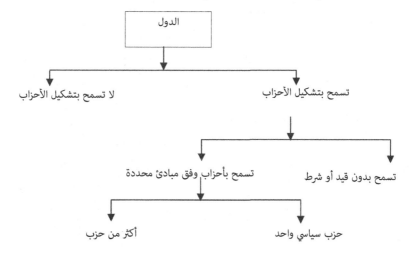

وتنقسم الأحزاب من حيث أسلوب نشاطها وعملها إلى:

أ.   أحزاب شرعية.

ب.   أحزاب غير شرعية.

أولاً: الأحزاب الشرعية التي تعمل بموافقة السلطات المسئولة بالعلن وبحرية وضمن إطار قوانين الدولة التي تنظم العمل السياسي العام.

ثانياً: الأحزاب غير الشرعية هي أحزاب سرية تعمل بالخفاء بعيداً عن رقابة الدولة وسلطتها والأحزاب السرية في أغلب الأحيان هي مناهضة لسلطة النظام القائم، وتعمل على إسقاطه بكل ما يتوافر لها من وسائل..

التربية والتعليم في الأردن

إن مؤسسة التربية والتعليم بحكم طبيعتها، تقوم على أساس التغير المستمر، والتطور الدائم، لتتلاءم مع الحياة في المجتمع المتجدد. ومنذ أنشئ الأردن عام 1921م، وهو جاد في عملية التطوير التربوي، لتحقيق أهدافه وتطلعاته من خلال وضع الأنظمة التربوية، لبناء الإنسان المؤمن بالله، المحب لوطنه وأرضه، المنتمي لأمته العربية، الملتزم بتراثه الإسلامي، المدرك لحقوقه وواجباته، القادر على الإنتاج، لتنمية نفسه ومجتمعه.

لمحة تاريخية:

تسلمت إمارة شرق الأردن من الإدارة التركية، نظاماً خاصاً بالتعليم ومؤسساته، تتألف من عدد من الكتاتيب، وبضع مدارس ابتدائية - مدة التدريس فيها أربعة سنوات، ومدارس (رشدية) مدة التدريس فيها ست سنوات، ولا شيء غير ذلك، وكانت المدارس الرشدية في كل من السلط والكرك ومعان وإربد، أما التعليم في المدارس الابتدائية، كان مثل الكتاتيب (تعليم القرآن الكريم، والدين الإسلامي، والخط، والحساب، واللغة العربية). أما المدارس الرشدية، فكانت تعلم فوق ذلك: التاريخ، والجغرافيا، والطبيعيات، ومبادئ الهندسة، واللغتين العربية والتركية.

وجاء في إحصائية لوزارة المعارف العثمانية سنة 1915م، إن عدد المدارس في الأردن (21) مدرسة، منها (19) مدرسة للذكور، عدد معلميها (27) ومدرستان للإناث، عدد معلماتها معلمتان، وعدد تلميذاتها (59) تلميذة، وعندما أسست الدولة الأردنية عام 1921م، ورثت هذه المدارس، وبعد شهور قليلة، ومع بزوغ النهضة العربية في البلاد، صار عدد المدارس (25) مدرسة، يقوم بالتدريس فيها (53 معلماً)، وعدد المعلمات (6) معلمات، وما جاء عام 1923م، حتى صار في البلاد، بالإضافة إلى المدارس الابتدائية والرشدية، ثلاث مدارس متوسطة في كل من السلط وإربد والكرك.

وفي أيار من عام 1923م، وضع حجر الأساس الأول لمدرسة السلط الثانوية، وفي نفس العام (آب 1923م)، تأسس أول مجلس تعليم في الأردن، وتوحدت مناهج التعليم في المدارس الحكومية. وفي عام 1925 م، أصبحت مدرسة السلط ثانوية كاملة، ولعدم قدرة مدرسة السلط على استيعاب الطلبة، المتعطشين للتعلم في الأردن، افتتحت مدرسة ثانوية في إربد، ثم في الكرك، ثم في عمّان.

وظل التعليم في الأردن خاضعاً للقوانين والأنظمة والتعليمات العثمانية، حتى عام 1939 م، حيث استبدلت الأنظمة، عندما أنشئت أول وزارة للمعارف في الأردن في (6 آب 1939 م). ووضع نظام للمعارف. رقم(1) لسنة 1939م، والذي ينص على أن: «إدارة الخدمات التعليمية والتربوية، يجب أن تسير حسب معرفة

موظفي المكتب الرئيسي في العاصمة عمّان، بما في ذلك تفتيش المدارس، واختيار الموظفين، والإداريين المحليين، وتشكيل لجان التربية والتعليم في المناطق البلدية، والقروية».

ثم جاء نظام المعارف رقم(2) لسنة 1939 م، وورد في المادة الثانية منه: إن إدارة المعارف مكلفة بالأمور التالية:

«تأسيس وإدارة وتفتيش المدارس الأميرية، والإشراف على المدارس الخصوصية، وتشجيع الحركات العلمية، والأدبية، والأعمال الكشفية، والالعاب الرياضية، وترقية الفنون الجميلة، والهيمنة على الأخلاق، والآداب العامة، والاهتمام بكل ما يتعلق بالتربية، والثقافة العامة».

وظل التعليم في الأردن يسير على النظام البريطاني من عام 1939 إلى عام 1950م.

ثم جاء الدستور المعدّل سنة 1952م، فخص التعليم بثلاث مواد:

- المادة (6) الفقرة الثانية تنص على: حق التعليم ضمن حدود إمكانات الدولة مع وجود تكافؤ الفرص لجميع الأردنيين، دون تمييز في الجنس، أو اللغة، أو الدين.

- المادة (19) تنص على أنه: يحق للجماعات، تأسيس المدارس، والإشراف عليها، لتعليم أفرادها.

- المادة (20) نصت على إلزامية التعليم الابتدائي، ومجانيته، في مدارس الحكومة.

وبعد أن كانت أمور التعليم تسير وفقاً لأنظمة موضوعة، صدر أول قانون خاص به تحت رقم (20) لسنة 1955، ظل موضع العناية والتمحيص فترة من الزمن، وفيما يلي أحكام قانون المعارف رقم (20) لسنة 1955: الأحكام العامة.

- المادة (3): إن مهمة وزارة المعارف الأساسية، هي إتاحة الفرص لتعليم الشعب، وتربية شخصية المواطن، وتنشئة جيل صحيح الجسم، سليم العقيدة، سديد التفكير، قويم الخلق، يدرك واجبه نحو الله والوطن، ويتحد بالعمل لخير بلاده، والإشراف على المدارس، والمعاهد المختلفة، وعلى التربية والتعليم، والثقافة بصورة عامة.

- المادة (4): تقوم وزارة المعارف بأداء المهام الأساسية المذكورة في المادة السابقة.

- المادة (5): يحظر على المعلمين والمدارس القيام أو السماح بتوجيهات تؤدي إلى فساد الأخلاق، أو العقيدة الدينية أو الوطنية أو توجب التفرقة، والشقاق، أو تمس كرامة الأمة العربية، أو تجعل من التربية والتعليم وسيلة للدعاية السياسية أو الحزبية، أو الطائفية، أو أية دعاية ضارة.

السلم التعليمي:

لقد كان السلم التعليمي في بداية التعليم في الأردن مكون من صف تمهيدي تحضيري،وعشرة صفوف أخرى، تبدأ بالصف الأول الابتدائي وتنتهي بالصف العاشر، وفي عام 1938 م، تم إلغاء الترتيب السابق، وأصبح السلم يبدأ بالسنة الأولى الابتدائية، إلى السنة السابعة الابتدائية، ثم المرحلة الثانوية: التي تبدأ بالسنة الأولى، وتنتهي بالسنة الرابعة الثانوية، وفي عام 1954 م، أعيد النظر في هذا النظام، وتم تعديله بحيث أصبحت مدة الدراسة للحصول على شهادة إتمام المرحلة الثانوية، خمس سنوات (وفق قانون المعارف رقم (20) لسنة 1955 المادة (15) وقسمت المرحلة الثانوية إلى مرحلتين:

- الدورة المتوسطة (الإعدادية)، ومدة الدراسة فيها ثلاث سنوات.
- الدورة الثانوية العليا، وتبدأ بعد اجتياز المرحلة المتوسطة، ومدة الدراسة بها سنتان.

وقد أدخل تعديل آخر عام 58/57، على المرحلة الثانوية، بحيث تم فصلها عن المرحلة المتوسطة (الإعدادية)، واستقرت بالشكل الذي هو عليه الآن، ومدتها ثلاث سنوات بعد اجتياز المرحلة الإعدادية. وجدير بالذكر أن المرحلة الابتدائية تستوعب لتلاميذ من سن 6 - 11 سنة، والمرحلة الإعدادية من سن 12 - 14 سنة وهذه هي نهاية للمرحلة الإلزامية، أما المرحلة الثانوية فتستوعب التلاميذ من سن 15 - 17سنة.

وكان التعليم الابتدائي إلزامياً قبل عام 1964، وعندما صدر قانون رقم (16) لسنة 1964، صار التعليم الإلزامي لمدة تسع سنوات، و انتهاء بالمرحلة الإعدادية، والجدول التالي يبين تطور السلم التعليمي في الأردن، من عام 1921.

ويلاحظ من قانون التربية والتعليم (16) لسنة 1964 أنه حدد لأول مرة الفلسفة التربوية، وأهداف التربية الرسمية بصفة عامة، كما حدد أهداف كل مرحلة من مراحل التعليم على حدة.

في حين اقتصر قانون رقم (20) لسنة 1955 على تحديد أهداف التعليم فقط، في كل مرحلة من المراحل الابتدائية والثانوية، دون تعرض لفلسفة التربية وتحديدها، كما تحدثت بعض الأمور في قانون 1964 رقم (16) المذكور، لم تكن في قانون رقم (20) لسنة 1955، مثل تحديد كفاءات الإداريين، والموجهين التربويين، وكل من يعين في وزارة التربية والتعليم، وجدير بالذكر أن وزارة المعارف، بقيت تحمل هذا الاسم منذ إنشائها في (6 آب 1939)، إلى أن أصبحت تسمى بوزارة التربية والتعليم، منذ (9 كانون الثاني عام 1956 م).

الفلسفة والأهداف التربوية في الأردن من الدستور الأردني، الذي ينص على أن (الإسلام دين الدولة الرسمي، واللغة العربية لغتها الرسمية).

ويكفل تكافؤ الفرص في التعليم والعمل، والمساواة بين المواطنين في الحقوق والواجبات، ومجانية التعليم الابتدائي وإلزاميته، والمشاركة العامة في تأسيس المؤسسات التعليمية.

وقد حدد قانون التربية والتعليم رقم 16 لسنة 1964م، المبادئ التي تستمد منها الفلسفة التربوية أو التي يمكن إيجازها: بالإيمان بالله والمثل العليا للأمة العربية ووحدتها وحريتها، واحترام كرامة الفرد، وتقديره للمصلحة العامة، وتنمية القيم الروحية والاجتماعية والعلمية لدى الفرد، كي ينسجم الأفراد والجماعات في مجتمع أردني متماسك، وإتاحة الفرص المتساوية للتعليم لجميع أبناء الأردن وبناته، والمشاركة الإيجابية في التطور الحضاري العالمي من خلال التفاهم الدولي.

أما الأهداف العامة للتربية فتتلخص في: إعداد الإنسان للمواطنة الصالحة التي تقوم على التمسك بحقوق المواطنة ومسئولياتها، وتحقيق المثل الخلقية في السلوك الفردي والاجتماعي، واحترام العمل وروح الديمقراطية في التعامل مع الآخرين، وتنمية القدرات والمهارات الأساسية لديه، وتمكينه من استخدام الأسلوب العلمي في البحث ومعالجة المشكلات، والحفاظ على البيئة الطبيعية وتطويرها، ورفع المستوى الاقتصادي والاجتماعي، وزيادة الدخل القومي، من خلال ربط التربية بحاجات المجتمع القائمة والمنتظرة.

التطوير التربوي:

في عام 1985م، عقد اجتماع ضم المسئولين في الدولة ورجال الفكر، لتقييم الأوضاع التربوية وتطوير وتحسين المستوى التعليمي، لمواجهة التحديات المصيرية، التي تعترض سبيل وجوده، وتقدمه، فتكونت اللجان الفنية المتخصصة، لدراسة الواقع التربوي، وانتهت هذه اللجان إلى جملة من التوجيهات والقرارات لرسم سياسة تربوية تعليمية أردنية تساير العصر وتطلعات الوطن المستقبلية، وفي عام 1987م، عقد المؤتمر الوطني للتطوير التربوي، الذي أوصى باتباع سياسة تربوية أردنية تقوم على المرتكزات والمبادئ المستمدة من التراث الإسلامي والقومي، ومن أهداف الثورة العربية الكبرى، ودستور البلاد، والتجربة الوطنية الأردنية، بأبعادها: السياسية، والاقتصادية، والاجتماعية، وتتمثل الفلسفة التربوية وفق قانون التربية والتعليم رقم 27 لسنة 1988 في الأسس التالية:

الأسس الفكرية:

الإسلام عقيدة، ورسالة حضارية إنسانية، ونظام فكري سلوكي، يحترم العقل، ويدعو إلى التطوير نحو الأفضل، وهو نظام متكامل، يحض على العلم والعمل النافعين، وعلاقته بالعروبة علاقة التحام عضوي، تنسجم مع الأبعاد

الإنسانية، وتنبثق عنها.

الأسس الوطنية والقومية والإنسانية:

الأردن بأهله، جزء في الوطن العربي، يرتبط مع الأمة العربية بروابط: اللغة، والدين، والتاريخ، والمصير، ويؤمن بالوحدة العربية وثورتها الكبرى، ونظامها الدستوري، ويتفاعل مع العالم المعاصر في إطار الاحترام المتبادل.

الأسس الاجتماعية:

المجتمع بما فيه من أفراد، يقوموا بأدوارهم الاجتماعية النافعة، التي تؤدي إلى تماسك المجتمع وبقائه، بغض النظر عن دينهم، ومكانتهم الاجتماعية، والاقتصادية، وجنسهم، ولونهم، وقيمة كل فرد رهن بما يحسن من عمل، ينفع به نفسه ومجتمعه.

وتقوم كل هذه المرتكزات على سياسة تربوية، تحرص على:

1. الإيمان بالله، والقيم الروحية، ومكانة العلم في الحياة، واحترام العمل بشتى صوره.
2. التوازن النوعي بين الموارد والسكان.
3. التوازن بين مقومات شخصيتنا الوطنية والقومية من جهة، وانفتاح على الثقافة العالمية من جهة أخرى.
4. التكيف مع متغيرات العصر، وتوفير القدرة الذاتية لتلبية متطلباته.

الأهداف التربوية:

لما كانت الأهداف التربوية، عاملاً يساهم في إنارة السبيل أمام العمل التربوي، وفي رسم تطلعاته وطموحاته، فقد تم تبني المبادئ التالية لرسم السياسة التربوية، التي تحقق الأهداف العامة للتربية وهي:

- توجيه النظام التربوي، ليكون أكثر مواءمة لحاجات المجتمع، وأعظم قدرة، لتحقيق التوازن المتطور بين هذه الحاجات وحاجات الفرد.

- توسيع مفهوم التربية في مختلف المراحل، وإعادة صياغته، ليشمل التربية السياسية، والقومية، بالإضافة إلى الجوانب الأخرى: العلمية، والثقافية، والروحية، والمهنية.

- توجيه العمل التربوي في مستوياته المختلفة، لتأهيله على مبادئ العدالة، والديمقراطية، والمشاركة.

- اعتماد قواعد أخلاقية لممارسة العمل التربوي، ونشر هذه القواعد في المؤسسات التربوية، وتدريب العاملين فيها على تلك القواعد.

- تطوير العقلانية في النظام التربوي، تخطيطاً وتنفيذاً وتقويماً، وتدعيم نظم البحث، والتقييم، والمتابعة فيه.

- تنويع أنماط التعليم في المؤسسة التربوية، لرعاية الموهوبين والعاديين، وبطيئي التعلم، وفق قدراتهم وميولهم.
- توجيه العملية التربوية لتربية المواطن، بشخصية وقيم متجددة، تعتمد على الأصالة والمعاصرة، وعلى صقل أدوات الفكر عند المتعلم، وتطوير قدرته على التحليل والنقد، والمبادرة، والحوار الهادف.
- توسيع مفهوم الخبرة التربوية، لتشمل الخبرات المهنية والعملية، التي تحقق عملاً اجتماعيًّا نافعاً، بالإضافة إلى الخبرات الأخرى.
- توجيه النظام التربوي، ليكون أكثر انسجاماً وتوافقاً مع مبدأ التربية المستديمة، والتعلم المستمر، والإقرار بأهمية التعليم من خلال أنماط التربية الموازية، وتحقيق الانسجام والتكامل بين مؤسساتها المختلفة، وبين مؤسسات التعليم النظامي.
- إعلاء مكانة المعلم الاجتماعية، وتأكيد دوره المتميز في بناء الإنسان والمجتمع.

البنية التعليمية:

لما كانت التطورات العلمية والتكنولوجية، تستدعي رفع مستوى الثقافة العامة للطلبة، الذين يتوجهون إلى مجالات العمل بعد مرحلة التعليم الأساسي (الإلزامي)، وانطلاقاً من الاتجاهات التربوية الحديثة، حول ضرورة تأخير التخصص ما أمكن، وحول مدة فترة سن التعليم الإلزامي، وارتباطه بسن العمل، ونظراً لأهمية إزالة الحواجز، بين مختلف أنواع التعليم العام والمهني، وفي التعليم الثانوي، مع رفع مستوى هذا التعليم، وجعله أكثر عمقاً وتخصصاً، وأكثر قدرة على تحقيق أهدافه الثلاثة الرئيسية: وهي الإعداد للتعليم العالي، والإعداد للحياة، والإعداد للمواطنة، فإن البنية التعليمية الجديدة تصبح كما يلي:

التعليم ما قبل المدرسة:

ويتضمن:

1. **مرحلة رياض الأطفال:**

وتهدف إلى توفير مناخ مناسب يهيأ للطفل تربية متوازنة تساعده على تكوين العادات الصحية السليمة، وتنمية علاقاته الاجتماعية، وتعزيز الاتجاهات الإيجابية، وحب الحياة المدرسية.

2. **التعليم النظامي:**

يتكون التعليم النظامي، الذي يسبق مرحلة التعليم العالي من مرحلتين رئيسيتين هما: مرحلة التعليم الأساسي، ومرحلة التعليم الثانوي.

مرحلة التعليم الأساسي:

يتكون التعليم الأساسي من عشر سنوات من التعليم الإلزامي الموحد، ويلتحق به الطلبة من فئات (6 – 16) عاماً.

ويتم تقدير مستوى التحصيل والأداء لدى الطلبة في نهاية مرحلة التعليم الأساسي، والكشف عن استعداداتهم، وميولهم وتوجيههم للالتحاق بمسارات التعليم المختلفة في المرحلة الثانوية.

مرحلة التعليم الثانوي:

ويتكون التعليم الثانوي من سنتين، وهو تعليم متخصص، وغير إلزامي، مبني على قاعدة من الثقافة العامة المشتركة، ويلتحق به الطلبة من فئات العمر (16 – 18) عاماً.

يشتمل التعليم الثانوي على مسارين رئيسيين هما:

1. مسار التعليم الثانوي الشامل، الذي يعطي مجالات أكاديمية ومهنية متنوعة، تشترك في قاعدة من الثقافة العامة في العلوم: الإنسانية، والاجتماعية، والطبيعية، والتكنولوجية.
2. مسار الإعداد والتدريب المهني، الذي يهدف إلى إعداد العمال المهرة، ضمن مستويات العمل الأساسية.

التجديدات التربوية:

التعريف: إدخال كل جديد أو تغيير في الأفكار أو السياسات أو البرامج أو الطرق أو المرافق أو البيئة العملية الدينامية (المتحركة) لابتكار هذه التغييرات والتخطيط لها وتطبيقها.

والتجديد التربوي عبارة عن ابتداع أو اكتشاف بدائل جديدة لنظام التعليم القائم أو لبعض عناصره من أجل إصلاحه وزيادة في كفايته وفاعليته.

مبررات التجديدات التربوية:

1. التفجر المعرفي: لقد تزايدت المعرفة بصورة لم يشهدها التاريخ من قبل وذلك للتغييرات السريعة التي غزت المجتمعات في كافة العلوم والفنون والأفكار والاتجاهات وفي تطبيق نتائج الأبحاث العلمية ونتيجة لذلك أصبحت المعرفة بلا حدود فهي متطورة ومتغيرة متراكمة، متنوعة، متفرعة.
2. ظهور التكنولوجيا الحديثة: مما أدى إلى ظهور التكنولوجيا الحديثة التزاوج بين العلم والتطبيق، فأدخلت الآلات الجديدة وسيطرت على الإنتاج وتقدمت العلوم باستخدام الوسائل التكنولوجية واستعملت التربية تلك الوسائل المتقدمة لخدمتها وتقدمها وتطورها.
3. سهولة الانتقال والاتصال: وقد أصبح من الميسور والسهل في هذا العصر

انتقال الأفراد من مكان إلى آخر مهما بعُدت وانتقلت الأجهزة والأدوات. كما أصبح الاتصال سريعاً وممكناً وفي أقصر الأوقات، مما ساعد على انتقال المعلومات والأفكار بسهولة ويسر.

4. تطور بعض المفاهيم الخاصة بالعمل والمهن وتطور بعض الأفكار للتغيير في محتويات التراث ومفاهيم الجودة والدقة والاختصاص ومستويات المعيشة وأسلوب الحياة المتغير.

إن التطوير التربوي يعني: «التغير نحو الأفضل»، إذا ما توفرت له المنهجية العلمية، وعدد من العناصر أهمها:

- الشمولية: لجميع مدخلات النظام التربوي وعملياته ومخرجاته.
- الواقعية: وذلك بتجديد الواقع وبناء الطموحات الكبيرة.
- الديمقراطية: وذلك بإتاحة الفرص الواسعة للمشاركة المجتمعية.
- التجريب: وذلك وفق خطة علمية تتصف بالمرونة وقابلية التعديل ووضوح الرؤية.
- المتابعة: وذلك بترجمة التوصيات إلى برامج عمل قابلة للتطبيق.

لقد شمل التطوير كل مجالات التربية والتعليم في الأردن، بما فيها الإدارة التربوية، والإدارة المدرسية لما فيه من بلورة مفهوم القيادة التربوية، وإعداد التربويين القادة بكافة المستويات.

أما إعداد المعلمين في هذا البرنامج فقد حظي بنصيب وافر، سواء في إعداده قبل الخدمة، أو أثناء الخدمة، إعداد أكثر عمقاً وارتباطاً بالحاجات المهنية للمعلم، وتأهيله تأهيلاً يفي بالحاجات الفعلية لمهنة التعليم في الأردن كمًّا وكيفاً (نوعاً).

كما وتطرق التطوير إلى مجال الامتحانات المدرسية، سواء في المرحلة الإلزامية، أو الثانوية، وأسلوب الامتحانات، وطرق التقييم.

ولتحقيق كل هذه التوصيات وتنفيذها، وضعت الإجراءات التنفيذية على خطوات، خطوة خطوة، وسنة بعد سنة، تبدأ من العام الدراسي 89/88 وما أن يأتي عام 94/93 الدراسي، إلا وتكون قد تخرجت الدفعة الأولى على هذا النظام التربوي الجديد.

فلسفة التربية في الأردن: ظهرت أول فلسفة تربية في الأردن في قانون 1964، وقد انبثقت هذه الفلسفة: الدستور الأردني، والحضارة العربية الإسلامية، ومبادئ الثورة العربية الكبرى، والتجربة الوطنية الأردنية.

السلم التعليمي قبل التطوير التربوي:

- مرحلة رياض الأطفال (القطاع الخاص).
- التعليم الإلزامي:

ويقسم إلى مرحلتين:

أ. مرحلة التعليم الابتدائي، ومدتها 6سنوات.

ب. مرحلة التعليم الإعدادي، ومدتها 3سنوات.

● - المرحلة الثانوية، ومدتها 3 سنوات، وتقسم إلى: نظام المدارس الشاملة، تعليم أكاديمي، ومهني.

● التعليم الأكاديمي العام (علمي، وأدبي).

● التعليم المهني، صناعي، وتجاري، ومهني، وزراعي، وتمريضي، وفندقي، وتمريضي.

وهناك المراكز الحرفية التي قد تصل فيها مدة الدراسة إلى سنتين، كما وجد اهتمام بمحو الأمية، والتعلم الذاتي.

● المعاهد وكليات المجتمع: ومدتها من سنتين إلى 3 سنوات.

● التعليم الجامعي: ويضم مراحل (البكالوريوس، والماجستير، والدكتوراة).

ما سبب تأخر وجود فلسفة تربية في الأردن إلى قانون 1964؟

ما الأسس التي تتمثل فيها فلسفة التربية في الأردن؟

ما التطورات التي حدثت في السلم التعليمي بعد مؤتمر التطوير التربوي، وحتى الآن؟

مجالات التجديدات التربوية:

1. التجديدات في السياسة التربوية: بإتاحة الفرص التعليمية لأكبر عدد من الأفراد.

2. التجديدات في الإدارة التربوية: بتدريب الإداريين التربويين أثناء الخدمة.

3. التجديدات في البنى التعليمية: بإنشاء مدارس الصف الواحد أو المدارس الشاملة أو المدارس المهنية المتخصصة.

4. التجديدات في المناهج وطرق التدريس: بإدخال المواضيع الحديثة أو إدخال مواضيع تتصل بالحياة كالعمل اليدوي.

5. التجديدات في الوسائل التعليمية.

6. التجديد في استمرارية التعليم ما بعد المدرسة: التعلم عن بعد، محو الأمية.

	من عام 1921 إلى عام 1937	من عام 1938 إلى عام 1953	من عام 1954 إلى عام 1957	57/ 1959	58/ 1959	1960/50 1961/60	1962/60 1988/87	؟	؟
1	تمهيدي / التحضيري	أول ابتدائي	أول ابتدائي	أول ابتدائي	أول ابتدائي	أول ابتدائي	أول ابتدائي	أول أساسي	أول أساسي
2	أول ابتدائي	ثاني ابتدائي	ثاني ابتدائي	ثاني ابتدائي	ثاني ابتدائي	ثاني ابتدائي	ثاني ابتدائي	ثاني أساسي	ثاني أساسي
3	ثاني ابتدائي	ثالث ابتدائي	ثالث ابتدائي	ثالث ابتدائي	ثالث ابتدائي	ثالث ابتدائي	ثالث ابتدائي	ثالث أساسي	ثالث أساسي
4	ثالث ابتدائي	رابع ابتدائي	رابع ابتدائي	رابع ابتدائي	رابع ابتدائي	رابع ابتدائي	رابع ابتدائي	رابع أساسي	رابع أساسي
5	رابع ابتدائي	خامس ابتدائي	خامس ابتدائي	خامس ابتدائي	خامس ابتدائي	خامس ابتدائي	خامس ابتدائي	خامس أساسي	خامس أساسي
6	خامس ابتدائي	سادس ابتدائي	سادس ابتدائي	سادس ابتدائي	سادس ابتدائي	سادس ابتدائي	سادس ابتدائي	سادس أساسي	سادس أساسي
7	سادس ابتدائي	سابع ابتدائي	أول ثانوي	أول إعدادي	أول ثانوي	أول إعدادي	أول إعدادي	سابع أساسي	سابع أساسي
8	سابع	أول ثانوي	ثاني ثانوي	ثاني إعدادي	ثاني ثانوي	ثاني إعدادي	ثاني إعدادي	ثامن أساسي	ثامن أساسي
9	ثامن	ثاني ثانوي	ثالث ثانوي	ثالث إعدادي	ثالث ثانوي	ثالث إعدادي	ثالث إعدادي	تاسع أساسي	تاسع أساسي
10	تاسع	ثالث ثانوي	رابع ثانوي	أول ثانوي	رابع ثانوي	أول ثانوي	أول ثانوي	أول ثانوي	عاشر أساسي
11	عاشر	رابع ثانوي	خامس ثانوي	ثاني ثانوي	خامس ثانوي	ثاني ثانوي	ثاني ثانوي	ثاني ثانوي	أول ثانوي
12	X	X	X	X	X	X	ثالث ثانوي	ثالث ثانوي	ثاني ثانوي

هناك عدد من التجديدات التربوية، مثل: اقتصاد المعرفة، وتدريس الحاسوب في المدارس، وتدريس اللغة الإنجليزية في صفوف الحلقة الأولى من مرحلة التعليم الأساسي، ونظام الفصول الدراسية في المرحلة الثانوية، واختر واحداً منها وابحث فيها، مبيناً مفهومها، وأسبابها، وآلية تنفيذها.

التربية في الوطن العربي (عبد الدائم، 1974،1976)

يقف الوطن العربي أمام تحديات هذا العصر الحضارية العلمية، والتقنية السريعة والكثيرة، وهو في هذه المرحلة الخطرة، يحاول جاهداً بشتى الوسائل المتوفرة لديه أن يتخلص من التخلف الذي أورثته إياه عصور التفرقة، والعزلة، والركود، نتيجة لسيطرة القوى الخارجية عليه، لفترة طويلة من الزمن.

لهذا صار لزاماً على الأمة العربية، وهي سائرة في سعيها نحو التطور الحضاري، والتقدم التقني، أن تهتم أولاً وقبل كل شيء بالإنسان العربي، فتعيد النظر في تربيته، وترسم الخطط القادرة على جعل هذا الإنسان، مخلوقاً فعالاً مؤمناً بفلسفة راسخة، تؤدي به إلى التقدم والازدهار والحياة الفضلى، في ضوء المخترعات الحديثة والوسائل المتقدمة.

على أنه يجب الإشارة هنا، إلى أن التقدم الحضاري في هذا العصر، لم يعد مجرد وجود الثروة المادية والطبيعية، ولا حتى الدخل القومي المرتفع، ولا هو العدد البشري، ولكنه القدرة العلمية التي تستطيع أن تلعب دوراً في العملية الإنتاجية، فالمجتمع المستهلك مجتمع عاجز مهما بلغت عائداته المادية والبشرية، والمجتمع المنتج مجتمع قادر حضاري تقدمي تطوري، سواء كان إنتاجه فكريًّا ماديًّا، أو كان إنتاجاً عمليًّا تقنيًّا.

واقع التربية في الوطن العربي:

إن النسق التربوي العربي، يدين بوجوده لمبادئ وتعاليم القرآن الكريم، كما أن عملية التدريس والتعليم المدرسي العربي، نبعت من الأفكار الإسلامية، وكان مكان التعليم هو الجامع أو بالقرب منه، أو تحت شجرة في ساحة بعيدة، وكان يقوم بعملية التعليم شيخ مسن، ويكون في غالب الأمر رجل دين، أو رجلاً عالماً في الدين، أما طريقة التعليم، فكانت تقوم على الحفظ والإعادة التلقين، وكانت المادة المدروسة، لا تخرج عن حفظ القرآن الكريم، والأحاديث النبوية الشريفة، بالإضافة إلى بعض علوم الحياة: كالحساب، والقراءة، والكتابة، ومن ثم أنشئ ما يدعى بالكتاب. أو مدرسة تعليم القرآن الكريم الأولية.

أما لغة التدريس، فكانت اللغة العربية، وهي لغة القرآن الكريم، ولغة المحادثة بين العرب، التي كانت ولا تزال رمز وحدتهم، ومبعث اتحادهم، ووسيلة تفاهمهم.

وبواسطة هذه اللغة، انتشرت التربية الإسلامية في جميع أنحاء المعمورة، ولم تقدم أية أمة من الأمم، ما قدمته الأمة العربية والإسلامية للعلم والمعرفة، وفي العصور الوسطى الأوروبية، عصور الجهالة الغربية، وازدهار الثقافة الإسلامية، حين كانت قرطبة الأندلس الإسلامي العربي، تحتوي على سبع عشر مكتبة ضخمة،

فيها أكثر من أربعمائة ألف مجلد.

وكانت هناك الجامعات والمعاهد العليا العديدة، التي تدرس علوم الرياضيات العامة والتشريع والطب والقانون وا لكيمياء والفلسفة والفلك.

ومر العصر الذهبي العلمي الإسلامي سريعاً، ناشراً المعارف والعلوم المختلفة، إلى أن دارت الدائرة على العالم الإسلامي العربي، وتفرقت أمته، إلى وحدات صغيرة، فتمكنت منها الأمم الأخرى وحكمتها، وعطلت التربية والتعليم فيها، ولم يكن هم تلك الأمم الغازية، غير نشر ثقافتها وطمس معالم الثقافة العربية الإسلامية، وعاش الوطن العربي في ضياع تربوي، واجتماعي، واقتصادي، ونفسي، إلى أن جاء القرن التاسع عشر الميلادي، حين بدأت الدول العربية الإسلامية تستقل وتتحرر، وتختلط بالأمم الأخرى، ويعم التعليم، ويزداد عدد المتعلمين، وتسير البلاد العربية في طريق التقدم، وما أن جاءت الخمسينات من هذا القرن (العشرين)، إلا وحققت البلاد العربية استقلالها، وفي حوالي سنة 1958م، اجتمعت الدول المشتركة في جامعة الدول العربية، ووافقه على نظام موحد للتربية والتعليم، له فلسفة موحدة، واستمرت البلاد العربية الإسلامية في التقدم التربوي الكمي والكيفي، ولكنها عادت للتباطؤ التدريجي في الستينات، وبداية السبعينات من هذا القرن.

ومع أن النمو الكمي كان مستمرا، إلى أن النمو الكيفي قد بدأ مع بداية الستينات في التناقص، واستمر تناقصه إلى وقتنا الحاضر، ويعود سبب هذا التناقص الكيفي، إلى التنازع بين المربين، سواءً للأخذ بالثقافة العربية الإسلامية، التي ورثوها عن أجدادهم على مر العصور، أو الأخذ بالثقافة الغربية، أو الشرقية، المطروحة على الساحة العربية، والتي شجعها في كثير من الحالات، خضوع البلدان العربية للحكم الأجنبي على اختلاف أنواعه، وأجناسه، وعاداته، وتقاليده، وقيمه، ونظمه، وأحكامه.

مشكلات التربية في الوطن العربي

هناك مشاكل خاصة تقابل بعض البلدان العربية، ولا تقابل بعضها الآخر، ولكنها تؤدي بالتالي إلى عرقلة المسيرة التربوية التقدمية في الوطن العربي عامة، ومن تلك المشاكل: النظرة إلى ذلك النقص في مجانية التعليم في بعض الأقطار العربية الفقيرة، تعثر المناهج في معظم الأقطار، ومشاكل الرسوب المتكررة، في تدريس اللغات الأجنبية.

هذه المشاكل وكثير غيرها، مما يخص كل بلد عربي على حدة، تعتبر من المشاكل الخاصة التي تحد من التقدم العلمي والتربوي في العالم العربي، وهنالك مشاكل تربوية عامة تقابل جميع الدول العربية بشكل أو بآخر، وبنسب متفاوتة، تصنف كما يلي:

المشكلات الاجتماعية:

وهو العوامل الاجتماعية التي تؤدي بالآتي إلى ظهور مشاكل اجتماعية تحول دون تقدم التربية والتعليم العربي، ومن ذلك وجود النسبة العالية من الأميين، بالإضافة إلى الفقر والجهل، وسوء الحالة الصحية، والنظرة الخاصة للمرأة وتعليمها، ووجود الطبقات الاجتماعية المتفاوتة، والتقسيم السكاني المتغير، من بدو رعاة إلى قرويين زراعيين إلى حضر تجاريين، حيث تختلف المعايير وأسلوب الحياة، وتظهر التناقضات الاجتماعية بشكل واضح.

المشكلات الإدارية السياسية:

وقد نشأت هذه المشكلات، من عدم الاستقرار السياسي في بعض البلاد العربية، وذلك لتغيير الحكومات المتتالي، الذي يؤدي بدوره إلى تغير القادة التربويين، والمشرفين على أمور التربية والتعليم، وتغيير الأنظمة والقوانين والتعليمات، لذا فإن السمة الغالبة على التربية والتعليم في الوطن العربي، هي سمة التغير، وعدم الثبات التربوي، لتنوع واختلاف آراء المسؤولين، واتجاهاتهم، وانتماءاتهم السياسية التي تؤثر في قراراتهم التربوية.

المشكلات الاقتصادية المالية:

تعد البنية الاقتصادية في البلاد العربية متخلفة باستثناء الدول المنتجة للبترول، وتخلف البنية الاقتصادية هذه يعد من المشكلات التي تعيق التقدم التربوي، لأن التربية والتعليم تحتاج إلى أموال ضخمة وذلك لتزايد عدد السكان السريع، والنمو الكبير في المعارف، ومتطلبات الحياة الحديثة، كل ذلك وغيره يجعل من الصعب على تلك الدول اللحاق بركب الحضارة والتعليم المتقدم واستعمال التقنيات العلمية الحديثة.

المشكلات السكانية:

إن زيادة عدد السكان، والتزايد في المواليد، يعد مشكلة رئيسية وأساسية في البلدان العربية، لأن النمو السكاني السريع، الذي يرافقه الضعف الاقتصادي، والعجز المالي، يؤدي إلى مشكلة تربوية كبيرة، إذ أن النمو السكاني في البلدان العربية، يبلغ حوالي (4%) من عدد السكان الأصلي، ثم إن البناء السكاني في العالم العربي - بناء فني -، أي: أن عدد السكان في المجتمع العربي يغلب عليه الأطفال، أو من هم في سن الدراسة في المراحل الإلزامية من التعليم.

المشكلات الفنية:

تظهر هذه المشكلة في عدم وجود المرشدين التربويين الأكفاء، وعجز الجهاز الفني في وزارات التربية والتعليم العربية، عن القيام بالمسؤوليات المخولة إليه، وعدم تمكنهم من وضع الخطط المبنية على التقنيات العلمية الحديثة، ثم الارتجال في

وضع المناهج المطلوبة، والمناسبة للمرحلة التربوية المتطورة، وبعد تلك المناهج عن الواقع الحضاري والتقدمي، وبالإضافة إلى ذلك النقص في المباني المدرسية، وعدم صلاحية معظم المباني الحالية للقيام بسد الأعباء المدرسية، والنقص في الوسائل العلمية والتربوية المعينة، وغياب تكنولوجيا التربية الحديثة عن المؤسسات التربوية، في مختلف البلاد العربية.

الأسس الفلسفية للتربية العربية:

رغم وجود كثير من الخلافات بين الفلسفات التربوية في البلاد العربية، إلا أنها جميعاً قد بنيت على أسس عامة، تتضح في النقاط التالية:

1. أن التربية والتعليم حق لكل مواطن ومجاني في المدارس العامة.
2. احترام كرامة الفرد، وحريته، وإعداده للحياة الأفضل.
3. الاتجاه القومي الوحدوي، وتنمية الاتجاه الوطني، وتقوية الروابط في المجتمع العربي الكبير.
4. الدعوة إلى تقديس القيم الروحية، والإيمان بالله، والمثل العليا العربية.
5. الحث على التقدم العلمي، والدعوة إلى فضيلة العقل الإنساني.
6. بث روح التفاؤل، والتسامح، والحث على الخير، ومحبة الإنسانية.

أهداف التربية في الوطن العربي:

من المعروف أن أهداف التربية، تنبع من الأسس الفلسفية التي يضعها المجتمع للحياة المنشودة، وعند التحدث عن أهداف التربية، فإنه من الواجب القول بأن سياسة التربية والتعليم في كل بيئة اجتماعية، نابعة من المثل العليا للجماعة التي تعيش في تلك البيئة، وهذه المثل العليا المكونة من الميول، والآراء، والعواطف، والتقاليد، والقيم، والنظم، تتغير بتغير الزمان والمكان والوضع الراهن.

ويرتكز المثل الأعلى التربوي في الوطن العربي على تربية الإنسان العربي، تربية خلقية، جسمية، عقلية، ثقافية وطنية، دينية، نابعة من التراث المتراكم، ومتطورة مع الاختراعات الحديثة، ومتطلعة إلى الحضارات المجاورة، ويمكن القول بأن أهداف التربية العربية وكما رسمتها المؤتمرات التربوية العربية المتكررة، تشتمل على الأسس والاتجاهات التالية:

- الاتجاه الفردي: ويظهر ذلك بتكوين الشخصية الإنسانية الحرة، المتكاملة تكاملاً إبداعيًّا، وتنشئة الأفراد الأقوياء، جسميًّا، وعقليًّا، وخلقيًّا، ومسلكيًّا، تلك الشخصية التي تجمع بين حاجات الروح والبدن.
- الاتجاه الاجتماعي: ويكون ذلك بتلبية حاجات المجتمع، وإعداد الأفراد إعداداً اجتماعيًّا، محبباً إليهم التعاون، والتضامن، واحترام حقوق الآخرين، وخلق الجو الديمقراطي، الذي يقدس الحرية، والمساواة، والعدل الاجتماعي،

وباختصار إعداد الفرد الواعي اجتماعيًّا.

- الاتجاه الاقتصادي: ويكون ذلك، بربط المناهج المدرسية، بالعمل لسد حاجات المجتمع الإنتاجية، وضرورة توجيه التربية والتعليم توجيهاً علميًّا، بحيث يمكن استغلال الموارد الطبيعية، وتنمية الصناعة، وتحسين مستوى الحياة، وربط التربية والتعليم بحاجات الإنتاج العامة.

وبهذا نتخلص من التربية التي يغلب عليها الجانب النظري.

- الاتجاه الجماهيري: إن إقبال عامة الجماهير الشعبية في الوطن العربي على التعليم، إقبالاً كبيراً، دعا معظم الحكومات العربية، إلى محاولة سد حاجاتهم التعليمية التربوية، كتعليم المرأة، وإنشاء المراكز التعليمية، والتوسع بالخدمات التعليمية والتربوية في معظم المجالات: المهنية، والعملية، والأكاديمية.

- الاتجاه القومي الوحدوي: هنالك موجة عارمة من الشعور القومي الوطني الوحدوي العربي، تجتاح البلدان العربية من محيطها إلى خليجها، وهذا المفهوم نابع من قلب كل عربي على امتداد الوطن العربي.

ومن هنا صار من أهم واجبات التربية غرس جذور العروبة في نفوس الطلبة، بحيث يشعرون بأن العربي أخو العربي، يشعر بشعوره ويتلمس حاجاته ليساعده في تحقيقها، ومشاكله ليقف إلى جانبه في حلها، مع الأخذ بعين الاعتبار أن تكون المصلحة القومية العليا فوق المصالح الإقليمية والطائفية.

- الاتجاه الديني الإسلامي: إن معظم سكان الوطن العربي من المسلمين، لهذا فإن تأثير العقيدة الإسلامية على أبناء الوطن العربي واضح وضوحاً كبيراً، وهذا نابع من كون الدين الإسلامي، ليس عقيدة سماوية روحية إلهية تهتم بالصلة بين الفرد والإله فقط، بل هو نظام اجتماعي حياتي دنيوي وديني، كما ويعتبر الدين الإسلامي جوهر العروبة، وأساس تراثها.

- الاتجاه الأكاديمي: إن التربية العربية تلتزم بالنزعة الأكاديمية، ولكن هذه النزعة تحتاج إلى تغيير، بحيث تشمل النزعة: الأكاديمية، والمهنية، وإحلال الوسائل الحديثة في عملية التربية في المراحل التعليمية عامة.

- الاتجاه التربوي الغربي: وهو الأخذ بما هو غربي من الثقافة، وأسلوب الحياة، ونظم، ومناهج تربوية، وتعليمية، مع ملاحظة تعديل تلك التربية الغربية، بما يناسب التراث، والمعتقدات السائدة في المجتمع العربي.

- الاتجاه الإنساني العام: ويتطلب هذا الاتجاه الأخذ بمثل الإنسانية العليا، وأن يتصف الإنسان العربي بجميع الصفات الإنسانية، ويتمسك بمبادئ الحق والخير العام، وأن يعامل جميع الناس بما يجب أن يعاملوه به، وأن

يصادق جميع الأمم، ويتعاون معها، في سبيل تقدم الحضارة، والسلام، والرخاء الإنساني العالمي، فالعالم أصبح جزءاً من قرية صغيرة، وهو يتأثر ببعضه سلباً، أو إيجاباً.

حاجة الوطن العربي للتربية:

إن البلدان العربية تقف أمام تحديات علمية كبيرة، وتفجر معرفي هائل، ورغم أنها قد سارت في طريق التطور التربوي والعلمي، مع بداية القرن العشرين، إلا أن غالبية بلدان الوطن العربي، قد بدأت تطورها التربوي والتقني العلمي، مع بداية النصف الثاني من هذا القرن.

ولكن ما تحتاجه التربية العربية في الوطن العربي الكبير، هو التخطيط التربوي، المبني على البحث العلمي المنهجي، ثم إن العالم العربي بحاجة ماسة إلى فلسفة تربوية خاصة، نابعة من ثقافة المجتمع العربي، ومتطورة مع التقدم العلمي الحديث، فلسفة تهتم أولاً وقبل كل شيء بالفرد العربي كإنسان بشري، قادر على التحرك والإبداع، متحرر من القيود، عارف لذاته، يعيش حريته، منتج في حدود قدراته ومؤهلاته، مشارك لما في هذا العصر من تقدم وازدهار، آخذاً بما يمكنه أخذه، مطوراً مفاهيمه وقيمه، بما يناسب ثقافته، ويتماشى مع التطور الحضاري العالمي.

إن ما يحتاجه الوطن العربي هو إيجاد الإنسان:

- المؤمن بعقيدته، وأمته، ومجتمعه، وقيمه.

- المتحلي بالخلق القويم، الذي حثت عليه عقيدته.

- المبتكر في حدود قدراته وإمكاناته.

- المنتج الذي يسهم في بناء بلده، اقتصاديًّا واجتماعيًّا.

- المتفاعل مع بيئته، بأبعادها المختلفة.

- المتمسك بمبادئه.

- المتعاون في عمله.

- المزود بإرادة النضال، وحب العمل، والجد.

- المبدع الذي يرى، ويبحث، ويكتشف، ثم يقرر.

- المفكر بموضوعية في معالجة الأحداث التي تواجهه.

- المنتمي لأرضه، وحضارة أمته، ويعتز بالانتساب إليهما.

- المتطلع إلى مثل أعلى، يسعى إلى تحقيقه.

- المتسامح في معاملته.

- المتفتح في عقله.

المصادر والمراجع

- بسام، رشا، (2005). «مدخل إلى التربية». (ط1)، عمّان: دار البداية للنشر.

- ربيع، هادي، (2006). «مدخل إلى التربية». (ط1)، الجماهيرية الليبية: مكتبة المجتمع العربي للنشر والتوزيع.

- الطراونة، خليف، (2000). «مبادئ التربية وأسسها». دار رند للنشر والتوزيع.

- عبد الهادي، نبيل. (2002). «علم الاجتماع التربوي». (ط1)، عمّان: اليازوري للطباعة والنشر.

- علي، سعد، (2007). «أصول التربية العامة». (ط1)، عمّان: دار السيرة للنشر والتوزيع.

- فرج، عبد اللطيف، (2005). «طرق التدريس في القرن الواحد والعشرين». (ط1).

- الكسواني، مصطفى، وآخرون، (2003). «مدخل إلى التربية». (ط1)، عمّان: دار قنديل للنشر والتوزيع.

- المعايطة، عبد العزيز، الحليبي، عبد اللطيف، (2004). «مقدمة في أصول التربية». (ط1)، عمّان: مكتبة الفلاح للنشر والتوزيع.

- ناصر، إبراهيم، (2005). «أسس التربية». (ط1)، عمّان: دار عمار.

- همشري، عمر، (2001). «مدخل إلى التربية». (ط1)، عمّان: دارصفاء للنشر والتوزيع.

- الجيار، سيد (1985). دراسات في تاريخ التربية. (ط4)، مصر: مكتبة غريب.

- جزمي زيدان.

- الرشدان، عبد اللـه زاهي (2002). تاريخ التربية. (ط1)، عمّان: دار وائل للنشر.

- الرشدان، عبد اللـه زاهي، (1987). مدخل إلى التربية. (ط1)، عمّان: دار الفرقان.

- الرشدان، عبد اللـه زاهي، (1997). المدخل إلى التربية. (ط1)، عمّان: دار الفرقان.

- الرشدان، عبد اللـه زاهي، (2002). تاريخ التربية. (ط1)، عمّان: دار وائل للنشر.

- عبد اللـه عبد الدايم، (1975). التربية عبر التاريخ. (ط2)، بيروت: دار العلم للملايين.

- العربي، أبو حامد. إحياء علوم الدين.

- العمايرة، محمد، (2002). أصول التربية التاريخية والاجتماعية. (ط1)، عمّان: دار وائل للنشر.

- محمد عطية الأبرشي.
- مرسي، محمد منير، (1980). تاريخ التربية في الشرق والغرب. بيروت: عالم الكتب.
- مشنوق، عبد الـلـه. تاريخ التربية. عمَّان: مكتبة الاستقلال.
- ناصر، إبراهيم (1999)، أسس التربية، (ط1)، عمّان: دار وائل للنشر.
- ناصر، إبراهيم (2005، أسس التربية. (طبعة جديدة)، عمان: دار عمار للنشر والتوزيع.
- الحاج محمد، أحمد، (2002). «فلسفة التربية». (ط1)، عمّان: دار المناهج للنشر والتوزيع.
- الخطيب، عامر (1995). «فلسفة التربية» (قضايا، أعلام فكر). غزة: مكتبة اليازجي.
- رشدان، عبد الـلـه (1987). «المدخل على التربية». عمّان: دار الفرقان.
- شبل، بدران (1994). في أصول التربية. (ط1)، عمّان: دار المعرفة الجامعية.
- عريفج، سامي (2000). «مدخل إلى التربية». (ط1)، عمّان: دار الفكر للطباعة والنشر والتوزيع.
- عريفج، سامي (2003). «مدخل إلى التربية». (ط1)، عمّان: دار الفكر للطباعة والنشر.
- علي، أحمد (2001). «أصول التربية». (ط1)، عمّان: دار المناهج للنشر والتوزيع.
- العمايرة، محمد (1999). «أصول التربية التاريخية والاجتماعية والنفسية والفلسفية». (ط1)، عمّان: دار المسيرة للنشر والتوزيع والطباعة.
- العمايرة، محمد (1999). «أصول التربية». عمّان: دار المسيرة للنشر والتوزيع والطباعة.
- العمايرة، محمد، (1997). «تاريخ التربية وأسسها». (ط1)، عمّان: مكتبة يافا العلمية.
- الكسواني، مصطفى (2003). «مدخل إلى التربية». (ط1)، عمّان: دار قنديل للنشر والتوزيع.
- الكسواني، مصطفى، أبو حويج، مروان، الخطيب، إبراهيم، عبد الهادي،نبيل، أبو الرب، يوسف، (2003). «مدخل إلى التربية». (ط1)، عمّان: دار قنديل للنشر والتوزيع.
- محمد، أحمد (2002). «في فلسفة التربية». (ط1)، عمّان: دار المناهج للنشر والتوزيع.
- مرسي، محمد (1995). «فلسفة التربية اتجاهاتها ومدارسها». (ط1)، عمّان: عالم الكتب.
- مرسي، محمد (1995). «فلسفة التربية» (اتجاهاتها ومدارسها). القاهرة: عالم الكتب.
- ناصر، إبراهيم (2001). «فلسفات التربية». (ط1)، عمّان: دار وائل للنشر والتوزيع.
- ناصر، إبراهيم (2005). «أسس التربية». (طبعة جديدة)، عمّان: دار عمّان للنشر والتوزيع.

- http://ar.wikipedia.org/wiki/%D8%A7%D1%84%D8%B0%D9%83:%D8%A7%D8%A1

- أبو جادو، صالح، (2007م). علم النفس التطوري. (ط2)، عمّان: دار المسيرة للنشر.

- أبو حويج، الدكتور مروان، وآخرون، (2000م). مدخل إلى علم النفس التربوي. (ط1)، دار اليازوري العلمية.
- ان، سيد أحمد، أنور محمد، (1978). التعلم وتطبيقاته. (ط2)، القاهرة: دار الثقافة.
- بدير، ريان سليم، الخزرجي، عمار سالم، (2007). الصحة النفسية للطفل. (ط1)، دار الهدى.
- التويجري، محمد وآخرون، (2001م). علم النفس التربوي. (ط4)، الرياض: مكتبة العبيكان.
- جابر، الدكتور جابر عبد الحميد، (1982م). علم النفس التربوي. القاهرة: دار النهضة العربية.
- جامعة هارفورد "Frams Of Mind"، (1987) ، Garner ، Haward
- حمزة، الدكتور مختار، (1998م). مبادئ علم النفس. (ط1)، دار المعارف.
- دليل معلم المدينة المنورة.
- الرشدان، عبد الله، جعيني، نعيم، (1994). مدخل إلى التربية والتعليم. (ط6)، عمّان: دار الشروق.
- الريماوي، محمد وآخرون، (2006م). علم النفس العام. (ط2)، عمّان: دار المسيرة للنشر.
- الزغول، عماد، (2003م). نظريات التعلم. (ط1)، عمّان: دار الشروق للنشر.
- عاقل، الدكتور فاخر، (1978م). علم النفس التربوي. (ط4)، بيروت: دار العلم للملايين.
- عبد الوهاب، محمد كامل، (1993). أسس الفروق الفردية. القاهرة: دار الكتب.
- الفلسفي، محمد تقي، (2002). الطفل بين الوراثة والتربية. (ط3)، مؤسسة الأعلمي.
- المدرسي، العلامة السيد محمد تقي، (1992م). المنطق الإسلامي: أصوله ومناهجه. (ط2)، دار البيان.
- مطاوع، إبراهيم، (1986م). قراءات في التربية وعلم النفس. (ط1)، مكة المكرمة: مكتبة الطالب الجامعي.
- ناصر، إبراهيم، (2005م). أسس التربية. (ط1)، عمّان: دار عمّار للنشر.
- نشواتي، عبد المجيد، (1986م). علم النفس التربوي. (ط3)، عمّان: دار الفرقان.
- نمر، عصام، (1988). المختصر في علم النفس التربوي. (ط3)، جمعية عمال المطابع التعاونية.

- همشري، عمر، (2001م). مدخل إلى التربية. (ط1)، عمّان: دار صفاء للنشر.
- حمدان، محمد زياد، (1985). تقييم التحصيل. عمَّان: دار التربية الحديثة.
- خضر، فخري. التقويم التربوي.
- الخوالدة، محمد محمود، (2003). مقدمة في التربية. (ط1)، عمَّان: دار المسيرة.
- الزيود، نادر فهمي وآخرون. (1995). التعلم والتعليم الصفي. (ط1)، عمَّان: دار الفكر للنشر والتوزيع.
- عبيدات، سليمان، أساسيات تدريس الاجتماعيات.
- عريفج، سامي. فن القياس والتقييم.
- عودة، أحمد (1999). القياس والتقويم في العملية التدريسية. (ط2)، عمّان: دار النشر للتوزيع والنشر.
- لندفييل، (1968). أساليب الاختبار والتقويم في التربية والتعليم. ترجمة: عبد الملك الناشف وسعيد التل، بيروت: المؤسسة الوطنية للطباعة والنشر.
- منسي، حسن. إدارة الصفوف.
- ناصر، إبراهيم، (1986). مقدمة في التربية. (ط6)، عمّان: المطابع التعاونية.
- همشري، عمر أحمد. (2001). مدخل إلى التربية. (ط1)، عمَّان: دار صفاء للنشر والتوزيع.
- أبو الفتوح، رضان وبدران، مصطفى، (1978). في اجتماعيات التربية. (ط2).
- جامعة القدس المفتوحة، (1992). علم اجتماع التربية. (ط1).
- حسن، عبد الباسط محمد، (1982). علم الاجتماع. القاهرة: مكتبة غريب.
- الرشدان، عبد الـلـه، (1984). علم الاجتماع التربوي. عمّان: دار عمار للنشر.
- الرشدان، عبد الـلـه، (1999) . علم اجتماع التربية. عمّان: دار الشروق.
- الرشدان، عبد الـلـه، وجعنيني، نعيم، (1997). مدخل إلى التربية. عمّان: دار الشروق.
- سرحان، منير المرسي، (1981). في اجتماعيات التربية. بيروت: دار النهضة العربية.
- السيد، سميرة، (1993). علم اجتماع التربية. القاهرة: دار الفكر العربي.
- شهلاء، جورج، (1972). الوعي التربوي ومستقبل البلاد العربية. (ط2).
- صوالحة، محمد أحمد، (1994). أساسيات التنشئة الاجتماعية للطفولة. اربد: دار الكندي للنشر.
- صوالحة، محمد أحمد، حوامده، مصطفى، (1994). أساسيات التنشئة الاجتماعية للطفولة. الأردن: دار الكندي للنشر والتوزيع.
- صوالحه، محمد، حوامده، ومصطفى، (1994). أساسيات التنشئة الاجتماعية للطفولة. الأردن: دار الكندي.
- غيث، محمد عاطف، (1962). مقدمة في علم الاجتماع. مصر: دار المعارف.
- القضاة، علي منعم، 1999). مدخل إلى علم الاجتماع. عمّان: المكتبة الوطنية.

- كليمنص شحادة وآخرون، (1986). التربية الصحية والاجتماعية في دور الحضانة ورياض الأطفال، عمّان: دار الفرقان.

- كمال، أحمد وسلياسي عدلي، (1985). المدرسة والمجتمع. مصر: مكتبة الأنجلو المصرية.

- لطفي، عبد الحميد. علم الاجتماع. مصر: دار المعارف.

- النجيحي، محمد لبيب، (1976). الأسس الاجتماعية للتربية. (ط6)، القاهرة: مكتبة الأنجلو المصرية.

- وزارة التربية والتعليم، (1994). رسالة المعلم. العدد الثاني، المجلس 35 حزيران.

- ويلر، ستانتون، (1982). التنشئة الاجتماعية بعد الطفولة. ترجمة: علي الزغل، عمّان: دار الفكر.

- ذياب، فوزية، (2007). القيم والعادات الاجتماعية. (ط1)، القاهرة: دار الكتاب العربي.

- الرشدان، عبد الله وجعنيني، نعيم، (2007). المدخل إلى التربية والتعليم. (ط1)، عمّان: دار الشروق.

- زهران، حامد، (2007). علم النفس الاجتماعي. (ط4)، القاهرة: عالم الكتب.

- السيد، سميرة، (2007). الأسس الاجتماعية للتربية في ضوء متطلبات التنمية الشاملة. (ط1)، القاهرة: دار الفكر العربي.

- صابر، محيي الدين، (2007). التغير الحضاري وتنمية المجتمع. (ط1)، القاهرة: دار النهضة العربية.

- الطيطي، محمد وآخرون، (2007). مدخل إلى التربية. (ط1)، عمّان: دار المسيرة.

- الغزوي، فهمي وآخرون، (2007). المدخل إلى علم الاجتماع. (ط1)، عمّان: دار الشروق.

- ناصر، إبراهيم، (2004). التنشئة الاجتماعية. (ط1)، عمّان: دار وائل للنشر.

- ناصر، إبراهيم، (2005). أسس التربية. (طبعة جديدة)، عمّان: دار عمار.

- البشايرة، أبو هلال وآخرون، (1993). المرجع في مبادئ التربية، (ط1)، عمّان: دار الشروق للنشر والتوزيع.

- الحبيب، مصدّق، (1981). التعلم والتنمية الاقتصادية. (ط1)، بغداد: المكتبة الوطنية.

- خضر، فخري، (1987). تطور الفكر التربوي. (ط1)، أبو ظبي: مكتبة المكتبة.

- عبد السلام، منذر، (1974). دراسة في اقتصاديات التربية. (ط1)، بيروت: دار الطليعة للطباعة والنشر.
- عريفج، سامي، (2000). مدخل إلى التربية. (ط1)، عمّان: دار الفكر.
- العمايرة، محمد، (1999). أصول التربية. (ط1)، عمّان: دار المسيرة للنشر والتوزيع والطباعة.
- همشري، عمر، (2001). مدخل إلى التربية. (ط1)، عمّان: دار صفاء للنشر والتوزيع.
- ناصر، إبراهيم (2005). أسس التربية. (ط1). عمّان: دار عمار.
- ابن الجوزي، جمال الدين، (1407 هـ). فنون الأفنان. (الطبعة الأولى)، بيروت: دار الكتاب العربي.
- انترمان، ألان، (2004م). اليهود عقائدهم الدينية وعباداتهم. (الطبعة الأولى)، مصر: الهيئة المصرية العامة للكتاب.
- بارندر، (1993م). المعتقدات الدينية لدى الشعوب. (الطبعة الأولى)، الكويت: مطابع السياسة.
- الزعيبي، أحمد، (1998م). العنصرية اليهودية وآثارها في المجتمع الإسلامي والموقف منها. (الطبعة الأولى)، الرياض: مكتبة العبيكان.
- السيوطي، جلال الدين، (1399هـ). الإتقان في علوم القرآن. (الطبعة الثانية)، بيروت: دار الكتب العلمية.
- شلبي، أحمد، (1967م). مقارنة الأديان. (الطبعة الثانية)، القاهرة: مكتبة النهضة المصرية.
- شلحت، يوسف، (2003م). نحو نظرية جديدة في علم الاجتماع الديني. (الطبعة الأولى)، بيروت: دار الغرابي.
- الرشدان، عبد الله، (1994م). المدخل إلى التربية والتعليم. (الطبعة الأولى)، بيروت: دار الشروق.
- علي، فؤاد، (1968م). اليهودية واليهودية المسيحية. (الطبعة الأولى)، القاهرة: مطبعة النهضة الجديدة.
- عليان، رشدي، 1976م. الأديان - دراسة تاريخية مقارنة، الأديان القديمة. (الطبعة الأولى)، بيروت: دار الشروق.
- لحمالي، محمد، (1967م). تربية الإنسان الجديدة. (الطبعة الأولى)، تونس: مطبعة الاتحاد العام التونسي للشغل.
- أبوهلال، أحمد وآخرون، (1993). المرجع في مبادئ التربية. (الطبعة الأولى)، عمّان: دار الشروق للنشر والتوزيع.
- أنيس، ابراهيم وآخرون، (1994). معجم الوسيط. (الطبعة السادسة).
- اوتاواى، (1970). التربية والمجتمع. القاهرة: مكتبة الانجلو المصرية.
- بسام، رشا، (2005). مدخل إلى التربية. (الطبعة الأولى)، دار البداية.
- التل، سعيد، (1993). المرجع في مبادئ التربية. (الطبعة الأولى)، عمّان: دار الشروق للنشر والتوزيع.
- الخوالدة، محمد، (2003). مقدمة في التربية. (الطبعة الأولى)، عمّان: دار الميسرة للنشر والتوزيع والطباعة.

- الرشدان، عبد اللـه، (1999). علم الاجتماع التربوي. عمّان: دار عمار للنشر والتوزيع.
- الطيطي، محمد، (2002). مدخل إلى التربية. (الطبعة الأولى)، عمّان: دار المسيرة للنشر والتوزيع والطباعة.
- عريفج، سامي، (2000). مدخل إلى التربية. (الطبعة الأولى)، دار الفكر للطباعة والنشر والتوزيع.
- عفيفي، محمد، (1970). التربية والتغير الثقافي. (الطبعة الثالثة)، القاهرة: مكتبة الانجلو المصرية.
- عمايرة، محمد، (1997). تاريخ التربية وأساسها. (الطبعة الأولى)، عمّان: مكتبة يافا العلمية.
- الكسواني، مصطفى وآخرون، (2003). مدخل إلى التربية. (الطبعة الأولى)، عمّان: دار قنديل للنشر والتوزيع.
- الكسواني، مصطفى وآخرون، (2003). مدخل إلى التربية. (ط1)، عمّان: دار قنديل للنشر والتوزيع.
- كوافحة، تيسير مفلح، (2004). علم النفس التربوي وتطبيقاته في مجال التربية الخاصة. (الطبعة الأولى)، عمّان: دار الميسرة للنشر والتوزيع والطباعة.
- المعايطة، عبدالعزيز، (2004). مقدمة في أصول التربية. (الطبعة الأولى)، مكتبة الفلاح للنشر والتوزيع.
- ناصر، إبراهيم، (1987). أسس التربية. (طبعة جديدة)، عمّان: دار عمار للنشر والتوزيع.
- همشري، عمر أحمد، (2001). مدخل إلى التربية. (الطبعة الأولى)، عمّان: دار صفاء للنشر والتوزيع.
- العبادي، نزير، (2007). أسس التربية. (ط1)، عمّان: دار يافا العلمية للنشر والتوزيع.
- الظاهر، نعيم، (2005). التربية الوطنية. (ط1)، الأردن: عالم الكتب الحديث للنشر والتوزيع.
- ناصر، إبراهيم، (2005). أسس التربية. (طبعة جديدة)، عمّان: دار عمار للنشر والتوزيع.
- جغيني، نعيم، والرشدان، عبد اللـه، (1997). المدخل إلى التربية. (ط1)، عمان: دار الفرقان.
- العبادي، نذير، (2007). أسس التربية. (ط1)، عمّان: دار يافا للنشر.
- ناصر، إبراهيم، (2005). أسس التربية. (طبعة جديدة)، عمّان: دار عمار للنشر والتوزيع.
- عبد الدائم، عبد اللـه، (1976). التربية في البلاد العربية. (ط2)، بيروت: دار العلم للملايين.
- عبد الدائم، عبد اللـه، (1974). الثورة التكنولوجية في التربية العربية. (ط1)، بيروت: دار العلم للملايين.
- ناصر، إبراهيم، (2005). أسس التربية. (طبعة جديدة)، عمّان: دار عمار للنشر والتوزيع.

محتويات الكتاب

Printed in the United States
By Bookmasters

T0300916